SIXIEME EDITION

INTERACTION

Révision de grammaire française

Susan St. Onge
Christopher Newport University

Ronald St. Onge
College of William and Mary

Katherine Kulick
College of William and Mary

THOMSON
HEINLE

Australia   Canada   Mexico   Singapore   Spain   United Kingdom   United States

Interaction, Sixième édition
St. Onge ~ St. Onge ~ Kulick

Editor: Lara Semones
Senior Production Editor: Esther Marshall
Marketing Director: Lisa Kimball
Marketing Manager: Jill Garrett
Manufacturing Supervisor: Marcia Locke
Photography Manager: Sheri Blaney

Editorial Assistant: Heather Bradley
Compositor: Pre-Press Company, Inc.
Project Management: Pre-Press Company, Inc.
Text Designer: Studio Montage
Cover Designer: Ha Nguyen
Printer: R.R. Donnelly & Sons Co., Williard Ohio

For permission to use material from this text or product contact us:
Tel   1-800-730-2214
Fax   1-800-730-2215
Web   www.thomsonrights.com

Printed in the United States of America.
1 2 3 4 5 6 7 8 9 10   06 05 04 03 02

For more information contact Heinle, 25 Thomson Place, Boston, Massachusetts 02210 USA, or you can visit our Internet site at http://www.heinle.com

0-8384-0602-5 (Student Text/Audio CD Pkg)

Library of Congress Cataloging-in-Publication Data
St. Onge, Susan S.
   Interaction: révision de grammaire française / Susan St. Onge, Ronald St. Onge, Katherine Kulick.—6th ed.
      p. cm.
   Includes index.
   ISBN 0-8384-0592-4
      1. French language—Textbooks for foreign speakers—English. 2. French language—Grammar. I. St. Onge, Ronald R. II. Kulick, Katherine M. III. Title.

PC2129.E5 S7 2002
448.2'42—dc21

                                        2002032847

Table des matières

To the Student

Dear Student,

By learning a new language, you have taken a giant step toward increasing your awareness of the world, one that will alter your way of viewing other cultures and will allow you to experience many aspects of your own life differently.

You have begun an exciting and valuable experience. Perhaps you are already aware of the importance of French language throughout the world. Did you know, for example, that in recent international job listings distributed by the United States State Department, more employers preferred that job candidates possess a knowledge of French than of any other language? The French, for example, are among the world leaders in aerospace, telecommunications, satellite, electronic, and defense technology. France has a rich history in international politics, art, and literature. Culturally, it continues to garner attention, often in the world of fashion, film, and food.

Many of you may one day have the opportunity to visit a French-speaking country. Your experiences will be more enriching and rewarding if you can interact with others and better understand their culture. In helping you with this endeavor, ***Interaction, Sixth Edition,*** offers unparalleled support for the study of language, culture, and literature at the intermediate level. This edition offers a broad range of cultural and literary content, as well as concise, yet thorough, grammar explanations. Numerous language learning technologies—including a text-tied video, guided Internet activities, and *Système-D Writing Assistant* software to support the book's process-writing approach—emphasize the development of your skills in French for the intermediate level and beyond.

Bonne chance!

Acknowledgments

We would like to thank those users and reviewers of *Interaction* who read the manuscript in its various stages, and who offered invaluable comments, suggestions and advice:

Diane Adler, *North Carolina State University*
Donna Apgar, *Central Piedmont Community College*
Thomas Blair, *City College of San Francisco*
Alice Cataldi, *University of Delaware*
Wayne Ishiwaka, *Harvard University*
Candace Kone, *University of Virginia*
Cheryl Krueger, *University of Virginia*
Janet Loy, *Taylor University*
Elaine McKee, *State College of New York*
Ruth Nybakken, *Ohio University*
Catherine Ploye, *University of California — San Diego*
Linda Rouillard, *University of Illinois*
Jane Smith, *University of Maine*
Amie Tannenbaum, *Gettysburg College*
Nancy Virtue, *Indiana University — Purdue University Ft. Wayne*

Much appreciation for their enthusiasm, dedication and support goes to the editorial staff of Heinle, without whose vision, support, commitment and skills this project would not have been possible and, in particular, Lara Semones, Esther Marshall, Jill Garrett, Sheri Blaney, Heather Bradley.

Thanks also to the authors of the ancillaries: Sinikka Waugh and David Allstadt, Web Site; Juliette Parnell-Smith, Test Bank; and the freelancers who worked on the book: Sev Champeny, native reader and proofreader; Anne Lair, text permissions; Pre-Press Co., composition and project management.

France

Grande-Bretagne

MER DU NORD

Pays-Bas

Allemagne

Belgique

Luxembourg

MANCHE

Dunkerque

Calais

Lille

NORD-PAS-
DE-CALAIS

Valenciennes

Amiens

PICARDIE

Reims

Metz

LORRAINE

Nancy

ALSACE

Strasbourg

Rhin

Meuse

Cherbourg

Le Havre

HAUTE-
NORMANDIE

Rouen

Seine

★**Paris**

Versailles

ILE-DE-
FRANCE

CHAMPAGNE-
ARDENNE

Troyes

Moselle

Mulhouse

VOSGES

Caen

BASSE-
NORMANDIE

Saint-Malo

Fougères

Rennes

Le Mans

Orléans

Seine

BOURGOGNE

Dijon

Besançon

Saône

FRANCHE-
COMTE

Suisse

Brest

BRETAGNE

PAYS-DE-LA-LOIRE

Angers

St-Nazaire

Nantes

Blois

Chambord

Tours

Chenonceaux

Loire

Chinon

Azay-le-
Rideau

Bourges

Nevers

Chalon-sur-
Saône

Loire

JURA

CENTRE

Poitiers

La Rochelle

LIMOUSIN

Limoges

Clermont-
Ferrand

Vichy

Rhône

Lyon

Annecy

Italie

POITOU-
CHARENTES

Saint Étienne

RHONE-ALPES

Grenoble

ALPES

**OCEAN
ATLANTIQUE**

Périgueux

Bordeaux

AUVERGNE

MASSIF CENTRAL

Rodez

Rhône

PROVENCE-
ALPES-
COTE-
D'AZUR

Monte-
Carlo

Monaco

Biarritz

Bayonne

Pau

AQUITAINE

Garonne

MIDI-PYRENEES

Toulouse

Carcassonne

Avignon

Nîmes

Tarascon

Montpellier

Béziers

Narbonne

Aix-en-
Provence

Grasse

Toulon

Marseille

Nice

Cannes

PYRENEES

LANGUEDOC-
ROUSSILLON

Perpignan

Espagne

Andorre

MER MEDITERRANEE

0   75 km

©1993 Magellan Geographix℠ Santa Barbara CA

CORSE

Ajaccio

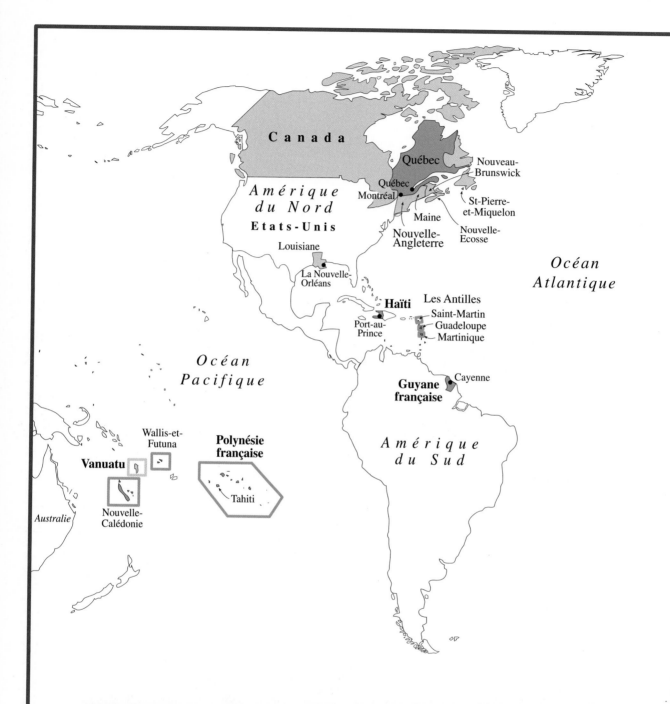

Canada

Québec

Nouveau-Brunswick

Québec
Montréal

St-Pierre-et-Miquelon

Amérique du Nord

Etats-Unis

Maine

Nouvelle-Ecosse

Nouvelle-Angleterre

Louisiane

Océan Atlantique

La Nouvelle-Orléans

Haïti

Les Antilles

Saint-Martin
Guadeloupe
Martinique

Port-au-Prince

Océan Pacifique

Guyane française

Cayenne

Amérique du Sud

Wallis-et-Futuna

Polynésie française

Vanuatu

Tahiti

Australie

Nouvelle-Calédonie

Le monde francophone

©1993 Magellan Geographix[SM] Santa Barbara CA

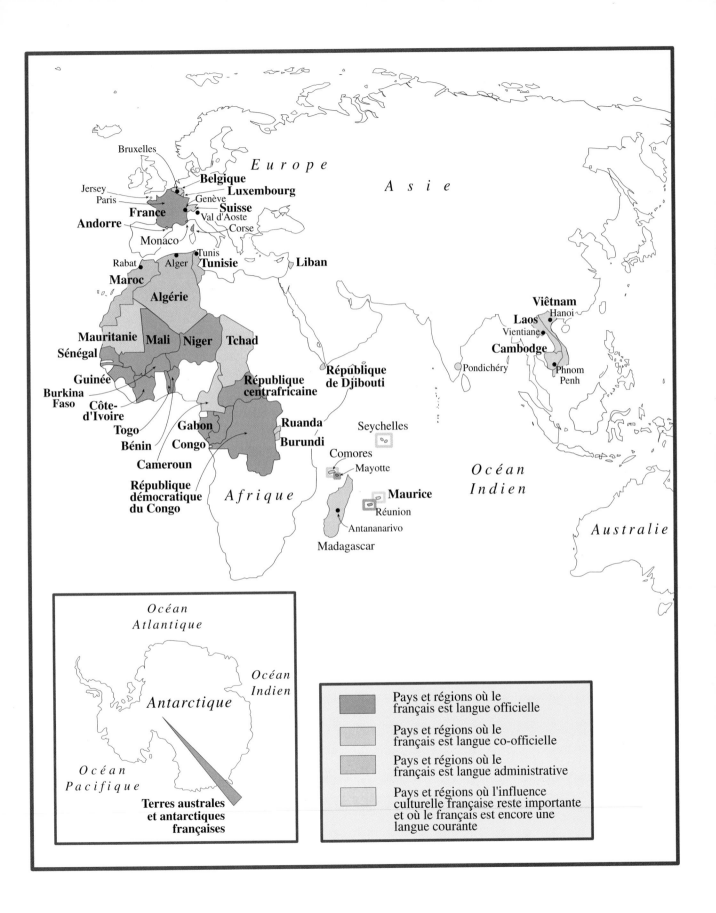

Bruxelles
Belgique
Luxembourg
Jersey
Paris
Genève
Suisse
France
Val d'Aoste
Andorre
Corse
Monaco

E u r o p e
A s i e

Tunis
Tunisie
Rabat
Alger
Liban
Maroc
Algérie

Mauritanie
Mali
Niger
Tchad
Sénégal
Guinée
République
centrafricaine
République
de Djibouti
Burkina
Faso
Côte-
d'Ivoire
Togo
Gabon
Ruanda
Bénin
Congo
Burundi
Cameroun
Comores
Seychelles
République
démocratique
du Congo
Mayotte
A f r i q u e
Maurice
Réunion
Antananarivo
Madagascar

Viêtnam
Hanoi
Laos
Vientiane
Cambodge
Phnom
Penh
Pondichéry

Océan
Indien

Australie

Océan
Atlantique

Océan
Indien

Antarctique

Océan
Pacifique

Terres australes
et antarctiques
françaises

	Pays et régions où le français est langue officielle
	Pays et régions où le français est langue co-officielle
	Pays et régions où le français est langue administrative
	Pays et régions où l'influence culturelle française reste importante et où le français est encore une langue courante

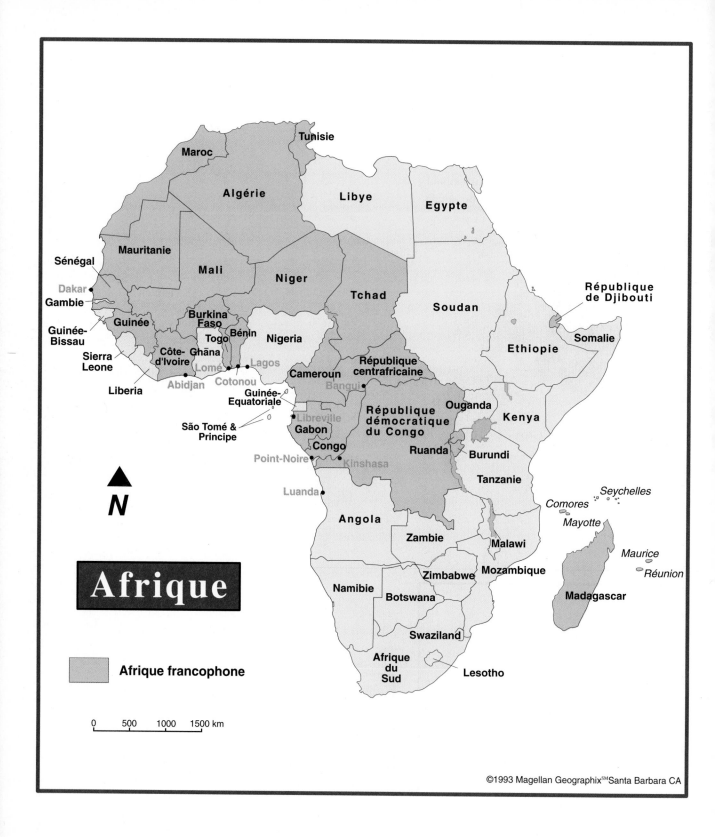

Maroc

Tunisie

Algérie

Libye

Egypte

Mauritanie

Sénégal

Dakar

Gambie

Guinée-
Bissau

Guinée

Sierra
Leone

Liberia

Côte-
d'Ivoire

Mali

Niger

Tchad

Soudan

République
de Djibouti

Somalie

Ethiopie

Burkina
Faso

Togo

Bénin

Ghana

Lomé

Abidjan

Cotonou

Nigeria

Lagos

Cameroun

République
centrafricaine

Bangui

Ouganda

Kenya

Guinée-
Equatoriale

São Tomé &
Principe

Libreville

Gabon

Congo

Point-Noire

Kinshasa

Luanda

République
démocratique
du Congo

Ruanda

Burundi

Tanzanie

Seychelles

Comores

Mayotte

Maurice

Réunion

Angola

Zambie

Malawi

Mozambique

Zimbabwe

Madagascar

Namibie

Botswana

Swaziland

Afrique
du
Sud

Lesotho

N

Afrique

Afrique francophone

0   500   1000   1500 km

©1993 Magellan Geographix℠Santa Barbara CA

Chapitre 1

Le commerce et la consommation

LE COMMERCE DU PAIN TRADITIONNEL

Perspectives

Boutiques de commerçants et galeries marchandes

En France, la période de la Régence (1715–1723) marque une étape importante dans l'évolution du commerce.

Avant le dix-huitième siècle

- les boutiques des commerçants sont souvent petites, sombres, sales et en mauvais état;
- il y a seulement quelques articles près de la façade du magasin;
- certaines rues regroupent plusieurs boutiques du même type: les drapiers qui vendent le tissu; les orfèvres qui fabriquent des objets en métaux précieux; les cordonniers qui réparent les chaussures, etc.

Galerie Vivienne à Paris (1823)

Au dix-huitième siècle

- les divers commerces sont disséminés un peu partout dans les villes;
- les premières boutiques de luxe ouvrent leurs portes à Paris où elles sont situées rue Saint-Honoré dans des lieux couverts consacrés au commerce du détail;
- la *Galerie Vivienne*, établie en 1823, attire une clientèle riche (ou qui désire l'être).

Cette pratique qui consiste à rassembler plusieurs petits commerces sous un même toit annonce déjà les centres commerciaux modernes.

Les grands magasins

Pendant la deuxième moitié du dix-neuvième siècle, la grande innovation dans le commerce parisien est la création des *grands magasins*.

- *Au Bon Marché* ouvre ses portes en 1852 et offre à ses clients: une entrée libre; une marchandise accessible; des prix fixes; la possibilité de rendre des articles; la livraison à domicile et une bibliothèque libre-service avec buffet gratuit!
- Les *Galeries Lafayette*, fondées en 1895, établissent, à partir de 1916, des filiales dans d'autres grandes villes de France. Elles créent ainsi la première chaîne destinée à répondre aux besoins d'une classe moyenne devenue de plus en plus importante.

Galeries Lafayette à Paris (1895)

culturelles

L'Euroland

En 2002, douze pays de l'Union européenne mettent en circulation les billets et pièces en euros. C'est une innovation importante qui donne, pour la première fois, une unité monétaire et symbolique à près de 300 millions de citoyens européens.

- La zone euro, souvent appelée *Euroland*, comprend l'Allemagne, l'Autriche, la Belgique, l'Espagne, la Finlande, la France, la Grèce, l'Irlande, l'Italie, le Luxembourg, les Pays-Bas et le Portugal. (La Grande-Bretagne, le Danemark et la Suède, les autres pays fondateurs de l'Union, n'ont pas adopté l'euro en 2002.)

- Les billets de banque en euros sont absolument identiques dans les douze pays de la zone. Les pièces en euros ou cents (centimes d'euro) ont un côté identique dans tous ces pays et un côté qui utilise des symboles nationaux (par exemple, la fameuse Marianne et la Semeuse en France). Mais on peut utiliser ces pièces dans tous les pays participant à la monnaie unique.

- Le cours de l'euro est fixé à 6,56 francs français.

Petites et grandes surfaces

Le monde du commerce en France change radicalement depuis quelques années. Le prix est une préoccupation majeure pour la plupart des clients, et les changements d'attitudes des consommateurs ont un effet considérable sur la manière de vendre et d'acheter en France aujourd'hui.

- En 1963, le premier hypermarché, un *Carrefour* près de Paris, ouvre ses portes. Depuis ce temps, le nombre de *grandes surfaces* (supermarchés, hypermarchés et maxidiscomptes) ne cesse d'augmenter.

- Pour maintenir leur clientèle, les *petites surfaces* (petits commerces de quartier, boutiques et magasins spécialisés) offrent des services qu'on ne trouve pas chez les géants: l'épicerie qui reste ouverte jusqu'à 22h et le dimanche; les multiples stands sur les divers marchés, en plein air ou couverts, où il est possible de discuter les prix.

- Plusieurs secteurs bénéficient aussi d'une protection gouvernementale: les médicaments sont vendus uniquement dans les pharmacies; le prix des livres neufs est strictement réglementé, même dans les grandes librairies comme la FNAC.

- La législation actuelle en France semble indiquer une volonté du gouvernement d'éviter une situation où les petits commerces vont un jour disparaître. Certaines lois récentes sont destinées à la protection des relations commerciales et à la promotion du commerce et de l'artisanat.

Culture générale

Compréhension

1. Au début du dix-huitième siècle, l'ambiance des boutiques est-elle plutôt plaisante ou désagréable?

2. Vrai ou faux? Dans les boutiques du dix-huitième siècle, il y a beaucoup de marchandise dans les vitrines pour attirer le public. Expliquez votre choix.

3. Expliquez la *Galerie Vivienne*. Dans quel sens est-ce que la *Galerie Vivienne* constitue, effectivement, le premier «mall»?

4. Vers quelle époque est né le concept du «grand magasin»?

5. Quels aspects des grands magasins sont innovateurs au début?

6. Vrai ou faux? Les *Galeries Lafayette* sont le plus ancien des grands magasins à Paris. Expliquez votre choix.

7. L'expansion des *Galeries Lafayette* marque le début de quel phénomène?

8. Donnez un exemple d'un grand magasin américain.

Sujets de réflexion

A. Selon vous, quelle motivation est à l'origine de la création des galeries marchandes comme la *Galerie Vivienne*? A votre avis, qu'est-ce que l'apparition des galeries marchandes révèle au sujet de la société parisienne de cette époque?

B. En quoi consiste l'innovation des grands magasins au dix-neuvième siècle? Qui sont les nouveaux clients? Quelle évolution sociale explique le succès de ce nouveau type de magasins?

C. Faites une recherche sur Internet du site des *Galeries Lafayette*. Qu'est-ce que ce site nous apprend au sujet de l'histoire du magasin?

Vocabulaire actif

Les activités

acheter to buy
acheter quelque chose sur un coup de tête to buy something on impulse
aimer bien to like
apporter to bring
avoir besoin de to need
coûter to cost
effectuer to make, to bring about
emporter to take away à _____ carry out
éprouver to feel
faire son marché to go grocery shopping
faire les courses to run errands
oublier to forget
payer to pay
_____ en espèces to pay cash

porter to carry

Les produits

Les fruits et légumes
un abricot apricot
des cerises (f pl) cherries
des champignons (m pl) mushrooms
un chou-fleur cauliflower
une courgette zucchini
des fraises (f pl) strawberries
des *haricots[1] (m pl) beans
un légume vegetable
un oignon onion
une pêche peach
des petits pois (m pl) peas
une poire pear
un poivron green pepper
une pomme apple
une pomme de terre potato
de la salade lettuce

La boulangerie / la pâtisserie
une baguette loaf of French bread
un gâteau cake
du pain bread
une pâtisserie pastry

Les produits de base
du café coffee
de l'eau (f) water
de la farine flour
de l'huile (f) oil
la nourriture food
des pâtes (f pl) pasta
du thon tuna
du vin wine

Les produits laitiers
du beurre butter
du fromage cheese
    du bleu blue cheese
    du chèvre goat cheese
    du gruyère Swiss cheese

du lait milk
un yaourt yogurt

Les viandes / les volailles
du bœuf beef
une côte de porc pork chop
du jambon ham
du poulet chicken
de la viande meat

Les caractéristiques

alimentaire nutritive
épais(se) thick
exploité(e) managed
frais, fraîche fresh
instantané(e) instant
mal entretenu(e) messy
nature plain
parfumé(e) flavored
rôti(e) roasted
surgelé(e) frozen
vestimentaire clothing related

[1] The asterisk preceding the **h** indicates that it is aspirated. There is no elision or liaison with an aspirated **h**.

Culture contemporaine

Compréhension

1. Est-ce que tous les pays de l'Union européenne utilisent l'euro?
2. Qu'est-ce que c'est que *Carrefour*?
3. Comment les grandes surfaces changent-elles le monde du commerce en France?
4. Quels sont certains avantages des petits commerces de proximité?
5. Que fait le gouvernement pour assurer la protection des petits commerces?

Sujets de réflexion

A. Sur les billets en euros on trouve les thèmes suivants: le porche (la protection au-dessus d'une porte d'entrée d'un édifice), la fenêtre et le pont. Pourquoi ces symboles sont-ils importants?
B. Si le cours de l'euro par rapport au franc français est de 6,56 (1€ = 6,56F), quel est le prix d'une baguette de pain à 4,50F? Quel est l'avantage pour un Français de savoir le prix en euros de son pain en France et d'un pain en Italie, par exemple?

Pour plus d'activités, visitez:
http://interaction.heinle.com

Les magasins

un **achat** purchase
des **aliments** (*m pl*) food
une **allée** aisle
l'**artisanat** (*m*) crafts
une **boucherie** butcher shop
une **boulangerie** bakery
un **cabas** tote bag, handbasket
la **caisse** cash register
un **centre commercial** shopping center, mall
une **charcuterie** delicatessen
un **chariot** shopping cart
un **choix** choice
le **commerce** business
_____ **du détail** retail business
_____(s) **de proximité** neighborhood stores
la **consommation** buying, consumption
le **consommateur** / la **consommatrice** consumer

une **crémerie** dairy store
la **devanture** storefront
l'**entrée** (*f*) **libre** free access
un **filet** mesh bag
une **filiale** branch store
une **grande surface** very large suburban store
l'**hyperchoix** (*m*) huge selection
un **hypermarché** supermarket / large discount store
la **livraison** delivery
_____ **à domicile** home delivery
un **magasin d'habillement** clothes store
le **marchandage** haggling
un **marché** open-air market
un **maxidiscompte** super-discount
la **mode** fashion

la **mondialisation** globalization
un **panier** basket
un **parking** parking lot
un **prix** price
un **produit** product
une **promotion** special offer
des **provisions** (*f pl*) groceries
la **publicité** advertising, advertisement
un **rayon** department in a store
un **repas** meal
un **sac** sack
un **supermarché** supermarket

Les quantités

assez de enough
une **boîte de** a can of
un **kilo (de)** 2.2 pounds (of)
au _____ by the kilogram
un **litre de** a liter of
un **morceau de** a piece of

pas mal de a good many
une **tranche de** a slice of

Les commerçants

un **boucher** / une **bouchère** butcher
un **boulanger** / une **boulangère** baker
un **caissier** / une **caissière** cashier
un **charcutier** / une **charcutière** delicatessen owner
un **épicier** / une **épicière** grocer
un **marchand** / une **marchande** merchant
un **pâtissier** / une **pâtissière** pastry chef; pastry shopkeeper
un **petit commerçant** small shopkeeper

Exercices de vocabulaire

A. Complétez les phrases suivantes, sur la consommation en France, par une expression appropriée du *Vocabulaire actif.*

1. En France et aux Etats-Unis, on peut acheter une pizza _____ pour la manger chez soi.

2. Le week-end, on va souvent à plusieurs magasins différents pour _____.

3. En France, certains jours de la semaine, il y a des _____ en plein air où on peut acheter des fruits et des légumes frais.

4. On achète du jambon, des salades composées, des tranches de pizza dans une _____.

5. La présence en Europe des filiales de Macdonald est un exemple de la _____ du commerce.

6. On achète des produits en boîte, des pâtes, de la farine, de l'huile dans une _____.

7. Quand on achète ses produits alimentaires dans plusieurs petits commerces, on a souvent besoin d'un gros _____ pour porter ses achats.

8. Un grand magasin est divisé en différents _____.

B. Complétez chaque phrase par une expression appropriée du *Vocabulaire actif* pour décrire comment on fait les courses à l'hypermarché en France.

1. On prend la voiture et il faut chercher une place dans le _____.

2. On va mettre tous les achats dans un _____.

3. On cherche du fromage dans le _____ des produits laitiers.

4. Il y a toujours de bonnes _____ qui proposent certains produits à des prix très intéressants.

5. Dans toutes les _____, il y a toujours un grand choix de produits.

6. On peut même trouver un jean dans le rayon des articles _____.

7. On passe à la _____ pour payer ses achats.

8. On doit mettre soi-même tous ses achats dans de petits _____.

Note culturelle

Actuellement, les Français font environ 35 pour cent de leurs achats (sans compter les automobiles) dans les hypermarchés, supermarchés et grands magasins—contre 25 pour cent il y a dix ans. Cette évolution des attitudes de consommation est déterminée par les changements sociaux. Le modèle traditionnel du père qui travaille pour faire vivre sa famille alors que la mère s'occupe de la maison et fait tous ses achats dans le quartier n'est plus majoritaire. Dans la vie moderne, tout le monde a besoin de gagner du temps et de faire des économies. Beaucoup de ménages aiment aussi effectuer leurs achats en famille. Les grandes surfaces répondent à ces demandes, ce qui explique le succès incontestable des hypermarchés et du phénomène le plus récent: les magasins de «maxidiscompte».

Le développement des grandes surfaces s'effectue, cependant, au détriment des petits commerçants. Grand nombre de marchands se défendent actuellement pour assurer leur survie. On peut souvent lire sur les sacs en plastique qui proviennent de leurs boutiques un cri de guerre: «Les commerces de proximité—c'est la vie du quartier». En 1996, le gouvernement vient au secours des petits commerçants et interdit, dans certaines circonstances, la création de grandes surfaces et les ventes à perte. C'est un premier pas important pour empêcher la désertification des centres-villes. Mais peut-on compter sur la politique pour modifier les rapports entre les entreprises et les consommateurs?

Il est vrai que les produits coûtent souvent moins cher au supermarché que chez les petits commerçants, mais on n'aime pas toujours faire la queue aux caisses des hypermarchés et on apprécie les petites attentions des marchands, leur «Bonjour, monsieur», «Merci, mademoiselle. Bonne journée!» ainsi que les recommandations professionnelles de l'épicier, du boulanger ou du libraire. En effet, la plupart des Français approuvent les progrès de la technologie mais désirent conserver certains modes de vie traditionnels. Devant la grande mutation technologique et la mondialisation de la société, on cherche un équilibre de vie. La consommation est une dimension de l'existence quotidienne où il est encore possible de dire non à l'indifférence et à l'aspect impersonnel d'un magasin gigantesque, à l'«hyperchoix» ou à la publicité qui incite à consommer toujours plus. Mais ce n'est pas toujours facile. Et les réponses à la question du rapport qualité-prix restent toujours très personnelles. Le client est encore roi!

Compréhension

1. Quels chiffres montrent que les Français préfèrent faire leurs achats dans les grandes surfaces?

2. Quels changements dans les modes de vie des Français expliquent la popularité des grandes surfaces?

3. Expliquez comment la législation de 1996 aide les petits commerces de proximité.

4. Quels sont certains avantages et désavantages des petits commerces?

Discussion

A. Quelle sorte de consommateur êtes-vous? Avez-vous l'impression que les Français ont des attitudes de consommation qui sont assez ou très différentes des comportements que vous observez dans votre propre société? Justifiez votre réponse par des références au texte ou par vos propres observations.

B. Faites deux listes pour analyser les avantages et les inconvénients des grandes surfaces et des petits et moyens commerces du point de vue du consommateur.

C. A votre avis, les commerces de proximité sont-ils condamnés à disparaître un jour? Imaginez que vous êtes un petit commerçant, que faites-vous pour éviter la catastrophe? L'Etat doit-il intervenir pour sauver ce secteur? Comment peut-on assurer un meilleur équilibre entre le commerçant et le client?

Expansion

D. Dans le domaine de l'habillement aujourd'hui, les achats sont-ils influencés davantage par la mode ou par les habitudes vestimentaires? Les consommateurs des siècles passés étaient-ils influencés par les mêmes facteurs que vous? Est-ce que c'est la catégorie sociale d'un individu ou son système de valeurs qui détermine les magasins où il effectue ses achats?

E. Quels sont les petits commerces traditionnels du domaine de l'alimentation? Parmi ces petites surfaces, quels magasins mènent une existence précaire aujourd'hui, à votre avis? Y a-t-il des commerces alimentaires de proximité qui vont se maintenir encore longtemps en France? Expliquez pourquoi.

F. De nos jours, les promotions et la publicité sont indispensables au commerce. A quelles réactions, à quels sentiments des consommateurs est-ce que la publicité s'adresse surtout? Sommes-nous influencés par le rêve ou le réalisme? Par le bon sens ou le désir d'impressionner notre entourage? Est-ce qu'on peut dire la même chose au sujet des clients de la *Galerie Vivienne?* des *Galeries Lafayette?*

Structures I

The Present Tense of Regular -er Verbs

To form the present tense of regular **-er** verbs, drop the **-er** ending of the infinitive and add the appropriate endings to the remaining stem: **-e, -es, -e, -ons, -ez, -ent.**

infinitive: **chercher** *to look for*	stem: **cherch-**
je cherche	*I look for*
tu cherches	*you look for*
il / elle / on cherche	*he / she / one looks for*
nous cherch**ons**	*we look for*
vous cherch**ez**	*you look for*
ils / elles cherch**ent**	*they look for*

The present-tense form in French has three English equivalents, including two that contain more than one verb form; for example, **j'oublie** means *I forget, I am forgetting, I do forget.*

To make a present-tense form negative, place **ne** before the verb and **pas** after it.

Tu oublies ton argent?   Non, je **n'**oublie **pas** mon argent.

- Note that the pronoun **on** is used quite frequently in French. **On** is the equivalent of the English indefinite subject *one,* and in informal conversation it can be the equivalent of *we, they,* or *people.* **On** always takes a third-person singular verb form.

En France, **on** achète souvent le pain à la boulangerie.   *In France, **one** often buys (**people** often buy) bread at the bakery.*

On va au supermarché ce soir?   *Shall **we** go to the supermarket tonight?*

Remember that **tu** and **vous** both mean *you*. The **tu** form is considered to be familiar and is used to address one person—a family member, a close friend, a small child—or an animal. The **vous** form is formal and is used to address strangers, acquaintances, or other adults that one does not know well. **Vous** can be used to address either one person or more than one person.

The **vous / tu** distinction is often puzzling to the English speaker. It may help to keep in mind that the rules governing the use of **vous** and **tu** are usually unwritten social codes. They are even more complicated than outlined here and are undergoing radical changes in modern French society. For example, French students almost universally use **tu** with each other, and they might be permitted to **tutoyer** a young instructor, but they would certainly say **vous** to most professors. Colleagues in an office or members of any kind of group (professional, social, or other) often democratically use **tu** with each other, but will **vouvoyer** the boss or other individuals perceived to be in authority. The safest policy when visiting France is to use **vous** with all adults until they suggest: **On se tutoie?**

1. Le Cercle français prépare un repas français. Complétez les phrases suivantes par la forme convenable du verbe entre parenthèses.

1. Nous (préparer) _____ un vrai repas français, non?
2. Jack, tu (apporter) _____ du vin?
3. Mariel et Kristy, vous (désirer) _____ manger du bœuf ou du poulet?
4. J'(aimer) _____ faire des quiches.
5. Et Cathy, elle (manger) ne _____ pas de fromage.
6. Pour la plupart, mes copains (aimer) _____ manger du poulet.
7. Attention. Nous avons des membres qui (manger) ne _____ pas de viande.
8. Et toi? Qu'est-ce que tu (préparer) _____ pour le repas français?

2. Vous parlez à Lucienne Kasongo, une étudiante du Congo qui passe l'année dans votre université. Employez le sujet **on** plus les verbes de la liste suivante pour expliquer à Lucienne quelques habitudes des Américains.

manger	détester
aimer bien	dîner
parler au téléphone	passer du temps à
voyager	commander... au restaurant
???	???

Stem-Changing -er Verbs

Some -er verbs require spelling changes in the stem of certain persons for pronunciation purposes. The principal types of stem-changing -er verbs are summarized as follows.[2]

é → è

préférer *to prefer*
je préfère
tu préfères
il / elle / on préfère
nous préférons
vous préférez
ils / elles préfèrent

espérer *to hope*
j'espère
tu espères
il / elle / on espère
nous espérons
vous espérez
ils / elles espèrent

e → è

acheter *to buy*
j'achète
tu achètes
il / elle / on achète
nous achetons
vous achetez
ils / elles achètent

l → ll

appeler *to call*
j'appelle
tu appelles
il / elle / on appelle
nous appelons
vous appelez
ils / elles appellent

t → tt

jeter *to throw*
je jette
tu jettes
il / elle / on jette
nous jetons
vous jetez
ils / elles jettent

y → i

payer *to pay*
je paie
tu paies
il / elle / on paie
nous payons
vous payez
ils / elles paient

envoyer *to send*
j'envoie
tu envoies
il / elle / on envoie
nous envoyons
vous envoyez
ils / elles envoient

essuyer *to wipe*
j'essuie
tu essuies
il / elle / on essuie
nous essuyons
vous essuyez
ils / elles essuient

c → ç

commencer *to start*
je commence
tu commences
il / elle / on commence
nous commençons
vous commencez
ils / elles commencent

g → ge

manger *to eat*
je mange
tu manges
il / elle / on mange
nous mangeons
vous mangez
ils / elles mangent

---

3. Employez les éléments suivants pour décrire votre situation personnelle.

1. mes copains et moi / nous / préférer...
2. mes parents / (ne) payer (pas) / mes études à l'université
3. je / (ne) manger (pas) souvent...
4. l'année prochaine / je / espérer...
5. mon (ma) meilleur(e) ami(e) / s'appeler...
6. il (elle) / acheter souvent...
7. chez moi / nous / manger souvent...
8. je / payer cher...

4. Employez les éléments suivants pour poser des questions à vos camarades de classe.

1. tu / manger / souvent au restaurant?
2. tu / aimer / dîner au restaurant universitaire?
3. tu / acheter / beaucoup de cassettes ou de CD?
4. tu / préférer / faire tes devoirs chez toi ou sur le campus?
5. tu / espérer / voyager cet été? Où?
6. tu / payer / tes études toi-même?

---

[2] See **Appendix B** for further details on stem-changing verbs.

The Imperative

The imperative forms of a verb are used to give commands, directions, or instructions. There are three imperative forms in French: the familiar (**tu** form), a collective imperative (**nous** form), and the formal or plural (**vous** form). To create the imperative of a regular -**er** verb, simply remove the subject pronoun from the present-tense form. The remaining verb form is the imperative.

parle	speak *(familiar)*
parlons	let's speak *(collective)*
parlez	speak *(formal or plural)*

- Note that the ending **s** is dropped in the second-person singular form of regular -**er** verbs, but the **s** is retained when the affirmative command is followed by **y** or **en**: **achètes-en; penses-y.**

To make a command negative, place **ne** before the imperative form of the verb and **pas** after it.

Yves, **ne mange pas** trop de chocolat!
N'oublions pas le vin pour notre soirée!
Roger et Marie, **n'achetez pas** de pâtisseries!

5. Vous accompagnez les membres du Cercle français au supermarché où vous achetez des provisions pour un repas de fête. Complétez les phrases suivantes par la forme impérative convenable des verbes entre parenthèses.

1. Peter et Jan, (acheter) _____ du fromage.
2. Mark, (chercher) _____ un bon vin, s'il te plaît.
3. Michelle et Nicole, (apporter) _____ ces paquets au chariot.
4. Sylvia, (trouver) _____ des champignons.
5. Shawn, (acheter) _____ assez de poulet pour vingt personnes.
6. Ensuite, (rentrer) _____ tous ensemble pour faire la cuisine.

The Irregular Verbs être, avoir, faire, aller

Review the present-tense conjugations and the imperative forms of the following commonly used irregular verbs.

être *to be*	faire *to do, to make*
je **suis**	je **fais**
tu **es**	tu **fais**
il / elle / on **est**	il / elle / on **fait**
nous **sommes**	nous **faisons**
vous **êtes**	vous **faites**
ils / elles **sont**	ils / elles **font**
Imperative: **sois, soyons, soyez**	Imperative: **fais, faisons, faites**

avoir *to have*	aller *to go*
j'**ai**	je **vais**
tu **as**	tu **vas**
il / elle / on **a**	il / elle / on **va**
nous **avons**	nous **allons**
vous **avez**	vous **allez**
ils / elles **ont**	ils / elles **vont**
Imperative: **aie, ayons, ayez**	Imperative: **va,**[3] **allons, allez**

6. Posez les questions suivantes à des camarades de classe en ajoutant la forme appropriée des verbes entre parenthèses.

1. Tu (être) _____ en première année à l'université?
2. Tu (faire) _____ du sport?
3. Tes profs (être) _____ plutôt sévères ou sympa?
4. Tu (aller) _____ souvent à la bibliothèque municipale?
5. Tu (avoir) _____ des camarades de chambre?
6. Tes amis (être) _____ étudiants dans cette université?
7. Ton (Ta) meilleur(e) ami(e) (être) _____ plutôt bavard(e) ou réservé(e)?
8. Tes amis (aller) _____ souvent à des soirées?

---

[3] The imperative form **va** takes an **s** when followed by **y: vas-y.**

Aller and faire with Infinitives

Aller + Infinitive

A form of **aller** followed by the infinitive of another verb is one way to speak about the future in French. This construction refers to the near future and corresponds to the English *to be going to* + infinitive.[4]

Je vais acheter du lait.	*I am going to buy some milk.*
Il ne va pas **déjeuner** à la maison demain.	*He isn't going to eat lunch at home tomorrow.*
Ils vont aimer le vin.	*They are going to like the wine.*
Vous allez rester ici.	*You are going to stay here.*

Faire + Infinitive

A form of **faire** followed by an infinitive expresses the concept *to have something done.*

Nous faisons préparer un repas spécial.	*We are having a special meal prepared.*
Je fais essuyer la table.	*I'm having the table wiped.*

- Note the differences in word order between French and English. In French, the infinitive immediately follows the form of **faire**.

7. Employez **aller** + l'infinitif pour indiquer les projets de week-end des personnes suivantes.

1. Je...
2. Mes amis...
3. Mon professeur...
4. Les étudiants de français...
5. Mes copains et moi, nous...
6. Et toi (nom d'un / une camarade de classe), tu... ?

8. Jim, Sébastien et leurs amis préparent une soirée élégante. Ils font faire certaines choses par d'autres personnes. Complétez chaque phrase par la forme appropriée du verbe **faire**.

1. On _____ préparer des hors-d'œuvre.
2. Ils _____ imprimer les invitations.
3. Nous _____ décorer la salle.
4. Tu _____ venir un cuisinier célèbre.
5. Je vais _____ faire des pâtisseries.

---

[4] For more information on **aller** + infinitive, see **Chapitre 10.**

Synthèses

A. Marie, Sophie et Béatrice partagent *(share)* un appartement. Marie raconte à Louise les activités et les habitudes des trois copines. Complétez chaque phrase de Marie par la forme convenable du verbe indiqué.

1. (faire) Nous _____ nos études toutes les trois dans la même université.
2. (écouter) On _____ très souvent la radio.
3. (regarder) Nous _____ la télé pendant le week-end.
4. (aller) On _____ quelquefois au cinéma.
5. (espérer) Moi, j'_____ faire du marketing cette année.
6. (faire) On _____ des courses au supermarché.
7. (manger) Nous _____ presque toujours à l'appartement.
8. (aller) Demain, elles _____ au marché pour acheter des fruits.
9. (préférer / acheter) Béatrice _____ le café instantané, mais Sophie _____ toujours du café moulu *(ground)*.
10. (avoir) Elles _____ toujours des courses à faire.

B. Interview

1. Est-ce que vous aimez les études que vous faites?
2. Est-ce que vous travaillez souvent en bibliothèque?
3. Est-ce que vous dînez souvent au restaurant? Qu'est-ce que vous aimez manger?
4. Est-ce que vous allez souvent au cinéma?
5. D'habitude, qu'est-ce que vous faites le samedi soir?
6. Est-ce que vous regardez beaucoup la télé?
7. Est-ce que vous écoutez souvent la radio?

Lexique personnel
Les préférences et les achats

A. Cherchez les mots qui correspondent aux thèmes suivants:

1. des plats que vous adorez
2. des plats que vous détestez
3. des achats que vous faites souvent au centre commercial
4. des achats que vous faites souvent dans les petits commerces de proximité

B. En utilisant le vocabulaire du chapitre et votre lexique personnel, complétez les phrases suivantes. Ensuite, posez une question appropriée à un(e) camarade de classe pour déterminer ses préférences.

MODELE   J'aime la *pizza*.
          Tu aimes la pizza?

1. J'aime bien le (la, l', les)...
2. Je déteste le (la, l', les)...
3. Je mange souvent du (de la, de l', des)...
4. Je ne mange jamais de (d')...
5. Au centre commercial, j'achète souvent un(e) (du, de la, de l', des)...
6. Dans les petits commerces près de chez moi, j'achète souvent un(e) (du, de la, de l', des)...

Interactions

Une femme vend ses produits au marché à Pointe-à-Pitre, en Guadeloupe.

Activité 1. Mes préférences. La nourriture est souvent liée à nos activités et à nos sentiments. Indiquez vos préférences culinaires dans les circonstances suivantes.

> Quand je suis pressé(e)...
> Quand je suis fatigué(e)...
> Quand je prépare un examen...
> Quand j'ai besoin d'énergie...
> Pour fêter mon anniversaire...
> Quand... ???

Activité 2. La semaine prochaine. Quels sont vos projets pour la semaine prochaine? Décrivez cinq activités que vous pensez faire pendant la semaine et trois projets que vous avez pour le week-end. Indiquez si vous allez faire ces activités avec quelqu'un ou seul(e).

> MODELE   *La semaine prochaine, mes amis et moi, nous allons travailler
> en bibliothèque. Je vais passer un examen de biologie.
> Le week-end prochain, mon camarade de chambre et moi,
> nous allons dîner au restaurant pour fêter son anniversaire.*

Nouns

All French nouns are either masculine or feminine, and there is no fixed rule for determining the gender. You should develop the habit of consulting a dictionary when you are not sure of the gender of a noun.

The plural of most nouns is formed by adding **s** to the singular.

le marché	les marchés
la pêche	les pêches
l'abricot *(m)*	les abricots

Nouns ending in **s, x,** or **z** in the singular do not change in the plural.

le repas	les repas
le prix	les prix
le nez	les nez

Some nouns have irregular plural forms. Some common irregular plurals are listed below. Note that most of these nouns are masculine.[5]

Singular Ending	Plural Ending	Examples	
-eau	-eaux	le couteau	les couteaux
-eu	-eux	le feu	les feux
-al	-aux	l'animal *(m)*	les animaux
-ou	-oux	le bijou	les bijoux

A few nouns have very different forms in the plural.

l'œil *(m)*	les yeux	madame	mesdames
monsieur	messieurs	mademoiselle	mesdemoiselles

The plural of a family name is indicated in French by the use of the plural definite article, but no **s** is added to the proper name itself.

les Dupont	les Martin

1. Vous rentrez d'un voyage en France et vous essayez d'expliquer à votre classe de français certaines habitudes des Français. Complétez chaque phrase par le pluriel des noms suivants.

charcuterie	fruit	magasin	produit
gâteau	morceau	repas	cabas
achat	légume	prix	supermarché

1. Dans la cuisine française, il y a beaucoup de plats où on trouve de petits _____ de viande et des légumes avec une sauce.
2. On mange trois _____ par jour: le petit déjeuner, le déjeuner et le dîner.
3. Pour faire le marché une fois par semaine, les _____ sont très pratiques—et les _____ sont avantageux.

[5] One common exception is **l'eau** (*water*), which is feminine.

4. Mais la qualité des _____ est souvent meilleure dans les petits _____ de proximité.
5. Dans un marché en plein air, on peut acheter des _____ et des _____.
6. Dans une pâtisserie, on peut acheter des _____ extraordinaires, pour un anniversaire, par exemple.
7. Dans les _____ en France, il y a toutes sortes de salades composées.
8. Quand elles fréquentent les petits commerces, les vieilles dames ont souvent des _____ pour porter leurs _____ à la maison.

2. Vous habitez chez Mme Lenoir cet été et vous parlez avec elle pendant qu'elle se prépare à faire les courses. Complétez chaque déclaration en utilisant le pluriel d'une expression de la liste suivante. Il y a peut-être plus d'une réponse possible dans certains cas.

animal	course	fromage	panier	provision
caissière	filet	fruit	pâtisserie	rayon
cerise	fois	légume	petit enfant	sac
chariot	français	oignon	produit	vin rouge

1. J'adore les _____.
2. Pour faire une soupe on a besoin de _____ et d' _____.
3. Les _____ sont bons (bonnes) en été.
4. Je préfère les _____.
5. N'oubliez pas les _____ pour notre soirée.
6. Il fait ses provisions deux _____ par semaine.
7. Les _____ sont pratiques pour faire le marché en France.
8. Je déteste les _____.
9. Les _____ sont nécessaires dans un supermarché.
10. Je n'aime pas faire les _____.

Articles

The Indefinite Article

The indefinite articles **un, une, des** accompany nouns used in a nonspecific sense and correspond to the English *a, an, some.*

	Singular	Plural
Masculine	**un** rayon	**des** rayons
Feminine	**une** pomme	**des** pommes

After most negative constructions, the indefinite articles **un, une, des** become **de.**

—As-tu **un** billet de vingt euros?
—Non, je n'ai pas **de** billet de vingt euros.
—Mais tu vas acheter **une** bouteille de vin ou non?
—Non, pas aujourd'hui, je n'achète pas **de** bouteille de vin. Et je ne vais pas non plus acheter **de** boîtes de conserves.

However, the article does not change after the verb **être** used negatively.

—Ce magasin-là, c'est **une** boucherie?
—Non, ce n'est pas **une** boucherie; c'est une charcuterie.
—Et voilà **des** artichauts!
—Non, ce ne sont pas **des** artichauts; ce sont des poivrons.

3. Des amis se retrouvent au café. Que disent-ils et que font-ils? Complétez chaque phrase par la forme convenable de l'article indéfini (**un, une, des, de**).

1. Cherchons _____ table.
2. Moi, je vais prendre _____ frites.
3. Normalement, je ne commande pas _____ coca.
4. _____ express, s'il vous plaît.
5. On a envie de manger _____ sandwichs.
6. Véronique commande _____ Orangina.
7. On apporte à Isabelle _____ tasse de café.
8. Le groupe ne prend pas _____ dessert.

The Definite Article

The forms of the definite article, **le, la, l', les** correspond to the English word *the*.

	Singular	Plural
Masculine	**le** marché	**les** marchés
Feminine	**la** pâtisserie	**les** pâtisseries
Masculine or Feminine	**l'**hélicoptère	**les** hélicoptères
	l'épicerie	**les** épiceries

The form **l'** is used before both masculine and feminine nouns that begin with a vowel or a mute **h**.[6]

When the definite articles **le** or **les** are preceded by **à** or **de,** the following contractions are made.

à + le → au	Je vais aller **au** marché.
à + les → aux	Il donne le panier **aux** enfants.
de + le → du	Je parle **du** marché.
de + les → des	Elles sont contentes **des** fruits du marché.

There is no contraction with **la** or **l'**.

Elle va **à l'**épicerie.   Elle parle **de la** charcuterie d'à côté.

The definite article is normally used to refer to specific persons or things.

—Où vas-tu?   —*Where are you going?*
—Je vais à **la** boulangerie.   —*I'm going to **the** bakery.*
—N'oublie pas **le** filet et n'oublie pas non plus **les** croissants pour le petit déjeuner.   —*Don't forget **the** grocery bag and don't forget **the** croissants for breakfast either.*

The definite article in French has some uses that do not parallel English usage.[7] For example, the definite article is used when speaking of a thing or things in general, in an abstract sense, or as a whole.

La viande coûte cher.   ***Meat** is expensive.*
Les Français apprécient le progrès.   ***French people** appreciate progress.*
Les traditions sont importantes en France.   ***Tradition** is important in France.*

---

[6] A few French words contain an aspirated **h** and take the definite article **le** or **la: le *héros, le *haricot, le *hors-d'œuvre, le *homard, la *honte, le *huit.** Other exception: **le onze.**
[7] For other uses of the definite article, see *Appendix A.*

The definite article accompanies nouns that follow the verbs listed below, in both affirmative and negative forms, because such nouns are being used in a general sense.

aimer (mieux)	Ils **n'aiment pas le** vin.
adorer	**J'adore la** salade.
préférer	Nous **préférons les** supermarchés.
détester	Elle **déteste les** champignons.
apprécier	Il **apprécie les** marchés français.

4. Voici une conversation entre Christine et Jacques. Complétez le dialogue en utilisant la forme correcte de l'article défini (**le, la, l', les**) et faites les contractions nécessaires avec **à** ou **de** si nécessaire.

—Christine, tu vas (à) _____ marché?

—Salut, Jacques. Oui, je fais _____ marché de la semaine.

—Ah, et _____ provisions coûtent cher, non?

—En effet. C'est pourquoi je préfère _____ supermarché. Mais j'aime certains aspects (de) _____ magasins du quartier aussi. J'aime _____ légumes frais et j'adore parler (à) _____ charcutier.

—Tu parles (de) _____ charcutier là-bas, au coin de la rue? Il est gentil, mais je n'aime pas _____ salades composées qu'il y a dans son magasin. Je vais souvent (à) _____ rayon charcuterie (de) _____ supermarché. _____ viande est très bonne à Carrefour.

—Ah! Les goûts et les couleurs... C'est _____ vie, non?

The Partitive

The partitive is formed with **de** + the definite article. It corresponds to the English words *some* or *any*.

Masculine Noun	J'achète **du** lait.
Feminine Noun	Il commande **de la** viande.
Vowel Sound or Mute **h**	Demandez **de l'**eau.

This construction is called the partitive because it refers to *part* of a whole. In English, we often omit the words *some* or *any*, even when they are implied. In French, you must use the partitive whenever the sense of the sentence limits the quantity to which you are referring. To see if you need to use the partitive, ask yourself: Do I mean all of the concept referred to or only part of it?

J'achète **du** lait.	*I'm buying (**some**) milk.* (Not all the milk in the store.)
Il commande **de la** viande.	*He orders (**some**) meat.* (Not all of it.)
Demande **de l'**eau, s'il te plaît.	*Ask for (**some**) water, please.* (Only part of all the water available.)

Note that **des** is considered to be an indefinite article when it is the plural of **un / une** and denotes things that can be singled out and counted: **Il a une pomme. / Il a *des* pommes.** The same form **des** is a true partitive article when it denotes things that cannot be counted: **Il mange *des* épinards** *(spinach)*. This distinction is purely grammatical, however, and does not change the basic rules governing the use of the plural article **des**.

In the negative, **de (d')** is used.

Il achète **du** vin.	Il n'achète pas **de** vin.
Je mange **de la** viande.	Je ne mange pas **de** viande.
Jetez **de l'**eau sur le feu.	Ne jetez pas **d'**eau sur le feu.
Elle apporte **des** fruits.	Elle n'apporte pas **de** fruits.

De (d') is also used with a plural adjective that precedes a noun, especially in written French.

Ils ont **des** amis.	Ils ont **de bons** amis.
Elle visite **des** hôtels chers.	Elle visite **de grands** hôtels.
Elle achète **des** fruits.	Elle achète **d'excellents** fruits.

Most expressions of quantity use only **de (d')** before a noun. Here are some widely used expressions of quantity.

assez de *enough*	Tu as **assez de** café?
pas mal de *quite a few*	Il y a **pas mal de** clients dans le magasin.
beaucoup de *a lot, many, much*	Elle fait **beaucoup d'**achats.
peu de *few*	Il y a **peu de** magasins ouverts le dimanche en France.
un peu de *a little*	Achetez **un peu de** fromage.
trop de *too much*	J'ai **trop de** courses à faire.
tant de *so much*	N'achète pas **tant de** vin.
moins de *fewer, less*	Achetons **moins de** fruits.
une bouteille de *a bottle of*	Il apporte **une bouteille de** vin.
un verre de *a glass of*	Il désire **un verre d'**eau.
une tasse de *a cup of*	Je commande **une tasse de** café.
un kilo de *a kilo of*	Je vais acheter **un kilo de** viande.
un morceau de *a piece of*	Tu manges **un morceau de** gâteau?
une tranche de *a slice of*	Je vais manger **une tranche de** jambon.
une boîte de *a can of*	Va chercher **une boîte de** petits pois.

	Negative	→	Il n'a **pas de (d')**	{ pommes. / épinards.
des → de (d')	Quantity	→	Il a **beaucoup de (d')**	{ pommes. / épinards.
	Preceding Adjective	→	Il a **de**	{ **bonnes** pommes. / **bons** épinards.

The expressions **la plupart** (*most*) and **bien** (*many*) are exceptions and always take **des** before a plural noun.

La plupart des gens aiment le vin.
Bien des étudiants travaillent en bibliothèque.

Some verbal expressions use only **de** before a noun, such as **manquer de** (*to lack*) and **changer de** (*to change*).

Nous **manquons de** fruits à la maison.   *We are out of fruit at home.*
On n'aime pas **changer de** boulangerie.   *People don't like to change bakeries.*

Expressions such as **avoir besoin de** (*to need*) and **se passer de** (*to do without*) use **de** alone when they are followed by a noun used in the partitive sense.

Tu as **de l'**argent pour faire les courses?
Non, j'**ai besoin d'**argent.

When these expressions are followed by a singular noun used in a particular, nonpartitive sense, the indefinite article is retained because of its numerical value.

Tu as deux cabas. Tu peux m'en prêter un?
Oui, je peux **me passer d'un** cabas aujourd'hui. (*numerical value*)

BUT:

Je vais **me passer du** filet rouge. (*definite article: specific item*)
Généralement, je **me passe de** filet. (*general sense: any item of a kind*)

5.   Virginie et Laura déjeunent dans un petit restaurant près du boulevard St-Michel. Complétez leurs remarques par la forme appropriée des éléments entre parenthèses.

1. (de / des) Il y a beaucoup _____ clients dans le restaurant.
2. (de / de la) Demande s'il y a _____ place pour deux.
3. (du / de) Moi, je vais commander _____ poulet.
4. (de la / de) Mais moi, je ne mange pas _____ viande.
5. (du / de) Vous désirez _____ vin, mesdemoiselles?
6. (du / de) Une demi-bouteille _____ rouge, s'il vous plaît.
7. (de l' / d') Apportez _____ eau aussi, s'il vous plaît.
8. (du / de) A la fin du repas, je vais demander _____ fromage.
9. (des / de) Moi, non, je vais commander _____ fraises.
10. (des / d') Très bien. Ils ont _____ excellentes fraises ici.
11. (du / de) Une tasse _____ café pour moi aussi.
12. (d' / de l') On mange bien ici, et on dépense peu _____ argent!

6.   Employez les éléments indiqués pour poser des questions à vos camarades de classe. Faites attention à l'emploi des articles.

1. tu / acheter / beaucoup / vêtements?
2. tu / aimer / films d'aventure / ou / films d'amour?
3. tu / avoir / voiture?
4. tu / manger / souvent / hamburgers?
5. tu / apprécier / cuisine française?
6. tu / avoir / frères / ou / sœurs?
7. tu / préférer / bière / ou / coca / avec / pizza?
8. tu / avoir besoin / argent?

Certain uses of articles in French parallel English usage. When you use *a* or *an* in English, the indefinite article **un** or **une** is usually appropriate in French. If English usage specifies *the*, the definite article **le, la, l', or les** is used in French.

J'apporte **un** cabas.	*I am bringing **a** tote bag.*
Nous allons à **la** boulangerie.	*We are going to **the** bakery.*

Particular attention should be paid to cases where French and English uses of articles may not be parallel:

- English often omits the article altogether. In French, however, nouns are usually not used without articles.
- In French, the definite article may accompany both a noun used in a general sense and a noun used in a specific sense.
- If the concepts of *some* or *any* are either stated or implied in English, the partitive must be used in French.

Compare the following examples:

GENERAL SENSE	**La** viande coûte cher.	*Meat is expensive.*
SPECIFIC SENSE	**La** viande que vous achetez coûte cher.	*The meat that you're buying is expensive.*
PARTITIVE SENSE	J'achète **de la** viande.	*I'm buying (**some**) meat.*

Be careful not to use the definite article when the context of the sentence limits the quantity being referred to and calls for the partitive. To say something like **As-tu *le* coca?** would be very confusing to a French speaker. Either you would be referring to the entire concept of Coca-Cola, which is impossible in the context of *Do you have . . . ?* or you would be referring to some specific Coca-Cola that had been previously discussed, as in **As-tu le coca (que nous allons servir à la soirée)?** The notion of *Do you have (any) Coke?* requires the partitive in French: **As-tu *du* coca?**

Synthèses

A. Martin rentre aux Etats-Unis après une année à Paris. Il raconte à ses amis comment on fait les courses en France. Complétez les phrases de Martin en ajoutant la forme convenable des articles (définis, indéfinis ou partitifs).

1. Certains Français n'aiment pas _____ hypermarchés; ils préfèrent _____ commerces de proximité.

2. Ils préfèrent acheter _____ provisions tous les jours.

3. A _____ épicerie, ils achètent _____ boîtes de conserve, _____ farine, _____ vin et _____ produits alimentaires, mais pas _____ viande.

4. Ils vont à _____ boulangerie pour acheter _____ pain et _____ pâtisseries.

5. Les Français utilisent de plus en plus _____ aliments surgelés.

6. A _____ charcuterie on trouve _____ porc, _____ poulet, _____ salades composées et _____ charcuterie en général.

7. Moi, personnellement, j'aime bien _____ supermarché; _____ supermarchés français ressemblent beaucoup aux supermarchés américains.

8. Mais même au supermarché, on a besoin d' _____ chariot ou d' _____ panier.

9. On n'a pas _____ sacs en papier; il y a _____ petits sacs en plastique.

10. _____ viande et _____ produits surgelés coûtent cher en France, mais les Français achètent peu _____ produits de luxe surgelés.

11. Au marché, on trouve _____ bons légumes frais et _____ fruits superbes. J'adore _____ marchés en plein air, peut-être parce que nous, aux Etats-Unis, on n'a pas beaucoup _____ marchés.

12. Surtout, les Français n'aiment pas se passer _____ pain, et ils hésitent souvent à changer _____ boulangerie, parce qu'ils préfèrent _____ croissants et _____ baguettes d'un certain boulanger.

B. Vous essayez de donner à Mme Lenoir une idée de certaines préférences alimentaires en Amérique. Complétez les déclarations suivantes pour donner une image de vos habitudes alimentaires.

1. Le week-end, d'habitude, je mange _____.

2. En général, j'aime la viande, mais je ne mange pas _____.

3. Quand je fais les courses, j'achète normalement _____.

4. Franchement, je déteste _____.

5. Mais, j'adore _____.

6. Au déjeuner, je mange souvent _____.

7. Chez nous, on prépare très souvent _____.

8. Pour un repas de fête, j'aime bien préparer _____.

C. Interview. Répondez aux questions suivantes.

1. Achetez-vous les provisions de la semaine le samedi?

2. Préparez-vous du café tous les matins?

3. Aimez-vous le café? le thé?

4. Faites-vous beaucoup de courses le vendredi soir?

5. Achetez-vous souvent des pâtisseries françaises?

6. Y a-t-il un marché en plein air près de chez vous?

7. Préférez-vous payer en espèces ou par carte bancaire?

8. Faites-vous certains achats tous les jours?

Pour s'exprimer

Track 2

Ecoutez d'abord les conversations «Au café» et «A l'hypermarché» qui se trouvent sur le CD sous le titre «Faire les courses». Après avoir écouté les conversations, complétez les activités qui suivent.

CONTEXTE: Nous sommes à Rennes, une ville universitaire de Bretagne. Véronique, Sébastien et Isabelle prennent un pot au café avec un copain américain, Jim. Ecoutons leur conversation.

A l'écoute

A. La conversation qui a lieu au café est ponctuée de questions. Certaines de ces questions sont plus importantes que d'autres pour faire avancer le dialogue. A votre avis, quelles sont les trois questions essentielles du dialogue? Expliquez pourquoi.

B. Quels articles y a-t-il dans le chariot de Jim et d'Isabelle quand ils arrivent à la caisse? Faites la liste des provisions qu'ils achètent.

C. Ecoutez attentivement les propos échangés entre Isabelle et Sébastien. Répétez le rôle de Sébastien en imitant son intonation. Quelle sorte de personnalité a-t-il, à votre avis? Isabelle est-elle d'accord avec vous? Dites pourquoi.

D. Identifiez dans le dialogue cinq mots ou expressions qui ne font pas encore partie de votre vocabulaire français (par exemple: **un diabolo-menthe**). Expliquez quels aspects du dialogue facilitent leur compréhension.

A vous la parole

Voici quelques expressions utiles pour réagir à une déclaration ou une suggestion. Imaginez que vous préparez un pique-nique avec un groupe d'amis français! Lisez les remarques de vos ami(e)s et répondez à chacune avec une des expressions suivantes en justifiant votre réaction.

Réactions positives	Réactions marquant l'indifférence	Réactions négatives
Formidable!	Ça m'est égal.	Zut!
Sensationnel!	C'est sans importance.	C'est dommage!
Fantastique!	Tant pis!	C'est affreux!
Chouette!	Je m'en fiche.	Oh non! C'est pas possible!
Mais si... !	Pas question!	
Pas de problème!		
Super!		

MODELE — *On va jouer au football après le pique-nique.*
— *Super! J'adore jouer au football.*
OU: — *Oh non! C'est pas possible! Tout le monde n'aime pas jouer au football.*

1. Allons faire un pique-nique demain.
2. Nous allons apporter du vin, du pain et du fromage.
3. Magali va apporter une radiocassette.
4. Tu vas acheter des fruits et des pâtisseries.
5. Marc va amener son gros chien.
6. Je vais inviter plus de vingt personnes.
7. On va aussi inviter notre prof de français.
8. Tout le monde va aller au parc à bicyclette.
9. Il ne va pas y avoir de bière.
10. Il va peut-être pleuvoir demain.

Situations orales et écrites

A. Vous allez préparer un repas typiquement américain pour des étudiants étrangers qui passent l'année dans votre université. En groupes, parlez des plats que vous allez préparer et des provisions nécessaires pour préparer vos plats. Ensuite, comparez les réponses des différents groupes pour composer un seul menu.

B. Vous passez l'été avec la famille Albet. Madame Albet vous demande ce que vous mangez ou ne mangez pas. Une étudiante joue le rôle de Madame Albet et vous lui expliquez vos préférences.

C. Des jeunes gens de Guadeloupe visitent votre campus. Ils pensent que les jeunes Américains ont beaucoup d'argent à dépenser et qu'ils consomment beaucoup. Composez une description de vos habitudes de consommation. Ensuite, comparez vos réponses aux réponses de vos camarades de classe. Que pouvez-vous répondre aux invités guadeloupéens?

D. Votre correspondant(e) en France vous envoie un e-mail et il (elle) demande ce que vous mangez pendant une journée normale. Composez une réponse à sa question.

Structures III

Voilà *and* il y a

Both **voilà** and **il y a** mean *there is, there are,* but the two constructions are used in different senses.

Voilà is used to point out or indicate something. It is the verbal equivalent of gesturing with your hand to show something to someone.

> Regardez, **voilà** les Dupont. Les **voilà** déjà?
> **Voilà** les fruits que vous cherchez.

Il y a simply states the existence or presence of something.

> **Il y a** un marchand de fruits par ici. **Il y a** des marchés couverts en France.

Note that both constructions are invariable, even when they are the equivalents of *there are.*

1. Vous allez au restaurant universitaire avec Martine Paradis du Canada. Utilisez **voilà** ou **il y a** pour compléter la conversation suivante.

—Ah, regarde Martine, _____ mes copains qui déjeunent ensemble.

—Est-ce qu'_____ de la place près d'eux?

—Oui, regarde, _____ justement deux places. Qu'est-ce qu'_____ au menu aujourd'hui?

— _____ du poulet et de la pizza. Ah, mais, _____ deux plats américains que je n'aime vraiment pas.

— C'est dommage, mais _____ aussi des sandwichs. Achetons des sandwichs et sortons.

2. Complétez par **voilà** ou **il y a** les phrases suivantes qui racontent une scène typique en cours de français.

1. Dans mon cours de français _____ (nombre) étudiants.
2. Attention! _____ le prof. Il arrive.
3. _____ une petite interrogation aujourd'hui?
4. _____ beaucoup de questions dans l'interro?
5. Oh, là, là, _____ une interro vraiment difficile.
6. L'interrogation est terminée. Eh bien, _____.

Interactions

Activité 1. A la dernière minute. Des amis arrivent chez vous vers six heures du soir et vous les invitez à dîner. Décrivez le repas que vous allez préparer à la dernière minute.

Activité 2. La publicité. Lisez les publicités qui suivent de l'hypermarché Géant et identifiez les mots ou les expressions les plus importants. D'après ces publicités, comment voyez-vous que les Français apprécient les cuisines étrangères? Pourquoi le saumon, la pizza, les lasagnes et les nuggets de poulet représentent-ils des affaires très intéressantes? Quels jeux de mots sur le nom du magasin "Géant" existent dans ces publicités?

Activité 3. Les produits américains à l'étranger. Choisissez un des produits américains suivants et avec un(e) partenaire, créez une publicité pour le vendre en France. Inspirez-vous des pubs de l'*Activité 2.*

Coca-Cola   Campbell's Soup
Kellogg's Pop-Tarts   Quaker Oatmeal
Equal Sweetener   Orville Redenbacher Popcorn

Perspectives

Mise en train

Sujets de réflexion

1. La vie est composée de quelques instants rares qui donnent des plaisirs minuscules mais profonds. Trouvez dans votre vie des exemples d'odeurs, de goûts, de sensations que vous conservez affectueusement.

2. Y a-t-il certains moments de la journée que vous préférez à d'autres? Pourquoi?

3. Y a-t-il un petit magasin, une boutique de commerce que vous aimez fréquenter, où vous allez souvent avec plaisir? Qu'est-ce qui lui donne son charme?

Philippe Delerm

Philippe Delerm est né en 1950 et, après ses études, il devient professeur de lettres. Il a déjà publié dix livres lorsque La Première Gorgée de bière et autres plaisirs minuscules *paraît en 1997. Ce petit ouvrage de moins de cent pages a tout de suite connu un succès phénoménal. L'auteur fixe sur le papier une série de trente-quatre courts tableaux où l'on retrouve les plaisirs des moments fugitifs de la vie quotidienne qu'on ne prend jamais le temps de savourer. Dans cet extrait, intitulé* Le croissant du trottoir, *Philippe Delerm porte son attention sur un aliment sans grande signification apparente, l'humble croissant que l'on consomme sur un trottoir en sortant d'une boulangerie un matin d'hiver.*

Avant de lire

1. Vous observez une personne qui savoure une bière (ou une autre boisson délicieuse!). Quel rituel semble diriger ses gestes? Quelle nourriture prenez-vous pour procurer un instant de plaisir?

2. Dans le premier paragraphe du texte, certains détails permettent de préciser le moment et le lieu de l'action. Où et à quel instant se passe cette scène?

littéraires

Philippe Delerm: *La Première Gorgée de bière*
Le croissant du trottoir

On s'est réveillé le premier. Avec une prudence de guetteur° indien on s'est habillé, faufilé° de pièce en pièce. On a ouvert et refermé la porte de l'entrée avec une méticulosité d'horloger°. Voilà. On est dehors, dans le bleu du matin ourlé° de rose: un mariage de mauvais goût s'il n'y avait le froid pour tout purifier. On souffle un nuage
5 du fumée à chaque expiration: on existe, libre et léger sur le trottoir du petit matin. Tant mieux si la boulangerie est un peu loin. Kerouac mains dans les poches, on a tout devancé°: chaque pas est une fête. On se surprend à marcher sur le bord° du trottoir comme on faisait enfant, comme si c'était la marge° qui comptait, le bord des choses. C'est du temps pur... quand tous les autres dorment.

10 Presque tous. Là-bas, il faut bien sûr la lumière chaude de la boulangerie—c'est du néon, en fait, mais l'idée de chaleur lui donne un reflet d'ambre. Il faut ce qu'il faut de buée° sur la vitre quand on s'approche, et l'enjouement° de ce bonjour que la boulangère réserve aux seuls premiers clients—complicité de l'aube°.

—Cinq croissants, une baguette moulée° pas trop cuite!

15 Le boulanger en maillot de corps° fariné se montre au fond de la boutique, et vous salue comme on salue les braves à l'heure du combat.

On se retrouve dans la rue. On le sent bien: la marche du retour ne sera pas la même. Le trottoir est moins libre, un peu embourgeoisé par cette baguette coincée° sous un coude, par ce paquet de croissants tenu de l'autre main. Mais on prend un
20 croissant dans le sac. La pâte est tiède, presque molle°. Cette petite gourmandise dans le froid, tout en marchant: c'est comme si le matin d'hiver se faisait croissant de l'intérieur, comme si l'on devenait soi-même four°, maison, refuge. On avance plus doucement, tout imprégné de blond pour traverser le bleu, le gris, le rose qui s'éteint°. Le jour commence, et le meilleur est déjà pris.

© Editions Gallimard, 1997

scout
crept
watchmaker / edged

left behind / edge
margin

vapour / enjoyment
dawn

shaped

undershirt

stuck

soft

oven

is fading

Synthèses

Après la lecture

1. Le croissant se mange d'habitude le matin. Pour le narrateur, acheter ses croissants au supermarché, emballés dans un sac en plastique, donne-t-il la même satisfaction que de les acheter à la boulangerie? Suggérez pourquoi.

2. Résumez les activités et l'esprit du narrateur dans le premier paragraphe. Pourquoi dit-il qu'il se sent «libre et léger sur le trottoir du petit matin»?

3. Quelle image de la boulangerie Delerm donne-t-il? Le mot «chaleur» est utilisé au deuxième paragraphe. Donnez au moins deux ou trois exemples qui illustrent l'effet ou la cause de cette chaleur.

4. Que fait le personnel de la boulangerie pour établir le contact humain avec les clients? En quoi ce moment de la journée est-il différent du reste du jour?

5. Dans quelle mesure la rue est-elle différente au moment où le narrateur sort de la boulangerie? Le croissant qu'on mange devient symbolique de quelque chose. Expliquez.

Pour mieux lire

1. L'ambiance de la ville ou du village est suggérée dans ce tableau. Quels sont les éléments du texte qui caractérisent la situation urbaine?

2. On peut même parler d'un style «impressionniste» chez Philippe Delerm. Relevez dans le texte les allusions à la couleur et à la lumière. Quels rapports existent entre les sensations et les sentiments?

3. A votre avis, quelles phrases du dernier paragraphe résument le plus parfaitement l'importance et le symbolisme du petit croissant?

Liens culturels

1. Dans la vie quotidienne, nous adoptons certains rythmes personnels qui gouvernent nos activités au cours de la journée. Est-il vrai que nous perdons la possibilité de créer ces rythmes pour nous-mêmes? Quels moments vous permettent de conserver un rythme personnel? Trouvez un instant de petit bonheur dans votre vie qui offre des plaisirs comme le croissant de Philippe Delerm.

2. Comment imaginez-vous l'avenir du commerce? Va-t-on éliminer les petits commerces comme celui de la boulangerie présentée par Philippe Delerm? Quel rôle va jouer la technologie dans le commerce? Va-t-on diminuer le nombre de grandes surfaces? Quelle va être l'attitude des gens vis-à-vis de la consommation? Y a-t-il déjà dans la société des signes pour indiquer une nouvelle orientation?

Chapitre 2
Modes de vie

LE MODERNE S'HARMONISE SOUVENT AVEC L'ANCIEN DANS LE PAYSAGE URBAIN ET RURAL EN FRANCE.

Cultural Focus

- Living Situations in France, Past & Present
- Lifestyles of Young People in France Today

Literary Reading

- Annie Ernaux: *Les Armoires vides* (excerpt)

Structures

I
- Regular **-ir** Verbs
- Regular **-re** Verbs
- Negation
- Basic Question Patterns

II
- Reflexive and Reciprocal Verbs
- Irregular **-oir** Verbs

III
- Idioms with **être** and **avoir**
- **Depuis** + Present Tense

Functions

- Describing Daily Routines
- Describing States and Conditions
- Asking and Answering Questions

Perspectives

Le Vieux Paris

A Paris, beaucoup d'immeubles datent d'avant 1900. A l'époque de la révolution industrielle, bon nombre de familles rurales quittent leur province natale pour s'installer dans la capitale, et la population de Paris augmente rapidement. Les ruraux deviennent souvent des commerçants. Dans la plupart des quartiers où vivent ces gens, les rez-de-chaussée sont occupés par des commerces. Le propriétaire du magasin et sa famille habitent généralement au premier étage, au-dessus du magasin. Les autres étages sont occupés par des locataires. Le tableau de Michel Delacroix montre bien ce Paris de la Belle Epoque (1900–1914).

Michel Delacroix (né en 1933), Vieux Paris

Le Paris du baron Haussmann

Entre 1853 et 1870, un administrateur français, le baron Eugène Haussmann, entreprend un immense projet de démolition et de construction qui transforme la capitale. Ses Grands Boulevards deviennent des artères de grande circulation. Les règlements imposés à la construction des nouveaux immeubles (nombre limité d'étages, façades en pierre, balcons en fer forgé...) sont rigoureux. Les bâtiments sont d'une architecture remarquablement uniforme et donnent à la ville son caractère unique.

De nos jours, dans ce pays où on aime *les vieilles pierres*, on préfère souvent réhabiliter au lieu de démolir, pour conserver un lien matériel avec le passé.

Immeuble d'habitation bourgeois à Paris

culturelles

Immeubles de construction récente

Près de la moitié de la population française habite en appartement. Même si les ménages français, dans leur majorité, se déclarent satisfaits de leurs conditions de logement, on déplore le plus souvent: le manque d'espace–la surface moyenne des appartements est de 66 mètres carrés [approx. 710 pieds carrés] et des maisons individuelles, 103 mètres carrés [approx. 1108 pieds carrés]–le bruit et l'insécurité. Aujourd'hui, le nombre de personnes par ménage diminue: moins de naissances, moins de générations vivant ensemble. De plus, le nombre de résidences occupées par une personne seule augmente (48 pour cent à Paris).

Sarcelles: logements sociaux des années 50 près de Paris

Sarcelles: une cité de banlieue (Boileau et Labourdette, architectes)

La banlieue, à l'origine, est l'ensemble des agglomérations qui entourent une grande ville. Aujourd'hui, le mot désigne souvent des ensembles isolés d'immeubles construits dans la périphérie des villes après 1950. Les résidents de ces cités ont souvent des revenus modestes. On y trouve aussi beaucoup de familles d'immigrés. En général, le chômage y est courant, et les résidents–surtout les jeunes–se sentent marginalisés et coupés de la population active. Sarcelles, dans la banlieue située juste au nord de Paris, est un exemple de ces grands ensembles typiques de l'urbanisme des cités des années 1950 et 1960.

Place de Catalogne: logements sociaux (Ricardo Bofill, architecte)

La municipalité est propriétaire d'un nombre important de logements sociaux, le contraire des maisons individuelles. Certains de ces appartements sont des habitations à loyer modéré (HLM), c'est-à-dire réservés aux gens qui ont de petits revenus. L'architecte catalan, Ricardo Bofill, considère que les Français ont une certaine nostalgie pour les formes et les matériaux classiques (colonnes, pierre, etc.), et Bofill les emploie dans la construction de ses HLM, même si les colonnes sont aujourd'hui en verre et le béton est utilisé pour imiter la pierre.

Style néo-classique de R. Bofill à l'époque actuelle (Place de Catalogne, Paris)

Culture générale

Compréhension

1. La période qu'on appelle la Belle Epoque se situe entre les années _____ et _____.

2. A quel moment est-ce que beaucoup de Français ont quitté la campagne pour s'installer à Paris?

3. Comment peut-on caractériser la forme architecturale des bâtiments dans le tableau de Delacroix?

4. Dans beaucoup de ces bâtiments, on trouve _____ au rez-de-chaussée, _____ au premier étage et _____ aux autres étages.

5. Quel effet visuel est-ce que les travaux du baron Haussmann ont eu sur l'architecture de la ville de Paris?

Sujets de réflexion

A. Michel Delacroix: *Vieux Paris*. Imaginez la vie quotidienne des résidents du quartier vers l'année 1900. Qui habite dans les appartements? Que font les résidents pendant la journée?

B. Cherchez le «Baron Haussmann» dans une encyclopédie ou sur un moteur de recherche *(search engine)* du web. Quelle justification est-ce qu'on peut donner pour la création de ses Grands Boulevards? Aimez-vous l'architecture uniforme des bâtiments construits à l'époque du baron Haussmann?

Vocabulaire actif

Modes de vie

Le logement
une **agglomération** populated area
des **cités-dortoirs** *(f)* bedroom communities
le **foyer** home
un **grand ensemble** apartment complex
une **HLM (habitation à loyer modéré)** subsidized housing
un **immeuble collectif** multi-family housing
un **locataire** renter
un **logement social** public housing
une **maison individuelle** single family house
un **ménage** household
un **propriétaire** owner
le **rez-de-chaussée** ground floor

Les problèmes sociaux
le **cambriolage** breaking and entering
le **chômage** unemployment
la **délinquance** delinquency
l'**insécurité** *(f)* lack of safety

La technologie
un **clip** music video
le **courrier électronique** e-mail
le **fax** fax machine
les **informations** *(f pl)* news
le **web** WWW

Les activités quotidiennes

Les activités personnelles
se **coiffer** to fix one's hair
se **coucher** to go to bed
se **dépêcher** to hurry
se **détendre** to relax
s'**en aller** to leave
être **de retour** to be back
être **en retard** to be late
s'**habiller** to get dressed
se **laver** to wash oneself

Culture contemporaine

Compréhension

1. Un logement typique en France est plus / moins grand qu'un logement typiquement américain. Expliquez.
2. En général, les Français sont contents / mécontents de leurs conditions de logement?
3. Quels problèmes existent en France dans le domaine du logement?
4. Quelles tendances démographiques influencent le logement en France actuellement? Expliquez.
5. Quelle sorte de logements se trouve dans les cités de banlieue en France? Décrivez les résidents de ce genre de logement.
6. Citez deux problèmes qui existent dans ces cités de banlieue.
7. Quelle est votre réaction devant la photo de Sarcelles?
8. Quelle sorte de logement est-ce que l'architecte Ricardo Bofill a créée à la Place de Catalogne à Paris? Décrivez le style souvent utilisé par Bofill.

Sujets de réflexion

A. La surface moyenne d'un appartement et d'une maison en France vous semble-t-elle relativement petite, grande ou normale? Sur quels critères fondez-vous votre jugement? A votre avis, combien de personnes peuvent vivre confortablement dans un appartement correspondant à la surface moyenne des appartements français?

B. Que signifie le mot «banlieue» en France? Comment la signification de ce mot évolue-t-elle? Que désigne le mot «banlieue» dans le contexte de votre propre culture? Qui habite les banlieues chez vous? Le mot «banlieue» correspond-il aux mêmes réalités en France et dans votre culture?

Pour plus d'activités, visitez:
http://interaction.heinle.com

se lever to get up
se peigner to comb one's hair
se raser to shave
rentrer to come home
se réveiller to wake up

Les conditions
avoir besoin de to need
avoir envie de to feel like
avoir faim to be hungry
avoir l'air to seem
avoir le trac to be afraid; to be nervous
avoir mal à... to have an ache

avoir raison to be right
avoir sommeil to be sleepy

Les activités scolaires
bachoter to prepare for an exam
bouquiner to read *(coll.)*[1]
bûcher to cram *(coll.)*
se débrouiller to manage
passer un examen to take an exam
présenter sa candidature to be a candidate
rater to fail (an exam)

redoubler to repeat (a year)
réussir à to succeed; to pass (an exam)

Les expressions scolaires
le bac *abbrev. of* le baccalauréat
le baccalauréat diploma based on a series of exams taken at the end of secondary education
le bachotage studying for an exam *(coll.)*
du boulot work *(coll.)*

un bouquin book *(coll.)*
une carrière career
un cours course
un devoir written assignment
un diplôme diploma
une dissertation an essay
un exposé classroom presentation
la fac *abbrev. of* la faculté
la faculté university division
le lycée last three years of secondary school
la seconde first year of lycée
la terminale last year of lycée

[1] *coll.* = colloquial

Exercices de vocabulaire

A. Choisissez dans la liste l'expression qui accompagne chacune des phrases suivantes.

avoir le trac	se détendre	se coucher	être en retard
avoir faim	se lever	avoir sommeil	avoir raison
s'habiller	rentrer	se laver	se coiffer

1. On met des jeans et un pullover pour aller au match de football.
2. Vous avez pris le petit déjeuner à huit heures et il est maintenant deux heures de l'après-midi.
3. Votre camarade de chambre est très stressé(e) à cause des examens.
4. Après votre dernier cours, vous retournez à votre résidence.
5. Un étudiant arrive à neuf heures vingt pour son cours de neuf heures.
6. Vous assistez à une conférence *(a lecture)* très ennuyeuse.
7. Le réveil *(alarm)* sonne à sept heures du matin.
8. On aime prendre sa douche le matin.
9. Vous faites une présentation devant un public de cinquante personnes.
10. Vous avez fini tous vos devoirs, et il est une heure du matin.
11. Une étudiante fait sa toilette avant de sortir le samedi soir.
12. Votre prof de maths pose une question très difficile, et vous donnez la bonne réponse.

B. Complétez chaque phrase par l'expression appropriée du *Vocabulaire actif.* Il y a quelquefois plus d'un choix possible.

1. Il y a eu un _____ chez mon voisin; quelqu'un est entré dans son appartement et a pris son poste de télé.
2. Mes amis sont actuellement _____ de leur appartement; ils paient une somme élevée chaque mois.
3. L'appartement de ma copine se trouve au _____ de son immeuble.
4. La plupart des Français habitent dans des _____ urbaines.
5. Cette famille a de la chance. Elle vient d'acheter une maison et tout le monde est content d'être _____.
6. La famille Albet habite la banlieue, dans une petite _____ avec son propre jardin et un garage.
7. Dans un _____, il y a souvent beaucoup d'appartements.
8. Les gens qui n'ont pas beaucoup d'argent habitent souvent dans des _____.

C. Pour chacune des notions suivantes, trouvez un synonyme dans le *Vocabulaire actif.*

1. l'examen de fin d'études secondaires
2. un manuel scolaire
3. l'université
4. préparer un examen
5. lire
6. un petit emploi
7. ne pas être reçu à un examen
8. refaire une année scolaire
9. une présentation en cours
10. être reçu à un examen

En 1850, 75% de la population française est rurale. Au début du vingt et unième siècle, la France est à 75% urbaine. Le mouvement d'industrialisation a été responsable de la diminution du nombre d'agriculteurs au dix-neuvième siècle et une nouvelle fois dans les années 50. L'urbanisation française continue d'avoir des conséquences importantes sur les conditions de vie dans les grandes villes et dans les communes rurales, mais depuis quelques années on assiste aussi à un nouveau phénomène: un exode urbain.

Depuis 1990, il y a une érosion de la population urbaine, notamment dans la région parisienne, mais aussi dans les villes de plus de 200 000 habitants. Le bruit, la circulation et l'insécurité des zones urbaines incitent leurs habitants à chercher une vie plus paisible, proche de la nature. On appelle ce phénomène la «rurbanisation» et ceux qui composent cette nouvelle population les «néo-ruraux». Mais beaucoup de ces personnes qui quittent la ville pour s'installer à la campagne n'abandonnent pas leur goût du confort. Elles veulent connaître les plaisirs d'un milieu rural à condition de pouvoir rester en liaison avec le reste du monde par la communication électronique (Minitel, courrier électronique, fax, web, etc.), d'avoir des grandes surfaces à proximité et d'avoir accès aux services administratifs décentralisés.

La grande majorité des Français habitent pourtant en zone urbaine, c'est-à-dire dans des communes de plus de 2 000 habitants. Dans la population générale, 56% des ménages habitent une maison individuelle. Par comparaison, on trouve que dans l'Union européenne, le nombre de maisons individuelles est le plus élevé chez les Belges (85%) et les Portugais (73%); le plus faible chez les Italiens (24%) et les Allemands (37%). La proportion des maisons individuelles dans les villes est, bien sûr, inférieure au nombre d'appartements. Et la proportion des ménages qui sont propriétaires de leur résidence est beaucoup plus faible pour les appartements que pour les maisons individuelles. Les locataires d'appartements parisiens, par exemple, sont trois fois plus nombreux que les propriétaires. Parmi les locataires, il faut aussi signaler le nombre de personnes habitant en HLM, c'est-à-dire en habitations à loyer modéré.

La France possède plus de 3 millions de résidences HLM dont la très grande majorité ont été construites depuis 1948. Il s'agit, pour la plupart, d'immeubles collectifs où le nombre de familles d'immigrés et de ménages avec enfants est important, surtout en banlieue. Les cités, ces ensembles de résidences HLM situés le plus souvent à l'extérieur des villes, représentent aujourd'hui une source d'inquiétude pour leurs habitants. Les jeunes des cités se sentent fréquemment oubliés par la société. En effet, dans les familles d'origine étrangère, où les conditions de vie et les résultats scolaires sont nettement moins favorables que pour les autres enfants, le nombre de jeunes au chômage est deux fois plus élevé que dans la population générale. Les statistiques montrent aussi que c'est dans les cités HLM de banlieue que le climat social est en détérioration, que la délinquance se manifeste le plus souvent et qu'on enregistre un nombre inquiétant d'infractions à la loi. On a quelque raison, cependant, d'être optimiste, car la moyenne délinquance (vols, cambriolages) diminue depuis quelques années.

A l'heure actuelle, le foyer semble devenir de plus en plus important dans les modes de vie en France. La durée des années d'études des enfants, le vieillissement de la population, dû à l'accroissement de l'espérance de vie, la possibilité de travailler à domicile grâce aux moyens de communication électronique (malheureusement aussi, quelquefois, l'augmentation du chômage) expliquent en partie pourquoi les Français passent de plus en plus de temps chez eux. Les rapports à l'intérieur de la famille vont nécessairement évoluer en conséquence. La famille et surtout les relations parents-enfants restent la première des préoccupations des Français. Pour eux, la famille est encore une valeur sûre, et la très grande majorité des 15–24 ans pensent que leurs relations avec leurs parents sont bonnes ou plutôt bonnes. Voilà une statistique encourageante!

Compréhension

1. La majorité de la population actuelle en France est rurale ou urbaine?

2. Le déplacement des Français vers les villes au vingtième siècle a eu lieu à cause de _____.

3. Actuellement, il y a beaucoup de Français qui quittent les villes à cause de _____ pour aller habiter _____.

4. Vrai ou faux? Les Français, dans la grande majorité, habitent en appartement. Expliquez votre choix.

5. Vrai ou faux? La majorité des Français qui habitent en appartement sont propriétaires de leur logement. Expliquez votre choix.

6. Vrai ou faux? Une HLM, c'est une résidence pour des familles aisées. Expliquez votre choix.

7. Pour la plupart, qui habite en HLM?

8. Citez quelques problèmes qui existent dans l'ensemble des HLM.

9. Pourquoi les Français commencent-ils à passer de plus en plus de temps à la maison?

10. Quelle est l'attitude générale des jeunes Français envers leurs familles?

Discussion

A. On parle de deux types d'exodes: l'exode rural et l'exode urbain. Quelles raisons pouvez-vous trouver pour expliquer ces deux phénomènes? Comparez votre liste et celles de vos camarades de classe.

B. Vivez-vous en ville, en banlieue ou à la campagne? Appartenez-vous au groupe des néo-ruraux? Habitez-vous en appartement ou en maison individuelle? En quoi la vie d'un citadin est-elle différente de celle d'un habitant de la campagne?

C. Expliquez la notion d'habitation à loyer modéré (HLM). Qui habite ces logements? Est-ce que les HLM sont toutes situées dans des cités de banlieue? Quelle est l'explication la plus logique aux problèmes qui se manifestent aujourd'hui dans les cités situées à l'extérieur des villes?

D. Un des sens du mot «foyer» est «le lieu où habite une famille». Quels éléments de la vie moderne semblent indiquer que le foyer devient de plus en plus important aujourd'hui? Avez-vous l'impression que les relations parents-enfants dans la société française actuelle sont à peu près les mêmes que dans votre société?

Expansion

E. Le dictionnaire Robert définit le terme *urbanisme* ainsi: «Etude systématique des méthodes permettant d'adapter l'habitat urbain aux besoins des hommes». Si une ville, comme Paris, existe depuis des siècles, quelles sont les adaptations qu'elle doit effectuer pour répondre aux besoins de la vie moderne? Etudiez les rapports entre commerces et habitants; le problème des jeunes et des personnes âgées; la qualité des logements, etc.

F. Le phénomène de l'exode urbain concerne l'histoire de beaucoup de pays. A quel moment apparaît-il dans l'histoire de votre pays? Qu'est-ce qui se passe quand une partie importante de la population quitte la ville pour aller s'établir dans la périphérie? Quelles sont les motivations des gens? La tendance actuelle est-elle de vouloir habiter en appartement ou en maison individuelle? Habiter à la campagne est-il plus facile ou moins facile aujourd'hui? Pourquoi?

G. Comparez les notions de «ghetto» et de «cité de banlieue». Quelles sont les similarités et les différences que vous observez entre les deux concepts? A quelles sortes de difficultés les résidents de ces types d'habitations sont-ils confrontés? Quelles sortes de solutions pouvez-vous proposer pour remédier à cette situation?

Regular -*ir* Verbs

To form the present tense of regular -**ir** verbs, drop the -**ir** ending of the infinitive and add the appropriate endings to the remaining stem:
-**is, -is, -it -issez, -issent.**

finir *to finish*	
je fin**is**	nous fin**issons**
tu fin**is**	vous fin**issez**
il / elle / on fin**it**	ils / elles fin**issent**

The Imperative

To form the imperative of a regular -**ir** verb, simply use the present tense **tu, nous,** or **vous** form and omit the subject pronoun.

>   **Finis** ton travail, Bruno. *(familiar)*
>   **Finissons** notre boulot. *(collective)*
>   **Finissez** le devoir pour demain. *(formal or plural)*

Note the -**iss**- infix that appears in the plural forms of all regular -**ir** verbs.

Following is a list of some regular -**ir** verbs.

bâtir *to build*	**obéir** *to obey*
choisir *to choose*	**punir** *to punish*
finir *to finish*	**réfléchir** *to think*
grandir *to grow up*	**remplir** *to fill*
nourrir *to nourish, to feed*	**réussir à** *to suceed, to pass*

1.   Pour pouvoir faire des projets avec des amis, vous devez trouver le moment où tout le monde est libre. Utilisez la forme correcte du verbe **finir** pour compléter les phrases suivantes.

  1. Mon amie _____ son travail vers cinq heures.
  2. Mes camarades de chambre _____ les cours à quatre heures.
  3. Tu _____ tes devoirs à sept heures?
  4. Nous _____ de dîner vers six heures.
  5. Vous _____ de travailler à six heures?
  6. Je _____ de travailler à six heures.

2.   Répondez aux questions suivantes ou posez-les à un(e) camarade de classe.

  1. Choisissez-vous vos propres cours chaque semestre?
  2. Remplissez-vous beaucoup de fiches *(forms)* au début du semestre?
  3. Réussissez-vous à tous vos examens?
  4. Finissez-vous toujours tous vos devoirs?
  5. Obéissez-vous à vos professeurs?
  6. Réfléchissez-vous déjà à votre avenir?

Regular -re Verbs

To form the present tense of regular **-re** verbs, drop the **-re** ending of the infinitive and add the appropriate endings to the remaining stem:
-s, -s, —, -ons, -ez, -ent.

> **répondre** *to answer*
>
> | | |
> |---|---|
> | je répond**s** | nous répond**ons** |
> | tu répond**s** | vous répond**ez** |
> | il / elle / on répond | ils / elles répond**ent** |

- Note that the **il / elle / on** form adds no ending to the basic stem.

The Imperative

Réponds à ton père, Bruno. *(familiar)*
Répondons au professeur. *(collective)*
Répondez aux questions. *(formal or plural)*

Following is a list of some regular **-re** verbs.

attendre *to wait for*		**descendre** *to go down*	
perdre *to lose*		**répondre** *to answer*	
dépendre *to depend*		**entendre** *to hear*	
rendre *to give back*		**vendre** *to sell*	

3. Utilisez la forme appropriée des verbes indiqués pour décrire quelques aspects de la vie des jeunes.

1. Nous (répondre) _____ toujours aux questions de nos parents.
2. Mon copain (vendre) _____ sa voiture.
3. Il y a des étudiants qui (rendre) ne _____ jamais leurs devoirs.
4. Tu (entendre) _____ le réveil? Lève-toi!
5. Vous (perdre) _____ votre temps à bavarder au téléphone.
6. J'(attendre) _____ mes amis devant le cinéma.
7. On (descendre) _____ la rue à pied pour aller en ville.
8. Est-ce que je suis content(e) de ma vie? Ça (dépendre) _____ du jour.

4. Répondez aux questions suivantes.

1. Attendez-vous avec impatience la fin du semestre?
2. Rendez-vous souvent des livres à la bibliothèque?
3. Est-ce que votre professeur répond toujours aux questions de la classe?
4. Est-ce que vos amis descendent souvent en ville?
5. Est-ce que les étudiants vendent leurs bouquins à la fin du semestre?

5. Vous êtes président(e) du Cercle français de l'université et vous organisez la première réunion de l'année. Utilisez l'**impératif** des verbes indiqués pour donner les ordres suivants.

> MODÈLE   Dites aux autres étudiants de réfléchir à l'avenir du club.
> *Réfléchissez à l'avenir du club.*

1. Proposez au groupe de choisir un projet intéressant.
2. Proposez au groupe de vendre des bonbons.
3. Dites à tous les membres de remplir les fiches.
4. Dites à une des personnes de répondre aux lettres.
5. Dites à une des personnes de ne pas perdre l'argent du club.
6. Dites à une des personnes d'attendre la prochaine réunion.
7. Proposez au groupe de finir la réunion.
8. Proposez au groupe de descendre au café.

Negation

Basic Negative Constructions

To form a basic negative construction, place **ne** before the conjugated verb and **pas** (or other negative expression) after the conjugated verb.

The most common negative expressions are summarized below.

ne... pas	*not*	Il **ne** répond **pas**.
ne... plus	*no longer*	Elle **ne** travaille **plus** ici.
ne... jamais	*never*	Ils **ne** s'ennuient **jamais**.
ne... rien	*nothing*	Nous **n'**achetons **rien**.
ne... personne	*no one*	Il **n'**aime **personne**.
ne... pas encore	*not yet*	Je **n'**ai **pas encore** de congé.
ne... ni... ni...	*neither . . . nor . . .*	Elle **n'**a **ni** sœurs **ni** frères.
ne... que	*only*	Il **n'**a **que** quelques euros sur lui.
ne... nulle part	*nowhere*	On **ne** va **nulle part** ensemble.

Most negative expressions are adverbs, which explains why they are placed directly after the conjugated verb. However, **rien** and **personne** are pronouns that may also be used as the subject or object in a sentence. In such cases, these negatives are placed in the normal subject or object position. **Ne** is still placed before the verb.

Je **ne** vois **rien**.   **Rien** n'arrive ici.
Il **n'**aime **personne**.   **Personne** ne va à ce concert.

- Note that **ne... ni... ni...** and **ne... que** do not follow the pattern of other negative expressions. Instead of always following the conjugated verb, **ni** and **que** are placed before the word they modify.

  Le vendredi soir, je **ne** regarde d'habitude **que** les informations.
  Elle **n'**achète **que** des CD.

1. English usage prohibits a double negative. Although there may be several negative concepts in a thought group in English, only one of them is expressed negatively.

   *No one ever buys **anything** at that store **anymore**.*

   In French, each negative concept is expressed by the appropriate negative expression placed in its normal location. When there is more than one negative following a verb, the negative adverbs will precede the negative pronouns. Remember to place **ne** before the verb.

   Personne n'achète **jamais plus rien** dans ce magasin.

2. Remember also to omit **pas** when using any other negative expression.

Uses of Articles in Negative Constructions

- After most negative expressions, the partitive form **de** is used.

  Il **ne** boit **pas de** bière.
  Nous **ne** mangeons **jamais de** pâtisseries.
  Il **n'**y a **plus de** beurre dans le frigo.

- With **ne... ni... ni...** , a partitive or indefinite article will be dropped completely, but a definite article will be retained.

  Il boit **de la** bière et **du** vin.   Il **ne** boit **ni** bière **ni** vin.
  J'ai **une** moto et **un** vélo.   Je **n'**ai **ni** moto **ni** vélo.
                                              BUT:
                                              Il **n'**aime **ni** la bière **ni** le vin.

- After **ne... que,** a definite article and a partitive will be retained. The partitive is retained because this construction does not negate the noun; it simply qualifies the noun.

  Nous **ne** fréquentons **que** les   *We go **only** to the local cafés.*
     cafés du quartier.
  Il **ne** boit **que** de la bière.   *He drinks **only** beer.*
  Je **n'**apporte **que** des fruits.   *I'm bringing **only** fruit.*

- Remember also that after **être** used negatively, the partitive will also be retained, because the concept is not being negated, only qualified.

  Ce **n'**est **pas de la** bière;   *That's **not** beer, that's apple juice.*
     c'est du jus de pomme.

Other Uses of the Negative

- In negative questions, both **ne** and the appropriate negative expression assume their normal positions. In response to a negative question, **si** is used instead of **oui** if the answer is affirmative.

    N'allez-vous **pas** à la soirée?   Non, je ne vais pas à la soirée.
    Vous **n'**allez **pas** à la soirée?   **Si,** je vais à la soirée.

- With reflexive verbs (see page 48), **ne** is placed before the reflexive pronoun.

    —Tu t'amuses à la soirée?
    —Non, je **ne** m'amuse **pas** tellement. Je **ne** m'entends **pas** avec ce groupe.

- An infinitive may be made negative by placing both elements of the negative expression before the infinitive.

    Il préfère **ne pas** partir.
    Nous désirons **ne plus** avoir de soirées chez nous.
    Faites attention de **ne jamais** aller là-bas.

6. Votre camarade de chambre est de très mauvaise humeur. Il / Elle dit le contraire de ce que vous dites. Faites les transformations en utilisant les mots indiqués. Employez **je** comme sujet en répondant aux phrases 6, 7 et 8.

1. Nous faisons **quelque chose** d'intéressant aujourd'hui. (ne... rien)
2. **Tout le monde** va s'amuser à la soirée chez nos copains. (personne... ne)
3. On s'amuse **toujours** chez Annick. (ne... jamais)
4. Pour le déjeuner, je voudrais **de la** pizza et **du** coca. (ne... ni... ni)
5. Tu as besoin de **quelque chose** pour te détendre. (ne... rien)
6. Mais alors! Aujourd'hui tu critiques **tout.** (ne... rien)
7. Tu es **toujours** de mauvaise humeur. (ne... jamais)
8. On va **quelque part** ce soir? (ne... nulle part)

7. Déborah et Richard parlent d'une fête récente. Déborah n'est pas d'accord avec les critiques de Richard. Complétez ses réponses en utilisant les expressions négatives présentées dans le chapitre.

1. —Margot invite encore des personnes ennuyeuses.
   —Mais non, _____.
2. —Margot sert toujours de la pizza et du coca à ses invités.
   —Mais non, _____.
3. —Tout le monde s'ennuie chez elle.
   —Au contraire, _____.
4. —Quelque chose de désagréable arrive toujours pendant ses fêtes.
   —Mais non, _____.
5. —Et on est toujours obligé d'apporter quelque chose à la soirée.
   —Au contraire, _____.
6. —Il y a toujours quelqu'un d'impossible chez Margot.
   —Ce n'est pas vrai, _____.
7. —On passe toujours des CD démodés.
   —Mais écoute, _____.
8. —Tout le monde part toujours trop tôt.
   —Mais qu'est-ce que tu racontes? _____

8. **Interview.** Répondez aux questions suivantes.
   1. Est-ce que vous êtes toujours élève de high school?
   2. Qui parle chinois dans cette classe?
   3. Mangez-vous souvent du pâté de foie gras?
   4. Est-ce que vous fumez?
   5. Avez-vous quelque chose d'intéressant à faire ce soir?

9. Vous êtes parfois mélancolique. Complétez les phrases suivantes avec vos idées personnelles.
   1. Je ne suis plus...
   2. Personne ne...
   3. Je ne suis jamais...
   4. Je ne vais jamais...
   5. Rien ne...
   6. Je n'ai plus...
   7. Je n'aime ni... ni...
   8. Je ne suis ni... ni...

Basic Question Patterns

To transform a declarative statement into a question for which a *yes* or *no* answer is expected, the techniques outlined below are used. These transformations apply to all simple tenses.

Est-ce que

The simplest and most common way to ask a question is to place **est-ce que** at the beginning of the sentence. Using **est-ce que** requires no change in word order.

Declarative Sentence	Question
Vous restez à la maison	**Est-ce que** vous restez à la maison?
Les enfants font un pique-nique.	**Est-ce que** les enfants font un pique-nique?
Jean va finir ses devoirs.	**Est-ce que** Jean va finir ses devoirs?

Rappel! Rappel!

Do not try to translate **est-ce que.** Think of it as a single unit that transforms statements into questions, much like a question mark.

10. Pour apprendre quelque chose sur vos camarades de classe, employez les éléments suivants et la forme **est-ce que** pour composer des questions.
   1. tu / habiter / dans une résidence universitaire?
   2. tu / déjeuner / toujours à la cafétéria?
   3. tu / habiter / avec quelqu'un?
   4. tu / avoir / beaucoup de cours chaque semestre?
   5. en général, tu / aimer bien / tes cours?
   6. tu / aller / souvent à des soirées?

Inversion

When the subject of a sentence is a pronoun, a question may also be formed by inverting the subject and verb.

Declarative Sentence	Question
Vous restez à la maison.	**Restez-vous** à la maison?
Il va au marché.	**Va-t-il** au marché?
Nous allons réussir à l'examen.	**Allons-nous** réussir à l'examen?

When the subject of the sentence is a noun, the noun subject itself cannot be inverted. However, a pronoun that agrees in gender and number with the preceding noun subject can be inserted directly after the verb to form the question.

Declarative Sentence	Question
Les enfants restent à la maison.	**Les enfants restent-ils** à la maison?
Jean va au marché.	**Jean va-t-il** au marché?

- Note that, for pronunciation purposes, a **-t-** is inserted between third-person singular verbs that end in a vowel and their subject pronoun, as in **Va-t-il?** and **Ecoute-t-elle?**

N'est-ce pas ou Non

Placed directly after a declarative sentence, **n'est-ce pas** or **non** may be used to form a question when confirmation of the statement is anticipated. **N'est-ce pas?** or **non?** is the equivalent of the English expressions *isn't that right?*, *aren't they?*, *doesn't he?*, etc.

Declarative Sentence	Question	
Vous restez ici.	Vous restez ici, **n'est-ce pas / non?**	*You're staying here, **aren't you?***
Les enfants font un pique-nique.	Les enfants font un pique-nique, **n'est-ce pas / non?**	*The children are having a picnic, **aren't they?***
Jean finit ses devoirs.	Jean finit ses devoirs, **n'est-ce pas / non?**	*John is finishing his homework, **isn't he?***

Rappel! Rappel!

In everyday conversation, questions are often formed by using intonation—that is, a rising tone of voice. Because this is the simplest way of asking a question, it is the pattern that is most often heard in popular speech. Although a very useful form in informal conversation, it is rarely encountered in written language or in formal situations.

Declarative Sentence	Question
Vous restez ici.	Vous restez ici?
Les enfants font un pique-nique.	Les enfants font un pique-nique?
Jean finit ses devoirs.	Jean finit ses devoirs?

11. Employez chacun des verbes pour poser des questions à un(e) camarade de classe au sujet de la personne (ou des personnes) indiquée(s) entre parenthèses. Utilisez l'inversion du verbe et du pronom sujet.

MODELE   (ta mère) avoir des frères et des sœurs
                  —A-t-elle des frères et des sœurs?

1. (ton père) travailler
2. (tes parents) habiter près d'ici
3. (tes parents et toi) déjeuner souvent ensemble
4. (ton [ta] meilleur[e] ami[e]) être étudiant(e)
5. (ton prof de français) rendre vite les devoirs
6. (tes camarades de classe et toi) parler souvent français
7. (toi) avoir des frères et des sœurs
8. (tes frères ou tes sœurs) être gentil(le)s
9. (ton [ta] camarade de chambre) parler beaucoup
10. (toi et moi) terminer cet exercice

12. Vous désirez partager un appartement avec quelqu'un. Employez les expressions suivantes et posez des questions à des «candidats» dans la classe. Utilisez l'inversion.

aimer faire la cuisine	avoir un animal domestique
aimer faire le marché	travailler beaucoup
aimer les animaux	fumer
aller à l'université	parler souvent au téléphone
???	???

13. Qui sont vos camarades de classe? Interviewez vos voisins en associant à votre choix les verbes et les éléments indiqués. Employez toutes les formes interrogatives. Ecoutez la réponse de la personne, puis posez encore une question ou faites une autre remarque.

MODELE   *—Tu as des frères et des sœurs?*
                  —Oui, j'ai une sœur.
                  —Est-elle étudiante?
                  —Non, elle est médecin.

acheter	un appartement
aimer	du boulot
avoir	des cassettes ou des CD
choisir	une chaîne stéréo
dîner	des copains
être	tes devoirs
finir	des frères et des sœurs
habiter	étudiant(e)
parler	raisonnable
???	en ville
	???

Lexique personnel

La vie de famille

A. Cherchez les mots qui se rapportent aux sujets suivants:

1. les différents membres de votre famille
2. l'habitation de votre famille
3. vos activités en famille

B. Employez les éléments suivants pour poser des questions à un(e) camarade de classe. Ensuite, répondez vous-même à chaque question en utilisant le vocabulaire du chapitre et votre lexique personnel.

1. ta famille / habiter / un appartement ou une maison individuelle?
2. combien de chambres / il y a / dans cette maison ou cet appartement? combien de salles de bain?
3. tu / avoir / une famille nombreuse *(large)?*
4. tu / avoir / des frères et sœurs? / ils (elles) / être / étudiant(e)s? / ils (elles) / travailler?
5. à quelle heure / ta famille / dîner / d'habitude? / vous / dîner toujours / tous ensemble?
6. ta famille / regarder / souvent la télévision? / A quelle heure?

Reflexive and Reciprocal Verbs

A reflexive verb is always accompanied by a reflexive pronoun that refers to the subject of the verb and indicates that the subject is performing an action on or for itself. The reflexive pronoun is placed after the subject and directly before the verb.

se réveiller *to wake (oneself) up*	
je **me** réveille	nous **nous** réveillons
tu **te** réveilles	vous **vous** réveillez
il / elle / on **se** réveille	ils / elles **se** réveillent

Following is a list of some of the more common reflexive verbs.[2]

s'arrêter *to stop*	**se laver** *to wash*
se brosser *to brush*	**se lever** *to get up*
se coucher *to go to bed*	**se moquer de** *to make fun of*
se détendre *to relax*	**se peigner** *to comb*
se fâcher *to become angry*	**se raser** *to shave*
s'habiller *to get dressed*	**se reposer** *to rest*

The pronouns **me, te,** and **se** drop the **-e** before verb forms beginning with a vowel or a mute **h.**

> Elles **s'**habillent élégamment.
> Je **m'**arrête à la charcuterie.

To form the negative of a reflexive verb, place **ne** before the reflexive pronoun and **pas** (or another appropriate negative expression) after the verb.

> Je **ne** me réveille **pas** tôt.
> Vous **ne** vous réveillez **jamais** vite.

If a reflexive verb is used in the infinitive form following a conjugated verb, the reflexive pronoun is placed before the infinitive and must agree in person and number with the subject of the conjugated verb.

Je désire **me reposer.**	**Nous** allons **nous dépêcher.**
Tu ne dois pas **te fâcher.**	**Vous** savez **vous débrouiller.**
Anne adore **s'amuser.**	**Mes frères** détestent **se réveiller** tôt.

To form an affirmative command, place the reflexive pronoun after the verb form and attach the pronoun to the verb by a hyphen.

> **Dépêche-toi.** *(familiar)*
> **Reposons-nous.** *(collective)*
> **Réveillez-vous.** *(formal or plural)*

- Note that the pronoun **te** changes to the stressed form **toi** when in this final position. Remember to drop the final **-s** on the familiar imperative of reflexive verbs that end in **-er.**

[2] Most of these verbs are regular **-er** verbs, although you may see verbs of other conjugations used reflexively. The fact that a verb is reflexive does not alter its normal conjugation: **se lever** is conjugated like **lever.**

In a negative command, the reflexive pronoun will precede the verb form. **Ne** is placed before the reflexive pronoun and **pas** after the verb form.

Ne te moque pas de ta sœur, Bruno!
Ne nous levons pas si tôt demain!
Ne vous couchez pas si tard, les enfants!

For reflexive verbs, the simplest way to form a question is to use **est-ce que.** To use inversion with reflexive verbs, invert only the subject pronoun. The reflexive pronoun remains in its normal position before the verb.

Est-ce que vous vous amusez?	**Vous amusez-vous?**
Est-ce qu'elle se repose?	**Se repose-t-elle?**

Inversion poses no special problem when the subject of a reflexive verb is a noun. Insert the appropriate extra subject pronoun after the verb form, as outlined above.

Les enfants se couchent-ils?
Jean se lave-t-il?

Reciprocal verbs are identical in structure to reflexive verbs. When a verb is used reciprocally, the reflexive pronoun indicates that two or more persons are performing actions on or for each other rather than on or for themselves.

Nous nous voyons souvent.	*We see each other often.*
Vous vous regardez.	*You look at each other.*
Ils s'aiment beaucoup.	*They like each other a lot.*

Because two or more persons must be involved in reciprocal actions, only the plural forms (**nous, vous, ils, elles**) of verbs may be used reciprocally. For emphasis, or to avoid confusion, the construction **l'un(e) l'autre** or **les un(e)s les autres** may be added after the verb.

Ils se regardent.	*They look at themselves.* (REFLEXIVE)
Ils se regardent les uns les autres.	*They all look at each other.* (RECIPROCAL)
Elles se voient.	*They see themselves.* (REFLEXIVE)
Elles se voient l'une l'autre.	*They both see each other.* (RECIPROCAL)

Certain verbs change meaning when used reflexively. Following is a partial list of such reflexive verbs.

aller *to go*	**s'en aller** *to go away*
amuser *to amuse*	**s'amuser** *to have a good time*
débrouiller *to straighten out*	**se débrouiller** *to get by, to manage*
demander *to ask*	**se demander** *to wonder*
dépêcher *to send quickly*	**se dépêcher** *to hurry*
ennuyer *to bother*	**s'ennuyer** *to get bored*
entendre *to hear*	**s'entendre** *to get along*
habituer *to familiarize*	**s'habituer à** *to get used to*
rendre compte *to account for*	**se rendre compte de** *to realize*
tromper *to deceive*	**se tromper** *to be wrong*

Rappel! Rappel!

Like the idiomatic reflexive verbs listed above, many verbs can be used reflexively or nonreflexively, depending on whether the action of the verb is reflected on the subject or on a different object. Remember, in the reflexive construction, the subject and the object are the same person(s).

Il s'amuse.	*He has a good time.*
Il amuse son frère.	*He amuses his brother.*
Vous vous arrêtez.	*You stop.*
Vous arrêtez la voiture.	*You stop the car.*
Elles se couchent.	*They go to bed.*
Elles couchent les enfants.	*They put the children to bed.*

1. Vous envoyez un e-mail à votre correspondant(e) *(pen pal)* au Maroc pour décrire votre vie de tous les jours. Complétez les phrases suivantes en utilisant la forme appropriée des verbes indiqués.

1. Je (se lever) _____ normalement à _____ heures.
2. Ensuite, je (se coiffer) _____ et je (s'habille) _____.
3. Mon (Ma) camarade de chambre (se laver) _____ avant moi. Alors je dois souvent (se dépêcher) _____ pour ne pas être en retard.
4. Normalement, on (se coucher) _____ vers onze heures.
5. Le week-end, je (se coucher) _____ assez tard, mais je (se reposer) _____ le dimanche.
6. Mes amis et moi, nous (se retrouver) _____ souvent au cinéma le samedi soir.
7. Tous les étudiants (s'amuser) _____ beaucoup aux soirées pendant le week-end.
8. Tu vois que je (s'ennuyer) ne _____ jamais!

2. Dans chaque famille on entend souvent les mêmes ordres. Employez la forme impérative d'un verbe approprié pour compléter les phrases suivantes. Il y a souvent plus d'un choix possible.

se débrouiller	se lever	s'habiller	s'amuser
se coucher	se moquer	se raser	se dépêcher

1. Alors les enfants, _____! Vous êtes en retard pour prendre le car scolaire.
2. Toi et ton / ta petit(e) ami(e), _____ au bal, mais rentrez avant une heure!
3. Quand même, ne _____ pas en jean pour aller au Palais de Justice!
4. Tu n'as pas fini ta dissertation pour le cours d'anglais? Alors, _____!
5. Ne _____ pas de ta sœur. Ce n'est pas gentil!
6. Alors vous autres, _____! Il est deux heures du matin!
7. _____! Tu ne vas pas porter la moustache à ton âge.
8. Tu as cours à huit heures, il est sept heures et demie et tu es toujours au lit. _____!

Synthèses

A. Interview. Posez les questions suivantes à des camarades de classe.

1. A quelle heure est-ce que tu te couches normalement?
2. A quelle heure est-ce que tu te lèves pendant le week-end?
3. Qu'est-ce que tu fais pour te détendre?
4. Est-ce que tu te reposes le soir?
5. Avec qui est-ce que tu te fâches quelquefois?
6. Où est-ce que tu t'ennuies?
7. Comment est-ce que tu t'habilles normalement?
8. Avec qui est-ce que tu t'amuses beaucoup?
9. Avec qui est-ce que tu te disputes quelquefois?
10. Toi et tes parents, est-ce que vous vous téléphonez souvent?

B. La même étudiante canadienne prépare un article sur les habitudes des étudiants américains pour le petit journal de son université au Québec. Elle a besoin d'exemples précis et vous acceptez de parler de vos habitudes. Complétez chaque phrase par un verbe pronominal réfléchi ou réciproque approprié.

1. Si je n'ai pas de devoirs à faire le soir, je...
2. Si je ne finis pas mes devoirs avant le cours, je...
3. Avant de préparer une dissertation difficile, je...
4. Après avoir passé un examen difficile, je...
5. Quand un cours n'est pas très intéressant, je...
6. Si je rate un examen, je...

Interactions

Activité 1. Le mode de vie aux Etats-Unis. Khadija, votre correspondante au Cameroun, vous écrit un e-mail et elle veut savoir comment vivent les Américains en général. En groupes de trois ou quatre personnes, composez des phrases qui décrivent le mode de vie d'une famille typique aux Etats-Unis.

Activité 2. Les week-ends des Américains. Décrivez votre emploi du temps pendant la semaine, puis expliquez comment vos activités changent pendant le week-end. Comparez vos habitudes avec celles de vos camarades de classe. Quelles sont les activités les plus populaires?

Activité 3. **Les week-ends des Français.** Comparez vos résultats de l'*Activité 2* avec les activités typiques des Français.

Les week-ends des Français

Les activités pratiquées habituellement par les Français pendant les week-ends:

- 65 % restent à la maison à lire, regarder la télévision, bricoler, écouter de la musique.
- 39 % sortent au moins une journée, se promènent dans les rues ou à la campagne.
- 20 % travaillent (à la maison ou ailleurs).
- 19 % partent à la campagne dans leur résidence secondaire, chez des parents ou amis.
- 16 % bricolent.
- 14 % jardinent.
- 14 % font une «virée», une journée ou plus, en vélo, moto, voiture, train, car...
- 11 % font des courses.
- 11 % font du sport, seuls ou en club, en salle ou en plein air.
- 10 % vont au cinéma, au théâtre, au restaurant.
- 9 % s'occupent de cuisine, réceptions et font des écarts gastronomiques.
- 8 % visitent des musées ou expositions.
- 8 % vont danser, vivent la nuit.
- 6 % s'occupent d'eux-mêmes.
- 6 % font des excursions, des visites culturelles.

Secodip/Openers

Irregular **-oir** *Verbs*

vouloir *to want*	**voir** *to see*	**devoir** *to have to; to owe*
je **veux**	je **vois**	je **dois**
tu **veux**	tu **vois**	tu **dois**
il / elle / on **veut**	il / elle / on **voit**	il / elle / on **doit**
nous **voulons**	nous **voyons**	nous **devons**
vous **voulez**	vous **voyez**	vous **devez**
ils / elles **veulent**	ils / elles **voient**	ils / elles **doivent**

pouvoir *to be able*	**recevoir** *to receive*	**savoir** *to know*
je **peux**	je **reçois**	je **sais**
tu **peux**	tu **reçois**	tu **sais**
il / elle / on **peut**	il / elle / on **reçoit**	il / elle / on **sait**
nous **pouvons**	nous **recevons**	nous **savons**
vous **pouvez**	vous **recevez**	vous **savez**
ils / elles **peuvent**	ils / elles **reçoivent**	ils / elles **savent**

- Note that the verb **devoir** has two different meanings. When it means *to owe*, it is followed by a direct object, usually indicating a sum: **Je dois cinq dollars à mes parents.** When **devoir** means *to have to*, it is an auxiliary verb and is followed by the infinitive form of a main verb.

Je **dois faire mes devoirs** maintenant.	*I **have to do my homework** now.*
Vous **devez vous reposer** un peu.	*You **have to rest** a little.*
Elles **doivent répondre** aux questions.	*They **must answer** the questions.*

The verbs **falloir**, **valoir mieux**, and **pleuvoir** are all impersonal verbs that are conjugated only in the **il** form but may be used in any tense.

falloir *to have to; to be necessary*	**il faut**
valoir mieux *to be better*	**il vaut mieux**
pleuvoir *to rain*	**il pleut**

- Note that **falloir** and **valoir mieux** are followed by the infinitive of another verb.

Il faut répondre.	*It is necessary to answer.*
Il vaut mieux rentrer.	*It's better to go home.*

Used in this way, **falloir** has the same basic meaning as **devoir**, but **devoir** is conjugated in all persons. **Falloir** is considered to be more general and somewhat stronger in its statement of necessity.

Il faut rentrer.	*It is necessary to go home.*
Je dois rentrer.	*I have to go home.*

Falloir and **devoir** are interchangeable when **il faut** is used with the appropriate indirect-object pronoun to make the statement of necessity more personal, although **il me faut** is considered to be more formal.

Il me faut rentrer.	**Je dois** rentrer.

The expression **valoir la peine** means *to be worth the trouble*. Its subject will always be a thing, not a person, and it is used only in the third-person singular or plural.

Ce travail vaut la peine.	**Les études valent la peine.**

3. Vous travaillez dans un hôtel qui accueille beaucoup de touristes francophones. Un client vous demande de l'aider. Complétez le dialogue en utilisant la forme appropriée des verbes indiqués.

—Bonjour, Monsieur / Mademoiselle. Est-ce que vous (pouvoir) _____ me rendre un service?

—Oui, je (vouloir) _____ bien vous aider, Monsieur. Qu'est-ce que vous (vouloir) _____?

—Eh bien, je (devoir) _____ téléphoner à un hôtel à Los Angeles pour réserver une chambre. Mes enfants (voir) _____ toute la publicité pour le parc d'attractions là-bas, et ils (vouloir) _____ y aller. Est-ce que vous (pouvoir) _____ téléphoner de ma part à l'hôtel?

—Oui, oui, bien sûr, Monsieur. Je (pouvoir) _____ très bien faire cette commission, mais je ne (savoir) _____ pas les détails de votre séjour à Los Angeles.

—Je (pouvoir) _____ vous les donner tout de suite. Il s'agit de l'Hôtel Méridien qui (recevoir) _____ beaucoup de touristes français. Nous (devoir) _____ arriver à Los Angeles demain et nous (vouloir) _____ y passer trois nuits, si l'hôtel (pouvoir) _____ nous proposer un tarif raisonnable.

4. Les personnes suivantes peuvent faire exactement ce qu'elles veulent le week-end prochain. Employez le verbe **vouloir** plus un infinitif pour indiquer les préférences des personnes en question.

1. Nous...
2. Mes camarades de chambre...
3. Mon ami(e)...
4. Monsieur / Madame _____ (nom de votre prof de français), vous...
5. Moi, je...

5. Nous sommes obligés de faire toutes sortes de choses dans la vie. Parlez de ces obligations et complétez chaque début de phrase en utilisant une expression d'obligation (**devoir, il faut, il vaut mieux**).

- En cours de français...
- Pendant le week-end...
- Pour être heureux dans la vie...
- Avant de rentrer...
- Pour avoir de bons copains...

- Pour s'entendre avec les membres de sa famille...
- Pour réussir dans la vie...
- Ce soir...

Pour s'exprimer

Track 3

Ecoutez d'abord la conversation entre les membres de la famille Dumont, puis parlez de votre propre vie quotidienne.

CONTEXTE: Nous allons maintenant faire la connaissance de la famille Dumont. Pierre est architecte et sa femme, Sophie, est psychiatre. Ils ont trois enfants: Philippe, 18 ans, est en terminale au lycée; Béatrice, 16 ans, est élève de seconde; Bruno, 13 ans, est en quatrième. Joignons-nous à eux dans leur appartement à Paris.

A l'écoute

A. Pour chacune des situations suivantes, choisissez la réponse appropriée. Puis, justifiez votre réponse en vous basant sur le dialogue.

1. Béatrice demande la permission...
   a. de faire une soirée chez elle.
   b. de dormir chez Caroline à Clichy.
   c. de rentrer à onze heures du soir en métro.

2. D'après la réponse que Béatrice obtient de ses parents on peut conclure que...
   a. son père lui donne la permission de rentrer à 10 h.
   b. sa mère trouve que Béatrice n'est pas très sérieuse.
   c. Béatrice peut sortir mais pas en métro.

3. Quand Bruno dit: «Marché conclu!» il accepte...
   a. de faire de son mieux pour avoir un dix-neuf en anglais la prochaine fois.
   b. que son père lave la voiture à sa place dimanche matin.
   c. de faire ses devoirs samedi, puis de laver la voiture et de jouer au foot le lendemain.

4. Philippe...
   a. prépare son départ aux Etats-Unis.
   b. souffre d'un mal de tête provoqué par le bachotage.
   c. rate son bac.

B. La famille Dumont se met à table pour dîner. Relevez trois questions posées par Monsieur Dumont, Madame Dumont et Philippe pour obtenir des renseignements sur la nourriture qui est servie. Que répond-on à ces questions? Répétez les questions en imitant le ton utilisé par les personnages du dialogue. Puis, inventez une autre réponse.

C. Relevez dans le dialogue une situation culturelle que vous ne rencontrez pas normalement dans le contexte culturel de votre propre vie. Essayez d'expliquer pourquoi elle existe chez les Dumont mais pas chez vous.

A vous la parole

Choisissez un des contextes indiqués et décrivez votre vie quotidienne en utilisant les termes suivants: d'abord / puis / enfin / pendant / ensuite / d'habitude / plus tard / alors.

- avant de venir en cours de français
- le vendredi soir
- le samedi matin

Situations orales et écrites

A. Vous parlez à un(e) étudiant(e) du Gabon et il / elle vous demande de décrire votre famille et vos activités quotidiennes. Que répondez-vous?

B. En groupes de trois ou quatre, composez huit à dix questions à poser aux membres de votre groupe au sujet de leurs familles. Ensuite, les différents groupes vont comparer leurs réponses. Qu'est-ce que vous pouvez expliquer à des jeunes Français au sujet de la vie de famille en Amérique?

C. Votre correspondant(e) en France vous demande ce que vous faites pendant une journée typique. Composez une description de votre vie de tous les jours.

D. Vous passez l'année scolaire en France et vous habitez avec une famille. Après quelques semaines, vous décidez que votre emploi du temps et vos habitudes ne s'accordent pas avec les habitudes de la famille chez qui vous habitez. Ecrivez une lettre au directeur du programme et expliquez-lui le problème pour justifier un changement de logement.

Interactions

Activité 1. Sondage sur les loisirs. Posez des questions à vos camarades de classe pour savoir comment ils occupent leur temps libre et notez les réponses. Divisez les réponses selon le sexe des personnes interrogées (nombre d'hommes et de femmes qui répondent affirmativement à ces questions).

> lire un quotidien tous les jours
> lire régulièrement un hebdomadaire d'information
> lire régulièrement une revue scientifique
> écouter les informations à la radio tous les jours
> regarder la télévision tous les jours ou presque
>
> posséder un magnétoscope au foyer
> posséder des disques compacts
> avoir lu au moins un livre au cours des 12 derniers mois
> faire une collection
> faire de la photo
> sortir régulièrement: restaurant, cinéma, musée, galerie d'art, opéra, match

Activité 2. L'âge des loisirs. Comparez vos résultats de l'*Activité 1* avec les pratiques culturelles des Français.

L'âge des loisirs

Différences de pratiques culturelles en fonction de l'âge (en % de la population concernée)

	15–19	20–24	25–34	35–44	45–54	55–64	65 et +
• Lit un quotidien tous les jours	26	29	31	44	50	57	58
• Lit régulièrement un hebdomadaire d'information	10	19	17	20	14	13	8
• Possède un magnétoscope au foyer	36	30	30	32	24	17	6
• Possède des disques compacts	15	17	12	13	11	7	2
• N'a lu aucun livre au cours des 12 derniers mois	14	19	20	23	29	32	38
• Ne fait pas de sorties ou de visites*	4	8	9	10	17	21	32
• Fait une collection	41	29	24	22	22	19	14

* Liste de 24 activités : restaurant, cinéma, musée, brocante, bal, match, zoo, galerie d'art, spectacle, opéra, etc.

Ministère de la Culture et de la Communication

Idioms with *être* and *avoir*

Idioms with *être*

Certain French idiomatic expressions that use the verb **être** closely parallel their English equivalents, which use the verb *to be*.

être en train de	*to be in the process of*
être de retour	*to be back*
être à l'heure	*to be on time*
être en retard	*to be late*

—Allô, Bruno? Où es-tu? La famille **est en train de** préparer le dîner. Quand est-ce que tu vas **être de retour**? A huit heures? Bon, d'accord, mais **ne sois pas en retard**! Pour une fois, fais un effort pour **être à l'heure**.

Idioms with *avoir*

Many French idioms that take the verb **avoir** have English equivalents using the verb *to be*.

PHYSICAL CONDITIONS

avoir chaud *to be hot*	J'**ai chaud** en été.
avoir froid *to be cold*	Il **a froid** en hiver.
avoir faim *to be hungry*	A midi, les enfants **ont faim**.
avoir soif *to be thirsty*	Nous **avons soif** après le travail.
avoir sommeil *to be sleepy*	A minuit, j'**ai sommeil**.
avoir mal à *to have an ache, pain*	J'**ai mal à** la tête.
avoir l'air *to seem*	Elle **a l'air** triste.
avoir __ ans *to be __ years old*	Il **a vingt ans**.

PSYCHOLOGICAL STATES

avoir peur de *to be afraid of*	J'**ai peur des** serpents.
avoir honte de *to be ashamed of*	Il **a honte de** ses notes.
avoir raison *to be right*	Vous **avez raison**.
avoir tort *to be wrong*	Ils **ont tort de** ne pas venir.
avoir envie de *to feel like*	Elle **a envie de** pleurer.
avoir besoin de *to need*	Nous **avons besoin de** nous détendre.

CIRCUMSTANCES

avoir lieu *to take place*	La réunion **a lieu** à neuf heures.
avoir de la chance *to be lucky*	Vous **avez de la chance**.
avoir l'occasion / la possibilité de *to have the opportunity*	J'**ai l'occasion / la possibilité de** voyager.

Quand les enfants Dumont rentrent l'après-midi, **ils ont** toujours **faim** et **soif**. En décembre, **ils ont** aussi **froid** et, puisqu'en France on va à l'école jusqu'à la fin du mois de juin ou même jusqu'au début du mois de juillet, **ils ont chaud** dans la salle de classe avant les vacances. A dix ou onze heures du soir, **ils ont sommeil** parce qu'ils se lèvent toujours à sept heures du matin. Et ce soir Béatrice a l'air triste. **A-t-elle mal** à la tête? Non, son seul problème c'est qu'**elle a seize ans**.

Il y a **beaucoup d'étudiants** qui **ont peur de** faire des exposés devant la classe. **Ils veulent** toujours **avoir raison** et ils **ont honte d'avoir tort** devant leur prof et surtout devant leurs camarades de classe. Le jour de l'exposé, **ils ont** toujours **envie de** rester au lit. **Ils ont besoin de** courage.

Le bac a lieu en France au mois de juin. **Les élèves** qui réussissent au bac **ont de la chance** parce qu'ils peuvent aller à l'université où **ils ont l'occasion de** vivre de nouvelles expériences.

1.   Complétez les phrases par une des expressions idiomatiques avec **avoir** ou **être**.

1. C'est aujourd'hui l'anniversaire de ma copine. Elle _____ 20 _____.
2. Je vais au restaurant pour prendre un coca, parce que j' _____.
3. Mon ami s'arrête au distributeur automatique parce qu'il _____ d'argent.
4. Les étudiants prennent leurs repas assez tôt parce qu'ils _____ vers six heures.
5. On a coupé le chauffage (*heat*) dans notre chambre, et nous _____.
6. L'été on _____ dans la résidence parce qu'il n'y a pas de climatisation (*air conditioning*).
7. Je me dépêche pour arriver à mon cours de français, parce que je ne veux pas _____.
8. Un étudiant s'est moqué d'un camarade de classe et maintenant il _____.

Depuis + Present Tense

Depuis means *for* when followed by an expression of time. It is used with the present tense to denote an action that began in the past but is still going on in the present. This construction is equivalent to the English concept *has (have) been ___ing*.

J'habite ici **depuis** cinq ans.   *I have been living here for five years.*
Il parle depuis une heure.   *He has been speaking for an hour.*
Nous nous reposons depuis   *We have been resting for fifteen minutes.*
   un quart d'heure.
Vous attendez ici **depuis** une heure?   *You have been waiting here for an hour?*

Rappel! Rappel!

Remember that **depuis** plus the present tense in French is used to express the English idea *has (have) been ___ing*. Don't fall into the trap of trying to translate the structure word for word.

This idiom is particularly important because it is commonly used. When conversing with speakers of French, you will surely be asked questions involving **depuis** + present tense.

> **Vous étudiez** le français **depuis** longtemps?
> **Vous êtes** en France **depuis** quand?
> **Vous habitez** Paris **depuis** combien de temps?

---

2. Pour chacune des notions suivantes, composez une phrase qui contient **depuis** + le présent pour décrire votre propre situation.

MODELE habiter à (nom de ville)
J'habite à (nom de ville) depuis _____ ans (mois).

1. habiter à (nom de ville)
2. étudier le français
3. être à l'université
4. faire du / de la (nom d'un sport)
5. sortir avec (nom d'un[e] ami[e])
6. connaître mon / ma meilleur(e) ami(e)
7. écouter le prof de français
8. aimer (nom d'un groupe de rock)

Synthèses

A. Imaginez une réaction appropriée à chacune des situations suivantes en utilisant des expressions idiomatiques avec **être** ou **avoir.**

1. Votre cours de maths commence à neuf heures. Vous arrivez à neuf heures et quart.
2. Vous gagnez à la loterie.
3. Vous voulez acheter un coca et vous n'avez pas de petite monnaie *(change).*
4. Il fait chaud, il est deux heures de l'après-midi et vous écoutez une conférence très ennuyeuse.
5. Vous faites du jogging et vous tombez.
6. Vous préparez votre dîner, le téléphone sonne et votre ami demande si vous pouvez sortir.
7. Vous devez aller chercher votre copain à huit heures, et vous arrivez à huit heures juste.
8. Votre professeur de maths vous pose une question et vous donnez la mauvaise réponse.

B. Interview. Un sociologue français fait des recherches sur la vie de famille des étudiants américains. Avec un(e) camarade de classe, jouez le rôle du sociologue et de l'étudiant(e).

1. Votre père, que fait-il? Depuis combien de temps?
2. Et votre mère, que fait-elle? Depuis combien de temps?
3. Est-ce que vous recevez souvent vos parents chez vous? Pourquoi?
4. Est-ce que vous vous entendez bien avec vos parents?
5. Est-ce que vous vous fâchez quelquefois avec vos parents?

Interactions

Activité 1. Les circonstances. Décrivez les circonstances qui expliquent souvent pourquoi...

1. vous avez sommeil
2. vous êtes en retard
3. vous avez peur
4. vous avez besoin de vous détendre
5. vous avez mal à la tête
6. vous avez faim

Activité 2. Depuis combien de temps... ? Posez au moins cinq questions à votre professeur sur son travail.

MODELE   *Depuis combien de temps est-ce que vous enseignez?*
           Depuis combien de temps parlez-vous français?
           Depuis combien de temps êtes-vous professeur dans cette université?

Activité 3. Pour réussir à l'université... De quoi avez-vous besoin pour réussir à l'université? Donnez quatre exemples.

MODELE   *Pour réussir à l'université, j'ai besoin de travailler tous les jours. Pour réussir à l'université, j'ai besoin de bien manger pour avoir de l'énergie.*

Perspectives

Mise en train

Sujets de réflexion

1. Pour la plupart des gens, surtout aux Etats-Unis et dans le monde d'aujourd'hui, le travail et la vie au foyer sont complètement séparés. Décrivez le mode de vie typique des gens qui travaillent.
2. Connaissez-vous des personnes qui tiennent leur propre petit commerce? Comment vivent-elles? Quelle est leur situation par rapport aux clients, au temps libre, aux vacances?

Annie Ernaux

Annie Ernaux est née à Lillebonne dans le département de la Seine-Maritime. Son enfance dans une petite ville de province lui inspire plusieurs ouvrages littéraires. Dans son roman Les Armoires vides, *publié en 1974, elle raconte la vie de Denise Lesur, fille unique de petits commerçants provinciaux. Nous sommes dans les années 50. Denise a environ dix ans lorsqu'elle fait le récit de la vie qu'elle mène entre ses parents dans le café-épicerie familial.*

Avant de lire

1. Dans le premier paragraphe, dégagez les phrases qui décrivent les aspects généraux de la vie de cette famille de petits commerçants.
2. En jetant un coup d'œil sur les paragraphes deux et trois, comment savez-vous que a) le père de Denise est plus heureux dans cette situation que sa mère? et b) Denise est très fière de son père?
3. Vers la fin du paragraphe quatre, avez-vous l'impression que cette famille est contente de l'aspect financier de ce mode de vie? Expliquez.

Annie Ernaux: Les Armoires vides (extrait)

(1) Le café-épicerie Lesur, ce n'est pas rien, le seul dans la rue Clopart, loin du centre, presque à la campagne. De la clientèle à gogo°, qui remplit la maison, qui paie à la fin du mois. Pas une communauté mais ça y ressemble. Il n'y a pas un endroit pour s'isoler dans la maison à part une chambre à l'étage, immense, glaciale.
5 L'hiver, c'est mon pôle Nord et mes expéditions antarctiques quand je me glisse° au lit en chemise de nuit, que j'ouvre mes draps humides et rampe vers la brique chaude enveloppée d'un torchon° de cuisine. Toute la journée on vit en bas, dans le bistrot et dans la boutique. Entre les deux un boyau° où débouche° l'escalier, la cuisine, remplie d'une table, de trois chaises, d'une cuisinière à charbon et d'un évier° sans eau. L'eau,

in abundance

I crawl into

dishtowel
narrow passageway / opens on
sink

littéraires

<table>
<tr><td>bangs one's head</td><td></td></tr>
<tr><td>racks</td><td></td></tr>
<tr><td>chin</td><td></td></tr>
<tr><td>(coll.) scolds</td><td></td></tr>
<tr><td>to sober up</td><td></td></tr>
<tr><td>(coll.) kick out / protests</td><td></td></tr>
<tr><td>shutters</td><td></td></tr>
<tr><td>they will knock loudly / scum</td><td></td></tr>
<tr><td>peeling vegetables</td><td></td></tr>
<tr><td>account book / est-ce</td><td></td></tr>
<tr><td>"gold mine"</td><td></td></tr>
<tr><td>to pocket</td><td></td></tr>
<tr><td>till</td><td></td></tr>
<tr><td>handled</td><td></td></tr>
<tr><td>overalls</td><td></td></tr>
<tr><td>restraint</td><td></td></tr>
</table>

10 on la tire à la pompe de la cour. On se cogne° partout dans la cuisine, on y mange seulement quatre à quatre vers une heure de l'après-midi et le soir quand les clients sont partis. Ma mère y passe des centaines de fois, avec des casiers° sur le ventre, des litres d'huile ou de rhum jusqu'au menton°, du chocolat, du sucre, qu'elle transporte de la cave à la boutique en poussant la porte d'un coup de pied. Elle vit dans la bou-
15 tique et mon père dans le café. La maison regorge de clients, il y en a partout...

(2) Mon père, il est jeune, il est grand, il domine l'ensemble. C'est lui qui détient la bouteille, il mesure la quantité au millimètre près, il a l'œil. Il engueule° ma mère «t'en mets toujours trop, t'as pas le compas». De toutes les tables et d'aucune. «Pas faire de jaloux.» Résistant aux supplications «t'as assez bu, rentre chez toi, ta femme
20 t'attend». Il modère les farouches, ceux qui n'en ont jamais assez, qui cherchent des noises «je vais aux gendarmes, ils vont te dessaouler°». Le regard fier au-dessus des clients, toujours en éveil, prêt à flanquer° dehors celui qui bronche°. Ça lui arrive...

(3) Ma mère n'a plus de clients dans l'épicerie, elle plaque les volets° de bois sur les vitres, les coince avec une barre de fer et elle vient s'affaler sur sa chaise dans la cui-
25 sine. «Les retardataires, ils cogneront° bien, c'est souvent de la racaille°». Elle dit qu'elle n'en peut plus, tous les soirs...

(4) Pendant qu'elle parle, mon père met la table, sans se presser. C'est lui qui fait les épluchages°, la vaisselle, c'est plus commode dans le commerce, entre deux verres à servir, entre deux parties de dominos. A table se succèdent les histoires du café enten-
30 dues par mon père, les plaintes et les menaces de ma mère, même le soir, nous ne sommes pas seuls, les clients sont là, implorants, le porte-monnaie vide, attendant le bon vouloir de mes parents, la main qui ira chercher la boîte de pois pour le dîner, le petit verre de plus, craignant le refus catégorique. «Tu parles! J'ai pas voulu lui donner, le carnet° est déjà plein, quand c'est° qu'il me paiera». Je les voyais puissants, libres,
35 mes parents, plus intelligents que les clients. Ils disent d'ailleurs «le patron, la pa- tronne» en les appelant. Mes parents, ils ont trouvé le filon°, tout à domicile, à portée de la main, les nouilles, le camembert, la confiture, dont je me tape de grosses cuil- lérées à la fin du souper avant d'aller empocher° une dizaine de gommes parfumées dans la boutique sombre, au moment de monter me coucher. Ils reçoivent le monde
40 chez eux, c'est la fête, la joie, mais les gens paient l'entrée, ils remplissent la caisse° de billets. La voici, la caisse, posée sur la table, au milieu des assiettes à soupe, des trognons de pain. Les billets sont palpés°, mouillés par mon père, et ma mère s'in- quiète. «Combien qu'on a fait aujourd'hui?» Quinze mille, vingt mille, fabuleux pour moi. «L'argent, on le gagne». Mon père enfouit les billets dans sa salopette°, nous pou-
45 vons commencer à nous amuser tous les deux.... Les clients, je les aimais bien, je ne pouvais me passer d'eux, mais c'était avec mon père, le chef du café, l'homme qui ga- gnait l'argent d'un petit geste, que je m'amusais sans retenue°.

Annie Ernaux, *Les Armoires vides*, © Editions Gallimard

Synthèses

Après la lecture

1. La vie des petits commerçants, telle qu'elle est décrite par Annie Ernaux, présente des avantages et des inconvénients. Indiquez si les points suivants constituent un aspect positif ou négatif de cette vie. Trouvez des passages dans l'extrait pour justifier votre réponse.

   a. la situation du café-épicerie

   b. la présence constante des clients dans l'établissement

   c. la vie matérielle

   d. l'espace disponible pour la famille

   e. les rapports entre les clients et la famille

   f. la quantité de travail nécessaire

   g. le fait de travailler pour soi-même

   h. l'argent que l'on gagne

2. Plus tard dans *Les Armoires vides*, quand Denise arrive au niveau de l'université, elle commence à avoir honte du milieu socio-économique de sa famille et fait de plus en plus d'efforts pour cacher ses origines. Expliquez comment les aspects suivants de sa vie vont lui poser un problème quand elle commencera à les voir d'un œil adulte.

   a. sa maison et son mode de vie

   b. les clients et leur mode de vie

   c. les attitudes de sa mère

Pour mieux lire

Pour mieux lire, il faut développer sa capacité à deviner la signification des mots selon le contexte, même si on ne peut pas en faire une traduction exacte. Pour chacun des mots soulignés, trouvez le synonyme dans la liste indiquée.

1. «... pas un endroit pour s'isoler dans la maison, <u>à part</u> une chambre à l'étage... »

2. «... un boyau où <u>débouche</u> l'escalier... »

3. «... la cuisine, remplie d'une table, d'une cuisinière à charbon, d'un <u>évier</u> sans eau... »

4. «... La maison <u>regorge de</u> clients, il y en a partout... »

5. «... Il modère les <u>farouches</u>, ceux qui n'en ont jamais assez, qui cherchent des noises... »

6. «... elle plaque les volets de bois sur les vitres, les <u>coince</u> avec une barre de fer... »

7. «... elle vient <u>s'affaler</u> sur sa chaise... »

8. «... la confiture dont je <u>me tape</u> de grosses cuillérées... »

9. «... La voici, la caisse, posée sur la table, au milieu des assiettes à soupe, des <u>trognons</u> de pain... »

10. «... Mon père enfouit les billets dans sa <u>salopette</u>... »

    a. abonde en

    b. se laisser tomber

    c. excepté

    d. prends

    e. vêtement de travail

    f. restes, bouts

    g. arrive

    h. fixe

    i. peu sociables

    j. bassine

Liens culturels

1. Imaginez les conditions de vie de Denise Lesur. Est-ce une existence campagnarde ou citadine? Comment vous représentez-vous l'endroit où elle habite?

2. Quels rapports y a-t-il entre Monsieur et Madame Lesur et leurs clients? Est-ce que ce type de rapports humains est plus facile ou moins facile à maintenir aujourd'hui? Dans ce contexte, y a-t-il une différence entre la vie à la campagne et la vie urbaine?

3. Est-ce que vous pensez que le café-épicerie des Lesur existe aujourd'hui? Quels sont les avantages et les inconvénients de cette sorte de vie? Est-ce que ce genre de vie vous plairait?

Chapitre 3

La vie des jeunes

JEUNE FEMME EN MOBYLETTE

Perspectives

L'Impressionnisme

L'impressionnisme est le nom donné à un mouvement artistique qui se développe en France pendant la seconde moitié du dix-neuvième siècle. C'est une forme d'art qui consiste à rendre les impressions sans insister sur la description des détails.

Claude Monet, *Nymphéas, Giverny*

En peinture:

- Une nouvelle génération veut donner une image plus fidèle et vivante de la nature.
- Ces peintres représentent les objets selon leurs impressions personnelles, même s'il faut scandaliser la presse et le public en allant contre les règles de la peinture traditionnelle. Les tableaux de Claude MONET (1840–1926) symbolisent ce désir de rompre avec la rigide formalité de l'art officiel de son époque.
- La grande originalité des impressionnistes est de peindre et de finir leurs tableaux en plein air pour saisir une impression souvent fugitive de la nature qui change constamment sous les effets de la lumière naturelle.

En musique et en poésie:

- Les compositions pour piano et pour orchestre de Claude DEBUSSY (1862–1918) ont donné à la musique française un nouveau langage. Le langage musical impressionniste est subtil et dominé par les nuances.
- Dans la musique impressonniste, les sensations sont plus importantes qu'une conception raisonnée ou mathématique de la musique.
- Pour le poète Paul VERLAINE (1844–1896), ce sont les impressions ou les sentiments qui comptent plus que la précision des images poétiques ou les règles de la versification.
- VERLAINE s'inspire de la musique pour donner à sa poésie un pouvoir de suggestion. Il réussit de véritables transpositions musicales des vers par des rythmes légers et doux et des sonorités souvent associées au mode mineur qui suggère généralement la tristesse.

DEBUSSY et VERLAINE expriment leur sensibilité par des images délicates et par des nuances, comme les peintres impressionnistes. Certains vers du poète ont même inspiré au compositeur un morceau de musique célèbre, *Clair de lune*.

Renoir: Le Déjeuner des canotiers

Auguste RENOIR (1841–1919) est un peintre impressionniste français connu dans le monde entier. Les sujets préférés de Renoir sont le paysage, les portraits (personnages et nus) et les compositions avec des personnages représentés dans la vie de tous les jours.

Auguste Renoir, *Le Déjeuner des canotiers*

culturelles

Le sport collectif et individuel

En France, hommes et femmes portent de plus en plus d'intérêt à leur corps. Soixante-huit pour cent déclarent pratiquer un sport, sans nécessairement se considérer comme des sportifs réguliers. On veut tout simplement rester en bonne forme. Mais les Français consacrent aussi de plus en plus de leurs dépenses personnelles et familiales aux sports.

La place des sports dans la société:

- Le plus grand nombre de jeux vidéo vendus concernent les sports.

- Les vêtements inspirés de certaines disciplines (surtout les sports de glisse: le roller, le surf, le snowboard et le skate) dominent les pages de publicité des magazines.

- A la télévision, les grandes compétitions sportives, comme la Coupe du monde de football, le Tour de France de cyclisme, le tournoi de tennis de Roland-Garros ou les Jeux olympiques, donnent aux Français la possibilité de participer indirectement à la vie sportive à travers les champions nationaux. Le temps d'antenne consacré par la télé aux sports a plus que triplé depuis quinze ans, et les sportifs comme le footballeur Zidane ou Mary Pierce en tennis sont devenus les stars de notre époque.

La pratique du sport:

- Même si le nombre d'associations sportives a augmenté depuis vingt ans (un adulte sur cinq déclare être membre d'un club ou d'une fédération), les Français préfèrent des activités sportives plus libres. Le quart des jeunes de 14 à 17 ans et la moitié des personnes de 18 à 65 ans pratiquent un sport (le plus souvent le patinage, le ski, le cyclisme, la marche, la natation, le jogging, les sports de raquette) de façon informelle.

- Le tiers des femmes de plus de 18 ans font du sport, surtout pour rester en bonne forme physique. Les sports d'équipe les attirent moins que les sports individuels, comme la gymnastique, l'aérobic, la danse, la natation et la randonnée.

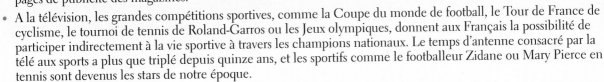

- Les hommes sont 47% à faire du sport, un domaine qui reste donc majoritairement masculin. Plus d'un Français sur trois pratique un sport individuel contre un sur quinze pour un sport collectif. Pourtant, beaucoup d'activités individuelles, comme le roller ou le vélo, sont pratiquées en groupe. Cela permet de conserver une certaine liberté et autonomie et en même temps de profiter d'une convivialité et d'une solidarité avec des personnes ayant des intérêts communs.

- Plusieurs sports comme la voile et le golf coûtent cher et ne sont pas toujours accessibles à tous. Par contre, d'autres sports, comme le basket et le roller, sont devenus des sports de rue et se sont développés essentiellement dans les villes. Ces sports ont aujourd'hui une place importante... mais quelle mode va les remplacer demain dans un secteur où les modes se succèdent de plus en plus vite?

Culture générale

Compréhension

1. Vrai ou faux? L'impressionnisme est une école de peinture du vingtième siècle.
2. Pourquoi ce style d'art s'appelle-t-il l'impressionnisme?
3. Pourquoi les impressionnistes ont-ils tendance à peindre leurs tableaux en plein air?
4. Quels éléments de la musique de Debussy expliquent pourquoi son style est souvent comparé au style des impressionnistes en peinture?
5. Pourquoi dit-on que la poésie de Verlaine ressemble à de la musique?
6. Qui est Auguste Renoir? Les tableaux de Renoir contiennent quels sujets?

Sujets de réflexion

A. Que font les personnages de Renoir au moment où il les peint dans *Le Déjeuner des canotiers* (étudiez le titre)? Quel âge ont-ils à peu près? Comment sont-ils habillés? Que font-ils dans la vie, à votre avis? Que peut-on apprendre sur cette époque (la fin du dix-neuvième siècle) en regardant la toile de Renoir?

B. On présente souvent l'impressionnisme comme un mouvement révolutionnaire en rupture avec les conventions de l'art officiel. Chez Renoir, Debussy et Verlaine, quels sont les sujets traités ou les techniques utilisées qui méritent d'être appelés *modernes*?

Vocabulaire actif

Les activités

se balader to stroll
boire un verre to have a drink
se donner rendez-vous to arrange to meet
faire du jogging to go jogging
faire du lèche-vitrines to go window-shopping
faire du vélo to go biking
faire une promenade en bateau to take a boat ride
fréquenter to see often
passer to spend (time)

rencontrer to meet by chance
(se) retrouver to meet by design
rigoler to laugh (*coll.*)

Les rapports

une bande gang (*coll.*)
un copain buddy, pal, significant other
une copine female friend, significant other
un rapport relationship

Les caractéristiques

bavard(e) outgoing, talkative
génial(e), super neat, cool
passionné(e) (de) crazy about

sportif(-ive) athletic

Les loisirs

le basket basketball
une boîte night club (*coll.*)
le cinéma movies
une distraction amusement
le football soccer
le loisir leisure time
les loisirs leisure time activities
un parc d'attractions amusement park
une randonnée hike
une soirée party
la voile sailing

Culture contemporaine

Compréhension

1. Quel pourcentage des Français pratiquent un sport? Pourquoi?
2. Suggérez trois ou quatre exemples de l'influence des médias sur le sport.
3. Vrai ou faux? Les Français préfèrent les sports collectifs. Expliquez votre choix.
4. Quels sports attirent les femmes en France?
5. Vrai ou faux? Il y a autant de femmes que d'hommes qui pratiquent un sport en France. Expliquez votre choix.
6. Pourquoi le golf ou la voile, par exemple, sont-ils des sports pratiqués pour la plupart par des gens ayant des revenus relativement élevés? Quels sports se pratiquent dans la rue en France? Et en Amérique?

Sujets de réflexion

A. Le tennis est-il un sport qui attire également les hommes et les femmes? Les cours de tennis sont-ils, en général, accessibles à tout le monde? Le tennis est-il associé à une certaine image sociale, à votre avis?

B. Si on compare le jogging et le tennis, les mêmes conditions matérielles et sociales sont-elles nécessaires pour pratiquer ces deux sports? Pour quelles raisons pratique-t-on un sport individuel? Où faites-vous du sport quand vous en faites?

C. Quelles grandes différences y a-t-il entre le sport pratiqué par les jeunes gens du *Déjeuner des canotiers* de Renoir et les sports pratiqués dans les photos à la page 67?

Pour plus d'activités, visitez:
http://interaction.heinle.com

Les biens personnels

les **affaires** *(f pl)* personal belongings ("stuff")
l'**argent de poche** *(m)* spending money
les **baskets** *(f pl)* tennis shoes
un **blouson** jacket
une **chaîne stéréo** stereo system
les **dépenses** *(f pl)* expenses
les **fringues** *(f pl)* clothes *(coll.)*
la **griffe** logo
un **lecteur de disques compacts** CD player

un **magnétoscope** VCR
la **marque** brand
un **micro-ordinateur** personal computer
une **mobylette (mob)** moped
une **moto** motorcycle
le **permis de conduire** driver's license
une **planche à voile** board for wind-surfing
une **raquette de tennis** tennis racket
un **vélo** bicycle
les **vêtements** *(m pl)* clothes
un **walkman / baladeur** portable cassette player

La société

la **drogue** drugs
la **conscience politique** political awareness
l'**environnement** *(m)* environment
la **réussite** (financial) success
les **SDF (sans domicile fixe)** *(m pl)* homeless
le **sida** AIDS
le **travail bénévole** volunteer work

Exercices de vocabulaire

A. Choisissez les mots du *Vocabulaire actif* qui se rapportent aux thèmes suivants.

1. un Mac / un IBM
2. Nike / Adidas
3. Honda / Harley
4. écouter un CD
5. regarder une vidéo
6. Ralph Lauren / Tommy
7. s'amuser à la plage (*beach*)
8. voir un film
9. ce qu'on peut souvent obtenir à l'âge de 16 ans aux Etats-Unis
10. ce que le parti politique des «Verts» cherche à protéger

B. Complétez chaque phrase par l'expression verbale appropriée du *Vocabulaire actif.*

1. Vous vous amusez souvent avec vos amis. On _____ beaucoup.
2. Vous avez rendez-vous avec un copain devant le restaurant à six heures. Vous dites à votre copain: Je vais te _____ devant le restaurant.
3. Un groupe d'amis passe l'après-midi au centre commercial. Ils _____.
4. Après un concert, vous voulez aller au restaurant avec vos amis pour prendre une boisson. Vous proposez: Allons _____.
5. Vous décidez de retrouver votre copine devant le cinéma à une certaine heure. Vous _____ à sept heures.

On se détend sur la Côte d'Azur.

Qui sont les jeunes Français, c'est-à-dire les 15 à 25 ans? D'abord ils sont nombreux, plus de 8 millions, et représentent 15 pour cent de la population actuelle de la France. Pour la plupart, ils habitent le domicile de leurs parents. Selon les statistiques, 71 pour cent des garçons et 51 pour cent des filles entre 20 et 23 ans continuent à vivre chez leurs parents ou grands-parents. Entre 24 et 27 ans, ils sont encore 34 pour cent et 20 pour cent à le faire. En général, on quitte le domicile parental pour vivre en couple, pour poursuivre des études dans une ville éloignée ou pour un premier emploi.

Comme dans toutes les sociétés postindustrielles, la vie quotidienne de ces jeunes gens est orientée vers une civilisation de la consommation et des loisirs plutôt que vers une civilisation du travail. Ils connaissent, depuis leur enfance, un confort matériel supérieur, une protection relative contre les menaces extérieures et une véritable explosion de la technologie, surtout dans ses applications aux loisirs. De plus, ils ont un pouvoir d'achat considérable. On estime que les 18 à 25 ans disposent d'entre 400 et 600 euros par mois – sans compter l'influence qu'ils exercent sur les dépenses de leurs parents. Mais une partie de cette somme provient souvent d'une activité professionnelle. Pour les étudiants, les dépenses sont surtout consacrées à l'habillement, aux loisirs, au téléphone portable, à l'ordinateur et à la connexion à Internet. Ils se regroupent avec d'autres jeunes qu'ils choisissent de fréquenter selon certains modes de vie ou centres d'intérêt comme la musique, le sport ou le cinéma. Leur vie est souvent dominée par la musique, la technologie, l'ordinateur et les copains.

A la différence de leurs parents, qui ont connu les mouvements radicaux des années 60, les jeunes n'ont pas souvent envie de participer à une vie d'action collective. Ils se déclarent souvent plus proche de la gauche politique (35%) que de la droite (25%), mais beaucoup refusent de se donner une étiquette politique ou d'adhérer à un système de valeurs traditionnel. Ils sont plutôt motivés par la recherche de la liberté personnelle, mais l'avenir semble peu sûr pour la majorité de ces jeunes, surtout sur le plan de l'insertion professionnelle.

Les jeunes Français se définissent comme désorientés, pessimistes, individualistes et blasés. On peut aussi dire qu'ils sont pragmatiques et éclectiques. Solidaires, surtout par rapport aux immigrés et aux pauvres, ils sont tolérants vis-à-vis des modes de vie alternatifs comme l'homosexualité et la cohabitation des couples non-mariés (actuellement, un couple sur six). Lorsqu'on demande aux étudiants de définir en quoi consiste la réussite pour eux, ils répondent: un travail intéressant (83%) et une vie de famille heureuse (77%). Le fait d'avoir beaucoup d'argent n'est important que pour 21% d'entre eux. Voilà donc un certain profil de ceux qui forment une génération réaliste et individualiste.

Compréhension

1. Où habitent la majorité des Français de votre âge?

2. Si les jeunes en France sont orientés vers la consommation, quelles sortes d'achats font les étudiants de l'enseignement supérieur avec leur argent disponible?

3. Comment les jeunes Français choisissent-ils les gens avec qui ils passent leur temps libre?

4. Quelle sorte de bonheur cherchent les jeunes en France?

5. Quels mots est-ce que les jeunes en France choisissent pour se décrire?

6. Quelles causes ont-ils tendance à défendre?

Discussion

A. Qu'est-ce que vous aimez faire pendant vos heures de loisir?

B. Quelles sont les plus grandes différences entre vos occupations et distractions pendant votre temps libre et les loisirs de vos parents à votre âge?

C. Etes-vous d'accord avec l'idée que nous ne vivons plus dans une civilisation du travail mais dans une civilisation de la consommation et des loisirs? Quels arguments peut-on donner pour ou contre ce point de vue?

D. Voici une liste de certains des grands problèmes de notre époque. Quelle importance ont-ils dans votre société et surtout parmi vos amis? Classez ces problèmes dans l'ordre de leur importance: **la délinquance, l'immigration, le racisme, les droits des jeunes, la pauvreté, le sida, les malades et les handicapés, la drogue.** Pouvez-vous ajouter d'autres problèmes?

E. Donnez quelques caractéristiques essentielles de votre génération.

Expansion

F. La nature joue un rôle important chez les impressionnistes. Dans leurs toiles il y a souvent des activités qui se déroulent en plein air. Depuis le début du vingtième siècle, quelles innovations dans les transports en commun et individuels rendent la nature plus accessible aux gens?

G. Que doivent faire les municipalités à l'heure actuelle pour encourager la pratique des sports en plein air, surtout chez les jeunes?

Structures I

Irregular -ir Verbs

The following irregular verbs have been grouped according to similarities of conjugation.[1]

partir *to leave*	**dormir** *to sleep*	**sortir** *to go out*
je **pars**	je **dors**	je **sors**
tu **pars**	tu **dors**	tu **sors**
il / elle / on **part**	il / elle / on **dort**	il / elle / on **sort**
nous **partons**	nous **dormons**	nous **sortons**
vous **partez**	vous **dormez**	vous **sortez**
ils / elles **partent**	ils / elles **dorment**	ils / elles **sortent**
servir *to serve*	**ouvrir** *to open*	**offrir** *to offer*
je **sers**	j'**ouvre**	j'**offre**
tu **sers**	tu **ouvres**	tu **offres**
il / elle / on **sert**	il / elle / on **ouvre**	il / elle / on **offre**
nous **servons**	nous **ouvrons**	nous **offrons**
vous **servez**	vous **ouvrez**	vous **offrez**
ils / elles **servent**	ils / elles **ouvrent**	ils / elles **offrent**
courir *to run*	**venir** *to come*	
je **cours**	je **viens**	
tu **cours**	tu **viens**	
il / elle / on **court**	il / elle / on **vient**	
nous **courons**	nous **venons**	
vous **courez**	vous **venez**	
ils / elles **courent**	ils / elles **viennent**	

Devenir *(to become)*, **revenir** *(to come back)*, **se souvenir de** *(to remember)*, **tenir** *(to hold)*, and **obtenir** *(to obtain)* are conjugated like **venir**.

Venir de conjugated in the present tense and followed by the infinitive is the equivalent of *to have just* + past participle.

Il vient d'arriver.   *He has just arrived.*

Je viens de faire mes devoirs.   *I have just done my homework.*

[1] See also *Appendix B*.

1. On emploie souvent le verbe **sortir** dans le contexte des loisirs et des rendez-vous. Utilisez la forme correcte du verbe **sortir** pour compléter les phrases suivantes.

1. Je _____ souvent avec...
2. Mes amis et moi, nous _____ souvent au / à la...
3. Mon / Ma meilleur(e) ami(e) _____ avec...
4. [Nom d'un(e) camarade de classe], tu _____ souvent le vendredi soir?
5. Les jeunes Américains _____ en groupe ou en couples?
6. Monsieur / Madame [nom de votre prof de français], vous _____ souvent au restaurant?

2. Vous partagez un appartement avec deux copains / copines, mais vous cherchez une quatrième personne. Avec vos camarades de chambre, vous composez une liste de questions à poser et de renseignements à donner aux candidats qui téléphonent. Complétez les phrases suivantes par la forme appropriée des verbes indiqués.

1. A quelle heure est-ce que vous (partir) _____ pour la fac en général?
   Nous (partir) _____ tous vers huit heures.
2. Vous (sortir) _____ souvent?
   En général, nous (sortir) _____ le week-end. Ma camarade de chambre (sortir) _____ aussi pendant la semaine, mais moi, je (sortir) ne _____ que le vendredi et le samedi soir.
3. Nous (dormir) _____ tard le samedi matin. Et vous? Vous (dormir) _____ tard pendant le week-end?
4. Nous sommes tous sportifs. Vous faites du sport? Vous (courir) _____, peut-être?
   Nous (courir) _____ trois fois par semaine.
5. On (servir) _____ le dîner vers six heures. Cela vous convient?
6. Est-ce que vous (venir) _____ voir l'appartement?
   Je (revenir) _____ vers quatre heures et je peux vous le montrer.

3. Maintenant imaginez que vous êtes la personne qui désire partager cet appartement et répondez aux questions posées dans l'*Exercice 2*.

4. Vous décrivez les habitudes des jeunes Américains à des amis français. Employez les éléments indiqués pour composer votre description.

sortir le week-end	courir	partir en vacances
dormir	offrir des cadeaux	sortir au cinéma
venir en cours	servir de la pizza	sortir en groupes

5. Posez des questions à un(e) camarade de classe en utilisant les éléments indiqués. Ensuite, posez une autre question selon la réponse de votre partenaire.

1. sortir / souvent
2. dormir / beaucoup le week-end
3. venir / à la fac le dimanche
4. offrir / des cadeaux aux copains
5. partir / souvent en voyage le week-end
6. revenir / à la fac en été
7. courir / le matin
8. obtenir / de bonnes notes ce semestre

Descriptive Adjectives
Agreement of Adjectives

A. A French adjective always agrees in gender and number with the noun it modifies.

	Singular	Plural
Masculine	Le garçon est **grand.**	Ses amis sont **bavards.**
Feminine	C'est une femme **amusante.**	Ses sœurs sont **intelligentes.**

B. To form the feminine singular of most adjectives, simply add **-e** to the masculine singular.[2]

français	française
amusant	amusante

C. If a masculine adjective ends in **-e,** the feminine form is identical.

Paul est **sympathique** et Virginie est **sympathique** aussi.

D. Certain adjectives do not derive the feminine singular form in the regular manner. These irregular feminine formations are summarized below.

Masculine Ending	Feminine Ending	Examples Masculine	Feminine
mute **e**	mute **e**	facile	facile
		jeune	jeune
	Double consonant + -e		
-el	-elle	cruel	cruelle
-eil	-eille	pareil	pareille
-il	-ille	gentil	gentille
-en	-enne	ancien	ancienne
-on	-onne	bon	bonne
-s	-sse	gros	grosse
-et	-ette	net	nette

[2] Note that a final consonant will be silent in the masculine form, but the same consonant will be pronounced in the feminine form because of the added **-e: amusant, amusante; petit, petite.**

Masculine Ending	Feminine Ending	Examples Masculine	Feminine
	Other patterns		
-et	-ète	complet	complète
		secret	secrète
-er	-ère	cher	chère
		dernier	dernière
-eux	-euse	nombreux	nombreuse
		ennuyeux	ennuyeuse
-eur	-euse	menteur	menteuse
		trompeur	trompeuse
-eur	-rice	conservateur	conservatrice
		protecteur	protectrice
-f	-ve	actif	active
		neuf	neuve

E. A few adjectives are totally irregular in the feminine form. For example:

long	**longue**
frais	**fraîche**
fou	**folle**

F. The following adjectives have an alternate form to be used before a masculine singular word beginning with a vowel or a mute **h.**

Masculine	Feminine	Alternative Form	Example
beau	belle	bel	un **bel** homme
nouveau	nouvelle	nouvel	un **nouvel** emploi
vieux	vieille	vieil	un **vieil** ami

G. To form the plural of most adjectives, add **-s** to the singular.

Masculine		Feminine	
Singular	Plural	Singular	Plural
amusant	amusants	amusante	amusantes
réel	réels	réelle	réelles
neuf	neufs	neuve	neuves

- If a single adjective modifies two nouns, one masculine and one feminine, the adjective will be in the *masculine plural* form.

  Le frère et la sœur sont **intelligents.**

  Les disques compacts et les soirées sont **importants** pour les jeunes.

H. Certain adjectives have irregular forms in the plural.

Singular Ending	Plural Ending	Examples Singular	Plural
-s	-s	frais	frais
		gros	gros
-x	-x	heureux	heureux
		dangereux	dangereux
-eau	-eaux	beau	beaux
-al	-aux	international	internationaux
		loyal	loyaux

- The feminine plural of these adjectives is regular.

fraîche	fraîches
heureuse	heureuses
loyale	loyales

6. Refaites les phrases suivantes en ajoutant les adjectifs indiqués.
   1. (grand) Sur notre campus il y a une _____ bibliothèque.
   2. (intéressant) J'ai des cours _____.
   3. (international) Nous avons beaucoup de programmes _____.
   4. (nouveau) Ma copine cherche une _____ camarade de chambre.
   5. (ennuyeux) Je n'ai pas de cours _____.
   6. (sportif) Ma meilleure amie est très _____.
   7. (facile) Mon cours de sociologie est assez _____.
   8. (gentil) Les jeunes filles dans ce club sont toutes _____.
   9. (neuf) Mes parents vont m'offrir une voiture _____.
   10. (nouveau) Je dois chercher un _____ emploi pour le semestre prochain.

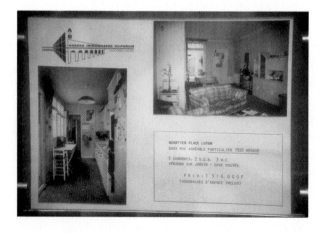

7. En utilisant des adjectifs de la liste suivante, complétez les phrases pour décrire les personnes indiquées.

beau	amusant
loyal	sympathique
nombreux	actif
gentil	indépendant
intelligent	sévère
indulgent	petit
grand	nouveau
sportif	ennuyeux
???	???

1. Mon patron est...
2. Ma famille est...
3. En général, je trouve mes professeurs...
4. Mon / Ma meilleur(e) ami(e) est plutôt...
5. J'ai des amis qui sont...
6. Mon professeur de [nom du cours] est...
7. Je déteste les personnes qui sont...
8. Mon professeur de français est...

Position of Adjectives

A. Most French adjectives follow the nouns they modify.

un ami **content**

une soirée **amusante**

des emplois **intéressants**

des amies **loyales**

The following adjectives are exceptions because they normally precede the noun.[3]

autre	un **autre** copain	**bon**	un **bon** repas
jeune	un **jeune** ami	**grand**	un **grand** terrain
court	une **courte** distraction	**gros**	un **gros** monsieur
haut	une **haute** montagne	**long**	une **longue** soirée
joli	un **joli** cadeau	**gentil**	un **gentil** copain
mauvais	un **mauvais** garçon	**beau**	un **beau** vélo
meilleur	mon **meilleur** ami	**nouveau**	une **nouvelle** voiture
petit	une **petite** fille	**vieux**	un **vieux** quartier

---

[3] Remember, when one of these preceding adjectives is used in the plural, the partitive article **des** changes to **de**: *de* **petits animaux**, *de* **bonnes distractions**. This rule, however, is often not observed in everyday speech.

B. When there is more than one adjective modifying a noun, each adjective assumes its normal position.

> une femme **intelligente** et **importante**
> une **jeune** femme **intelligente**
> une **gentille jeune** femme

- Note that when two adjectives follow the noun, they are generally linked by **et.** But when two adjectives precede the noun, **et** is normally not used.

C. Some adjectives change meaning according to whether they are placed before or after a noun. When they follow the noun, these adjectives are used in a literal sense, but when they are placed before the noun, they are used more figuratively and form a logical unit with the noun they modify.

Adjective	After noun		Before Noun	
ancien(ne)	*ancient*	un bâtiment **ancien** *an ancient building*	*former*	un **ancien** professeur *a former teacher*
bon(ne)	*kind*	un homme **bon** *a kind man*	*enjoyable*	une **bonne** soirée *a good party*
cher(-ère)	*expensive*	une robe **chère** *an expensive dress*	*dear*	ma **chère** amie *my dear friend* *(to address someone)*
dernier(-ère)	*preceding*	la semaine **dernière** *last (preceding) week*	*final*	la **dernière** fois *the last time*
grand(e)	*tall*	un enfant **grand** *a tall child*	*great*	un **grand** acteur *a great actor*
pauvre	*penniless*	un lycéen **pauvre** *a poor (penniless) student*	*unfortunate*	un **pauvre** chat *a poor (to be pitied) cat*
prochain(e)	*next*	la semaine **prochaine** *next week*	*following*	la **prochaine** fois *the next (following) time*
propre	*clean*	sa chemise **propre** *his clean shirt*	*own*	son **propre** frère *his own brother*

Rappel! Rappel!

1. Most French adjectives follow the nouns they modify.
2. There are several adjectives that precede the noun.
3. A few adjectives change meaning depending on whether they are placed before or after the noun.

8. Un groupe de jeunes Français sont au café où ils parlent de choses et d'autres. Ajoutez à leurs remarques les adjectifs indiqués.

> MODELE   Mon copain a une voiture. (nouveau)
> *Mon copain a une nouvelle voiture.*

1. Jean a raté son examen de philo? C'est un garçon qui n'a jamais de chance. (pauvre)
2. Roberta et Sylvia? Ce sont des amies de Nicole. (bon / américain)
3. Marc veut une moto. (gros / allemand)
4. M. Martin? C'est mon prof de lycée. (ancien)
5. Julien et Laura ont trouvé un appartement. (beau / moderne)
6. Des billets pour le concert d'Elton John? Pas question! Nous ne sommes que des étudiants. (pauvre)
7. Ah, regardez! Voilà la petite amie de Paul. (nouveau)
8. Pour la soirée chez Jacques, je vais mettre une robe. (joli / noir)

9. Employez des adjectifs pour décrire les personnes indiquées dans les circonstances suivantes.

1. vous / quand vous vous réveillez
2. vos amis / à une soirée
3. vous / avant un examen
4. votre famille / en vacances
5. vous / quand vous sortez avec quelqu'un pour la première fois
6. votre prof de français / quand on ne rend pas les devoirs
7. vous / quand vous rencontrez une personne inconnue à une soirée
8. vos parents / quand vous rentrez très tard

Lexique personnel
Les relations personnelles

A. Trouvez des adjectifs pour décrire quelques personnes importantes dans votre vie, par exemple...

> votre meilleur(e) ami(e)
> un cousin / une cousine
> votre frère / votre sœur
> ???
>
> votre mère / votre père
> votre petit(e) ami(e)
> une tante / un oncle
> ???

B. En employant les adjectifs de votre lexique personnel, donnez des indications sur les aspects suivants de votre vie.

1. Avez-vous beaucoup de copains?
2. Décrivez votre groupe d'amis en général.
3. Décrivez votre meilleur(e) ami(e).
4. Avez-vous un copain / une copine? Comment est-il / elle?
5. Décrivez un ou deux membres de votre famille.
6. Avec qui est-ce que vous vous entendez bien? Avec qui est-ce que vous ne vous entendez pas très bien? Pourquoi?

Interactions

Activité 1. Une personne importante. Faites le portrait d'une personne que vous admirez et qui vous a beaucoup influencé(e). Vos camarades de classe vont vous poser des questions pour avoir une idée précise de cette personne. Employez les adjectifs de votre lexique personnel.

Activité 2. Ma personnalité. Choisissez quatre adjectifs qui décrivent votre personnalité. Comparez ces caractéristiques avec celles de vos camarades de classe et essayez de trouver quelqu'un avec qui vous avez au moins deux traits en commun. Parmi les adjectifs qui vous décrivent, lesquels décrivent également un grand nombre de vos camarades de classe? A partir de ces comparaisons, pouvez-vous faire un portrait type des jeunes Américains?

Structures II

Il / Elle est and c'est

Both **il / elle est** and **c'est** can mean *he / she / it is*. However, the two constructions are not interchangeable. Certain grammatical situations require choosing between **il / elle est** and **c'est.** These constructions are outlined below.

il / elle est + adjective referring to a specific person or thing	J'aime ce vin. **Il est** bon. Je préfère cette boulangerie. **Elle est** excellente.
il / elle est + unmodified noun referring to a profession	**Il est** marchand.
il / elle est + adjective referring to nationality, political affiliation, or religious persuasion	**Elle est** française.[4] **Il est** protestant.

- Note that the article **un / une** is omitted before *unmodified* nouns of profession.

c'est + proper noun	**C'est** Monsieur Dupont. **C'est** Marie.
c'est + pronoun	**C'est** moi. **C'est** elle.
c'est + masculine adjective referring to an idea or situation	Jacques mange trop, **c'est** vrai. Ces légumes ne sont pas bons, **c'est** certain. La salade n'est pas fraîche, **c'est** évident.
c'est + modified noun	**C'est** un bon vin. **C'est** une boulangerie excellente. **C'est** un professeur intéressant. **C'est** une Française cosmopolite. **C'est** le directeur du département.

- Note that **c'est** is used with *any modified noun*, including nouns of profession, nationality, political party, or religious persuasion. The article immediately preceding the noun is considered a modifier.

Rappel! Rappel!

To state a person's profession, nationality, political affiliation, or religious persuasion, you may choose either **il / elle est** or **c'est un(e).** Remember to omit the indefinite article if you choose **il / elle est** and to retain it if you choose **c'est.** If the noun is modified by an adjective, you must use **c'est un(e).**

—Qui est cet homme là-bas? BUT: **C'est** un marchand.
—**Il est** marchand.   **C'est** un marchand de la rue Victor-Hugo.

These distinctions also apply to the plural forms of both constructions: **ils / elles sont** and **ce sont.**

J'aime ces vins. **Ils sont** bons.
J'aime bien les Dupont. **Ils sont** professeurs. **Ce sont** de bons linguistes.

---

[4] A noun indicating nationality is usually capitalized: **une Française.** Adjectives of nationality are not: **une femme française.**

1. Vous faites une promenade dans le quartier près de votre université avec un étudiant suisse qui passe le semestre chez vous. Il pose beaucoup de questions. Complétez vos réponses en utilisant **c'est, ce sont, il / elle est** ou **ils / elles sont**.

—Ce magasin en face de nous, qu'est-ce que c'est?

—_____ une espèce d'hypermarché. _____ très grand.

—Et cette voiture? Qu'est-ce que c'est?

—_____ une Lexus. _____ belle, non? Et _____ rapide aussi.

—Le «Mountain Dew», c'est quoi?

—Oh, ça, _____ une boisson. _____ assez bonne.

—Qui est la personne à qui tu fais signe?

—M. (Mme / Mlle)... , _____ mon professeur de français. _____ très gentil(le).

—Dis, ce grand bâtiment devant nous, c'est quoi?

—_____ une des résidences universitaires. _____ grande, mais _____ assez vieille.

—Et toutes ces personnes là-bas?

—Ah, _____ mes copains. _____ sympa. _____ étudiants en deuxième année, comme moi. Viens, on va déjeuner à la cafétéria ensemble.

—D'accord. Mais le grand type mince, là. C'est ton camarade de chambre?

—Oui, _____ lui. _____ un étudiant de troisième année.

Possessive Adjectives

The possessive adjectives in French are equivalent to the English terms *my, your, his, her, its, our, their*.

One Possessor	Single Possession	Plural Possessions
my	**mon** *(m)* **ma** *(f)*	**mes**
your (fam.)	**ton** *(m)* **ta** *(f)*	**tes**
your (formal)	**votre** *(m & f)*	**vos**
his / her / its	**son** *(m)* **sa** *(f)*	**ses**
More Than One Possessor	Single Possession	Plural Possessions
our	**notre** *(m & f)*	**nos**
your (fam. and formal)	**votre** *(m & f)*	**vos**
their	**leur** *(m & f)*	**leurs**

Mon ami et **ma** cousine adorent **mes** parents.
Ton père et **ta** mère parlent à **tes** amies.
Son frère et **sa** sœur apportent **leurs** affaires.
Notre chien et **notre** enfant restent chez **nos** parents.
Votre vélo et **votre** cercle d'amis constituent **vos** distractions préférées.
Leur frère et **leur** sœur n'habitent plus chez **leurs** parents.

The forms **mon, ton, son** are used before a feminine word beginning with a vowel or a mute **h** for the purpose of pronunciation.

mon amie   **ton** histoire   **son** école

Rappel! Rappel!

1. French possessive adjectives agree in gender and number with the thing or person possessed, *not* with the possessor.

   sa sœur   *his* or *her sister*   **son vélo**   *his* or *her bicycle*

2. You must repeat the appropriate possessive adjective before each noun in a series to avoid ambiguity.

   son père et **son frère**   *her father and brother*

3. The choice between **son, sa, ses**, and **leur, leurs** often poses a problem for English speakers. Remember: when **son, sa**, and **ses** are used, there is only one possessor who may possess one thing (**son vélo**) or more than one thing (**ses livres**).

   When **leur, leurs** are used, there is more than one possessor, but they may possess one thing among them (**leur maison**) or more than one thing (**leurs enfants**).

2. Beaucoup d'étudiants français habitent seuls et n'ont pas de camarades de chambre. Vous parlez à une étudiante française de votre camarade de chambre. Utilisez les adjectifs possessifs appropriés pour compléter votre description.

   1. J'aime bien _____ camarade de chambre.
   2. Nous partageons _____ chambre, mais nous ne partageons pas _____ affaires.
   3. Il / Elle a _____ propre bureau où il / elle met _____ livres et _____ chaîne stéréo.
   4. Les parents de _____ camarade de chambre habitent loin d'ici. Ils écrivent souvent, et _____ lettres sont toujours amusantes. _____ fille aînée est médecin.
   5. Quelquefois il y a un problème avec les amis de _____ camarade de chambre. Ils viennent trop souvent passer du temps dans _____ chambre et ils laissent _____ affaires partout.
   6. Il / Elle a même un ami qui laisse _____ bicyclette dans la chambre et une copine qui met _____ bouteilles d'eau minérale dans _____ réfrigérateur. Mais, en général, nous nous entendons bien.

3. Posez les questions suivantes à vos camarades de classe. Après chaque réponse, posez une autre question.

   1. Comment est ta famille? Comment sont tes frères et tes sœurs?
   2. Tu t'entends bien avec tes parents?
   3. Tes copains sont gentils?
   4. Ton / Ta meilleur(e) ami(e) habite près de chez toi?
   5. Tu as ta propre voiture?
   6. Tu sors souvent avec tes copains ou avec tes camarades de chambre?
   7. Tu sors le week-end avec ton / ta petit(e) ami(e)?
   8. Tu réfléchis déjà à ta carrière?

Demonstrative Adjectives

The French demonstrative adjectives are equivalent to the English *this*, *that*, *these*, *those*.

As with other adjectives in French, demonstrative adjectives must agree in gender and number with the nouns they modify.

	Singular		Plural	
Masculine	**ce (cet)**	} *this, that*	**ces**	} *these, those*
Feminine	**cette**		**ces**	

J'achète **ce** livre et **ces** disques.
Elle aime **cette** chambre et **ces** affaires.

The alternate form **cet** is used before a masculine singular noun beginning with a vowel or a mute **h.**

cet emploi
cet homme

Rappel! Rappel!

In English, the distinction between *this* and *that* or *these* and *those* is based on the context of the sentence. In French, you add **-ci** and **-là** after the nouns only when you wish to make a direct comparison between the two elements or stress the distance between yourself and a person or object.

Ce CD est bien.	**This (that) CD** *is good.*
Ce garçon est mon frère.	**That (this) boy** *is my brother.*
BUT:	
Ce garçon-ci est mon ami, et **ce garçon-là** est mon frère.	**This boy** *is my friend, and* **that boy** *is my brother.*
Tu vois **ce livre-là**? Il coûte cher!	*Do you see* **that book** *(there)? It's expensive!*

4. Vous êtes dans un centre commercial avec un(e) étudiant(e) français(e). Utilisez la forme correcte de l'adjectif démonstratif pour compléter la conversation suivante.

—Il y a des vêtements formidables dans _____ magasins. Regarde _____ chemise. Tu préfères _____ chemise ou _____ blouson?

—Je n'aime pas tellement _____ blouson _____; je préfère _____ blouson _____.

—Remarque, il y a aussi _____ vestes en vente. Je peux peut-être acheter _____ veste rouge, mais _____ veste bleue est encore trop chère, même en solde. Pourtant _____ prix sont en général plus intéressants que les prix des vêtements en France.

—Alors, est-ce que tu vas acheter tous _____ vêtements ou seulement _____ chemise?

—Je pense acheter seulement _____ blouson et _____ veste aujourd'hui. Je veux revenir dans _____ magasins avant mon départ.

Synthèses

A. Interview. Utilisez une variété d'adjectifs pour faire la description des personnes et des choses indiquées.

1. Comment est votre frère ou votre sœur?
2. Avez-vous un(e) cousin(e) favori(te)? Comment est-il / elle?
3. Comment sont vos parents?
4. Avez-vous un animal domestique (un chien, un chat, un perroquet, un poisson)? Comment est-il / elle?
5. Décrivez votre voiture.
6. Comment est votre prof de français? Votre prof de... ?
7. Décrivez votre maison, votre appartement ou votre chambre.
8. Faites la description du / de la camarade de chambre idéal(e). Du / De la petit(e) ami(e) idéal(e). Du professeur idéal.

Une voiture de rêve!

B. Roger écrit à son ancien camarade de chambre. Complétez sa lettre en donnant la forme appropriée de l'adjectif possessif.

Cher ami,

Ça fait longtemps que je ne reçois plus de _____ nouvelles. Comment vas-tu? Et _____ études, _____ travail, _____ petite amie? Moi, je vais très bien. _____ nouvelle voiture est extra! _____ cours ne sont pas trop difficiles cette année. J'aime toujours bien _____ appartement.

Cette année, Paul a beaucoup de problèmes. Il n'aime pas _____ profs. _____ chambre à la résidence universitaire est trop petite. Il a aussi des problèmes avec _____ amie. Bref, il ne va pas très bien.

Tout va bien chez mes parents. _____ nouvelle maison est très belle et pas trop grande. _____ amis apprécient beaucoup la piscine.

Tu vas bientôt m'écrire à propos de _____ nouvelle vie là-bas, n'est-ce pas? _____ commentaires sur la vie me manquent et _____ sens de l'humour aussi.

Bien à toi,
Roger

C. Donnez le nom des personnes qui suivent en utilisant **c'est / ce sont** dans vos phrases. Ensuite, décrivez ces personnes en faisant deux phrases avec **il / elle est** ou **ils / elles sont**.

MODELE   votre frère
           C'est Ron.
           Il est étudiant. Il n'est pas marié.

1. votre professeur de français
2. vos parents
3. votre petit(e) ami(e)
4. votre camarade de chambre
5. vos meilleurs copains
6. votre frère ou votre sœur
7. votre parent(e) *(relative)* favori(te)
8. votre acteur / actrice préféré(e)
9. votre groupe ou votre chanteur / chanteuse préféré(e)
10. votre professeur de…

Interactions

Un symbole important. Une «mob», comme à la page 65, représente plus qu'un moyen de transport pour les jeunes Français. C'est un signe extérieur de prestige et un symbole d'indépendance. Avec un(e) camarade de classe, choisissez deux symboles de prestige et d'indépendance pour les étudiants de votre âge. Soyez prêt(e) à expliquer vos choix.

Adverbs

An adverb modifies a verb, an adjective, or another adverb. It tells *how* something is done.

Il parle **facilement**.	*He speaks **easily**.*
Il est **finalement** convaincu.	*He is **finally** convinced.*
Elles parlent **terriblement** vite.	*They speak **terribly** (**very**) quickly.*

In English, most adverbs are easily recognized by the *-ly* ending. In French, many adverbs end in **-ment.** Unlike adjectives, which must reflect the gender and number of the nouns they modify, adverbs show no agreement.

Formation of Adverbs

To form most adverbs in French, add **-ment** to the feminine form of the adjective.

Masculine Adjective	Feminine Adjective	Adverb
final	finale	finale**ment**
cruel	cruelle	cruelle**ment**
premier	première	première**ment**
curieux	curieuse	curieuse**ment**
actif	active	active**ment**
long	longue	longue**ment**
rapide	rapide	rapide**ment**

Certain exceptions to the regular formation of adverbs are summarized below.

Adjective Ending	Irregularity	Adjective	Adverb
-i	no -e added	vrai	vra**i**ment
-u	no -e added	absolu	absol**u**ment
-ant	-amment	brill**ant**	brill**amment**
		const**ant**	const**amment**
-ent	-emment[5]	évid**ent**	évid**emment**
		pati**ent**	pati**emment**
		fréqu**ent**	fréqu**emment**

A few adverbs have completely irregular stems.

bref	brève	**brièvement**
gentil	gentille	**gentiment**

A few important adverbs are completely different from their corresponding adjectives.

Adjective	Adverb	Adjective	Adverb
bon	**bien**	meilleur	**mieux**
mauvais	**mal**	petit	**peu**

[5] The **-emment** ending is pronounced the same way as the **-amment** ending.

Rappel! Rappel!

You must be aware of the distinction between describing something and telling *how* something is done. Note that **être** is normally followed by an adjective.

Ce repas est **bon**.	Elle fait **bien** la cuisine.
Ce concert est **mauvais**.	Le groupe chante **mal**.
Ce groupe est **actif**.	Ils jouent **activement**.
Son frère est **petit**.	Il parle **peu**.

Here are some commonly used adverbs.

TIME	PLACE	FREQUENCY	QUANTITY
aujourd'hui	ici	déjà	assez
hier	là	enfin	beaucoup
demain	là-bas	souvent	trop
maintenant	partout	toujours	peu
tard	quelque part	jamais	
tôt	nulle part	quelquefois	
vite			

Position of Adverbs

The usual position for adverbs used with simple tenses (present, imperfect, simple future, etc.) is directly following the conjugated verb.

Il finit **facilement** ses devoirs.
Elles répondent **bien** aux questions.
Nous terminons **toujours** à neuf heures.

Many adverbs of time, place, frequency, and manner may also be placed at the beginning or the end of a sentence.

Demain, nous allons partir.
Nous allons partir **demain**.

Any adverb that depends on the verb for its meaning, such as adverbs of quantity, must be placed directly after the verb.

Il parle **assez** en cours.
Vous allez **trop** au café.
Elles aimeraient **beaucoup** nous accompagner.
Je fais **mieux** la cuisine.

In French an adverb can never be placed after the subject, as is often done in English.

*I **finally** speak French.*	Je parle **enfin** le français.
*The Martins **always** arrive on time.*	Les Martin arrivent **toujours** à l'heure.
*He **already** knows the truth.*	Il sait **déjà** la vérité.

5. Comment agissent-ils *(act)*? Chaque phrase complète contient un adjectif. Remplissez le blanc avec l'adverbe correspondant.

1. Paul a un petit appétit. Il mange _____.
2. Ma mère est très patiente. Elle écoute _____.
3. Mon prof de français est gentil. Il répond _____ à nos questions.
4. Ce groupe de rock est mauvais. Les musiciens jouent _____.
5. Mon copain est un étudiant brillant. Il réussit _____ aux examens.
6. Garth Brooks est un bon chanteur. Il chante _____.
7. Je vais avoir une conversation très brève avec mon prof. Je parle toujours _____ aux profs.
8. Mon / Ma camarade de chambre a un problème sérieux. Nous parlons _____.

6. Ajoutez un adverbe de la liste à chacune des affirmations suivantes pour décrire vos activités et celles de vos amis.

souvent	rarement
déjà	bien
mal	toujours
fréquemment	peu
beaucoup	lentement
???	???

1. Je danse.
2. Mes copains sortent pendant la semaine.
3. En cours de français, on parle français.
4. Les étudiants donnent des soirées.
5. Vous vous amusez en classe.
6. Les jeunes Américains sortent en groupe.
7. Mes amis et moi, nous bavardons au téléphone.
8. Mon prof de... comprend les problèmes des étudiants.
9. Nous pensons aux vacances.
10. Mon / Ma meilleur(e) ami(e) m'écrit des lettres.

Pour s'exprimer

Track 4

Ecoutez d'abord l'interview «Les jeunes s'amusent», puis faites les activités qui suivent.

CONTEXTE: Un journaliste parisien doit faire une série de reportages sur les jeunes Français d'aujourd'hui. Il se rend donc dans la rue pour enregistrer des jeunes qui veulent bien répondre à ses questions. Il s'approche des enfants Dumont — Philippe, Béa et Bruno.

A l'écoute

A. On fait une enquête sur la vie sociale des étudiants. En imitant le journaliste et les jeunes Français, imaginez un dialogue dans lequel vous arrêtez vos camarades dans la rue pour les interviewer.

B. Faites une liste des activités que Béatrice, Bruno et Philippe font avec leurs amis. Comment s'amusent les jeunes du même âge (douze, seize et dix-huit ans) que vous connaissez?

C. Béatrice dit qu'elle attend désespérément le jour où Philippe va conduire la voiture, car elle veut prendre sa «mob». Même si vous ne connaissez pas le mot «mob», comment pouvez-vous deviner le sens de la phrase en question? Qu'est-ce qui, dans le contexte, vous aide à comprendre ce mot?

D. Pour s'adresser individuellement aux trois jeunes Français, le journaliste choisit entre la forme **vous** et la forme **tu**. Qui **vouvoie**-t-il? Qui **tutoie**-t-il? Est-ce qu'il change de pronom quelquefois? Essayez d'expliquer pourquoi.

A vous la parole

Voici une liste d'expressions employées pour dire si vous êtes d'accord avec une déclaration ou une suggestion. Lisez les phrases suivantes et donnez votre opinion en utilisant les expressions de la liste.

D'accord	Pas d'accord
Entendu	Pas du tout
Oui, bien sûr!	Mais non!
Oui, oui, ça va.	Ecoute!
Excellente idée.	Eh bien, moi...
Super!	Pas question!
En effet.	Alors, là...
Pas de problème!	C'est possible, mais...

MODELE —Tu peux m'aider pour mes devoirs de français?
—*Oui, bien sûr! Tu es libre jeudi après-midi?*
ou: —*C'est possible, mais je ne suis libre que vers quatre heures.*

1. Tu veux faire des recherches avec moi à la bibliothèque lundi soir?
2. On va ensemble au match de football samedi après-midi?
3. Est-ce que je peux prendre ta voiture pour le week-end?
4. Je suis sûr(e) que tu vas prendre une chambre à la cité universitaire l'année prochaine.
5. Tu veux sortir avec mon / ma camarade de chambre samedi soir, n'est-ce pas?
6. Mon copain / Ma copine vient passer le week-end et il / elle va dormir dans notre chambre.
7. Je vais te retrouver au restaurant universitaire à midi.
8. Est-ce que je peux mettre ton nouveau pull-over pour la soirée?
9. Tu veux nous accompagner au festival du film étranger?
10. ???

Situations orales et écrites

A. En petits groupes, composez trois ou quatre phrases pour décrire la vie des jeunes Américains. Ensuite présentez les idées de votre groupe aux autres qui vont expliquer pourquoi ils sont d'accord ou pas d'accord.

B. Parlez de trois aspects intéressants de la vie des jeunes en France. A partir de vos idées, vos camarades vont composer des phrases pour comparer la vie des jeunes Français et la vie des jeunes Américains.

C. Travaillez-vous? Comment dépensez-vous votre argent? Quels achats faites-vous souvent / assez souvent / rarement? Composez une description de votre situation financière, puis comparez votre situation avec celle des jeunes Français.

D. Composez une description de l'influence du sport dans votre vie. Faites-vous du sport? Quelles compétitions sportives aimez-vous regarder à la télé? Est-ce que vos amis font du sport?

The Comparative and Superlative of Adjectives

The Comparative

To form the comparative of adjectives, place **plus, moins,** or **aussi** before the adjective and **que** after the adjective. The adjective must agree in gender and number with the first of the two nouns or pronouns used in the comparison.

plus... que *more . . . than*   **moins... que** *less . . . than*   **aussi... que** *as . . . as*

Ces cafés sont **plus intéressants que** les autres.

Lucien est **moins bavard que** Marie.

Je suis **aussi intelligente que** toi.

The adjective **bon** has an irregular comparative form, **meilleur** *(better)*, that shows all standard gender and number agreements.

Ce café-ci est **meilleur** que ce café-là.

Les boissons ici sont **meilleures** que là-bas.

- Note that **aussi** may be replaced by **si** in a negative sentence.

    Cette actrice n'est pas **si** amusante **que** l'autre.

The Superlative

To form the superlative of adjectives, place the appropriate definite article **plus** or **moins** before the adjective and **de** after the adjective.

Il est **le plus intelligent de** la classe.

Cette voiture est **la moins chère de** toutes les voitures.

Nos amis sont **les plus loyaux du** monde.

When preceding a noun and comparing amounts or quantities, **plus que, moins que,** and **aussi que** become **plus de** *(more than)*, **moins de** *(less than)*, and **autant de** *(as much* or *as many as)*.

1. When a noun is included in the superlative construction, the adjective is placed in its normal position and shows the appropriate agreement. If the adjective normally precedes the noun, the superlative construction is similar to the English superlative.

    C'est **la plus belle étudiante** de la classe.

    Ce sont **les meilleures distractions** de la ville.

    If the adjective normally follows the noun, its complete superlative form, including the appropriate definite article, must follow the noun. The noun itself will still be preceded by its own definite article or possessive adjective.

    C'est **le livre le plus intéressant** de tous.

    C'est **le moment le moins heureux** de ma vie.

    Ce sont **les membres les plus actifs** du club.

2. Remember that the preposition **de** is used after the superlative as the equivalent of *in* or *of*.

1. Le mode de vie de la famille Dumont nous permet de comparer les façons de vivre aux Etats-Unis et en France. Utilisez les éléments indiqués pour faire des phrases comparatives.

MODELE   la cuisine française / être / élégant / la cuisine américaine
La cuisine française est plus élégante que la cuisine américaine.

1. un appartement français / être / grand / un appartement américain
2. un repas chez McDonald's / être / long / un repas français traditionnel
3. les devoirs de classe en France / être / difficile / les devoirs aux Etats-Unis
4. le week-end en France / être / long / le week-end aux Etats-Unis
5. les examens américains / être / difficile / les examens français
6. les CD en France / être / cher / les CD aux Etats-Unis
7. un vélo / être / rapide / une moto
8. les voitures américaines / être / gros / les voitures françaises

2. Un(e) ami(e) américain(e) adore sa vie en France et écrit une lettre pleine de superlatifs pour le dire. Transformez les phrases suivantes en phrases superlatives en utilisant les adjectifs indiqués.

MODELES   Notre-Dame est une cathédrale. (beau / pays)
Notre-Dame est la plus belle cathédrale du pays.

C'est un voyage. (intéressant / ma vie)
C'est le voyage le plus intéressant de ma vie.

1. Paris est une ville. (beau / monde)
2. Je fais des promenades. (long / ma vie)
3. La Sorbonne est une université. (ancien / France)
4. Le Louvre est un musée. (varié / Paris)
5. Le Quartier Latin est un quartier. (célèbre / la Rive gauche)
6. Les Tuileries sont un jardin. (magnifique / la ville)
7. La Tour Maine-Montparnasse est un bâtiment. (haut / Paris)
8. C'est un voyage. (bon / ma vie)

Jardin des Tuileries, Paris

The Comparative and Superlative of Adverbs

The Comparative

The comparative of adverbs is formed in the same way as the comparative of adjectives. Remember, however, that adverbs are invariable.

> Elle parle **aussi lentement que** son frère.
> Ils travaillent **moins bien que** vous.
> Nous finissons **plus vite que** les autres.

The adverb **bien** has the irregular comparative form **mieux que** (*better than*).

> Vous répondez **mieux que** Charles.
> Je m'amuse **mieux** ici **qu'**au café.

The comparative of **beaucoup de** is **plus de.**

> Marie a **plus d'**amis que son frère.
> Il y a **plus de** vingt personnes dans cette classe.

The Superlative

To form the superlative of adverbs place **le plus** or **le moins** before the adverb. Because adverbs are invariable, **le** is always used in the superlative construction.

> Ils travaillent **le plus sérieusement de** tout le groupe.
> Pierre écoute **le moins attentivement de** toute la classe.
> Mais Béatrice répond **le mieux de** tous les élèves.

- Note that **de** is also used with the superlative of adverbs as the equivalent of *in* or *of.*

Rappel! Rappel!

The comparative and superlative forms of the adjective **bon** and the adverb **bien** may pose more problems in French than in English. Compare the following forms.

good	better	best
bon	**meilleur(e)**	**le / la / les meilleur(e)(s)**
well	*better*	*best*
bien	**mieux**	**le mieux**

- Note that **être** is usually followed by an adjective; other verbs are followed by adverbs.

---

3. Vous expliquez comment on fait certaines choses en France. Comparez les deux cultures en complétant chacune des phrases suivantes. Utilisez le comparatif de l'adverbe entre parenthèses.

1. (lentement) Les Français mangent _____ les Américains.
2. (bien) Mais en France, on mange _____ aux Etats-Unis.
3. (vite) Le TGV roule _____ les trains de l'Amtrak.
4. (sérieusement) Un lycéen français doit étudier _____ un élève de «high school» aux Etats-Unis.
5. (attentivement) Les étudiants américains travaillent _____ les étudiants français.
6. (souvent) Les jeunes Français sortent _____ les jeunes Américains.

Synthèses

A. Donnez votre point de vue personnel en comparant divers aspects de la vie d'étudiant. Choisissez un adjectif approprié pour chaque comparaison.

1. un cours de français / un cours de maths
2. mon université / la Sorbonne
3. notre restaurant universitaire / un restaurant en ville
4. ma chambre / la chambre de mon ami(e)
5. un examen de français / un examen d'anglais
6. mon prof de français / mon prof de...
7. ma dissertation / la dissertation de mon ami(e)
8. ???

B. Le permis de conduire en France et aux Etats-Unis. Chacune des phrases suivantes explique comment les jeunes en France obtiennent le permis de conduire. Employez les éléments indiqués pour comparer la situation aux Etats-Unis.

1. A seize ans, on peut conduire si on est accompagné.
   Aux Etats-Unis, on peut conduire quand on / être / jeune.
2. L'accompagnateur doit avoir plus de 28 ans.
   Chez nous, l'accompagnateur / être / âgé.
3. On doit faire un stage de formation de 20 ou 30 heures dans une auto-école.
   Le stage en auto-école / être / long.
4. Les frais du stage et de l'examen s'élèvent à plus de 700 euros.
   Obtenir le permis de conduire / coûter / cher.
5. On passe l'examen à l'âge de 18 ans.
   Aux Etats-Unis, on peut passer l'examen quand on / être / jeune.
6. En général, seulement 50% des candidats sont reçus quand ils passent l'examen pour la première fois.
   Les candidats qui réussissent / être / nombreux.
7. L'examen est très difficile.
   L'examen / être / difficile.
8. Le permis de conduire est valable indéfiniment.
   Le permis de conduire / être / valable / longtemps.

C. Tout simplement le meilleur (*Simply the best*). Posez les questions suivantes à un(e) camarade de classe. Ensuite, expliquez pourquoi vous êtes d'accord ou pas d'accord avec sa réponse.

1. A votre avis, qui est le meilleur acteur américain? Et la meilleure actrice?
2. Quelle est l'émission de télévision la plus populaire?
3. Quel est le film le plus amusant de cette année? Et le plus mauvais film?
4. Quel groupe de musique aimez-vous le mieux?
5. Qui est le comédien le plus amusant?

Numbers

Cardinal Numbers

0	zéro	14	quatorze	51	cinquante et un
1	un (une)	15	quinze	60	soixante
2	deux	16	seize	61	soixante et un
3	trois	17	dix-sept	70	soixante-dix
4	quatre	18	dix-huit	71	soixante et onze
5	cinq	19	dix-neuf	80	quatre-vingts
6	six	20	vingt	81	quatre-vingt-un
7	sept	21	vingt et un	90	quatre-vingt-dix
8	huit	22	vingt-deux	91	quatre-vingt-onze
9	neuf	30	trente	100	cent
10	dix	31	trente et un	101	cent un
11	onze	40	quarante	200	deux cents
12	douze	41	quarante et un	201	deux cent un
13	treize	50	cinquante		

1 000	mille		1 000 000	un million
1 005	mille cinq		1 000 000 000	un milliard
2 000	deux mille			
2 010	deux mille dix			

English and French differ in their use of commas and decimal points in writing numbers. Where a decimal point is used in English, a comma is used in French: *41.5 miles* = **66,4 kilomètres.** For numbers over 1,000, only a space is used: **10 000 euros.**

1. Beginning with **deux cents**, there is an **-s** on the number **cent**, unless it is followed by another number (**deux cents, deux cent cinq**). **Mille** never has an **-s**. When expressing a year, **mil** may be used instead of **mille** when it is the first word in a date: **mil neuf cent vingt** *(1920).*

2. For hundreds and thousands, there are no equivalents in French for the preceding *a* or *an* or the following *and* frequently used in English.

cent cinq	*a hundred and five*
mille cinquante	*a thousand and fifty*

To say a telephone or fax number in French, you have to group the numbers and not say each number individually the way we do in English. For 01 42 61 54 33, you would say **zéro un, quarante-deux, soixante et un, cinquante-quatre, trente-trois.** American telephone and fax numbers must be grouped in similar fashion: (212) 684-3725 = **deux cent douze, six cent quatre-vingt-quatre, trente-sept, vingt-cinq.**

Ordinal Numbers

Most ordinal numbers are formed by adding **-ième** to the cardinal numbers. If the cardinal number ends in **-e**, that **-e** is dropped.

deux	**deuxième**
quinze	**quinzième**
dix-sept	**dix-septième**
trente	**trentième**
cinquante et un	**cinquante et unième**
cent trois	**cent troisième**
deux mille	**deux millième**

There are a few exceptions to the regular formation of ordinal numbers.

un (une)	**premier (première)**
cinq	**cinquième**
neuf	**neuvième**

- Note that the term **second** generally replaces **deuxième** when there are no more than two items in question.

    Jean-Marc est le **second** fils des Martin. Il y a deux garçons dans la famille.

Rappel! Rappel!

1. With titles and dates, French uses cardinal numbers where English uses ordinal numbers. The only exception is **premier.**

le premier novembre	François I (Premier)
le onze septembre	Louis XIV (Quatorze)
le vingt-trois juin	Jean-Paul II (Deux)

2. When cardinal and ordinal numbers are used together, the cardinal number precedes the ordinal, which is the reverse of English usage.

   les **deux premières** pages   les **quatre dernières** semaines

Collective Numbers

To express the idea of an approximate quantity (*about* + number), the ending **-aine** is added to the cardinal numbers 10, 12, 15, 20, 30, 40, 50, 60, and 100. Any final **-e** is dropped, and **x** becomes **z.** When followed by a noun, the collective numbers require the partitive **de.**

une dizaine	*about 10*
une cinquantaine	*about 50*
une soixantaine	*about 60*
une centaine de voitures	*about 100 cars*

The following form is irregular and masculine:

un millier de personnes	*about a thousand people*

4. De retour d'un voyage en France, vous parlez à un(e) camarade de classe au sujet des prix à Paris. Employez les éléments suivants pour expliquer les prix que vous avez payés en euros.

> MODELE   Un jean / 80
> *Ça coûte 80 euros.*

1. un CD / 18
2. un sac à dos / 75
3. un billet de cinéma / 6
4. un livre sur le Musée d'Orsay / 37
5. des souvenirs de Montmartre / 16
6. un dîner au restaurant / 26
7. une boisson au café / 3
8. l'entrée en boîte / 25
9. un sandwich, une boisson, des chips / 4
10. un poster des Champs-Elysées / 12
11. un carnet de tickets de métro / 7
12. une chambre d'hôtel / 85
13. un taxi pour rentrer à l'hôtel / 15
14. un billet de RER pour aller à l'aéroport Charles De Gaulle / 8

5. Complétez chaque phrase par le nombre ordinal approprié.
1. Je suis étudiant(e) en _____ année à l'université.
2. Le _____ siècle (*century*) se termine à la fin de l'an 2000.
3. C'est mon _____ semestre de français à l'université.
4. Mon _____ cours commence à ... heures du matin.
5. Victor Hugo est un auteur du _____ (XIXe) siècle.
6. Mon _____ cours se termine à ... heures de l'après-midi.
7. Pour lundi prochain, il faut lire les deux _____ chapitres dans le manuel d'histoire.
8. La _____ Guerre mondiale a commencé en Europe en 1939.

6. Vous donnez quelques renseignements sur votre université à un ami français. Complétez chaque phrase par la forme numérique appropriée.
1. Je suis étudiant(e) en _____ année.
2. Dans une classe typique, il y a une _____ d'étudiants.
3. Les cours commencent toujours vers le _____ août.
4. Au total, il y a à peu près _____ étudiants dans mon université.
5. Le numéro de ma chambre dans la résidence est le _____.
6. Les examens ont lieu pendant les _____ semaines de décembre.
7. Le nouveau semestre commence vers le _____ janvier.
8. Mon numéro de téléphone est le _____.

Interactions

Activité 1. Les horaires. Comparez le rythme d'une journée de lycée entre la France et les autres pays d'Europe. Comparez la vie scolaire en France à la vie scolaire dans votre pays pour le même niveau d'études. Quelles sont les ressemblances? les différences?

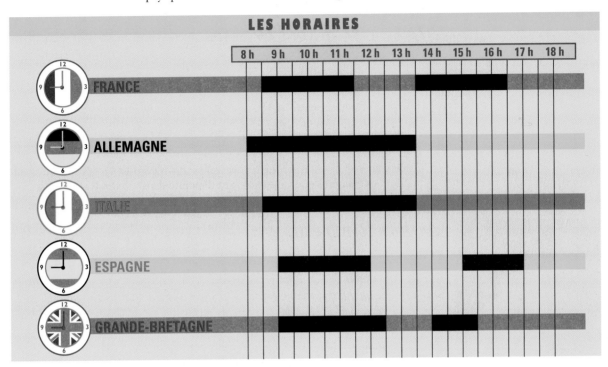

LES HORAIRES

Activité 2. Faites-vous du sport? Quels sont les sports que vous pratiquez régulièrement ou occasionnellement? Faites un sondage *(poll)* sur les préférences des autres étudiants de la classe. Quel sport est le plus souvent pratiqué? le moins souvent pratiqué? Y a-t-il de grandes différences entre les réponses des hommes et celles des femmes? Ensuite, comparez vos résultats avec les réponses des Français.

Activité 3. Mes goûts changent. Comparez ce que vous aimez faire aujourd'hui à vos goûts d'il y a quelques années.

MODELE   *Je vais moins souvent au cinéma maintenant.*
J'achète plus de livres aujourd'hui.
Je téléphone plus souvent à mes amis.

Foot toujours

Evolution du nombre des licenciés des principales disciplines:

	1980	1998*
- Football	1 554 069	2 034 085
- Tennis	786 811	1 039 013
- Judo	351 888	552 689
- Pétanque	426 282	442 667
- Basket-ball	304 375	427 007
- Equitation	133 740	388 614
- Rugby	208 913	277 880
- Golf	38 718	268 630
- Voile	85 383	245 899
- Ski**	544 270	234 930
- Handball	149 109	226 137
- Karaté, arts martiaux	-	202 003

* Estimations.
** Hors snowboard pour 1998.

Ministère de la Jeunesse et des Sports

Mise en train

Sujets de réflexion

1. Pour une jeune personne, l'âge de dix-sept ans marque souvent un moment d'émancipation individuelle. Quelles dimensions de la vie sont particulièrement susceptibles de changer chez les jeunes de 15 à 18 ans? Quelles idées ou attitudes, quels comportements sociaux semblent se manifester dans les milieux où vous évoluez?

2. Si vous avez l'idée d'écrire un poème à propos d'un premier grand amour, quels sont les éléments que vous choisissez d'inclure dans vos vers (la saison de l'année... les endroits de rendez-vous..., etc.)?

Arthur Rimbaud

Arthur Rimbaud (1854–1891)

Né en 1854 à Charleville, ville triste et grise près de la frontière belge, le jeune Arthur est un enfant prodige. Certains de ses professeurs de collège l'encouragent à s'exprimer en poésie, ce qu'il fait avec une grande aisance et une remarquable originalité. Mais, comme il arrive parfois chez des adolescents excessivement doués et précoces, le jeune Rimbaud se révolte contre tout: famille, religion, éducation, moralité conventionnelle et conformisme social. Il arrive à faire publier bon nombre de ses poèmes et poèmes en prose et veut surtout se faire connaître dans les milieux littéraires parisiens. En 1870, il réalise son rêve. Le poète Paul Verlaine, qui a dix ans de plus que Rimbaud, l'invite à Paris. Bientôt, les deux hommes quittent la capitale pour mener ensemble une vie vagabonde et aventureuse. Leur existence, souvent jugée scandaleuse, finit en 1873 par un drame à Bruxelles où Verlaine blesse son ami d'un coup de revolver. Rimbaud continue d'écrire des poèmes et poèmes en prose pendant encore deux ans avant de dire définitivement adieu à toute carrière littéraire. Après 1875, Rimbaud, âgé de 21 ans, cesse d'écrire. Il mène alors pendant 16 ans une existence complètement différente pendant laquelle il est surtout explorateur et commerçant en Arabie et en Abyssinie. Rimbaud meurt à l'âge de 37 ans ayant coupé avec son propre passé littéraire.

Le poème intitulé Roman *a été composé par Rimbaud en septembre 1870. Il appartient donc aux vers composés par ce précoce adolescent de 15 ans. C'est l'histoire d'un amour qui entre, pour la première fois, dans la vie d'un garçon conscient de se trouver entre les jeux d'enfant et le «sérieux»" de l'âge d'adulte.*

Avant de lire

1. Le titre de ce poème, *Roman*, fait penser à un autre genre littéraire. En quoi sont divisés la plupart des romans (*novels*)? Quels éléments typographiques du poème suggèrent de telles divisions?

2. Un «roman» raconte un récit, c'est-à-dire une histoire ayant un début et une fin. La première strophe (les 4 premiers vers) et la dernière strophe (les 4 derniers vers) se ressemblent. Quels sont le point de départ et le point de retour du jeune homme qui raconte ce récit?

3. Quels sont les personnages que le poème met en évidence? Y en a-t-il qui sont implicites aussi?

4. Le pronom impersonnel *on* est employé partout dans le poème, y compris dans le premier vers qui est devenu assez célèbre. Qui est désigné par ce pronom, à votre avis?

Arthur Rimbaud: *Roman*

I

On n'est pas sérieux, quand on a dix-sept ans.

–Un beau soir, foin[1] des bocks et de la limonade,

Des cafés tapageurs[2] aux lustres éclatants[3]!

–On va sous les tilleuls[4] verts de la promenade.

5 Les tilleuls sentent bon dans les bons soirs de juin!

L'air est parfois si doux, qu'on ferme la paupière[5];

Le vent chargé de bruits, –la ville n'est pas loin,–

A des parfums de vigne et des parfums de bière...

II

–Voilà qu'on aperçoit un tout petit chiffon[6]

10 D'azur[7] sombre, encadré d'une petite branche,

Piqué[8] d'une mauvaise étoile, qui se fond[9]

Avec de doux frissons,[10] petite et tout blanche...

Nuit de juin! Dix-sept ans! –On se laisse griser[11].

La sève[12] est du champagne et vous monte à la tête...

15 On divague[13]; on se sent aux lèvres un baiser[14]

Qui palpite là, comme une petite bête...

III

Le cœur fou Robinsonne[15] à travers les romans,

–Lorsque, dans la clarté d'un pâle réverbère[16],

Passe une demoiselle aux petits airs charmants,

20 Sous l'ombre du faux-col[17] effrayant de son père...

Et, comme elle vous trouve immensément naïf,

Tout en faisant trotter ses petites bottines[18],

Elle se tourne, alerte et d'un mouvement vif[19]...

–Sur vos lèvres alors meurent les cavatines[20]...

IV

25 Vous êtes amoureux. Loué[21] jusqu'au mois d'août.

Vous êtes amoureux. –Vos sonnets la font rire.

Tous vos amis s'en vont, vous êtes de mauvais goût.

–Puis l'adorée, un soir, a daigné vous écrire!...

–Ce soir-là,...–vous rentrez aux cafés éclatants,

30 Vous demandez des bocks ou de la limonade...

–On n'est pas sérieux, quand on a dix-sept ans

Et qu'on a des tilleuls verts sur la promenade.

[1] Away with ... ! (disdain) [2] noisy [3] bright lights [4] linden trees [5] eyelid [6] scrap [7] blue [8] spotted [9] dissolves [10] shivers [11] intoxicated [12] sap [13] ramble [14] kiss [15] to wander like Robinson Crusoe [16] street lamp [17] stiff shirt-collar [18] ankle-boots [19] lively [20] songs [21] Rented

Synthèses

Après la lecture

1. Partie I: Quelle voix entendez-vous dans cette partie du poème? Qui semble en être le personnage principal? Est-ce la même personne? Pourquoi dit-on: *on n'est pas sérieux*? A quels éléments sensuels les lecteurs sont-ils particulièrement sensibles en lisant ces vers? Quels sens sont privilégiés par le poète?

2. Partie II: Quels éléments de cette partie se trouvent déjà dans les strophes précédentes? Y a-t-il un nouveau sens que le poète ajoute à son répertoire sensoriel? (Rappel: les cinq sens traditionnels sont la vue, l'ouïe, l'odorat, le goût et le toucher.) Par quoi le jeune homme est-il intoxiqué? Qu'est-ce qu'il y a dans la nature qui fait perdre la raison (*on divague*)?

3. Partie III: Pourquoi Robinson Crusoë est-il célèbre? Qu'est-ce qu'un *cœur fou* doit faire pour ressembler à Robinson? Cette partie personnalise les acteurs plus que les précédentes. Quelles images de personnes relevez-vous dans ces strophes? Quel pronom a disparu? Quels éléments vestimentaires sont associés aux nouveaux personnages? Que symbolisent-ils, à votre avis?

4. Partie IV: Il semble y avoir un certain temps qui passe entre cette partie et la précédente. Comment le sait-on? Quelles activités rapprochent le jeune homme et la jeune fille? Pourquoi pensez-vous que les amis du jeune homme le quittent? Pourquoi pensent-ils qu'il est de *mauvais goût*?

Pour mieux lire

1. Pour lire correctement un poème écrit en français il faut suivre des règles. D'abord, il faut respecter la prononciation de certaines syllabes. Par exemple, le *e* terminal d'un mot doit souvent être prononcé même si, dans la conversation, il peut rester muet. Pour savoir si on doit le prononcer, il faut regarder plus loin. Si le prochain son qu'on entend est une voyelle (*a, e, i, o, u*), on ne prononce pas le *e* terminal. Ce système nous permet de compter les syllabes d'un vers.

   Prenons le vers onze du poème comme exemple:

   Piqué d'une mauvaise étoile, qui se fond

   Il faut le lire ainsi:

   Pi / qué / d'u / ne / mau / vai / se é / toi / le, / qui / se / fond

   Combien de syllabes avez-vous prononcées? Douze? Bravo!

   Prononcez les vers suivants en comptant les syllabes:

   a. *On n'est pas sérieux, quand on a dix-sept ans.*

   (Attention: le mot *sérieux* contient trois syllabes!)

   b. *–Un beau soir, foin des bocks et de la limonade,*

   (Attention: le *e* de la dernière syllabe du vers n'est jamais compté!)

   c. *–Lorsque, dans la clarté d'un pâle réverbère,*

   (Faut-il prononcer le *e* final de *Lorsque*? Quel est le prochain son que vous entendez? Si c'est une consonne, il faut prononcer le *e* précédent!)

   Lisez maintenant le poème entier à haute voix.

2. Rimbaud est un adolescent de quinze ans quand il compose ces vers: Véritable enfant prodige! Mais il a aussi l'esprit révolutionnaire qui accompagne l'adolescence. Son enthousiasme se manifeste souvent par son langage poétique. Trouvez dans le poème une illustration de:

   a. son style exclamatoire

   b. son humour

   c. sa créativité verbale (Que pensez-vous du verbe *Robinsonne* au vers 17?)

Liens culturels

1. Comparez la vie des jeunes d'aujourd'hui et la vie des jeunes gens du poème. Quelles en sont les similarités? Y a-t-il des divergences fondamentales à noter?

2. Le tableau de Renoir à la page 66 date de la même époque que le poème de Rimbaud. Faites le rapprochement entre le tableau et le poème. Quels thèmes sont les mêmes? Quelles différences y remarquez-vous?

3. Imaginez que vous voulez écrire un poème pour illustrer une première rencontre amoureuse. Quels sont les éléments que voulez mettre dans votre poème? En quoi votre poème du vingt et unième siècle est-il différent d'un poème du dix-neuvième siècle? En quoi est-il semblable?

Chapitre 4
Les télécommunications

UN CYBERCAFÉ OÙ ON PEUT VÉRIFIER SON COURRIER ÉLECTRONIQUE OU NAVIGUER SUR INTERNET.

Cultural Focus

- Rise of the Media in France
- Computerization in Contemporary France

Literary Reading

- Didier Daeninckx: «Farming Class Hero», *Zapping* (excerpt)

Structures

I • Irregular **-oire** Verbs
  • Irregular **-re** Verbs
II • The **passé composé** with **avoir** and **être**
  • Basic Question Patterns with the **passé composé**
  • Placement of Adverbs with the **passé composé**
III • Uses of the **passé composé**

Functions

- Narrating in the Past
- Recounting Past Events
- Inquiring about Past Events

Perspectives

La circulation des idées

Il y a cinq siècles, l'invention de l'imprimerie a bouleversé la circulation des idées.

- Le livre imprimé a révolutionné la conception des rapports entre les êtres humains.
- L'invention de l'imprimerie a radicalement modifié les modes de transmission des idées entre les hommes et a donné lieu non seulement à un nouvel âge des écrivains et des artistes mais à l'âge des inventeurs et des ingénieurs. Il y a eu une abondance d'innovations, par exemple, dans les instruments de guerre, dans le style des bateaux, dans la conception des villes, etc.

Plus récemment, c'est à la suite d'importantes découvertes dans le domaine des télécommunications et surtout dans l'électronique et l'informatique que l'activité humaine a été transformée et que la société a été redéfinie. L'importance sociale de ces phénomènes se manifeste souvent dans le domaine de la politique.

La Politique face à la radio et à la télévision

En France, c'est surtout à l'époque de la Seconde Guerre mondiale qu'on a pris conscience de l'importance de la communication radiophonique.

- Le 18 juin 1940, Charles de Gaulle s'est installé devant un micro de la BBC à Londres. Puis, il a lu le texte que nous appelons aujourd'hui «l'appel du 18 juin». Il a terminé son message par les très célèbres paroles: *«Quoi qu'il arrive, la flamme de la résistance française ne doit pas s'éteindre et ne s'éteindra pas. Demain, comme aujourd'hui, je parlerai à la radio de Londres.»* Le message a été répété et distribué clandestinement en France, et le chef de la «France libre» est entré dans la légende.

- Au cours de sa carrière d'homme d'Etat, le général a souvent utilisé les moyens audio-visuels de l'ORTF (Office de radiodiffusion-télévision française) dont les caméras de télévision ont diffusé ses conférences de presse. Pour la première fois en France, un président de la République s'adressait au pays par le petit écran.

De Gaulle devant les micros de la BBC en 1940 et devant les caméras de la TV française en 1969.

Les manifestants de la Confédération Générale du Travail rejoignent les étudiants dans la rue pour manifester contre le gouvernement en mai 68.

- En mai 1968, Charles de Gaulle s'est trouvé devant une France presque complètement paralysée. Les étudiants ont pris le pouvoir dans les universités, d'abord à Paris, puis en province, pour manifester contre un système qui avait refusé de se réformer et de s'adapter aux nécessités d'une société démocratique moderne. Bientôt les principaux syndicats d'ouvriers (*labor unions*) se sont joints au mouvement des étudiants et ont déclaré une grève (*strike*) générale. Il y a eu des confrontations terribles entre les manifestants et la police. Avec le temps, l'ordre s'est imposé et le travail a repris. Devant la peur de l'anarchie et de la dictature, les Français se sont ralliés, une fois encore, autour du général de Gaulle. Cette fois-ci, c'est en téléspectateurs qu'ils ont pu l'entendre et le voir prononcer les fameuses paroles par lesquelles il terminait ses interventions à la télévision: *«Vive la République. Vive la France.»*

- Le président Jacques Chirac, comme tous ses prédécesseurs depuis de Gaulle, a très bien compris l'importance de la télécommunication avec ses concitoyens. Son style physique entraîne le public.

J. Chirac, réélu Président de la République en 2002, est une personnalité médiatique aussi bien que politique.

culturelles

L'ordinateur: Petit lexique de base, anglais / français

A
@ A commercial, arobase (f)
application application (f)
attachment pièce jointe (f)

B
background fond (m), arrière-plan (m)
backup sauvegarde (f)
battery pile (f)
browser browser (m), butineur (m), navigateur (m)

C
cable câble (m)
CD-ROM (disque) (m), CD-ROM, cédérom (m)
chat tchatche (f)
click on (vb) cliquer sur
computer ordinateur (m)
computer science informatique (f)
connect (se) connecter à

D
data données (f)
delete effacer, supprimer
digitize numériser
disk drive lecteur (m) de disquettes
disk (floppy) disquette (f)
disk (hard) disque (m) dur
download télécharger
drafts brouillons (m)

E
e-mail courrier électronique (m); e-mail (m)
(search) engine moteur (m) de recherche (f)

F
file fichier (m)
file server serveur (m) de fichiers
format (vb) formater
forward transférer

G
graphics graphiques (m)

H
hacker pirate (m) informatique, passionné(e) d'ordinateurs
hard copy copie (f) papier, tirage (m)
hard disk disque dur (m)
hardware matériel (m)
help aide (f)
highlighting marquage (m), mise (f) en valeur
home accueil (m)

I
icon icône (f)
image image (f)
inbox boîte (f) de réception

K
keyboard clavier (m)
key word mot-clé (m)

L
laser printer imprimante (f) (à) laser (m)

M
memory mémoire (f)
monitor moniteur (m)
mouse souris (f)

N
network réseau (m)
networking mise (f) en réseau

O
operating system système (m) d'exploitation (f)

P
paper papier (m)
password mot (m) de passe
power puissance (f)
print (vb) imprimer
print (n) impression (f)

R
reboot (vb) réamorcer, relancer
replace remplacer

S
save sauvegarder
scanner scanner (scanneur) (m)
screen écran (m)
search (n) recherche (f)
select sélectionner
sent items messages (m) envoyés
software logiciel (m)
storage mémoire (f)

T
text texte (m)
type (vb) taper

U
upgrade (vb) améliorer
upgrade (n) mise (f) à niveau (m)

V
virtual virtuel(le)

W
webmaster administrateur système (m)
website site (m) web

Netiquette

La Netiquette est le terme utilisé pour désigner l'éthique que doivent respecter les utilisateurs d'Internet. Pour s'intégrer au mieux dans cette communauté virtuelle, il est important de connaître les règles de base et de les respecter.

- *La première règle* est la courtoisie. Lorsque vous accédez à un site, vous entrez chez quelqu'un qui a la gentillesse de mettre une partie de ses ressources informatiques à votre disposition. N'abusez pas de son hospitalité et ne monopolisez pas trop longtemps l'accès à un site, d'autres attendent.

- *La deuxième règle* est de garder une juste place dans les différents services de messagerie. Soyez modérés et polis dans vos propos (*statements*). Manipulez l'humour avec retenue (*restraint*). N'oubliez pas que vos interlocuteurs peuvent être à des milliers de kilomètres, et que souvent vous vous exprimez dans leur langue avec difficulté. Votre «image» passe par du texte.

- *La troisième règle*: n'envoyez pas de données (*data*) sensibles (numéro de carte bancaire, mot de passe d'un compte, code d'accès à un réseau, etc.).

- *La quatrième règle*: respectez les droits d'auteur de chacun quand vous importez des fichiers de données, des logiciels, ou utilisez les informations de la messagerie de groupes.

Courrier électronique (e-mail, *prononcer*: «imèl»)

Le courrier électronique permet d'envoyer des messages aux autres via Internet. Vous tapez votre message et cliquez simplement sur «Envoi» dans la boîte de dialogue.

- N'envoyez pas un fort volume de données à quelqu'un sans le prévenir. En France, la plupart des gens payent leur accès au temps et au volume.

- N'envoyez aucune pièce jointe de grande taille, sauf si le destinataire l'attend et a accepté de la recevoir.

- Répondez en citant le texte auquel vous répondez.

- Ne diffusez pas de message reçu par mail sans l'autorisation de son auteur.

- N'entretenez pas et ne démarrez (*initiate*) pas de chaînes de lettres.

Culture générale

Compréhension

1. Quelle activité humaine est-ce que l'imprimerie et les télécommunications ont facilité?

2. Pourquoi le général de Gaulle a-t-il fait son appel radiophonique du 18 juin 1940?

3. A quel moment surtout dans sa carrière politique Charles de Gaulle a-t-il utilisé la télévision française?

4. Vrai ou faux? Avant de Gaulle, les présidents ont souvent paru à la télévision en France. Expliquez votre réponse.

5. Pour quelles raisons les étudiants français ont-ils manifesté leur mécontentement pendant les «Evénements de mai 68»?

6. Quel autre groupe social a participé à la grève générale en même temps que les étudiants?

7. Vrai ou faux? Il n'y a pas eu de violence associée à cette grève générale. Expliquez votre réponse.

8. Pourquoi les Français se sont-ils ralliés autour de de Gaulle à la suite de cette grève?

9. Dans quelles circonstances la télévision peut-elle être utilisée contre les personnalités politiques?

Sujets de réflexion

A. Dans quel sens peut-on dire que la télévision joue un rôle politique dans la vie quotidienne?

B. Dans l'histoire mondiale du vingtième siècle, quelles personnalités politiques ont utilisé la radio ou la télévision pour se présenter au public avec la plus grande efficacité? Donnez des exemples précis.

Vocabulaire actif

Les activités

s'abonner (à) to subscribe (to)
allumer to turn on
changer de chaîne to change channels
diffuser to broadcast
éteindre to turn off
passer à la télé to appear on TV

plaire to please
présenter to introduce
raconter to relate, to tell
rater to miss (coll.)
régler to adjust

Les télécommunications

un(e) abonné(e) subscriber
une antenne de réception TV antenna

__ parabolique satellite dish
un atelier de réparations repair shop
une banque de données data bank
une chaîne channel
un documentaire documentary

une émission TV program
un épisode episode
un feuilleton serial, soap opera
un jeu game (show)
le petit écran TV
un portable cellular phone
un(e) présentateur(-trice) host
le programme schedule of TV programs

Culture contemporaine

Compréhension

1. En utilisant le petit lexique de base de l'ordinateur, écrivez trois phrases pour expliquer en français ce qu'il faut faire pour: a. préparer une rédaction à rendre à votre prof de français; b. obtenir des renseignements sur Internet; c. envoyer un e-mail à un copain.

2. Laquelle des quatre règles de la Netiquette semble la plus importante? Expliquez votre choix.

Sujet de réflexion

A. Faites le portrait du «gentil utilisateur» d'Internet en utilisant les renseignements que vous avez obtenus par la lecture du texte sur la Nétiquette.

B. A votre avis, comment les rapports entre les gens ont-ils été transformés par Internet et le courier électronique.

Pour plus d'activités, visitez:
http://interaction.heinle.com

---

la **pub** commercials (*coll.*)
la **publicité** advertising
un **répondeur** answering machine
un **réseau** network
une **série** series
la **télé** *abbrev. of* la **télévision**
   à la —— on TV

Télé 7 Jours French equivalent of *TV Guide*
le **téléachat** home shopping
la **télécommande** remote control
un(e) **téléspectateur(-trice)** viewer
le **télétravail** telecommuting
le **téléviseur** television set

les **variétés** (*f pl*) variety shows
le **zapping** channel surfing

Les caractéristiques

branché(e) plugged in, with it (*coll.*)
crypté scrambled
en direct live
en ligne on line

en panne not working, out of order
interactif(-ive) interactive
numérique digitized
par câble cable TV
privatisé(e) denationalized
télématique computerized telecommunications

Exercices de vocabulaire

A. Complétez les phrases suivantes par l'expression appropriée du petit lexique sur l'ordinateur.

1. Windows XP est un exemple d'un _____ .
2. Netscape est un exemple d'un _____ .
3. Une personne qui vole (*steals*) les fichiers des autres c'est un _____ .
4. Normalement, on sauve les fichiers sur le _____ de l'ordinateur.
5. Pour avoir accès à son e-mail, on a besoin d'un _____ .
6. Si on a un ordinateur assez vieux, on a besoin de temps en temps de l'_____ .
7. Lycos et Yahoo sont des exemples de _____ .
8. Maintenant, les photos peuvent être _____ et envoyées par e-mail.
9. Il y a actuellement beaucoup de postes pour les étudiants qui font des études d'_____ .
10. Il faut faire attention de ne pas _____ un fichier avant de le sauvegarder.

B. Choisissez le(s) terme(s) du *Vocabulaire actif* correspondant aux éléments suivants.

1. *ABC, CNN, MSNBC*
2. Cable TV
3. *Weakest Link, Who Wants to Be a Millionaire?*
4. *TV Guide*
5. *Friends, Will and Grace*
6. Discovery Channel, History Channel
7. TV
8. *The Young and the Restless*
9. QVC
10. la télécommande

C. Complétez les phrases suivantes en vous servant d'une expression appropriée du *Vocabulaire actif.*

1. Pour pouvoir regarder la télé, il faut d'abord _____ le poste.
2. Pour choisir une émission, on consulte le _____ .
3. Si on n'aime pas une émission, on doit _____ .
4. On utilise la _____ pour faire du zapping.
5. Le dimanche après-midi, il y a beaucoup d'émissions de sports qui _____ à la télé.
6. Il y a des chaînes consacrées au _____ , c'est-à-dire où on peut acheter toutes sortes de choses.
7. Si on _____ son émission préférée, on peut la faire enregistrer sur magnétoscope.
8. Quand on a fini de regarder la télé, on doit _____ le poste.

Note culturelle

La télévision

L'audiovisuel en France a beaucoup changé depuis quelques années. Pendant longtemps, il n'y a eu que trois chaînes publiques et gratuites (TF1, France 2 et France 3). Il y a aujourd'hui six chaînes hertziennes, c'est-à-dire captées par une antenne individuelle ou collective. En 1984, la première chaîne payante et cryptée, Canal Plus (Canal +), est née. A l'origine, elle s'est concentrée sur le cinéma et le sport avec, en plus, quelques émissions d'humour anticonformiste (*Les Guignols de l'info*) qui sont devenues une institution parmi les Français. L'expérience de Canal Plus a révélé que beaucoup de Français étaient prêts à payer pour avoir à leur disposition une chaîne plus diversifiée que les chaînes publiques. Plus récemment, Canal Plus a lancé une version numérique avec Canal Satellite, et plus de vingt autres chaînes de télévision par satellite (TPS) sont venues s'ajouter à cette progression de stations thématiques en France. Dans le domaine de la télévision payante, il faut aussi compter les chaînes câblées comme Planète, Découverte ou La chaîne Histoire où l'on trouve beaucoup de documentaires. Au total, les chaînes par satellite ou câblées représentent environ 35% de l'audience en France.

Il existe donc trois types de diffusion télévisuelle: la télé hertzienne, la télé par câble et la télé par satellite; mais malgré l'arrivée de cette variété d'offres chez les Français, on ne passe pas sensiblement plus de temps devant le petit écran, à peine trois heures par jour. Par ailleurs, plus de trois ménages sur quatre sont équipés d'un magnétoscope qui leur permet de choisir et d'enregistrer les émissions qui leur plaisent et qu'ils peuvent diffuser à tout moment. C'est l'appareil électronique qui a connu le développement le plus rapide, surtout dans les ménages avec enfants.

Le multimédia

Toute réflexion sur l'avenir doit tenir compte du multimédia: la fusion de l'informatique (les sciences de l'ordinateur) et des télécommunications. Il faut d'abord reconnaître le rôle social de plus en plus important que joue le téléphone, et surtout le téléphone portable. La diffusion du portable a été phénoménale en France. Aujourd'hui, près de 50% des personnes de moins de trente ans en possèdent un. La moitié des utilisateurs sont abonnés à France Télécom, même si la privatisation du téléphone en France a vu naître d'autres compagnies pour concurrencer un secteur qui avait longtemps été le monopole de l'Etat. Si le portable a pu connaître un si grand succès, c'est qu'il a sérieusement transformé la notion que nous avons du temps et de l'espace. On peut facilement joindre quelqu'un par téléphone à tout moment et en tout temps. Mais cette «joignabilité» peut aussi mener assez souvent à un comportement incivil lorsqu'il dérange les autres dans les lieux publics ou, encore pire, contribue au nombre croissant d'accidents de voiture. Pour les ennemis du portable il est devenu «insu-portable».

Dans le domaine du multimédia, c'est avec un peu d'hésitation que les Français se sont aussi équipés d'ordinateurs personnels. Il faut préciser cependant que les Français ont été «en ligne» bien avant leurs voisins. Dès 1983, France Télécom a mis à la disposition de ses abonnés un système de terminaux, appelé Minitel, donnant accès à un très grand nombre de banques de données. Aujourd'hui, c'est l'ordinateur qui tend à le remplacer, mais il s'agit d'un équipement assez cher, surtout si l'on tient compte des abonnements aux fournisseurs d'accès à Internet et du coût des communications, car il faut toujours payer les minutes de connexion au réseau téléphonique. C'est ce qui explique, en partie, pourquoi la plupart des ménages qui sont équipés d'un ordinateur se situent dans la catégorie sociale ayant un revenu supérieur à la moyenne. Avec le temps, il faut espérer que cet outil technologique de communication va réduire les inégalités culturelles entre les individus et ne pas les renforcer, car il s'agit d'une véritable révolution dans le mode de transmission des connaissances.

Compréhension

1. Combien de chaînes publiques à réception hertzienne y a-t-il en France aujourd'hui?

2. Que savez-vous au sujet de la chaîne Canal Plus?

3. En plus de la réception traditionnelle, de quelles deux autres modes de réception télévisuelle peut-on se servir?

4. Vrai ou faux? La plupart des foyers en France sont abonnés à la télé par câble ou par satellite. Expliquez votre réponse.

5. Quel avantage nous donne le magnétoscope?

6. Quelle sorte de téléphone est utilisée de plus en plus souvent en France aujourd'hui? Par qui?

7. Que savez-vous au sujet du Minitel?

8. Quelles raisons peut-on donner pour expliquer pourquoi les ménages français ne sont pas équipés de façon égalitaire en ordinateurs?

9. Qu'est-ce qu'Internet permet de transmettre rapidement?

Discussion

A. En France, il existe un système mixte de télévision privée et publique. Quelle est la différence entre les deux, à votre avis?

B. Quelle a été l'importance de Canal Plus dans le paysage audiovisuel français?

C. Comment peut-on expliquer le nombre relativement faible de Français qui utilisent l'Internet? Est-ce que cela veut-dire qu'ils ne bénéficient pas de services en ligne?

Expansion

D. Si la révolution industrielle a totalement bouleversé la société du dix-neuvième siècle, quelle nouvelle révolution a le plus marqué le vingtième siècle? La radio? La télé? L'informatique? Comparez votre réponse à celle de vos camarades de classe.

E. On considère quelquefois l'informatique comme l'ennemi de la culture traditionnelle. Que pensez-vous de ce point de vue?

F. A votre avis, quels sont les plus grands dangers du cyberespace pour la société moderne? Etes-vous pour ou contre l'expansion rapide des autoroutes de l'information? Quels sont vos peurs et vos souhaits dans ce domaine?

G. A partir des renseignements qui vous ont été proposés sur le Minitel, expliquez en français ce service télématique spécifique à la France. Imaginez que vous êtes français(e) et que vous avez un terminal Minitel. Quelle utilisation faites-vous, en général, de ce service? Avez-vous envie de vous abonner à Internet? Si oui, pourquoi?

Sur le Chat, on papote, on rigole. Mais on fait attention... à son comportement ! Voici les 10 commandements que tout bon chatteur se doit de respecter afin d'éviter l'exclusion d'une salle de chat.

1 Tu seras courtois : tu salueras les personnes présentes sur le canal où tu entres! Un salon animé a plus de chaleur.

2 Tu n'insulteras donc point gratuitement les "chatteurs" sur les canaux publics. Pas de propos également grossiers ou vulgaires ! Bref, tu te comporteras comme dans ta vie réelle et non pas comme un robot.

3 Tu ne tiendras point de propos racistes, fascistes, homophobes, diffamatoires, ni ne divulgueras d'informations privées sur autrui..... De telles paroles peuvent être l'objet de poursuites, même sur le chat !

4 Règles de cyber-écriture. Dans une salle de chat, les majuscules signifient hurler, alors soit calme et écris en minuscules. De même n'abuse pas des couleurs qu'il faut utiliser en cas d'urgence (appel, prise d'attention, salutations, etc...). De même les pictogrammes doivent être utilisés à bon escient: en respectant ces usages, tu te fais toi-même respecter des autres chatteurs qui ne veulent pas que le salon ressemble à un sapin de Noël.

5 Tu ne "flooderas" point: Pas la peine d'envoyer à répétition du texte ou des signes qui polluent inutilement les écrans et le flux internet. En répétant inutilement, tu risques l'exclusion sans préavis.

6 Tu ne donneras point de coordonnées privées sur les canaux publics telles que des numéros de téléphone, des adresses e-mail ou postales.
Tu risques là aussi d'être ejecté du salon sans préavis.

7 Tu éviteras de faire de la publicité pour des sites web ou des canaux de discussion sur nos canaux publics. Garde cela pour ton salon personnel ou tes contacts privés.

8 Pour devenir opérateur, il faut démontrer que l'on sait animer un salon.
Ensuite, il te faut obtenir l'accord des opérateurs du salon concerné et t'engager dans l'exemplarité.
<u>Quelques conseils utiles pour bien chatter.</u>

9 Tu te comporteras comme un internaute responsable. Point de "nuke" (déconnexion sauvage d'internautes), point de "take over" (vol de canal), ni de "spoof" (usurpation d'adresse IP), ni de clones injustifiés. Il y a des lois contre ça et tout se sait un jour grâce à nos amis les robots !

10 Tu garderas ton cybersourire :o) Si tu rencontres un problème, va sur #!aide!! Il y aura toujours un opérateur pour t'aider !
Un opérateur est ton premier secours et sûrement pas un policier ou un juge du chat !

Structures I

Irregular -oire Verbs

croire *to believe*	**boire** *to drink*
je **crois**	je **bois**
tu **crois**	tu **bois**
il / elle / on **croit**	il / elle / on **boit**
nous **croyons**	nous **buvons**
vous **croyez**	vous **buvez**
ils / elles **croient**	ils / elles **boivent**

1. Un étudiant français parle de la consommation d'alcool en France et aux Etats-Unis avec un(e) de vos camarades de classe. Complétez le dialogue en utilisant la forme appropriée des verbes indiqués.

—On dit que les étudiants en France ne (boire) _____ pas autant d'alcool que les étudiants américains. C'est vrai?

—Oui, en effet, c'est vrai. On (boire) _____ rarement de l'alcool au café ou même dans les soirées. Par exemple, moi, je (boire) _____ beaucoup de jus de fruits ou de l'eau minérale. Et vous, qu'est-ce que vous (boire) _____ quand vous avez soif ou quand vous allez à une soirée?

—Eh bien, je (croire) _____ que beaucoup de jeunes (boire) _____ du coca quand ils ont soif. Mais, dans les soirées, on (boire) _____ souvent de la bière ou du vin. Tu (croire) _____ que c'est mauvais, ça?

—Ecoute, je ne critique pas. Je (croire) _____ que toutes les cultures sont différentes. Je (croire) _____ aussi qu'on (boire) _____ moins d'alcool maintenant en France parce qu'il y a eu récemment une campagne nationale contre la consommation de boissons alcoolisées.

—Chaque pays a ses propres habitudes, n'est-ce pas? Chez nous, nous (boire) _____ assez souvent des boissons alcoolisées pour nous distraire, alors que le vin fait partie de votre vie quotidienne. Nous (boire) _____ aussi beaucoup plus de lait que vous! C'est presque notre boisson nationale!

2. Un étudiant français vous interroge sur la consommation d'alcool en France et aux Etats-Unis. Jouez le rôle de l'étudiant français et posez les questions à un(e) camarade de classe.

1. Les étudiants américains (boire) _____ plus d'alcool que les étudiants français, n'est-ce pas?
2. Et toi, qu'est-ce que tu (boire) _____ à une soirée?
3. Est-ce que tu (croire) _____ qu'on (boire) _____ trop aux Etats-Unis?
4. Et vous autres, est-ce que vous (boire) _____ beaucoup de boissons fraîches?
5. Est-ce que vous (boire) _____ toujours du lait?
6. (croire) _____ - vous qu'il est mauvais de boire de l'alcool?

Irregular -re Verbs

écrire *to write*	dire *to say, to tell*	lire *to read*
j'écris	je dis	je lis
tu écris	tu dis	tu lis
il / elle / on écrit	il / elle / on dit	il / elle / on lit
nous écrivons	nous disons	nous lisons
vous écrivez	vous dites	vous lisez
ils / elles écrivent	ils / elles disent	ils / elles lisent

vivre *to live*	suivre *to follow; to take (a course)*	prendre *to take*
je vis	je suis	je prends
tu vis	tu suis	tu prends
il / elle / on vit	il / elle / on suit	il / elle / on prend
nous vivons	nous suivons	nous prenons
vous vivez	vous suivez	vous prenez
ils / elles vivent	ils / elles suivent	ils / elles prennent

Other verbs conjugated like **prendre** are **apprendre** *(to learn)*, **comprendre** *(to under-stand)*, and **surprendre** *(to surprise)*.

The verb **prendre** can also mean *to eat* or *to drink something.*

mettre *to put (on)*
je mets
tu mets
il / elle /on met
nous mettons
vous mettez
ils / elles mettent

Permettre *(to permit)* and **promettre** *(to promise)* are conjugated like **mettre**.

connaître *to know*
je connais
tu connais
il / elle / on connaît
nous connaissons
vous connaissez
ils / elles connaissent

- Note that **connaître** and **savoir** both have the English equivalent *to know*, but the uses of the two verbs differ.

  Savoir is used with facts and specific information, such as numbers, dates, and the like. **Savoir** also means *to know how* and is often followed by an infinitive.

Savez-vous la date?	***Do you know*** *the date?*
Je sais jouer au tennis.	***I know how*** *to play tennis.*

  Connaître means *to know* in the sense of *to be acquainted with*. **Connaître** is used when referring to proper names.

Je connais l'œuvre de Sartre.	***I know*** *the works of Sartre.*
Ils connaissent un bon restaurant à Paris.	***They know*** *a good restaurant in Paris.*
Connaissez-vous les Didier?	***Do you know*** *the Didiers?*

3. Vous préparez une lettre où vous parlez de vos cours à votre ami Jean-Pierre en France. Complétez la lettre en écrivant dans chaque blanc la forme appropriée d'un des verbes suivants.

dire	écrire	lire	suivre

Cher Jean-Pierre,

En Amérique, nous ———— beaucoup de cours. Moi, par exemple, je ———— quatre ou cinq cours par semestre. Tu ———— moins de cours que cela, non?

Pour chaque cours, nous ———— beaucoup. Pour le lundi j'———— en moyenne trois dissertations. En cours de français, les étudiants ———— une dissert tous les jours. C'est énorme, non? En France, est-ce qu'on ———— beaucoup ou est-ce qu'il y a aussi du travail oral?

Nous ———— beaucoup aussi. En cours de littérature, je ———— sept romans (novels) et j'———— une petite dissertation sur chaque roman. Tu ———— autant que cela pour un seul cours? On ———— que les étudiants en France ne ———— pas régulièrement pour chaque cours mais qu'ils attendent la fin du semestre et qu'ils ———— tout à la dernière minute. C'est vrai?

Mais aux États-Unis comme en France, je te ———— que la vie d'étudiant n'est pas facile.

4. Le contexte indique s'il faut employer **savoir** ou **connaître**. Donnez la forme correcte du verbe approprié dans les phrases suivantes.

1. Tu _____ régler ce poste de télé?
2. Les Français _____ bien l'émission *Mission Impossible*.
3. _____-vous à quelle heure cette émission est diffusée?
4. Je ne _____ pas du tout *Télé 7 Jours*.
5. Est-ce que tu _____ le nom de cet acteur?
6. Non, je ne _____ pas cet acteur.
7. Aux Etats-Unis en général, quelqu'un qui n'est pas de la région ne _____ pas les numéros des chaînes de télé.
8. Je ne _____ pas les feuilletons qui passent à la télé en France.

5. Employez la forme correcte du verbe **prendre** pour parler de ce que les personnes indiquées prennent normalement au déjeuner.

1. Votre ami(e)...
2. Vos camarades de chambre...
3. Nous...
4. Monsieur / Madame (votre prof de français), vous...
5. Je...
6. Et toi, qu'est-ce que tu...

Synthèses

Interview. Posez des questions à un(e) camarade de classe en utilisant les éléments suivants.

MODELE   reprendre le cours de maths ce semestre
         Est-ce que tu reprends le cours de maths ce semestre?

1. rentrer de l'université
2. suivre des cours
3. lire beaucoup
4. écrire des dissertations
5. sortir souvent
6. boire à une soirée
7. prendre au dîner
8. apprendre le français
9. connaître de bons restaurants
10. savoir + *infinitif*

Lexique personnel
La télévision

A. Cherchez les mots qui se rapportent aux sujets suivants:

1. les émissions que vous regardez à la télé
2. la publicité à la télé
3. la télé en France

B. En utilisant le vocabulaire du chapitre et votre lexique personnel, répondez aux questions suivantes:

1. Quelles émissions regardez-vous le plus souvent à la télé?
2. Quelles sortes d'émissions préférez-vous en général?
3. Quelle est votre émission préférée?
4. Choisissez une publicité que vous avez vue récemment à la télé. Pendant quelle émission est-elle passée? A-t-elle interrompu ou suivi l'émission? Pourquoi avez-vous aimé cette publicité?
5. Avez-vous la télévision par câble ou la télévision par satellite? Pourquoi?
6. Quelles chaînes regardez-vous le plus souvent?
7. Faites-vous souvent du «zapping»? Pourquoi?
8. Quelles sont, selon vous, les différences principales entre la télé aux Etats-Unis et la télé en France? Quels sont les avantages et les désavantages des deux types de télévision?

Interactions

Activité 1. Une interview au sujet de la télévision. Posez cinq questions à un(e) camarade de classe en vous inspirant des thèmes suivants. Posez trois autres questions en faisant appel à votre imagination et notez les réponses les plus intéressantes.

Demandez...

1. combien d'heures par jour il / elle regarde la télé
2. s'il / si elle préfère regarder la télé ou lire le journal pour s'informer
3. quel(le) journaliste il / elle préfère
4. s'il / si elle suit régulièrement un feuilleton à la télé
5. quelle émission il / elle préfère
6. ???

Activité 2. Une soirée de télé en France. Répondez aux questions d'après le programme du *Télé 7 Jours* suivant:

5.55 PARADIS D'ENFER
Série française
® **Fugue princière**
Lasse d'être maltraitée par Jennifer et négligée par Ludo, Angèle s'enfuit... 7324847

6.20 LES INTRUS 9356538
Documentaire animalier
® **Tueurs en eau douce**

6.45 TF1 INFO 96835441

6.50 TF! JEUNESSE 49371880
🄹 Dessins animés (stéréo)
Tweenies ; Franklin

7.25 ALLÔ QUIZ 9902712
Jeu animé par Sophie Coste

8.25 MÉTÉO 2722625
et à 9.00, 13.50

8.30 TÉLÉSHOPPING 1813538

9.05 TF! JEUNESSE 6955199
🄹 Dessins animés (stéréo)
🖰 **Pokémon ; Totally Spies ; Le Bus magique ; Rocket Power**

11.10 ARABESQUE 2840002
Série américaine
® **Le Trésor de Cromwell (2/2)**
avec **Fionnula Flanagan**
Jessica découvre que l'esprit qui hante la demeure d'Eileen est le fruit d'une savante mise en scène destinée à effrayer la propriétaire...

12.00 TAC O TAC TV 11712
présenté par Stéphane Basset

12.10 ATTENTION
🖰 **A LA MARCHE !** 975489
Jeu (stéréo)

12.50 A VRAI DIRE 488977
présenté par Laure Illouz
Mariage : compte à rebours

13.00 LE JOURNAL 63286
par Jean-Pierre Pernaut
Du côté de chez vous, Les Jardins de Laurent et **L'euro ça compte**

13.55 LES FEUX
🖰 **DE L'AMOUR** 6582354
Feuilleton américain (stéréo)

14.45 ® **ESPIONS EN HERBE**
🖰 Téléfilm américain de John Murlowski (1996). 1 h 45
avec **Lesley-Anne Down, Hulk Hogan**

Le sujet. Qui aurait pu imaginer que derrière l'apparence débonnaire d'un marchand de jouets, bon père de famille, se cache le plus redoutable agent de l'espionnage américain ? 2067575
■ *TF1 n'a pas été en mesure de nous présenter ce téléfilm.*

16.30 EXCLUSIF 1993354
L'actualité du showbiz

17.05 MELROSE PLACE
🖰 Série américaine
® **Brooke** 475118
Amanda souhaite reprendre sa place dans l'entreprise d'Alison. Elle doit se contenter d'un poste d'assistante...

17.55 7 A LA MAISON
🖰 Série américaine
® **Le Groupe de rock**
Eric reçoit la visite d'anciens copains qui ont monté un groupe de rock... 6606489
et **L'euro ça compte**

18.55 LE BIDGIL 8334441
Jeu animé par Vincent Lagaf'
et **Météo**

20.00 LE JOURNAL 88977
par Patrick Poivre d'Arvor
Du côté de chez vous, Du nouveau et **Météo**

23.20 Le Droit de savoir
8625828
MAGAZINE PRÉSENTÉ PAR CHARLES VILLENEUVE

Banlieues : enquête sur des violences sans remède 77

Quatre suspects sont présentés devant le tribunal de grande instance de Bobigny, en banlieue parisienne, pour tentative de vol de téléphone portable. Une affaire courante que les policiers doivent éclaircir en 24 heures. En effet, en un an, ce type de délit a augmenté de 34 % en Seine-Saint-Denis. Le tribunal de grande instance de Bobigny, surnommé la « Cité », est la deuxième juridiction de France après Paris. Pour chaque cas, un juge différent : des magistrats médiateurs statuent sur les délits mineurs des + de 16 ans, pendant que des juges pour enfants sermonnent les plus jeunes, en espérant qu'ils ne récidiveront pas, et tentent de persuader les parents de faire preuve d'autorité. Une lourde tâche pour un résultat incertain...

Votre nuit

0.40 FOOTBALL 5818749
Ligue des champions
Retour sur les deux quarts de finale disputés aujourd'hui. et le **Rallye de Tunisie**

1.20 ® **EXCLUSIF** 4650565

1.50 REPORTAGES 1206519
777 ® **Attention ! urgences**
🖰 Chaque jour, le service des urgences de l'hôpital d'Hautepierre, à Strasbourg, reçoit plus d'une centaine de patients. Malgré la surcharge de travail, rien ne détourne les médecins et les infirmières de leur mission première : sauver des vies.

2.20 ® **Très chasse. 3.15** ® **Enquêtes à l'italienne,** série. **4.10 Histoires naturelles :** ® Un champion de pêche au coup: Guy Hébert ; ® La Fauconnerie. **5.10 Musique. 5.25** ® **Les Coups d'humour**

1. Quelles sortes d'émissions pour enfants y a-t-il?
2. A quelle heure peut-on regarder les informations?
3. Lesquelles des émissions proposées sont américaines? Est-ce que vous connaissez ces émissions?
4. Quelle émission est l'équivalent de l'émission américaine *Court TV*? De quelle sorte de crime s'agit-il? Selon cette émission, où est-ce qu'il y a beaucoup de crime dans la région parisienne?
5. Quelle émission est l'équivalent des émissions américaines *Code Blue* et *ER*?
6. Qu'est-ce que vous allez regarder ce soir? Expliquez votre choix.

The *passé composé* with *avoir* and *être*

Verbs Conjugated with avoir

The **passé composé** of most French verbs is formed by combining the present tense of the auxiliary verb **avoir** and the past participle of the main verb.

parler	finir	répondre
PARTICIPE PASSE: **parlé**	PARTICIPE PASSE: **fini**	PARTICIPE PASSE: **répondu**
j'ai parlé	j'ai fini	j'ai répondu
tu **as parlé**	tu **as fini**	tu **as répondu**
il / elle / on **a parlé**	il / elle / on **a fini**	il / elle / on **a répondu**
nous **avons parlé**	nous **avons fini**	nous **avons répondu**
vous **avez parlé**	vous **avez fini**	vous **avez répondu**
ils / elles **ont parlé**	ils / elles **ont fini**	ils / elles **ont répondu**

Rappel! Rappel!

Note that the **passé composé** always consists of an auxiliary verb plus a past participle, even when its English equivalent is the simple past tense.

j'ai regardé { I watched
I have watched
I did watch

The past participle of a regular verb is easily recognized:

-er → -é   **-ir → -i**   **-re → -u**

The past participle of a verb conjugated with the auxiliary **avoir** must show agreement with a preceding direct object or direct-object pronoun that is feminine and/or plural.[1]

Tu as loué **le vélo?**	Tu **l'**as loué?
Il a regardé **l'émission.**	Il **l'**a regardé**e.**
Nous avons écrit **les lettres.**	Nous **les** avons écrit**es.**
On a montré **une publicité drôle.**	**La publicité** qu'on a montré**e** est drôle.

---

[1] For a discussion of direct-object pronouns and past participle agreement, see *Chapitre 7*.

The following verbs conjugated with **avoir** have irregular past participles.

avoir	**eu**		être	**été**		faire	**fait**

Ending in -**u**				Ending in -**is**		Ending in -**ert**	
boire	**bu**	pouvoir	**pu**	mettre	**mis**	découvrir	**découvert**
connaître	**connu**	recevoir	**reçu**	prendre	**pris**	offrir	**offert**
devoir	**dû**[2]	savoir	**su**	comprendre	**compris**	ouvrir	**ouvert**
falloir	**fallu**	vivre	**vécu**	apprendre	**appris**		
lire	**lu**	voir	**vu**				
plaire	**plu**	vouloir	**voulu**				
pleuvoir	**plu**						

		Ending in -**i**		Ending in -**it**	
		sourire	**souri**	écrire	**écrit**
		suivre	**suivi**	dire	**dit**

1. Vous racontez à un(e) ami(e) français(e) une soirée de télévision en utilisant le **passé composé** des verbes suivants. Il y a quelquefois plus d'un choix possible.

trouver	consulter	essayer	finir
choisir	voir	rater	prendre
pouvoir	regarder	être	boire
décider	allumer	faire	attendre

Mes amis et moi, nous _____ de regarder ensemble «The X Files». J'_____ le programme et j'_____ le poste. On_____ vingt minutes le début de notre émission. Mais, quelle horreur! L'épisode de «X Files» _____ supprimé ce soir-là, et remplacé par un match de foot. Alors, nous _____ notre émission préférée. On _____ de trouver autre chose à regarder. On _____ du zapping et on _____ toutes sortes d'émissions, mais on ne les _____ pas _____ intéressantes. Enfin, nous _____ un film. Nous _____ ce film et nous _____ du pop-corn. On _____ aussi _____ du coca. Le film _____ à minuit.

2. Composez des phrases au **passé composé** avec les éléments suivants pour décrire les activités des personnes indiquées pendant le week-end.

1. mes amis / faire / des achats au centre commercial
2. mon prof de français / préparer / son cours
3. nous / dîner / au restaurant
4. mes camarades de classe / faire / leurs devoirs
5. mon (ma) meilleur(e) ami(e) / lire et travailler
6. Et toi, qu'est-ce que tu as fait?

---

[2] The **passé composé** of **devoir** has the English equivalents *had to* or *must have.*

| Hier soir, j'**ai dû** étudier. | *Last night I **had to** study.* |
| Hier soir, il **a dû** s'endormir de bonne heure. | *He **must have** fallen asleep early last night.* |

3. Employez les éléments suivants pour poser des questions à vos camarades de classe sur leur activités du week-end passé.

1. tu / étudier ta leçon?
2. tu / dîner au restaurant?
3. tu / faire du sport?
4. tu / écrire une composition?
5. tu / regarder la télé?
6. tu / lire le journal?
7. tu / téléphoner à un(e) ami(e)?
8. tu / pouvoir te reposer?

Verbs Conjugated with *être*

A. **Verbs of motion:** Some verbs form the **passé composé** with **être** as the auxiliary. The past participle of a verb conjugated with **être** must agree in gender and number with the subject of the verb.

aller	venir
je **suis allé(e)**	je **suis venu(e)**
tu **es allé(e)**	tu **es venu(e)**
il / elle / on **est allé(e)**[3]	il / elle / on **est venu(e)**
nous **sommes allé(e)s**	nous **sommes venu(e)s**
vous **êtes allé(e)(s)**	vous **êtes venu(e)(s)**
ils / elles **sont allé(e)s**	ils / elles **sont venu(e)s**

Following is a list of verbs conjugated with **être** in the **passé composé** and their past participles. Most of these are verbs of motion. Many can be grouped by opposites, which will help you remember them.

aller (allé)	*to go*	≠	**venir (venu)**	*to come*
			revenir (revenu)	*to come back*
arriver (arrivé)	*to arrive*	≠	**partir (parti)**	*to leave*
monter (monté)	*to go up*	≠	**descendre (descendu)**	*to go down*
			tomber (tombé)	*to fall*
naître (né)	*to be born*	≠	**mourir (mort)**	*to die*
entrer (entré)	*to come in*	≠	**sortir (sorti)**	*to go out*
rester (resté)	*to stay*	≠	**retourner (retourné)**	*to go back*
			rentrer (rentré)	*to come (go) home*
devenir (devenu)	*to become*			

The verbs **monter, descendre, rentrer,** and **sortir** sometimes take a direct object. In these cases, the verb is conjugated with **avoir.**

Elle a descendu **les valises.**	*She took down **the suitcases.***
Ils ont monté **les valises.**	*They carried up **the suitcases.***
Elles ont rentré **la voiture** dans le garage.	*They put **the car** in the garage.*

[3] When **on** is used to mean **nous,** the past participle of a verb conjugated with **être** often agrees in gender and number as though the subject pronoun were **nous.**

Les jeunes filles ont dit: «**On est allées** au cinéma.»

B. Reflexive verbs: All reflexive verbs form the **passé composé** with **être** as the auxiliary. The appropriate reflexive pronoun precedes the auxiliary. The past participles of reflexive verbs are formed in the regular manner.

se lever	
je **me suis levé(e)**	nous **nous sommes levé(e)s**
tu **t'es levé(e)**	vous **vous êtes levé(e)(s)**
il / elle / on **s'est levé(e)**	ils / elles **se sont levé(e)s**

As shown above, the past participle of a reflexive verb agrees in gender and number with the reflexive pronoun *when the pronoun functions as a direct object.*

Elle s'est habillée.   Vous **vous** êtes réveillé(**e**)(**s**).
Nous **nous** sommes levé(**e**)s.   Ils **se** sont lavés.

In cases where a reflexive verb is followed by a noun direct object, the reflexive pronoun is no longer the direct object and the past participle does not agree with the pronoun.

Elle s'est coupée.   *She cut **herself.***
Elle s'est coupé **les cheveux.**   *She cut **her** (own) **hair.***

With certain verbs, the reflexive pronoun functions as an indirect object rather than a direct object. In such cases, the past participle shows no agreement.

s'écrire	*to write to each other*	Ils **se** sont écrit.
se parler	*to speak to each other*	Vous **vous** êtes parlé.
se rendre compte	*to realize*	Elle s'est **rendu** compte de sa bêtise.

Rappel! Rappel!

1. The past participles of verbs conjugated with **avoir** agree only with a preceding direct object.
2. The past participles of verbs conjugated with **être** normally agree with the subject of the verb.
3. The past participles of reflexive verbs agree with the preceding reflexive pronoun when this pronoun functions as a direct object.

4. Faites une description de vos activités et des activités de vos amis le week-end dernier. Complétez les phrases en mettant les verbes indiqués au **passé composé.**

1. (se lever) Samedi matin je _____ tard.
2. (se réveiller) Mes camarades de chambre _____ aussi tard que moi.
3. (aller) Nous _____ au stade pour jouer au tennis.
4. (revenir) Puis, on _____ à la maison.
5. (sortir) Le soir, je _____ avec mon ami(e).

6. (sortir) Mes camarades de chambre _____ aussi.
7. (aller) Mon ami(e) et moi, nous _____ voir un film.
8. (rentrer) Je _____ vers minuit.
9. (rentrer) Mes camarades de chambre _____ quelques minutes plus tard.
10. (se coucher) Nous _____ assez tard.

5. Employez les éléments suivants pour composer des phrases au **passé composé**.

Hier Pendant le week-end	mes amis ma famille je mes copains et moi mon / ma meilleur(e) ami(e)	aller... se lever tôt sortir... rentrer tard s'amuser se coucher... venir au campus

6. Voici un extrait du journal de Karine. Complétez chaque phrase par la forme appropriée du **passé composé** des verbes entre parenthèses.
1. Je (se réveiller) _____ à sept heures.
2. Je (se laver) _____ les cheveux.
3. Je (s'habiller) _____ avec élégance.
4. Je (se présenter) _____ comme candidate pour un nouvel emploi.
5. Le chef du personnel et moi, nous (se parler)_____ pendant une heure.
6. Ensuite, mes amis et moi, nous (se retrouver) _____ au café.
7. Soudain, je (se rendre compte) _____ de l'heure.
8. Je (se presser) _____ pour arriver à l'université pour mes cours.

The Negative with the *passé composé*

To negate a verb used in the **passé composé**, place **ne** before the auxiliary or object pronoun and **pas** before the past participle.

Il **n'**a **pas** parlé.   Elles **ne** sont **pas** parties.
Vous **ne** l'avez **pas** compris.   Ils **ne** se sont **pas** amusés là-bas.

Like **pas**, most negative expressions immediately precede the past participle. However, **personne** follows the past participle, and **que** and **ni... ni...** are placed directly before the words they modify.

Il **n'**a **jamais** parlé.
Vous **ne** l'avez **pas** compris.
Elles **ne** sont **pas encore** parties.
BUT:
Je **n'**ai vu **personne** au café.
Elle **n'**a pris **que** de l'eau.
Nous **ne** sommes entrés **ni** au café **ni** au bar.

7. Tout ne va pas toujours très bien dans votre vie. Répondez négativement aux questions suivantes.

1. Vous êtes-vous levé(e) tard lundi matin?
2. Avez-vous rendu tous vos devoirs ce semestre?
3. Avez-vous eu des notes exceptionnelles le semestre dernier?
4. Etes-vous sorti(e) tous les week-ends le semestre dernier?
5. Avez-vous trouvé un job très bien rémunéré? Avez-vous gagné beaucoup d'argent?
6. Vous êtes-vous amusé(e) dans tous vos cours?
7. Etes-vous allé(e) à une soirée extraordinaire?
8. Avez-vous pu retrouver vos amis tous les week-ends?
9. Avez-vous fait beaucoup d'achats?
10. Etes-vous allé(e) à un concert exceptionnel?

Interactions

Activité 1. Ma matinée. Décrivez au moins cinq choses que vous avez faites avant de venir en cours aujourd'hui. Ensuite, nommez trois choses que vous n'avez pas faites avant de venir.

MODELES *Je me suis levé(e) un peu en retard ce matin.*
Je n'ai pas eu le temps de prendre mon petit déjeuner.

Activité 2. Peut-être qu'un jour... Nommez cinq choses que vous n'avez jamais faites et que vous désirez faire un jour.

MODELES *Je n'ai jamais été à un concert de jazz.*
Je ne suis jamais allé(e) en Afrique.

Activité 3. Le week-end dernier. Dites à la personne à côté de vous ce que vous **n'avez pas** fait le week-end dernier. En procédant par élimination, il / elle va essayer de deviner ce que vous avez fait.

Rappel! Rappel!

1. The basic question patterns discussed in *Chapitre 2* (**est-ce que,** inversion, **n'est-ce pas,** and intonation) are also used to form questions with the **passé composé** (and any other compound tense).
2. When using inversion with a compound tense, invert the conjugated auxiliary and its subject pronoun; the past participle follows.
3. Remember that when forming questions with reflexive verbs, the reflexive pronoun always precedes the auxiliary.

Basic Question Patterns with the *passé composé*

Est-ce que	N'est-ce pas (Non)
Est-ce que vous avez regardé la télé?	Vous avez regardé la télé, **n'est-ce pas (non)?**
Est-ce que votre amie est aussi venue regarder la télé?	Votre amie est aussi venue regarder la télé, **n'est-ce pas (non)?**
Est-ce que vous vous êtes amusés?	Vous vous êtes amusés, **n'est-ce pas (non)?**

Inversion	Intonation
Avez-vous regardé la télé?	Vous avez regardé la télé?
Votre amie est-elle aussi venue regarder la télé?	Votre amie est aussi venue regarder la télé?
Vous êtes-vous amusés?	Vous vous êtes amusés?

8. Utilisez les éléments indiqués pour poser des questions au **passé composé** à un(e) camarade de classe.

1. à quelle heure / tu / se lever / ce matin?
2. tu / prendre / ton petit déjeuner?
3. à quelle heure / tu / partir / à la fac?
4. tu / prendre / la voiture pour aller à la fac?
5. tu / aller / en cours de français?
6. tu / déjeuner / au Resto U?
7. que / tu / faire / ensuite?
8. à quelle heure / tu / rentrer?
9. tu / faire / tes devoirs / ou / tu / lire / tes bouquins?
10. à quelle heure / tu / se coucher / hier soir?

9. Posez cinq questions au **passé composé** à un(e) camarade de classe au sujet du semestre dernier. Résumez ensuite pour la classe les renseignements que vous avez obtenus.

Placement of Adverbs with the *passé composé*

There is no hard-and-fast rule regarding the placement of adverbs used with the **passé composé** and other compound tenses. Most short adverbs and a few of the more common longer adverbs are placed between the auxiliary and the past participle. Below is a partial list of adverbs that normally follow the auxiliary and precede the past participle.

assez	encore	souvent	certainement
beaucoup	enfin	toujours	probablement
bien	longtemps	trop	seulement
bientôt	mal	vite	sûrement
déjà	peut-être		vraiment

Elle s'est **bien** amusée.	Ils sont **peut-être** venus hier.
Il a **bientôt** fini.	Ils ont **trop** regardé la télé.
J'ai **enfin** écrit la lettre.	J'ai **vraiment** souffert.

Most long adverbs, including many that end in **-ment** (except those mentioned above) are placed after the past participle.

> Il a parlé **brillamment.**
> Vous avez été **régulièrement** présent.
> Elles sont restées **constamment** chez elles.

Adverbs of time and place also usually follow the past participle. The following list includes the most commonly used adverbs of time and place.

TIME	PLACE
hier	ici
demain	là-bas
après-demain	dessus (au-dessus)
avant-hier	dessous (au-dessous)
tôt	partout
tard	
autrefois	

> Je suis venue **hier.**
> Ils se sont rencontrés **là-bas.**

In negative constructions, the adverb **peut-être** and most adverbs ending in **-ment** (except **seulement**) follow the auxiliary and precede **pas** or another negative expression.

> Il n'est **peut-être** pas allé en cours.
> Vous n'avez **vraiment** pas compris.
> On n'a **probablement** plus d'argent.

Most short adverbs (those with one or two syllables) and the adverb **seulement** usually follow **pas** or another negative expression and precede the past participle.

> Jean-Pierre n'a pas **seulement** travaillé, il a aussi **beaucoup** joué.
> Je n'ai pas **encore** fini la leçon.
> Nous n'avons **jamais** entendu ce mot.

A few adverbs, such as **longtemps, vite,** and **aujourd'hui** follow both the negative expression and the past participle.

> Tu n'as pas lu **longtemps.**
> Elle n'a pas couru **vite.**
> Vous n'êtes plus sorti **aujourd'hui?**

10. Une soirée peut quelquefois mal tourner. Complétez le récit de cette soirée en ajoutant les adverbes indiqués à la place appropriée.

1. (déjà) A huit heures tout le monde est arrivé.
2. (ne... que) Moi, je suis venu(e) à huit heures et demie.
3. (beaucoup) Quelques-uns des invités ont bu.
4. (mal) J'ai dansé.
5. (constamment) Une personne ennuyeuse a parlé.
6. (malheureusement) L'hôtesse a offert des hors-d'œuvre très gras.
7. (enfin) Mon ami(e) est arrivé(e).
8. (vraiment) Soudain, nous nous sommes senti(e)s fatigué(e)s.
9. (bientôt) Mon ami(e) est parti(e).
10. (vite) Je suis parti(e), moi aussi.

11. Posez des questions à votre professeur de français sur son week-end en employant les expressions suggérées.

1. se lever tôt ou tard
2. travailler
3. corriger des examens
4. faire du sport
5. sortir le soir
6. faire un voyage
7. parler français
8. voir des amis
9. aller à une soirée
10. se coucher tôt ou tard
11. s'amuser
12. ???

12. Vous êtes allé(e) à une soirée. Employez les éléments suggérés et des adverbes de la liste à la page 125 pour décrire vos activités et vos impressions de la soirée.

s'amuser	manger de la pizza
danser	parler
écouter	prendre du coca (du vin / de la bière)
fumer des cigarettes	regarder une vidéo
???	???

Synthèses

A. Un pique-nique à la plage. Voici la description d'un pique-nique ordinaire avec Roger et ses copains. Racontez leur pique-nique du week-end dernier en mettant les phrases au **passé composé**.

1. Le jour du pique-nique, nous nous levons de bonne heure.
2. Avant de partir, nous préparons tout pour le pique-nique.
3. Nous sortons de chez nous tôt le matin.
4. Nous arrivons à la plage vers dix heures.
5. Nous mangeons à une heure.
6. Après le déjeuner, nous jouons au volley.
7. L'après-midi nous nous baignons, mais nous prenons aussi un bain de soleil.
8. Nous rentrons vers sept heures.

B. Posez à un(e) camarade de classe des questions sur un pique-nique qu'il / elle a fait.

C. En groupes composez des questions à poser à vos camarades de classe au sujet d'un concert auquel ils ont assisté. Posez les questions aux différents groupes pour déterminer quelles sortes de concerts vos camarades de classe préfèrent.

Interactions

Activité 1. Des vacances en famille. Racontez vos dernières vacances passées en famille (ou avec des amis). Où est-ce que vous êtes allé(e)s? Qu'est-ce que vous avez fait ensemble? Les autres étudiants vont vous poser des questions pour obtenir des détails sur vos vacances.

Activité 2. Mon émission préférée. Quelle est votre série télévisée préférée? Racontez aux étudiants de la classe ce qui est arrivé pendant le dernier épisode que vous avez vu.

Activité 3. Un questionnaire intéressant. Préparez des questions pour interviewer votre professeur sur son passé. Essayez de vous renseigner sur ses expériences à l'université et à l'étranger.

Pour s'exprimer

Track 5

Ecoutez la conversation entre Christelle et Magali qui parlent de leurs émissions préférées. Ensuite, racontez des événements de votre vie en utilisant plusieurs expressions de la conversation entre ces deux étudiantes.

CONTEXTE: Christelle et Magali sont toutes les deux étudiantes. Christelle est en faculté de médecine, et Magali étudie l'architecture. Aujourd'hui, chacune a passé une journée difficile. Elles sont rentrées, vers 19 heures, à l'appartement qu'elles partagent et ont envie de se détendre un peu devant la télé.

A l'écoute

A. Christelle demande à Magali si elle a vu «le film la semaine dernière». La réponse est négative. Mais, comment sait-on si Christelle l'a vu? Que dit-elle pour confirmer ce renseignement?

B. Faites une liste des émissions que Christelle et Magali peuvent regarder ce soir. A quel genre de programme pensez-vous que ces émissions appartiennent: films, variétés, séries (ou feuilletons), documentaires, émissions politiques? Expliquez votre choix.

C. Comment s'appellent les trois personnalités de télévision qui ont été mentionnées par Christelle et Magali? Que pensent-elles de ces personnages?

D. Relevez dans le dialogue trois expressions négatives utilisées par Christelle et Magali. Créez un mini-dialogue dans lequel vous allez vous servir de ces mêmes expressions.

A vous la parole

Voici quelques expressions qu'on emploie souvent pour établir la chronologie des événements qu'on raconte. Choisissez un des contextes indiqués et racontez cet événement en utilisant les expressions suivantes.

d'abord	enfin
plus tard	puis
ensuite	alors

1. votre premier jour à l'université
2. un rendez-vous mémorable
3. les préparations pour votre dernier examen
4. les vacances de l'été dernier

Situations orales et écrites

1. Choisissez un(e) partenaire et posez-lui des questions sur ce qu'il / elle a regardé à la télévision la semaine dernière.
2. Votre classe va interviewer des étudiants français. En petits groupes, composez trois ou quatre questions à poser au sujet de la télévision en France. Ensuite, chaque groupe va poser ses questions aux membres des autres groupes qui vont jouer le rôle des étudiants français.
3. Un(e) correspondant(e) français(e) vous écrit un e-mail pour demander ce que vous avez fait pendant les vacances d'été pour avoir une idée des habitudes de vie des jeunes Américains. Composez une réponse pour raconter ce que vous avez fait l'été dernier.
4. Ecrivez une composition pour raconter un événement important dans votre vie.

On se retrouve au Jardin du Luxembourg, Paris.

Structures III

Uses of the passé composé

The **passé composé** is used to express an action that was completed within a specified or implied time frame in the past. You must often judge from the context of the sentence if the action has been completed. The following contexts indicate completed actions.

A. An isolated action: A single action that was performed by someone or that occurred in the past is expressed with the **passé composé**.

> J'ai lu *Télé 7 Jours*.
> Nous **sommes allés** au café.
> Le concert **a eu** lieu sans incident.

B. An action with a specified beginning or end: A past action for which either the beginning or the end can be easily visualized is expressed with the **passé composé**. The action or event may be of short or long duration, but if the beginning or end of the action is delineated by the context of the sentence, the **passé composé** is used.

> **J'ai regardé** la télé pendant deux heures.
> Le film **a commencé** à trois heures.
> Il **a duré** deux heures.
> Le festival du film **a continué** jusqu'au douze mai.

C. A series of actions: A succession of completed actions, or a single completed action repeated a number of times within a limited time frame, is expressed with the **passé composé**.

> Jerry **a allumé** le téléviseur, **s'est installé** et **a regardé** son feuilleton.
> Il **a vu** le même film deux fois.
> L'année dernière, il **a regardé** tous les épisodes de *Friends*.

D. Reaction to an event or situation / Change in a state or condition: A past action that is characterized by its suddenness or immediacy is expressed with the **passé composé**. Such an action may state an immediate reaction to an event or situation.

> Au moment de l'accident, j'**ai pensé**: «Je vais mourir.»
> Les enfants **ont voulu** sortir quand la neige **a commencé** à tomber.

Such an action may express a sudden change in an existing state or condition. This use of the **passé composé** often parallels the English concepts *to become* or *to get*.

> Quand j'**ai vu** les questions de l'examen, j'**ai eu** peur.
> Après avoir mangé de la mauvaise viande, il **a été** malade.
> Après l'accident, elles n'**ont** pas **pu** marcher.

In addition to the contexts discussed above, certain expressions of time may indicate that an action is completed within a given time frame. Below is a partial list of such expressions.

enfin	tout à coup	à ce moment-là
finalement	immédiatement	une fois
soudain	tout de suite	vite

Rappel! Rappel!

The **passé composé** is not the only past tense in French. As you will see in **Chapitre 5**, a verb may be used in any of the past tenses, depending on the context and duration of the action in question. The **passé composé** is used to indicate that an action was of limited duration and was completed within a certain time frame.

The following examples provide further illustration of the various uses of the **passé composé**. Pay special attention to the different contexts that indicate completed action and therefore require the **passé composé**.

J'ai **fréquenté** cinq écoles.	**Series of actions:** *After that period, you were no longer at those schools.*
J'ai **déménagé** trois fois.	**Series of actions:** *You moved several times, but all the moves have been completed.*
Pendant ma jeunesse, j'**ai appris** l'espagnol.	**Specified beginning or end:** *You may know Spanish now, but you have stopped studying it.*
Mon père **s'est enrôlé** dans l'armée.	**Isolated action:** *He may still be in the army, but the act of joining it is completed.*
Il y a trois ans, j'**ai voyagé** au Mexique.	**Specified beginning or end:** *The trip began and ended three years ago.*
Je **me suis marié.**	**Isolated action:** *You may still be married, but the act of getting married is completed.*
L'année dernière, j'**ai acheté** une voiture.	**Specified beginning or end:** *You may still have the same car, but the act of acquiring it is completed.*
L'été dernier, j'**ai travaillé.**	**Specified beginning or end:** *You may still be working, but the work you were doing last summer is over.*
J'**ai vu** un accident.	**Isolated action:** *The accident is over.*
Le chauffeur n'**a** pas **pu** marcher tout de suite.	**Change in a state or condition:** *He may be able to walk now, but at that moment he tried and couldn't.*
Je **suis venue** à l'école.	**Isolated action:** *You left for school and got there, thus completing the action.*
Hier, il **a plu.**	**Specified beginning or end:** *The rain started and stopped yesterday.*
J'**ai** déjà **eu** mon cours de français.	**Isolated action:** *The class began and ended.*
J'**ai su** les résultats de mon examen.	**Isolated action:** *The act of finding out that information is completed.*
Après le déjeuner, j'**ai pensé** à mon départ.	**Specified beginning or end:** *You looked at your watch and remembered that you had to be home early.*
Je n'**ai** pas **voulu** quitter mes amis.	**Reaction to an event or situation:** *At that moment you decided not to leave your friends.*

1. Assis(e) dans un café à Paris, vous entendez la conversation suivante. Justifiez l'emploi du **passé composé** dans les phrases.

—Ah, bonjour, Jean-Marc, vous êtes enfin arrivé!

—Oui, excusez-moi, je suis en retard. J'ai reçu un coup de téléphone et puis j'ai dû dire un mot à ma secrétaire et enfin j'ai pu partir.

—Alors, vous vous êtes bien amusé hier soir chez les Dumont?

—Bien sûr. On a bavardé. Ils ont servi un dîner superbe. Et on a joué aux cartes. Mais, il y a eu un moment gênant. Soudain, Mme Dumont est devenue très pâle. D'abord elle a tremblé, ensuite elle a eu l'air d'avoir chaud. Puis elle s'est excusée et elle est montée dans sa chambre. Vers dix heures, elle est revenue. Après cet incident, le reste de la soirée s'est très bien passé.

—C'est bizarre. Elle n'a donc pas été vraiment malade?

—Non. On n'a pas vraiment compris son problème, mais elle n'a plus rien dit à ce sujet.

2. Posez cinq questions contenant des verbes au **passé composé** à vos camarades de classe pour déterminer ce qu'ils ont fait à différentes heures de la journée.

MODELE   — *A sept heures, est-ce que tu t'es levé(e)?*
           — *Non, à sept heures, j'ai pris mon petit déjeuner.*

3. Le **passé composé** n'est pas le seul temps du passé en français. Il accompagne souvent un autre verbe à l'**imparfait**, temps employé pour la description. Voici des phrases qui commencent par des descriptions. Complétez chaque phrase par un verbe au **passé composé** pour indiquer ce qui s'est passé dans le contexte.

1. Pendant que j'allais en cours...
2. J'entrais en cours de français quand...
3. Après mes cours, comme j'avais soif, je...
4. J'avais besoin de réviser ma leçon, alors je...
5. Pendant que j'étais chez moi, ...
6. Je lisais quand...
7. Comme je regardais une émission qui n'était pas très intéressante, je...
8. J'étais fatigué(e), alors je...

Interactions

Activité 1. Votre propre expérience. Complétez les phrases suivantes pour dire ce qui s'est passé.

1. Une fois arrivé(e) au campus ce semestre, je...
2. Quand nous avons terminé notre dernier examen, ...
3. Après les vacances, quand j'ai retrouvé mes copains, ...
4. Pendant notre soirée de vendredi dernier...

Activité 2. Samedi dernier. On veut savoir ce que vous avez fait samedi dernier. Vous racontez tout ce qui s'est passé, du lever au coucher. Employez au moins cinq verbes pronominaux.

SOCIÉTÉ Télévision

LA FOLIE DES SERIES TV

Certaines séries télé font l'objet de véritables cultes. Collectionneurs, passionnés et fans se réunissent dans des clubs parfois très fermés. Et certains frisent la folie...

Allez faire un tour à la FNAC et regardez à la librairie le rayon "Télévision". Vous serez surpris de voir le nombre incroyable de séries TV qui ont aujourd'hui été "traduites" en texte... Il y a bien sûr "X-Files" et "Urgences", mais on trouve aussi de vieilles séries : "Au nom de la loi", "Dallas", "Chapeau melon et bottes de cuir"... Cette petite invasion n'est en fait que la partie visible d'un phénomène plus important.

Réunion internationale
▼

En effet, les séries TV ont leurs fans. Et ceux-ci le revendiquent ! Réunis en associations, ils se déguisent avec les costumes de leurs héros, organisent des voyages (pèlerinages sur les lieux de tournage, comme le fan-club du "Prisonnier" qui se réunit en grande convention internationale tous les ans dans le petit village de Portmeiron en Grande-Bretagne), échangent et collectionnent tout ce qui se rapporte à leur série fétiche.

Le docteur Arian, psychologue, qui s'intéresse à cette question en Grande-Bretagne, reste cependant réservé : "De telles passions peuvent être comparables à celle d'un collectionneur de timbres ou de cartes postales. Mais on rencontre des cas plus inquiétants de gens qui finissent par être convaincus que la série TV est en fait une expression de la réalité. Certains fans d'X-Files, par exemple, ont développé en Grande-Bretagne de véritables angoisses quant à la présence d'extra-terrestres sur notre sol, ou des complots des gouvernements visant à nous cacher ces présences !"

C'est désormais confirmé : la télé rend fou... ■
J.-F. C.

Activité 3. Les séries. D'après le docteur Arian (psychologue), la passion pour certaines séries télévisées peut être comparable à celle d'un collectionneur de timbres ou de cartes postales. Êtes-vous d'accord? Pourquoi ou pourquoi pas? Citez quelques exemples de séries de télévision qui ont des fans ardents. En quoi consiste le culte qu'ils vouent à ces émissions?

Perspectives

Mise en train

Sujets de réflexion

1. La télévision prétend souvent offrir une vue objective de la société. Etes-vous parmi les gens qui ont confiance en la télévision? Pourquoi?

2. On dit que la programmation des chaînes de télévision est gouvernée par les parts de marché qu'elles obtiennent, c'est-à-dire, en fait, par le nombre de téléspectateurs que leurs émissions peuvent attirer. En quoi cette mentalité influe-t-elle sur les programmes? Quels sont les éléments qui attirent le plus grand nombre de téléspectateurs?

3. Quels exemples pouvez-vous citer de gens ordinaires qui sont devenus célèbres grâce à l'influence des médias? Actuellement, préfère-t-on voir à la télé des héros ou des gens qui ont provoqué un scandale?

Didier Daeninckx

Didier Daeninckx est né en 1949 à Saint-Denis, près de Paris. Il a travaillé comme imprimeur, comme animateur culturel, puis comme journaliste avant de publier une quinzaine d'ouvrages. Dans Zapping, *paru en 1992, il propose aux lecteurs une série de vignettes qui illustrent l'influence de la télévision. Selon l'éditeur, les destins des personnages de* Zapping «*stigmatisent les usages et les abus de la télévision, sa démagogie et son conformisme*». *Daeninckx prend pour objectif le petit écran, mais c'est en fait sur les vices fondamentaux de la société contemporaine qu'il tire. L'anecdote qui suit, intitulée «Farming Class Hero», nous présente bien un jeune «héros», Jean-Claude Charlois. Mais est-il vraiment un héros ou plutôt une victime?*

Avant de lire

1. Les événements essentiels de cette histoire sont racontés dans un scénario préparé pour filmer les exploits héroïques du jeune fermier Jean-Claude Charlois. Lisez les lignes 25 à 65, puis complétez les phrases suivantes en quelques mots pour donner un petit résumé de l'idée essentielle de chacune des scènes du scénario:

   a. INTERIEUR NUIT, PRAIRIE DE FLEAC: Jean-Claude mène une vie très simple, typique des jeunes agriculteurs. Pour s'amuser, il...

   b. EXTERIEUR NUIT, ROUTE DE CAMPAGNE: En rentrant sur sa mobylette, Jean-Claude voit...

   c. EXTERIEUR NUIT, FERME BONNET: Arrivé devant la maison en flammes, Jean-Claude essaie de...

littéraires

d. INTERIEUR NUIT, GRANGE: Pour pouvoir entrer dans la maison, Jean-Claude va se servir de...

e. EXTERIEUR NUIT, COUR: Jean-Claude emploie la machine agricole pour...

f. INTERIEUR NUIT, FERME BONNET: En entrant dans la maison en feu, Jean-Claude réussit à sauver...

g. EXTERIEUR PETIT JOUR, COUR: Jean-Claude voit la maison qui...

2. L'extrait suivant, de style narratif, emploie le **passé simple** pour raconter des actions définies. Même si on n'est jamais obligé de se servir du **passé simple**, il faut pouvoir reconnaître ce temps verbal qui est souvent employé à la place du **passé composé** dans les œuvres littéraires et même dans les articles de presse. Consultez l'*Appendice A,* pour obtenir des renseignements supplémentaires sur le **passé simple**. Dans les phrases suivantes, essayez de deviner le sens des verbes au **passé simple**. Un choix de verbes est indiqué entre parenthèses à la fin de chaque phrase.

a. Le sujet *fut* diffusé trois mois plus tard et Jean-Claude *dut* faire le voyage de Paris... (avoir? / être? / devoir? / faire?)

b. Une hôtesse de la chaîne le *prit* en charge... (passer? / prendre? / pendre?)

c. Quelques jours plus tard il *reçut* un coup de téléphone de Paris. (revoir? / recevoir? / retourner?)

Didier Daeninckx: «Farming Class Hero» (extrait de Zapping)

Alain Sicart attendit patiemment son tour en observant ses collègues... Il n'avait, quant à lui°, plus rien à prouver. Son nom s'était inscrit pendant près d'un quart de siècle au générique° des plus fameuses émissions sportives... Une sérieuse alerte cardiaque l'avait éloigné° des stress du direct°, et il finissait tranquillement sa
5 carrière... Son regard croisa° celui du producteur. Il fit un léger signe de la tête et sortit une coupure de presse° de sa poche de pantalon:
—Autant° le dire dès le départ, je n'ai rien trouvé d'extraordinaire... Mais je crois que nous n'accordons pas assez d'attention à ce qu'il est convenu d'appeler la France profonde°. La grande majorité des histoires que nous proposons se déroulent en ville,
10 ou alors dans des voitures, des avions... Je pense qu'on pourrait inclure une séquence ayant pour cadre° la campagne...

as far as he was concerned
credits
had removed him / live TV
met
newspaper clipping
might as well

the true France

framework

Il fit semblant de ne pas entendre les rires, les plaisanteries qui fusaient°, justifia son choix par l'attachement des Français à la terre, à leurs racines, et la production donna le feu vert°. Alain Sicart disposait d'une semaine pour boucler° son affaire.

15 L'équipe s'installa près de Mosnac-sur-Seugne, le village natal du héros, Jean-Claude Charlois. Le scénario avait été bricolé° dans le train de Paris, à partir des quelques coupures de presse relatant deux ans plus tôt l'exploit du jeune garçon.

INTERIEUR NUIT, PRAIRIE DE FLEAC

Une salle de bal sous Tivoli. Un orchestre joue un succès de l'année 1991, genre 20 Frédéric François. Une horloge marque trois heures. Les derniers couples dansent dans la pénombre°. Jean-Claude se tient près de la buvette°. Il finit sa bière, ajuste son casque sur sa tête et sort dans la nuit.

EXTERIEUR NUIT, ROUTE DE CAMPAGNE

La mobylette de Jean-Claude dépasse la laiterie° de Fléac et ralentit au croisement 25 de la nationale° Saintes-Bordeaux. Le jeune garçon hume° l'air, vaguement intrigué. Il se lance dans la grande descente, allongé sur sa machine, pour gagner de la vitesse. Il ralentit soudain en voyant des flammes, sur sa droite. Il freine° violemment et s'engage dans un petit chemin de terre. Devant lui, une ferme en feu.

EXTERIEUR NUIT, FERME BONNET

30 Jean-Claude pose sa mobylette sur le bas-côté et s'approche du bâtiment. Il se protège de la chaleur° infernale avec ses avant-bras. La porte résiste, fermée de l'intérieur. De l'autre côté de la cour°, dans l'étable°, les vaches mugissent°, affolées° par les lourds nuages de fumée. Il revient vers la maison, distingue des cris en provenance du premier étage. Il tente une nouvelle fois d'entrer, mais en vain. Il est seul, impuissant, 35 au milieu de la cour.

INTERIEUR NUIT, GRANGE

Jean-Claude se décide soudain. Il court vers la grange°, fait sauter° la barre qui ferme la double porte. Tout le matériel° agricole est bien rangé, en ordre, prêt à fonctionner. Jean-Claude se hisse° sur le marche-pied° de l'énorme moissonneuse-batteuse° et 40 parvient à la mettre en route. Le monstre s'ébranle°.

EXTERIEUR NUIT, COUR

Jean-Claude manœuvre sur le vaste espace. Il part en marche arrière°, s'éloignant de la ferme en feu. Il s'arrête, respire profondément, et lance le moteur au maximum de sa puissance. La machine prend de la vitesse. Les énormes pneus s'accrochent° sur 45 les pavés°. Elle n'est plus qu'à un mètre du bâtiment quand Jean-Claude ouvre la portière de cabine et saute par terre. La moissonneuse vient s'écraser° contre la façade, enfonçant° la porte et les fenêtres.

INTERIEUR NUIT, FERME BONNET

Jean-Claude pénètre dans la salle commune. Il enjambe° les gravats° et grimpe au 50 premier étage. Une chambre occupée par une vieille femme à demi asphyxiée. Il la hisse sur son dos et réussit à la transporter jusqu'à l'air libre. Il retourne deux fois encore dans le brasier° et sauve le couple de fermiers.

EXTERIEUR PETIT JOUR, COUR

Jean-Claude assis, épuisé°, entouré par les miraculés°. Le jour commence à
55 poindre°. Le toit de la ferme s'écroule°. Au bout du chemin, le gyrophare° du camion
des pompiers° éclaire la voûte° des arbres.

Le sujet fut diffusé° trois mois plus tard et Jean-Claude Charlois dut faire le voyage
de Paris afin d'être présent sur le plateau° de «La Marche des héros». Il n'était encore
jamais sorti de sa province, sa mobylette le menant rarement au-delà de Pons ou de
60 Saintes. Une hôtesse de la chaîne le prit en charge, à sa descente du T.G.V. et le conduisit en Safrane° à Puteaux°, dans un hôtel du quartier de la Défense. Il passa une partie de la nuit accoudé° au balcon, à regarder les flots de voitures qui traversaient le pont
de Neuilly et venaient s'engouffrer° dans les autoroutes, sous ses pieds. Le lendemain
soir, le sujet fut plébiscité° par quarante-huit pour cent des parts de marché°. L'anima-
65 teur° opposa finement° le geste du jeune campagnard se jetant au milieu des flammes
aux agissements des banlieusards° d'Epinay et de Mantes qui brûlaient des Carrefour°
et des BMW. La France profonde se reconnut en Jean-Claude Charlois. A travers lui,
le pays se réconciliait avec sa jeunesse... Quelques sponsors déguisés en mécènes°
téléphonèrent en direct: la jeune gloire du Charentais° pouvait générer des retombées°.
70 On lui paya une semaine supplémentaire de palace° putéolien, la grimpette° jusqu'au
troisième étage de la tour Eiffel, deux repas chez La Pérouse°, une soirée au Crazy
Horse Saloon, et un peu d'argent de poche contre une série de photos pour une boîte°
d'assurances, puis on le renvoya dans ses foyers°, alourdi° de ses seuls souvenirs.

A Mosnac-sur-Seugne on l'accueillit avec la fanfare° et les majorettes. Il fut fait
75 citoyen d'honneur. A l'épicerie, au café, on lui fit raconter son aventure parisienne,
dix, vingt, cent fois, puis on se lassa°. D'autres héros mensuels° vinrent prendre sa
place dans le cœur de ses voisins. Il se réfugia° dans le silence... Un an, nuit pour nuit,
après son exploit, Jean-Claude Charlois se lançait de nouveau à l'assaut des flammes.
Une maison isolée avait subitement pris feu° à l'entrée de Jonzac. Cette fois le tracteur
80 refusa de démarrer°, et quand les pompiers parvinrent° sur les lieux° il ne leur restait
qu'à prélever° trois corps rabougris° au milieu des décombres°. L'enquête prouva que
l'incendie° était d'origine criminelle et que la main qui avait versé° l'essence au seuil°
de la ferme était celle de Jean-Claude Charlois. La cour d'assises° de La Rochelle le
condamna à cinq années de prison ferme. Il en effectua trois: on le libéra pour bonne
85 conduite, un matin de Quatorze-Juillet. Quelques jours plus tard il reçut un coup de
téléphone de Paris. La chaîne lui proposait de participer à un numéro spécial de «Faits
divers» consacré aux pyromanes°.

Il accepta.

Didier Daeninckx, "Farming Class Hero" in *Zapping*
© Editions Gallimard

Left margin glossary:

exhausted / miraculously saved

to break / caves in / rotating
blue light / firefighters /
archway / broadcast / set

type of minivan / location of
TV studios / leaning over
to engulf
selected / market shares of
audience / TV host / cleverly
housing project dwellers /
supermarket chain
benefactors
fellow from Charentes / fallout,
spin-offs / grand hotel /
steep climb / famous
Parisian restaurant
company (coll.) / home /
burdened / brass band

got tired / monthly
sought refuge

caught fire
to start up / arrived / scene /
remove / shriveled / debris
fire / poured / doorstep
criminal court

arsonists

Synthèses

Après la lecture

1. Il semble y avoir une opposition d'opinions entre Sicart, le «vieux» réalisateur expérimenté, et ses collègues plus jeunes au sujet de la place accordée à la France profonde dans les reportages télévisés. Pourquoi les jeunes collègues font-ils des plaisanteries autour de sa proposition?

2. La vie de Jean-Claude Charlois change radicalement du jour au lendemain. Que pouvons-nous dire de sa vie avant le premier incendie?

3. Jean-Claude Charlois est présenté par la télévision comme un héros. Qu'a-t-il fait pour mériter cet honneur? Ce titre est-il justifié, à votre avis? Ou bien, est-ce que la télévision fait tout simplement du sensationnalisme?

4. Que se passe-t-il pour Jean-Claude pendant son séjour à Paris?

5. Quelle est l'attitude des gens vis-à-vis de Jean-Claude quand il rentre de Paris? Comment est-ce qu'on traite ce héros local?

6. Après un certain temps, Jean-Claude est forcé de reprendre son ancien train de vie. Pourquoi? Cette réaction est-elle typique de l'attitude du public envers les personnes rendues célèbres par les médias?

7. La fin de cette histoire est assez triste et peut-être inattendue. Que fait Jean-Claude pour attirer de nouveau l'attention sur lui? Redevient-il célèbre? Comment?

Pour mieux lire

Dans la langue parlée, on emploie presque toujours le **passé composé** à la place du **passé simple**, un temps littéraire. Reformulez les phrases suivantes, tirées de l'extrait de Daeninckx, au **passé composé**. (Consultez encore l'*Appendice* A si vous avez besoin d'aide pour savoir de quels verbes il s'agit.)

  a. Une hôtesse de la chaîne... le *conduisit*... dans un hôtel du quartier...

  b. Il *passa* une partie de la nuit accoudé au balcon...

  c. L'animateur *opposa* finement le geste du jeune campagnard se jetant au milieu des flammes aux agissements des banlieusards...

  d. La France profonde *se reconnut* en Jean-Claude Charlois.

  e. Quelques sponsors... *téléphonèrent* en direct...

  f. On lui *paya* une semaine supplémentaire de palace...

  g. On le *renvoya* dans ses foyers...

  h. A Mosnac-sur-Seugne on l'*accueillit* avec la fanfare et les majorettes.

  i. A l'épicerie, au café, on lui *fit* raconter son aventure parisienne, dix, vingt, cent fois, puis on *se lassa*.

  j. D'autres héros mensuels *vinrent* prendre sa place dans le cœur de ses voisins.

  k. Il *se réfugia* dans le silence.

  l. L'enquête *prouva* que l'incendie était d'origine criminelle...

  m. La cour d'assises de La Rochelle le *condamna* à cinq ans de prison ferme.

  n. Il en *effectua* trois: on le *libéra* pour bonne conduite...

  o. Il *accepta*.

Liens culturels

1. Quel avantage la télévision a-t-elle donné aux personnages politiques chez vous et en France? Une chaîne comme CNN est-elle une aide ou un obstacle en temps de crise? Prenez un événement comme les attaques du «onze septembre» et d'autres actes de terrorisme comme exemples.

2. Certaines personnes manifestent des phobies vis-à-vis de l'informatisation de la vie moderne. En quoi ont-elles raison?

3. En quoi un personnage comme Jean-Claude Charlois représente-t-il les graves défauts de notre société? Est-ce qu'il y a toujours eu des personnages comme lui?

Chapitre 5

La presse et le message

Un kiosque à journaux comme des milliers d'autres en France.

Perspectives

Le dix-huitième siècle et l'Encyclopédie

Le dix-huitième siècle s'appelle souvent en français le *Siècle des Lumières*. Cette période philosophique et scientifique remarquable a connu une vie intellectuelle brillante grâce à plusieurs des plus grands penseurs de l'époque: Montesquieu, Voltaire, Rousseau et Diderot. Tous croyaient qu'il faut assurer le bonheur humain par le progrès de la civilisation, et ce principe se manifeste clairement dans l'ouvrage le plus représentatif du dix-huitième siècle: l'*Encyclopédie*.

Une planche typique de l'*Encyclopédie*

- Denis Diderot (1713–1784) et un groupe de collaborateurs passionnés ont travaillé plus de vingt ans (de 1750 à 1772) à la rédaction et à la publication de l'*Encyclopédie*.

- Plus de 1 000 articles composent ce «Dictionnaire raisonné des sciences, des arts et des métiers». Ils sont consacrés à la morale, à la littérature, à la religion, à la politique, à l'économie et aussi aux sciences.

- Diderot accorde aux arts mécaniques une place importante dans cette œuvre. Les Encyclopédistes réhabilitent ainsi le travail des artisans en démontrant qu'il est utile pour la société et doit donc prendre sa place dans le progrès économique du siècle.

- Un nouvel ordre économique se préparait sous l'influence des Encyclopédistes. La Révolution de 1789 allait bientôt réaliser l'idée démocratique de la souveraineté du peuple.

Le dix-neuvième siècle et l'Affaire Dreyfus

Vers la fin du dix-neuvième siècle, la France fut agitée par une profonde tourmente politique et sociale: l'Affaire Dreyfus. Au milieu de cette mêlée, qui polarise la nation sur une grande polémique morale, se lève la voix d'un homme passionné et humanitaire, Emile Zola.

Zola s'est servi de la presse pour défendre Dreyfus.

- En 1898, l'écrivain Emile Zola (1840–1902) est le romancier le plus controversé et le plus lu de son temps.

- Alfred Dreyfus, un obscur capitaine de l'armée française, qu'on a accusé d'espionnage, est juif. C'est surtout pour cette raison qu'on l'a jugé sommairement et condamné à la déportation à vie.

- Zola, convaincu de l'innocence de Dreyfus, intervient dans «l'affaire». Il publie trois articles dans le journal *Le Figaro* puis, le 13 janvier 1898, paraît dans *L'Aurore* son très célèbre article, *J'Accuse!*

- Pour son attaque menée contre les autorités militaires et civiles, Zola a été condamné à la prison et a dû s'exiler.

culturelles

Culture contemporaine

La bande dessinée

En France, on prend la bande dessinée au sérieux. La «BD», comme on l'appelle, a une histoire très longue, et la bulle (l'endroit où se trouve le texte) est apparue dans la BD il y a plus de cent ans. Même si les auteurs de bandes dessinées n'ont pas toujours eu la même célébrité que d'autres écrivains, ils ont beaucoup contribué au développement de la créativité et de l'art en général au vingtième siècle. Leur aventure est souvent celle d'une collaboration entre artistes, car le scénariste et l'illustrateur travaillent en tandem dans un univers où la parole et le dessin se combinent pour produire une histoire en images.

- Les experts font remonter la naissance de la BD à 1827. Depuis ce temps-là, elle a beaucoup évolué. Les maisons d'édition françaises vendent actuellement environ 3 millions de BD adultes et 8 millions de BD jeunes par an.

- Parmi les nombreux genres de BD on trouve, par exemple, les histoires policières; le western où domine *Lucky Luke*, personnage créé en 1946 par le Belge Morris; la science-fiction; la satire sociale; les récits historiques (réels ou imaginaires) tels que les 31 albums d'**Astérix le Gaulois**, du Français René Goscinny et Albert Uderzo; et les récits d'aventures dans le genre de **Tintin** créé par le Belge Hergé.

- Parmi les auteurs qui s'adressent au public adulte, surtout dans les journaux et les magazines d'information, il faut signaler Georges Wolinski, Cabu et Claire Bretécher dont l'*Agrippine* a longtemps donné aux lecteurs du *Nouvel Observateur* un témoignage mi-psychanalytique, mi-satirique sur les réalités de la vie contemporaine.

Les journaux chez les Français et les autres

Une étude de l'Association mondiale des journaux réalisée en 1998 présente les comparaisons suivantes:

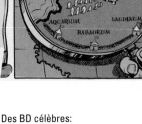

Des BD célèbres:
Lucky Luke, Agrippine et *Astérix*

- Au sein de l'Union européenne, la lecture des quotidiens est plus fréquente en Grande-Bretagne (85% de pénétration en semaine), en Allemagne (79%), aux Pays-Bas (72%), au Portugal (67%) ou en Belgique (52%) qu'en France (44%).

- Le nombre de quotidiens nationaux varie de 3 au Portugal à 12 en Allemagne. On en compte 9 aux Pays-Bas, 8 en Belgique, 7 en Italie, 6 en France, 5 en Espagne, 4 en Grande-Bretagne.

- Le niveau de confiance des Français dans la presse se situe cependant dans la moyenne européenne: 30% pensent que les informations qu'ils lisent sont éloignées de la réalité. Les plus confiants sont les Allemands (17%), les Hollandais et les Portugais (19%), à l'inverse des Italiens (41%), des Britanniques (34%), des Belges (30%) et des Espagnols (29%).

Culture générale

Compréhension

1. Qui sont certains des grands philosophes du dix-huitième siècle en France?
2. Quelle idée principale a motivé les penseurs du Siècle des Lumières et surtout les Encyclopédistes?
3. Quel est le titre complet de l'*Encyclopédie*?
4. Les arts mécaniques et les artisans occupent une place importante dans l'*Encyclopédie*. En quoi ce fait annonce-t-il la Révolution de 1789?
5. Que savez-vous au sujet d'Emile Zola?
6. Résumez brièvement l'essentiel de l'Affaire Dreyfus.
7. Pourquoi Zola a-t-il été condamné à la prison après avoir publié *J'Accuse!*?

Sujets de réflexion

A. Un article de l'*Encyclopédie* expliquait que le monarque «*tient de ses sujets mêmes l'autorité qu'il a sur eux*». Pourquoi pouvait-on considérer cette idée comme dangereuse?

B. Qu'est-ce que la publication par Zola de plusieurs articles sur l'affaire Dreyfus vous indique au sujet du rôle des journaux quotidiens à la fin du dix-neuvième siècle? Connaissez-vous d'autres exemples d'une nation divisée par une polémique politique ou culturelle?

Vocabulaire actif

Les activités

conseiller to advise
distribuer to distribute, circulate
s'habituer (à) to get used to
se moquer de to make fun of
paraître to appear
traiter to treat, deal with
se tromper to make a mistake

Le journalisme

les **actualités** *(f pl)* news
un **article de fond** in-depth article
des **conseils** *(m pl)* advice
la **droite** political right wing
un **événement** event
un **exemplaire** copy

la **gauche** political left wing
un **hebdomadaire** weekly newspaper or magazine
les **informations** *(f pl)* news
un **journal** newspaper
_____ **télévisé** TV news
un **kiosque** newspaper / magazine stand

Culture contemporaine

Compréhension

1. Depuis quand y a-t-il des BD?
2. Quels types d'artistes collaborent à la création d'une BD?
3. Donnez plusieurs exemples de genres de BD.
4. A votre avis, à quel public sont destinées les BD suivantes: *Lucky Luke? Agrippine? Astérix?*
5. Parmi les Européens, qui sont les plus grands lecteurs de journaux? Où se situe la France par comparaison?
6. Dans quel pays de l'Union européenne trouve-t-on le plus grand nombre de quotidiens? Le plus petit nombre?
7. Si 30% des Français pensent que les journaux contiennent des informations qui sont loin de représenter la réalité, ont-ils plus ou moins de confiance dans la presse que les Allemands? les Britanniques?

Sujets de réflexion

A. Lisez-vous quelquefois des bandes dessinées? Etes-vous plutôt attiré par l'illustration ou par le récit dans une BD? Pensez-vous que le texte d'un message «passe» mieux s'il est accompagné d'images? Pourquoi?

B. Combien de fois lisez-vous un quotidien par semaine? Selon vous, quels types de personnes lisent régulièrement un journal? La presse écrite a-t-elle encore un rôle à jouer dans la société contemporaine?

Pour plus d'activités, visitez:
http://interaction.heinle.com

un **lecteur** / une **lectrice** reader
un **magazine** magazine
la **majorité** (political) majority
les **médias** (*m pl*) media
un **mensuel** monthly newspaper or magazine

un **porte-parole** spokesperson
le **pouvoir** power
la **presse** the press
un **quotidien** daily newspaper
une **revue** magazine
une **rubrique** newspaper heading

Les caractéristiques

arrêté definite
branché with it (*coll.*)
politisé having a political slant

Exercices de vocabulaire

A. Vous expliquez la presse française à un(e) ami(e) qui ne connaît pas du tout la France. Complétez chacune des phrases par un des termes suivants.

un article de fond	la majorité
des kiosques	politisé
exemplaires	le journal
se moquent	la presse
les événements	branchées

1. La majorité des Français lisent _____ tous les jours.
2. Pour avoir une idée précise de ce qui se passe sur un certain sujet, il faut lire _____.
3. La presse française a un caractère _____.
4. On peut lire un journal local pour connaître _____ régionaux.
5. Certaines revues sont considérées comme très _____.
6. Il y a toujours en France un journal qui représente _____.
7. Les Français achètent souvent leurs journaux et magazines dans _____.
8. Il y a des journaux et des émissions à la télé qui _____ des personnalités et des événements du moment.
9. Beaucoup d'_____ du *Monde* se vendent à l'étranger.
10. En France, il ne faut jamais sous-estimer le pouvoir de _____.

B. Quels termes du *Vocabulaire actif* s'appliquent à ces éléments de la presse et de l'actualité américaines?

1. *Road & Track, Sports Illustrated, Cosmopolitan*
2. *The New York Times*
3. la télévision, la presse
4. *Dear Abby*
5. le parti politique américain majoritaire au Congrès
6. un article sur les futures élections présidentielles en France
7. *Time, Newsweek*
8. la raison pour laquelle, en général, on achète un quotidien

La presse quotidienne

Les journaux existent depuis le dix-septième siècle en France. Le premier journal imprimé, *La Gazette*, fondée par Théophraste Renaudot en 1631, n'a cessé de paraître qu'en 1914. Le tirage moyen de *La Gazette* était de 1 200 exemplaires au dix-septième siècle, mais il avait déjà atteint douze mille exemplaires au siècle suivant. De nos jours, la variété et le nombre de quotidiens qui se vendent chez les marchands de journaux partout restent toujours assez surprenants.

Pour mieux comprendre le phénomène de la presse quotidienne, il faut savoir d'abord qu'il y a deux grandes catégories de quotidiens: les journaux nationaux et les journaux régionaux. *Le Monde, Le Figaro, Libération, L'Humanité* et quelques autres sont publiés à Paris et présentent les actualités parisiennes, nationales et internationales. (On peut aussi lire la plupart de ces journaux en ligne sur Internet.) La presse quotidienne régionale—*Ouest-France, Nice Matin, Le Midi libre, Les Nouvelles d'Alsace*, par exemple—insiste plutôt sur les événements d'intérêt local, mais couvre aussi l'actualité nationale et internationale.

Un deuxième aspect à noter à propos des quotidiens est leur caractère franchement politisé. Les grands journaux nationaux donnent une interprétation de l'actualité politique, économique et sociale en accord avec les opinions de leurs lecteurs. Un partisan de la gauche communiste lit *L'Humanité*, alors qu'un Français de la droite conservatrice achète *Le Figaro*. Une fois par semaine, le mercredi, si on aime vraiment la satire, on dévore *Le Canard enchaîné* où les journalistes se moquent de tout (de la droite, de la gauche et du centre!) avec le plus grand humour. Mais un fait qui peut surprendre c'est que *L'Equipe*, bénéficiant de la passion des Français pour le sport, est devenu le premier quotidien national avec 2,5 millions de lecteurs.

Les magazines

Les Français ont tendance actuellement à prendre leurs informations au journal télévisé plutôt que dans les quotidiens. La faiblesse de la presse quotidienne est compensée, cependant, par le succès phénoménal des magazines. Chaque jour, 67% des Français en lisent au moins un! Les gens désirant des analyses plus profondes que celles de la télévision achètent, une fois par semaine, un magazine d'information générale comme *Le Nouvel Observateur* ou *L'Express* (qui ont chacun plus de 2 millions de lecteurs). Cette solution semble efficace et économique, car un quotidien national comme *Libération* ou *Le Monde* coûte 1,20€, alors qu'un hebdomadaire comme *Le Nouvel Observateur*, par exemple, se vend à 3€. La presse a surtout effectué sa plus grande progression dans le domaine des magazines qui répondent aux diverses préoccupations des Français—les hebdomadaires, bimensuels et mensuels féminins et familiaux, décoration-maison-jardin, distractions-loisirs-culture, les revues professionnelles, etc. Mais ce sont les hebdomadaires de télévision (*TV Magazine, Télé 7 Jours...*) qui sont les plus lus par les Français avec un total de plus de 23 millions de lecteurs.

Le bilan

Quel est donc le bilan actuel de la presse périodique en France? Les quotidiens se vendent de moins en moins bien (à l'exception des journaux économiques et sportifs). Par contre, les magazines (plus de 3 000 titres paraissent régulièrement en France) ont des résultats franchement spectaculaires avec 96% de la population qui en sont lecteurs. C'est sûrement ce qui explique la présence de 30 000 points de vente de la presse (kiosques, maisons de la presse, etc.) sur le territoire français!

Compréhension

1. Entre le dix-septième et le dix-huitième siècle, quelle a été la progression dans le tirage de la *Gazette* de Renaudot?

2. En France, où sont publiés les journaux nationaux? Quelles sortes d'informations contiennent-ils? Faut-il les acheter dans un kiosque, ou y a-t-il un autre moyen de les lire?

3. Quel est le quotidien qui se vend le mieux en France? Comment explique-t-on son succès?

4. Quel est le titre d'un quotidien français «de gauche»? et «de droite»?

5. Pour s'informer, les Français préfèrent-ils lire un quotidien ou un magazine hebdomadaire?

6. Quelles sortes de journaux et d'hebdomadaires se vendent le mieux en France?

Discussion

A. Dans votre propre culture, y a-t-il des quotidiens nationaux? Quelles sont les caractéristiques que vous attribuez à un journal national? A un journal régional ou local? Quels sont les avantages des uns par rapport aux autres?

B. On parle souvent de «journaux de gauche» et de «journaux de droite» en France. A votre avis, en quoi consistent les différences entre ces deux orientations? Cette distinction politique se manifeste-t-elle dans les journaux que vous lisez normalement? Quelle sorte de journal préférez-vous? Comparez vos idées à celles de vos camarades de classe.

C. Pourquoi, en France, les magazines d'information ont-ils actuellement tendance à l'emporter sur les quotidiens? Est-ce le cas chez vous également? Quels sont les points forts et les points faibles de chacun de ces types de publications? Le journal télévisé est-il un substitut convenable du journal imprimé? Pourquoi?

Expansion

D. A votre avis, en quoi les habitudes ont-elles changé au cours du vingtième siècle en ce qui concerne la manière de s'informer sur l'actualité? S'agit-il d'un changement positif ou négatif? Donnez des exemples.

E. L'image a toujours eu une grande importance dans la communication d'un message. Expliquez ce principe en faisant allusion aux différents types de textes qui vous ont été présentés dans les *Perspectives culturelles.*

F. Que faut-il penser des *paparazzis* dans l'évolution actuelle de la presse? Les quotidiens et les hebdomadaires ont-ils le droit de publier le genre de photos que les *paparazzis* proposent? Que pensez-vous du proverbe: «Toute vérité n'est pas bonne à dire»?

Structures I

Formation of the Imperfect (L'imparfait)

To form the imperfect of a French verb, drop the **-ons** ending of the present-tense **nous** form and add the appropriate ending: **-ais, -ais, -ait, -ions, -iez, -aient.**

parler (nous parl~~ons~~)	**finir** (nous finiss~~ons~~)	**répondre** (nous répond~~ons~~)
je parl**ais**	je finiss**ais**	je répond**ais**
tu parl**ais**	tu finiss**ais**	tu répond**ais**
il / elle / on parl**ait**	il / elle / on finiss**ait**	il / elle / on répond**ait**
nous parl**ions**	nous finiss**ions**	nous répond**ions**
vous parl**iez**	vous finiss**iez**	vous répond**iez**
ils / elles parl**aient**	ils / elles finiss**aient**	ils / elles répond**aient**

Etre is the only French verb that is irregular in the imperfect.

être	
j'**étais**	nous **étions**
tu **étais**	vous **étiez**
il / elle / on **était**	ils / elles **étaient**

1. Vous parlez avec des personnes plus âgées que vous. La discussion se concentre sur votre façon de vivre comparée à la vie qu'elles ont connue. Complétez ces petits dialogues en mettant, dans la réponse, le verbe conjugué de la première phrase à l'**imparfait**.

1. —Nous avons beaucoup de copains.
   —Moi aussi, j'...
2. —Nous prenons la voiture pour faire des excursions.
   —Ah non, nous...
3. —Nous nous retrouvons au café.
   —Non, mon groupe d'amis...
4. —Nous faisons des études pratiques.
   —Oui, tout le monde...
5. —Nous sortons souvent.
   —Ah oui, les jeunes...
6. —Nous déjeunons dans des fast-foods.
   —Moi, je ne...
7. —Nous lisons assez souvent le journal.
   —Oui, ta mère aussi, elle...
8. —Nous regardons des vidéoclips à la télé.
   —Non, de notre temps on ne...
9. —Nous adorons écouter des disques et danser.
   —Ah oui, ça alors, nous...
10. —Nous sommes contents de notre style de vie.
    —Nous aussi, nous...

$2.$ Marc et Marie-Ange sont en train de parler du week-end dernier. Complétez leur dialogue en mettant les verbes indiqués à l'**imparfait**.

—Salut, Marc, comment (être) _____ la soirée chez Barbara?

—Ah, c'(être) _____ chouette! Il y (avoir) _____ beaucoup de monde. Tous les copains (être) _____ là.

—Qu'est-ce que vous avez fait?

—On a parlé de beaucoup de choses. On (être) _____ tous d'accord pour dire qu'on (trouver) _____ le travail à la fac très difficile, qu'on (écrire) _____ trop de disserts, qu'on (préparer) _____ beaucoup d'examens, qu'on (lire) _____ beaucoup de livres et qu'il (falloir) _____ aussi faire trop d'exposés.

—Quand même, vous ne (travailler) _____ pas tous les soirs le semestre dernier, si je me souviens bien.

—C'est vrai. Je (sortir) _____ quand je (vouloir) _____. Les copains (sortir) _____ pas mal aussi. Ils (faire) _____ des excursions le week-end et (aller) _____ quelquefois en boîte.

—Il me semble que le semestre dernier n'(être) _____ pas si affreux que ça.

—Peut-être pas, en effet.

Uses of the Imperfect

General Uses of the Imperfect

The imperfect tense is used to describe people, scenes, actions, or conditions in the past. The imperfect is sometimes called the descriptive tense.

A. **Setting:** The imperfect is used to describe scenes and events that form the background or decor of a time frame in the past.

The imperfect is also used to describe two or more events that were going on simultaneously and that may frequently be linked by the conjunction **pendant que** (*while*). This use of the imperfect expresses the English concept (*was / were*) _____*ing*.

Hier après-midi il **faisait** très beau. Mireille et Andy **prenaient** quelque chose à la terrasse d'un café. Pendant qu'ils **buvaient** leurs boissons, les gens **allaient** et **venaient** dans la rue. Les deux amis **bavardaient** de choses et d'autres et **discutaient** de la presse en France quand soudain...	*Yesterday afternoon the weather **was** really nice. Mireille and Andy **were having** some refreshments on the terrace of a café. While they **were drinking** their drinks, people **were going** and **coming** in the street. The two friends **were chatting** and **discussing** the French press when suddenly . . .*

B. **Habitual Actions:** The imperfect is used to describe actions that were repeated habitually for an indefinite period of time in the past. Used in this way, the imperfect describes a situation that recurred regularly and for which no definite beginning or end can be visualized. This use of the imperfect is the equivalent of the English concepts *used to* or *would* when referring to the past.

Mon père **finissait** son travail tous les jours à cinq heures.	*My father **used to finish** work every day at five o'clock.*
Nous **regardions** toujours les informations à la télé.	*We **would** always **watch** the news on TV.*
Je **discutais** souvent avec ma mère des événements de la journée.	*I often **used to discuss** the events of the day with my mother.*

C. **States or Conditions:** The imperfect describes states or conditions that existed in the past.

Andy **avait** beaucoup de travail, alors il **était** assez fatigué. C'est pourquoi il **préférait** rester à la maison où il **aimait** beaucoup regarder la télé.	*Andy **had** a lot of work, and therefore he **was** quite tired. That's why he **preferred** to stay at home, where he **liked** to watch TV.*

The following verbs are often used to describe a physical or emotional state and are often used in the imperfect.

avoir	désirer	détester	croire
penser	préférer	aimer	vouloir

A few verbs vary in meaning or nuance depending on whether they are used in the **imparfait** or the **passé composé**.

IMPARFAIT	PASSE COMPOSE
Elle en **était** malade. *She **was** upset about it.*	Elle en **a été** malade. *She **became** upset about it.*
Je **savais** la vérité. *I **knew** the truth.*	J'**ai su** la vérité. *I **found out** the truth.*
Ils **devaient** faire un exposé. *They **were supposed** to do a presentation.*	Ils **ont dû** faire un exposé. *They **had** to do a presentation.*
Il **voulait** rentrer. *He **wanted** to go home.* (The state was not translated into action.)	Il **a voulu** rentrer, mais il **a manqué** l'autobus. *He **wanted** to go home, but he **missed** the bus.* (An attempt was made.)
Nous **ne pouvions pas** voyager quand nous étions malades. *We **were unable** to travel when we were sick.* (It was impossible for us to travel.)	Nous **n'avons pas pu** réserver des places. *We **couldn't** reserve seats.* (We attempted to reserve seats but did not succeed.)

Certain expressions of time often indicate that the verb in question is describing a habitual event and should be in the imperfect. Below is a partial list of such expressions.

> souvent
>
> d'habitude
>
> toujours
>
> habituellement
>
> fréquemment
>
> tous les jours

Idiomatic Uses of the Imperfect

A. **After** *si:* The imperfect is also used after **si** to express a wish concerning the present or the future.

Si j'avais le temps de lire le journal!	*If only I had the time to read the paper!*
Si vous pouviez m'aider pour mon exposé!	*If only you could help me with my presentation!*

The imperfect is also used after **si** to propose a course of action.

Si nous allions ensemble au café?	*What if we were to go to the café together?*
Si on prenait quelque chose?	*Shall we have something to eat or drink?*

B. **With** *depuis:* The imperfect used with **depuis** expresses the English concept *had been _____ing.* This construction is the past-tense equivalent of **depuis** + present tense. **Depuis** + imperfect links two actions in the past, indicating that one action began before the other but was still going on when the second action took place.

J'**attendais** depuis une heure quand vous êtes arrivé.	*I **had been waiting** for an hour when you arrived.*
Ils **vivaient** en France **depuis un an** quand la guerre a éclaté.	*They **had been living** in France **for a year** when the war broke out.*
Elle **était** déjà ici **depuis dix minutes** quand le cours a commencé.	*She **had** already **been** here **for ten minutes** when class began.*

C. *Venir de* **in the Imperfect:** Venir de (in the imperfect) + infinitive is the equivalent of the English idea *had just* + past participle.

Il **venait de partir.**	*He **had just left.***
Je **venais de le voir.**	*I **had just seen** him.*
Vous **veniez d'apprendre** les nouvelles.	*You **had just learned** the news.*

3. Dans une lettre, Marc raconte à sa copine Sophie un épisode de sa vie à l'université. Complétez la lettre de Marc en mettant à l'**imparfait** les verbes entre parenthèses. Justifiez chaque emploi de l'**imparfait**.

Chère Sophie,

Tu me demandes comment je suis devenu journaliste. Eh bien, c'(être) ———— au printemps de ma dernière année à l'université. A cette époque-là, je (vouloir) ———— de bonnes notes et je (faire) ———— toujours bien mon travail. Tous les soirs, pendant que le reste de ma famille (regarder) ———— la télé, je (se mettre) ———— à mon bureau, j'(ouvrir) ———— mes bouquins et je (travailler) ———— . J'(avoir) ———— beaucoup de devoirs et je (lire) ———— tant que j'(être) ———— toujours fatigué. Même le week-end quand il (faire) ———— beau et que tous mes copains (aller) ———— s'amuser au café ou au terrain de jeux, je (rester) ———— à la maison pour faire mes devoirs. Cette situation (durer) ———— depuis deux mois et personne ne (pouvoir) ———— comprendre pourquoi j'(avoir) ———— cette passion pour le travail. Un jour j'ai décidé qu'une vie si bizarre n'(être) ———— pas très saine. J'(aller) ———— rater beaucoup de choses intéressantes. Je me suis dit: «Tiens, si seulement je (travailler) ———— moins et (s'amuser) ———— davantage!» Ce jour-là, j'ai écrit mon premier article, pour Rolling Stone Magazine. Et voilà comment a commencé cette carrière difficile mais passionnante.

Ciao,
Marc

4. Posez les questions suivantes à un(e) camarade de classe. Ensuite, répondez vous-même à chaque question.
1. Regardiez-vous plus ou moins la télévision quand vous étiez un(e) élève de *high school?*
2. Quels magazines lisiez-vous quand vous aviez seize ans?
3. Quelles émissions aimiez-vous regarder à la télé l'année dernière?
4. Le semestre dernier, alliez-vous souvent travailler en bibliothèque?
5. Etiez-vous plus ou moins occupé(e) le semestre dernier?
6. Sortiez-vous souvent avec vos amis le semestre passé?
7. Où alliez-vous pour vous amuser?
8. Faisiez-vous plus de sport quand vous étiez plus jeune?

5. Il est important de savoir comment inviter les autres à faire quelque chose. Faites différentes propositions en employant la structure idiomatique **si** + sujet + **imparfait** du verbe et les éléments suivants.

1. on / prendre un pot ensemble
2. nous / acheter un journal français
3. vous / venir chez moi demain soir
4. les copains / passer à la maison ce soir
5. tu / faire ce voyage avec moi
6. on / déjeuner ensemble
7. Une suggestion que vous faites à votre professeur de français

6. Employez la structure idiomatique **si** + **imparfait** du verbe pour formuler un désir ou un souhait *(wish)* à propos des personnes indiquées.

1. Mon ami(e)? Si seulement il / elle... !
2. Si seulement mon prof de français... !
3. Si mes parents... !
4. Et mes camarades de chambre, s'ils / si elles... !
5. Si seulement je... !

7. Complétez chaque phrase en utilisant **venir de** à l'**imparfait** suivi d'un infinitif. Le verbe à l'**imparfait** décrit ce qui s'est passé avant les actions indiquées.

1. Quand j'ai pris le petit déjeuner ce matin, je...
2. Quand je suis arrivé(e) en cours de français aujourd'hui, je...
3. Quand j'ai retrouvé mes amis, ils...
4. Quand j'ai rendu mes devoirs en cours de _____, le professeur...
5. Quand mes copains et moi sommes sortis, nous...

Interactions

Activité 1. Votre jeunesse. Nous nous rappelons souvent avec plaisir certains souvenirs d'enfance. Parlez des traditions dont vous gardez de bons souvenirs (les anniversaires, les fêtes en famille, la fête nationale, le samedi matin, les vacances d'été, etc.). Les autres étudiants vont vous demander des précisions.

Activité 2. Quels changements! La vie à l'université est bien différente de la vie au lycée. Dites ce que vous faisiez au lycée que vous ne faites plus maintenant.

MODELE　　*Au lycée je sortais avec mes amis tous les jours après les cours.*
Mais maintenant, je dois aller à la bibliothèque pour faire mes devoirs.

Activité 3. Vous lisez des journaux français. Lisez les extraits suivants tirés des quotidiens *Le Figaro* et *Le Monde* et répondez aux questions.

1. Dans l'annonce pour un(e) assistant(e) comptable, est-ce qu'il suffit d'avoir le bac pour obtenir ce poste?
2. Quelles sont les qualifications de la personne qui cherche le poste de Directeur Juridique International?
3. Que demande la dame qui cherche un travail comme gouvernante à Paris? Quand peut-elle commencer ce travail?
4. Quand est-ce que la dame qui cherche un poste comme Garde Malade peut travailler?

Les jours prochains

Les prévisions de votre ville sur www.lefigaro.fr

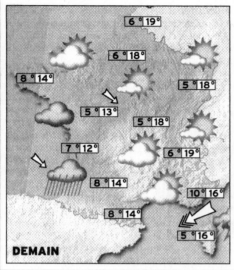

DEMAIN

De la Bretagne et de la Vendée à la Normandie, à l'Ile-de-France et à la Belgique, quelques pluies se produiront le matin puis des éclaircies réapparaîtront. De l'Aquitaine et des Pyrénées à la Méditerranée, la journée sera grise, avec des pluies ou des averses parfois orageuses. Les vents de secteur est seront forts en Méditerranée, atteignant 100 km/h en rafale. Sur le reste du pays, les brumes du matin laisseront place à un temps bien ensoleillé. Il fera doux partout.

Vendredi Le ciel se couvrira près de l'Atlantique où il pleuvra l'après-midi. De la Normandie aux Pyrénées, le soleil reviendra après des pluies le matin. Ailleurs, il fera beau.

Samedi Le beau temps se maintiendra sur le Nord-Est. Partout ailleurs, le ciel se couvrira, donnant des pluies passagères, parfois abondantes dans le Midi. La douceur persistera.

Dimanche Le temps restera gris et pluvieux dans le Midi. Ailleurs, éclaircies et passages nuageux donnant quelques ondées alterneront. Le vent sera soutenu près de la Manche.

Lundi et mardi De nouvelles pluies se produiront sur les régions méridionales. Plus au nord, un ciel changeant alternera les périodes de soleil et les averses.

Les jours prochains:

5. Quel est le temps annoncé pour Paris?
6. Vendredi, quel temps va-t-il faire dans les Pyrénées?
7. Est-ce que ça vaut la peine de faire des projets dimanche pour aller à la plage à Nice?
8. Vous allez faire du camping lundi et mardi dans le sud de la France. Quel temps va-t-il faire?

Petites annonces:

9. Expliquez les termes de l'offre proposée par la compagnie Aldisa.
10. Où peut-on faire un stage pour apprendre l'anglais?
11. Combien paie-t-on par semaine pour louer une maison en Dordogne? Pour combien de personnes?
12. Lesquelles des vacances proposées vous intéressent? Expliquez votre choix.

The Pluperfect (*Le plus-que-parfait*)

Formation of the Pluperfect

The pluperfect is formed with the imperfect tense of the auxiliary verb **avoir** or **être** and the past participle of the main verb.

parler	répondre
j'avais parlé	j'avais répondu
tu avais parlé	tu avais répondu
il / elle / on avait parlé	il / elle / on avait répondu
nous avions parlé	nous avions répondu
vous aviez parlé	vous aviez répondu
ils / elles avaient parlé	ils / elles avaient répondu

aller	s'amuser
j'étais allé(e)	je m'étais amusé(e)
tu étais allé(e)	tu t'étais amusé(e)
il / elle / on était allé(e)	il / elle / on s'était amusé(e)
nous étions allé(e)s	nous nous étions amusé(e)s
vous étiez allé(e)(s)	vous vous étiez amusé(e)(s)
ils / elles étaient allé(e)s	ils / elles s'étaient amusé(e)s

The pluperfect follows the same rules as the **passé composé** for the formation of questions and the placement of adverbs.

> —**Avait-il déjà vu** le film avant son départ?
> —Oui, il l'avait déjà vu.

Uses of the Pluperfect

The pluperfect expresses an action or situation in the past that had taken place and had been completed before some other event. The action of a verb in the pluperfect is more remote in the past than other events described. The pluperfect expresses the English concept *had* + past participle.

Remote past	Recent past	
Il **avait** déjà **trouvé** un poste	quand il s'est marié.	*He **had** already **gotten** a job when he **got married**.*
Nous **étions** déjà **partis**	quand vous êtes arrivé.	*We **had** already **left** when you **arrived**.*
J'**avais** déjà **terminé** mes études	quand j'**avais** vingt ans.	*I **had** already **finished** school when I **was** twenty years old.*
Elles **étaient** déjà **sorties**	à trois heures.	*They **had** already **gone out** at three o'clock.*

The pluperfect is also used after **si** to express a wish or regret about the past.

Si (seulement) j'**avais étudié**!	*If only I **had studied**!*
Si (seulement) vous m'**aviez compris**!	*If only you **had understood** me!*
Si (seulement) l'examen **avait été** plus facile!	*If only the test **had been** easier!*

Rappel! Rappel!

The pluperfect always carries the meaning of *had* + past participle; therefore, it should not be confused with any of the other past tenses. Contrast the following examples.

J'**avais parlé.**	I *had spoken.*
J'**ai parlé.**	I *spoke (have spoken, did speak).*
Je **parlais.**	I *spoke (was speaking, used to speak).*
Je **parlais** depuis...	I *had been speaking since . . .*
Je **venais de parler.**	I *had just spoken.*

In English usage, we sometimes do not use *had* with the past participle when this tense would best express what we mean. But if a certain action clearly must have been completed at a time before other past event(s), French uses the pluperfect to relate that action.

Mireille et Andy ont réglé la note que le serveur **avait préparée** plus tôt.	*Mireille and Andy paid the bill that the waiter (**had**) prepared earlier.*

---

8. Il y a eu une fête chez Sandrine et beaucoup de ses amis l'ont aidée. Mettez les verbes entre parenthèses au **plus-que-parfait** pour savoir ce que Sandrine a dit à propos de ses amis. Attention à la place des adverbes.

1. J'allais inviter les copains, mais Marc (déjà téléphoner) _____ à tout le monde.
2. J'ai pu faire le marché, car Hélène et Marie (déjà composer) _____ le menu.
3. J'ai fait apporter une chaîne stéréo, parce que tu (acheter) _____ d'excellents CD.
4. J'ai servi les hors-d'œuvre que vous (aller) _____ chercher.
5. J'ai pu ranger les meubles car les copains (aider) _____ à nettoyer la cuisine.
6. J'ai pu me coucher assez tôt parce que je (si bien s'organiser) _____ à l'avance.

9. D'abord, racontez au **passé composé** cinq choses que vous avez faites hier. Ensuite, pour chaque phrase, mentionnez un état ou une action qui avait précédé, en utilisant le **plus-que-parfait**.

MODELE   *J'ai écrit une dissertation.*
                   J'avais déjà choisi mon sujet.

10. Employez la structure idiomatique **si** + **plus-que-parfait** du verbe pour expliquer un regret à propos des personnes indiquées.

1. Si seulement je...
2. Si seulement mes parents...
3. Mon / Ma petit(e) ami(e)? Ah, si seulement il / elle...
4. Et mon / ma camarade de chambre de l'année dernière, si seulement il / elle...
5. Si seulement mon prof de français...

Lexique personnel
La presse

A. Cherchez les termes qui correspondent aux thèmes suivants.
1. les sortes de journaux qu'on publie dans votre région
2. les sortes de journaux que vous lisez
3. les sortes de magazines que vous lisez
4. les rubriques du journal que vous lisez
5. les journaux les plus populaires dans votre pays

B. En utilisant le vocabulaire du chapitre et votre lexique personnel, complétez les phrases suivantes.
1. Je lis souvent...
2. Dans le journal, les rubriques que je lis toujours sont...
3. Dans le journal, les rubriques que je ne lis jamais sont...
4. Comme magazines, mes amis lisent...
5. Les journaux américains les plus lus sont...
6. Les Américains choisissent leurs journaux selon...

C. En petits groupes, comparez vos réponses. Ensuite, faites un résumé des habitudes de lecture de la presse dans votre classe.

Structures II

Rappel! Rappel!

1. When narrating events that took place in the past, the three tenses that are most often used are the **passé composé**, the **imparfait**, and the **plus-que-parfait**. As you have seen, each of these tenses has different uses; consequently, for each verb, you must decide which tense is appropriate.

2. Once you establish a time frame for your narration (such as **ce matin, hier soir, quand j'étais jeune**), the main events and descriptions within this time frame will be in either the **passé composé** or the **imparfait**. The **plus-que-parfait** will be used to express actions that must have been completed prior to the events of the time frame. Therefore, the use of the **plus-que-parfait** is quite specific and is limited to the concept *had* + past participle.

3. As you have seen, it may sometimes be helpful to refer to English structures when choosing between the **passé composé** and the **imparfait**. However, often either the **passé composé** or the **imparfait** is used to express an English simple past, depending on the context in which the English simple past is used.

Andy **est allé** au café hier.	*Yesterday, Andy **went** to the café.*
Andy **allait** souvent dans ce café.	*Andy often **went** to this café.*
Ce matin, il **a lu** *Libération*.	*This morning, he **read** Libération.*
Comme beaucoup de jeunes, il **lisait** *Libération*.	*Like many young people, he **read** Libération.*

4. When choosing between the **passé composé** and the **imparfait**, it is necessary to understand what you are actually communicating by your choice of tense (completed action or description).

Choosing Past Tenses

In the following examples and in the chart on page 161, contrast the uses of the **passé composé** and **imparfait**.

IMPARFAIT	PASSE COMPOSE
Je **travaillais** à Paris au début de la guerre. *(setting)*	J'**ai travaillé** à Paris. *(isolated action)*
Il **pleuvait** à New York. *(setting)*	Hier, il **a plu**. *(specified beginning or end)*
Elle **voyait** souvent son ami. *(habitual action)*	Elle **a vu** son ami trois fois hier. *(series of actions)*
Pendant sa jeunesse, il **buvait, fumait** et n'**étudiait** pas. *(habitual action)*	Il **a** trop **bu** et **fumé** et il **est parti** à minuit. *(series of actions)*

IMPARFAIT	PASSE COMPOSE
Nous **étions** malades. *(state or condition)*	Nous **avons été** malades. *(change in state or condition)*
Ils **pouvaient** danser. *(state or condition)*	Après avoir trop mangé, ils n'**ont** pas **pu** danser. *(change in state or condition)*
J'**aimais** aller aux concerts de jazz. *(state or condition)*	J'**ai** beaucoup **aimé** le concert. *(reaction to an event)*

It may help you develop your understanding of the different mental images that will be evoked by your choice of either the **imparfait** or **passé composé** if you visualize your time frame as a TV program that you have watched. The succession of actions or events that advanced the plot of your program will be expressed in the **passé composé**. However, scenes that were purely descriptive, in which no further action took place, will be expressed by the **imparfait**. Such descriptive scenes were those in which a camera held a scene, panned around the set, or went in for a close-up.

Choice of past tenses

Time frame of narration

Remote past

Plus-que-parfait	Imparfait			Passé composé
PRIOR COMPLETED ACTION	HABITUAL ACTION	SETTING	STATE	COMPLETED ACTION
Philippe avait déjà raté le bac, et...	il s'ennuyait, parce qu'...	il travaillait pour son père, et...	il n'avait pas d'argent quand...	un jour, il a décidé de trouver un autre poste.
Il avait passé un an dans une grande compagnie, où...	il restait souvent tard au bureau, et...	il réfléchissait à son avenir parce qu'...	il voulait réussir.	Après deux ans, il en a eu assez.
Il avait trop voulu en faire, mais comme...	il rentrait tard tous les soirs, et parce que...	ce travail le fatiguait,	il était très découragé, alors...	il a quitté cette entreprise et est retourné chez son père.
J'étais déjà sorti(e) de l'école;	comme d'habitude je conduisais la voiture;	il pleuvait, et...	je pensais à mes cours, quand...	tout à coup, j'ai eu un accident.
Vendredi après-midi, ma mère était allée à la banque où elle avait tiré de l'argent, car...	elle faisait toujours le marché le samedi matin;	elle cherchait des steaks, mais...	ils étaient trop chers au supermarché, alors	elle a refusé d'en acheter.

Read the following account of an accident as if you were going to film it for TV.

Il pleuvait et la route était glissante (*program opens with the camera panning the scene of rain coming down on a slick road*). Un camion est apparu et a tourné dans une rue (*action of a truck coming into view and turning the corner*). Le camion approchait du carrefour (*the camera holds the scene of the truck continuing along the highway toward the intersection*), quand soudain une voiture est passée au rouge (*a car appears on camera and runs through the red light*). Le camion est rentré dans la voiture au milieu du carrefour (*the action of collision*). Le choc a été violent (*the camera records the shock of the impact*).

Un homme a couru vers la voiture et a regardé dedans (*a man comes on camera and looks in the car*). Il a regardé le chauffeur pendant quelques secondes (*the man looks at the driver*), puis a essayé plusieurs fois de le ranimer (*the camera shows the repeated attempts to revive the driver*). La victime saignait beaucoup (*a close-up of the bleeding driver*); l'homme n'a plus voulu le toucher (*the man moves back, afraid to touch the victim*); il ne savait pas quoi faire (*the camera zooms back on the scene of the bewildered man standing over the driver*). Enfin le chauffeur a ouvert les yeux, s'est levé et a fait un effort pour marcher (*the camera focuses on the driver getting up and taking a step*), mais il n'a pas pu (*the driver falls*); il ne pouvait rien faire (*a close-up of the immobile driver*). Le pauvre chauffeur avait souvent fait cette même route (*a flashback of trips over the same road in the past*), mais ce dernier trajet a été pour lui un désastre (*a closing shot of the driver on the ground, the police and ambulance arriving*).

1. Trois jeunes Français racontent des moments passés devant la télé. Lisez leurs remarques et justifiez l'emploi des temps du passé pour chacun des verbes indiqués.

La télévision **marchait** (1) quand je **suis entré** (2) dans la pièce. Comme je ne **voulais** (3) pas rater mon émission, je **me suis assis** (4) immédiatement devant le poste. C'**était** (5) un film de Jean Renoir. Il **a duré** (6) deux heures et quand il **s'est terminé** (7), j'**ai éteint** (8) le poste. Voilà ce que j'**ai fait** (9) hier soir.

Il y a quelques années, mon frère **regardait** (10) un feuilleton à la télé tous les soirs, sans exception. Mais un jour, il **était sorti** (11) avec des amis et il **a manqué** (12) un épisode. Quand il **est rentré** (13), il m'**a demandé** (14) de lui raconter ce qui **s'était passé** (15) au cours de l'épisode. Il ne **savait** (16) pas que je n'**étais** (17) pas à la maison à l'heure de son émission favorite. Je n'**ai pas pu** (18) faire le récit des aventures de son héros préféré. Il **a été** (19) très triste!

Quel manque de chance! Robert **regardait** (20) le plus grand match de football de l'année. Tout **allait** (21) bien. Soudain, le récepteur **a fait** (22) un bruit bizarre—le poste **est tombé** (23) en panne. D'habitude, Robert **téléphonait** (24) à l'atelier de réparation quand cette sorte de catastrophe **arrivait** (25). Mais ce jour-là, quand il **a voulu** (26) appeler l'atelier de réparation, personne n'**a répondu** (27), car c'**était** (28) dimanche. Tout à coup, Robert **a eu** (29) une idée: «Si j'**allais** (30) chez mon très bon ami Henri qui a le câble chez lui?»

2. Assez souvent, plusieurs activités ont lieu en même temps. Complétez les phrases suivantes par un verbe à l'**imparfait** pour indiquer deux activités simultanées.

1. Pendant que je lisais le journal, je...
2. Pendant que mon / ma camarade de chambre faisait ses devoirs, je...
3. Pendant que je parlais à mon ami(e) au téléphone, je...
4. Pendant que mes copains faisaient le marché, je...
5. Pendant que je dînais, mon copain / ma copine...
6. Pendant que mon prof écrivait au tableau, je...

3. Il faut souvent connaître le contexte pour bien comprendre l'action. Lisez les descriptions des situations suivantes et complétez les phrases à l'aide d'actions décrites par des verbes au **passé composé.**

1. J'arrivais à la fac ce matin quand...
2. Le week-end dernier, il faisait très beau et...
3. Je faisais mes devoirs quand...
4. Quand j'avais quinze ans...
5. Comme je n'avais pas beaucoup d'argent...
6. En rentrant j'étais très fatigué(e) et...
7. Je regardais la télé quand...
8. Je ne pouvais pas sortir samedi soir, alors...

4. Voici des débuts de phrases qui indiquent une action accomplie. Utilisez un verbe approprié à l'**imparfait** pour situer chaque action.

1. Samedi je suis sorti(e) parce que...
2. J'ai choisi cette université parce que...
3. J'ai téléphoné à mon ami(e) parce que...
4. Mes parents ne sont pas venus me voir récemment parce que...
5. Mes copains n'ont pas dîné au restaurant universitaire parce que...
6. Je ne suis pas allé(e) à la fête parce que...
7. J'ai passé toute la journée à étudier parce que...
8. Je n'ai pas vu mes camarades de chambre parce que...

5. Dans la lecture du *Chapitre 4,* reprenez la partie de l'histoire qui est écrite au présent (pages 136 et 137, lignes 19 à 56) et transposez-la au passé, en utilisant le **passé composé,** l'**imparfait** ou le **plus-que-parfait** selon le contexte.

Synthèses

A. Vous avez passé une année en France. Deux jours avant votre départ pour les Etats-Unis, vous découvrez que votre passeport a été volé. Pour obtenir un nouveau passeport, il vous faut aller au commissariat de police pour faire une déclaration de vol *(theft)*. Répondez aux questions du policier en mettant les verbes entre parenthèses aux temps convenables du passé.

—Alors, Monsieur / Mademoiselle / Madame. Comment avez-vous su que vous n'aviez plus de passeport?

—Eh bien, quand je (retourner) _____ dans ma chambre, je (avoir) _____ l'impression que quelqu'un (être) _____ dans ma chambre pendant mon absence. Je (laisser) _____ mon passeport dans mon bureau, comme d'habitude, et quand je (commencer) _____ à faire mes valises, je l'(chercher) _____. Mon passeport n'(être) _____ plus dans le bureau.

—Aviez-vous été longtemps absent(e) de votre chambre?

—Eh bien…, pendant le week-end, je (faire) _____ un petit trajet en Normandie pour rendre visite à la famille d'une copine. C'(être) _____ ma dernière excursion avant mon départ pour les Etats-Unis. Puisque je n'(avoir) _____ pas besoin de mon passeport, je l' (mettre) _____ dans le bureau. Quand je (rentrer) _____ dimanche soir, je (être) _____ fatigué(e) et je (se coucher) _____ tout de suite. Lundi matin, je (vouloir) _____ aller à l'agence de voyage pour prendre mon billet d'avion et je (devoir) _____ évidemment présenter mon passeport comme pièce d'identité. Je (chercher) _____ dans mon bureau et le passeport n'y (être) _____ pas.

—Qui avait accès à votre chambre?

—Personne. Euh… si… la femme de ménage (venir) _____ d'habitude une fois par semaine pour nettoyer, mais elle (venir) _____ avant mon départ pour la Normandie.

—La porte de votre chambre était fermée à clé? Et vous avez bien cherché votre passeport dans la chambre?

—Oui, oui, bien sûr, je (fermer) _____ la porte en partant, et je (fouiller) _____ partout quand je (découvrir) _____ que mon passeport ne se (trouver) _____ pas dans le bureau.

—Eh bien, Monsieur / Mademoiselle / Madame, voici votre déclaration de vol. Il va falloir la présenter à l'ambassade américaine au moment de demander un nouveau passeport. Bonne chance et bon retour.

B. Interview: Les habitudes de lecture chez les jeunes. Un sociologue français fait une enquête *(investigation)* sur la lecture de la presse chez les Américains de quinze ans. Vous aidez le chercheur *(researcher)* en posant les questions suivantes à des camarades de classe.

A quinze ans, ...

1. lisiez-vous un journal local? Lequel? Assez souvent?
2. lisiez-vous un journal national? Lequel? Combien de fois par semaine?
3. lisiez-vous un hebdomadaire d'information et d'opinion comme le magazine *Time?* Lequel? Chaque semaine?
4. quelle sorte de magazine spécialisé achetiez-vous le plus souvent? Quel était le titre de ce magazine? Depuis quand vous intéressiez-vous à ce sujet?
5. regardiez-vous les informations à la télé? Tous les jours? Est-ce que pour vous la télé remplaçait la lecture d'un journal?

Pour s'exprimer

Track 6

Avant de faire les activités suivantes, écoutez cette conversation au sujet de la presse et des jeunes.

CONTEXTE: Andy, un Américain de vingt-quatre ans, travaille depuis quelques mois dans une banque française. Depuis son arrivée en France, il s'est souvent demandé ce qu'il fallait lire pour se tenir au courant de la culture contemporaine dans ce pays. Ce n'était peut-être pas la peine de se poser la question, car ses amis Christophe et Mireille vont tout lui expliquer au sujet des quotidiens qu'on doit lire.

A l'écoute

A. Racontez au **passé composé** les actions d'Andy, Christophe et Mireille pendant cette conversation. Commencez ainsi: «Andy a rencontré Christophe et Mireille devant le café des 'Deux Magots'. Ses amis l'ont invité à boire un café avec eux... »

B. Andy demande un conseil à Mireille et Christophe, mais les réponses qu'il obtient montrent que sa question est, en fait, assez compliquée. Quelles expressions pour marquer la contradiction sont utilisées dans les situations suivantes?

   a. Christophe conseille à Andy de lire *Le Monde.* Mireille répond: _____

   b. Christophe fait une erreur en déclarant que *Libération* était un journal de gauche en 1968. Mireille lui dit _____. Pouvez-vous suggérer une autre réponse?

C. Quel type de journal Andy cherche-t-il? Quelles questions pose-t-il sur le contenu des journaux mentionnés par ses amis? A votre avis, est-ce qu'il doit acheter *Libération* ou *Le Monde?* Pourquoi?

D. Parlez des journaux que vous lisez, en imitant les paroles de Christophe. «Quand j'étais à l'université... »

A vous la parole

Voici quelques expressions qu'on emploie souvent pour décrire au passé des actions habituelles. Donnez des détails sur un des thèmes suggérés en utilisant les expressions suivantes.

souvent	habituellement
d'habitude	fréquemment
toujours	tous les jours
pendant	de temps en temps

1. vos passe-temps préférés à l'âge de douze ans
2. votre vie quotidienne pendant votre dernière année au lycée
3. votre emploi du temps pendant les vacances de l'été dernier
4. vos activités de groupe dans le courant de l'année dernière

Situations orales et écrites

A. Un hôtel où on reçoit beaucoup de clients francophones cherche des employés. Dans l'interview, il faut donner un petit résumé de vos études et de votre expérience professionnelle. En groupes, chaque membre du groupe doit parler de ses qualifications et le groupe va choisir le (la) meilleur(e) candidat(e) pour travailler à l'hôtel.

B. Votre correspondant(e) en France vous demande de lui raconter un événement récent qui s'est passé aux Etats-Unis. Lisez un article de journal et faites un résumé de cet article pour l'envoyer à votre correspondant(e).

C. Les feuilletons et les séries américains sont très à la mode à la télé en France, mais les épisodes sont ceux qui ont déjà été diffusés aux Etats-Unis. Choisissez un épisode d'un feuilleton ou d'une série que vous regardez normalement et faites un résumé de cet épisode pour l'envoyer par e-mail à votre correspondant(e).

Structures III

Dates

The days of the week, the months, and the seasons are all masculine nouns that are not capitalized.

A. The days of the week are **lundi, mardi, mercredi, jeudi, vendredi, samedi, dimanche.**

- The days of the week are normally used without an article. If you use **le** before a day of the week, however, this construction implies *on* or *every.*

Normalement, ils vont en ville **le samedi. Samedi,** ils vont faire une excursion à la campagne.	*They usually go downtown **on Saturday. This Saturday** they will go on an outing in the country.*

- When referring to periods of a week or two weeks in French, the expressions most often used are **huit jours** and **quinze jours.**

Il va partir dans **huit jours.**	*He'll leave in **a week.***
J'ai acheté mes billets il y a **quinze jours.**	*I bought my tickets **two weeks** ago.*

B. The months of the year are **janvier, février, mars, avril, mai, juin, juillet, août, septembre, octobre, novembre, décembre.**

C. The seasons of the year are **le printemps, l'été, l'automne, l'hiver.**

- The preposition **en** is used with a month or season to express *in,* except with **printemps,** which takes **au.**

  Au printemps les élèves français attendent avec impatience les grandes vacances. Les cours se terminent **en juillet** et, **en été,** beaucoup de Français vont à la plage. **En août** tout le monde rentre parce qu'**en septembre,** il faut retourner à l'école. Mais courage, les enfants! **En automne** et **en hiver,** il y a beaucoup d'autres fêtes et de jours fériés où on est libres.

D. There are two ways to express years in French.

1999	**dix-neuf cent quatre-vingt-dix-neuf**
or:	**mil neuf cent quatre-vingt-dix-neuf**
1789	**dix-sept cent quatre-vingt-neuf**
or:	**mil sept cent quatre-vingt-neuf**

- **En** is used with years and **au** with centuries to mean *in.*

  en 2001   **au vingt et unième siècle**
  en 1789   **au dix-huitième siècle**

- To ask the date in French, you will normally use the following pattern:

  Quelle est la date $\begin{cases} \text{aujourd'hui?} \\ \text{de son départ?} \end{cases}$

- To give the date in French, you will normally use **c'est,** the definite article, and the cardinal number. (The only exception is the first of a month, when **le premier** is used.) With the numbers **huit** and **onze,** there is no contraction of **le.**

  C'est **le vingt mars** 2003.
  C'est **le premier mars** 2005.
  C'est **le onze novembre.**

- The article **le** must be used before the date itself. When referring to both the date and the day of the week, **le** may be placed before either the day of the week or the date.

  Elle rentre **lundi, le sept juin.**
  Elle rentre **le lundi sept juin.**

1. Le directeur de votre programme universitaire américain en France vous demande de faire un petit autoportrait et de parler de vos projets d'avenir. Complétez chaque phrase par une des expressions entre parenthèses.

1. (en / au) Je suis né(e) _____ (mois de votre naissance).
2. (le / en) Je suis né(e) _____ (date de votre naissance).
3. (dans / en) Je vais obtenir mon diplôme _____ (année où vous allez recevoir votre diplôme).
4. (le vendredi / vendredi) Je n'ai pas cours en général _____.
5. (le vendredi / vendredi) _____ prochain, je vais faire une excursion dans les châteaux de la Loire.
6. (huit / sept) On va passer _____ jours à voyager, une semaine entière.
7. (au / en) Nous allons voir beaucoup de châteaux construits _____ seizième siècle.
8. (en / au) _____ printemps, je vais voyager en Italie.
9. (en / au) Je vais rentrer aux Etats-Unis _____ été.
10. (le quinze / le quinzième) En fait, je dois rentrer _____ août.

Le château de Chambord

2. Dans la colonne à gauche sont données quelques dates célèbres de l'histoire de France et dans la colonne de droite, on trouve les faits associés à ces dates. Associez à chaque date l'événement qui correspond. De quel siècle s'agit-il dans chaque cas?

1. 800
2. 1431
3. 1515
4. 1643
5. 1793
6. 1804
7. 1815
8. le 11 novembre 1918
9. 1927
10. 1939
11. 1944
12. 1968
13. 1970
14. 1981

a. Napoléon devient empereur des Français.
b. La Seconde Guerre mondiale est déclarée.
c. Charlemagne est sacré empereur.
d. Charles Lindbergh atterrit au Bourget.
e. Paris est libéré de l'occupation allemande.
f. Jeanne d'Arc est brûlée à Rouen.
g. Charles de Gaulle meurt.
h. Louis XVI est guillotiné.
i. Il y a de grandes manifestations d'étudiants et d'ouvriers à Paris.
j. François Ier, qui va introduire la Renaissance en France, devient roi.
k. Napoléon perd la bataille de Waterloo.
l. L'armistice marque la fin de la Première Guerre mondiale.
m. François Mitterrand devient le premier président socialiste depuis cinquante ans.
n. Louis XIV devient roi de France.

Napoléon Bonaparte

3. Demandez à un(e) camarade de classe les dates suivantes.
1. la date d'aujourd'hui
2. la date de la fête nationale américaine
3. la date de la fête nationale française
4. la date de Noël
5. la date du Jour de l'An (le premier jour de l'année)
6. la date de son anniversaire
7. la date du prochain examen de français
8. la date à laquelle il / elle va obtenir son diplôme

Interactions

Activité 1. Lectures pour tous. En groupes de trois ou quatre personnes, discutez des revues auxquelles vous aimeriez vous abonner. Expliquez vos choix. Quels sont les équivalents de certains de ces titres dans la presse américaine?

Lectures pour tous

Nombre de lecteurs* des principaux magazines en 1999 (15 ans et plus, en milliers) :

Hebdomadaires généraux
- Paris-Match   4 138
- Le Nouvel Observateur   2 493
- L'Express   2 154
- Le Figaro Magazine   2 102
- France-Dimanche   2 067
- Ici Paris   1 928
- VSD   1 618
- Le Point   1 379
- Pèlerin Magazine   1 351
- La Vie   966
- L'Expansion (bimensuel)   885
- L'Evénement du Jeudi   778
- Courrier international   712

Féminins et familiaux
Hebdomadaires
- Femme actuelle   8 768
- Voici   3 620
- Maxi   3 473
- Elle   2 215
- Nous deux   1 847
- Madame Figaro   1 827
- Côté femme   952

Mensuels
- Top Santé   4 609
- Santé Magazine   4 470
- Modes et Travaux   4 129
- Prima   4 037
- Parents   3 834
- Media cuisine   3 688
- Marie-Claire   3 086
- Avantages   2 609
- Enfant Magazine   1 882
- Marie-France   1 750
- Famili   1 483
- Famille magazine   1 312
- Jeune et jolie   1 077
- Vingt Ans   1 068
- Cuisiner!   1 066
- Cosmopolitan   832
- Biba   809
- Femme   552
- Votre Beauté   513
- Vital   500

Télévision
- TV Magazine   13 976
- Télé 7 Jours   9 296
- Télé Z   8 583
- Télé Star   7 096
- Télé Loisirs   7 018
- TV Hebdo   5 763
- Télé Poche   5 376
- Télécâble Satellite Hebdo   3 127
- Télérama   2 743
- Télé Magazine   1 875

Automobile
Hebdomadaires
- Auto Plus   2 531
- Auto Hebdo   499

Bi-mensuels
- L'Auto-Journal   1 992

Mensuels
- Auto Moto   3 173
- L'Automobile Magazine   2 063
- Sport Auto   1 394
- Echappement   1 175
- Option Auto   939

Décoration-Maison-Jardin
Hebdomadaire
- Rustica   1 367

Mensuels
- Elle Décoration   1 911
- Mon jardin et ma maison   1 322
- Système D   1 228
- L'Ami des jardins et de la
maison   1 213

Bimestriels
- Art et Décoration   5 139
- Maison et Travaux   3 684
- Marie-Claire Maison   2 692
- Maisons Côté Sud   1 300
- Maison Magazine   1 186
- Maison Côté Ouest   967
- Maison Française   874

Distraction-Loisirs-Culture
Hebdomadaires
- L'Equipe Magazine   3 572
- Gala   2 069
- France Football   1 511
(bihebdomadaire)
- L'Officiel des spectacles   1 489
- Télé K7   1 419
- Point de vue   921

Mensuels
- Géo   4 718
- Notre Temps Magazine   4 171
- Télé 7 Jeux   4 161
- Sélection   3 400
- Science et Vie   3 305
- Ça m'intéresse   3 152
- Le Chasseur français   2 957
- Capital   2 701
- Pleine Vie   2 571
- Onze-Mondial   2 509
- 30 Millions d'amis   2 288
- Entrevue   2 198
- Science et Avenir   2 040
- Mieux vivre votre argent   1 939
- Première   1 756
- Terre sauvage   1 358
- L'Entreprise   1 302
- L'Echo des savanes   1 236
- SVM -Science et Vie Micro   1 205
- Vogue   1 177
- Photo   1 057
- Grands Reportages   1 048
- Studio Magazine   1 000
- Newlook   870
- Phosphore   865
- Tennis Magazine   809
- Star Club   762
- OK Podium   708

* Personnes ayant déclaré avoir lu, ou feuilleté, chez elles ou ailleurs, un numéro (même ancien), au cours de la période de référence: 7 jours pour un hebdomadaire, 30 pour un mensuel.

AEPM

Activité 2. Les dépenses pour la culture. En groupes discutez de ce que vous dépensez en général pour la culture. Comparez les réponses des différents groupes aux réponses des Français. Trouvez-vous que les priorités des Américains sont assez différentes de celles des Français?

---

1 025 euros* pour la culture
Structure des principales dépenses culturelles
(en euros par ménage et pourcentage du total)

Presse	232€	22,6%
Appareils son et image	211€	20,5%
Télévision	178€	17,4%
Livres	111€	10,8%
Spectacles	90€	8,8%
Disques/CD	77€	7,5%
Vidéos	50€	4,9%
Cinéma	47€	4,6%
Instruments de musique	18€	1,8%
Musées, monuments historiques	11€	1,1%

* La dépense pour la culture représente environ 3,5% des dépenses totales de consommation des ménages.

Adapted from *Francoscopie* 2001.

Activité 3. Vous êtes accusé(e) d'un crime. Votre alibi vient du fait que vous avez déjeuné en ville et que vous avez fait des achats pendant les heures en question. La police vous interroge. Racontez **exactement** ce que vous avez fait et décrivez en détail les activités de votre journée en ville. Il faut convaincre la police que vous dites la vérité.

Activité 4. Chien ou chat? Aviez-vous un animal domestique quand vous étiez jeune? Comment s'appelait-il / elle? Quels souvenirs gardez-vous de cet animal? Etes-vous d'accord avec «l'image sociale» qui accompagne le choix d'un animal domestique? Selon le texte, quelle est l'image sociale du chien? du chat?

Chien ou chat ?

Le choix du chat ou du chien comme animal de compagnie n'est pas neutre. Il n'est peut-être pas lié seulement à des considérations de place ou de coût. Utilisant la dichotomie proposée par Pierre Bourdieu entre les groupes sociaux caractérisés par la préservation d'un « capital économique » (commerçants, artisans, policiers, militaires, contremaîtres...) et ceux motivés par la constitution d'un « capital culturel » (intellectuels, artistes, instituteurs, fonctionnaires...), le sociologue François Héran a montré que les premiers sont plutôt des propriétaires de chiens, les seconds des possesseurs de chats.

L'image sociale de ces deux animaux explique en partie cette répartition. Le chat est le symbole de la liberté et de l'indépendance, chères aux intellectuels. Le chien est plutôt celui de la défense des biens et des personnes ainsi que de l'ordre, valeurs souvent prioritaires dans les autres catégories.

Les animaux du monde

Proportion de chiens et de chats dans divers pays (pour 100 habitants) :

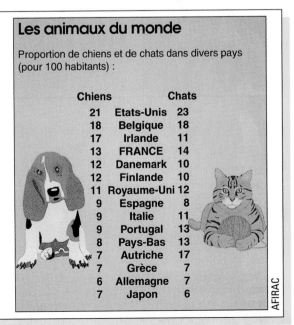

Chiens		Chats
21	Etats-Unis	23
18	Belgique	18
17	Irlande	11
13	FRANCE	14
12	Danemark	10
12	Finlande	10
11	Royaume-Uni	12
9	Espagne	8
9	Italie	11
9	Portugal	13
8	Pays-Bas	13
7	Autriche	17
7	Grèce	7
6	Allemagne	7
7	Japon	6

AFIRAC

Perspectives

Mise en train

Sujets de réflexion

1. Quelle impression avez-vous des informations que vous obtenez, soit au journal télévisé, soit dans la presse écrite? Est-ce que les journalistes présentent les événements de manière objective?

2. Est-ce que les autorités gouvernementales imposent quelquefois des limitations sur la presse périodique? Est-ce que, dans certaines circonstances, une limitation sur la liberté de la presse est justifiable?

Jean-François Revel

Né en 1924, Jean-François Revel se situe parmi les journalistes/écrivains français ayant eu le plus grand retentissement mondial au cours du dernier tiers du vingtième siècle. Philosophe de formation, il a publié plus de vingt-cinq ouvrages, parmi lesquels on pourrait citer Ni Marx ni Jésus (1970) *où il a marqué son indépendance vis-à-vis des intellectuels de gauche en France. Depuis 1997, il est membre de l'Académie Française. Longtemps directeur du magazine d'information* L'Express, *Revel a connu personnellement les problèmes de la liberté de la presse et des pratiques du journalisme.* Le Rejet de l'Etat, *publié en 1984, introduit le lecteur au sein d'un débat philosophique et politique qui entoure la question fondamentale du journalisme: l'objectivité.*

Avant de lire

1. Dans chaque paragraphe du texte nous relevons un argument particulièrement significatif, mais qui ne correspond **pas** nécessairement aux convictions de l'auteur. Pour chacune des phrases suivantes, formulez une phrase contradictoire:

   a. L'objectivité n'existe pas, et les journalistes doivent présenter des points de vue parmi lesquels le public doit choisir.

   b. La seule différence entre un pays démocratique et un pays dictatorial est que ses citoyens peuvent choisir parmi plusieurs affirmations gratuites.

   c. L'objectivité de l'information est une illusion.

   d. La version de la réalité du gouvernement peut se substituer à toute autre version de la réalité.

   e. Tout comme les sciences exactes, les sciences de l'homme n'ont aucune objectivité absolue.

   f. Certains disent que l'objectivité de la presse est une utopie.

littéraires

2. Quelquefois, les verbes au présent du conditionnel (voir Chapitre 10) sont utilisés si la personne qui écrit ne peut pas garantir l'exactitude d'une information. Par exemple, *Entre un régime dictatorial et un régime non-dictorial il y **aurait** une seule différence*... Il y a **neuf** exemples de cet emploi du conditionnel dans les deux premiers paragraphes du texte. Trouvez-les.

Jean-François Revel, *Le Rejet de l'Etat* (extrait)
«L'Objectivité existe»

preconceived ideas / brains
dogmatic / audience
approving (sound) /
  understood / trade-unionism

Parmi toutes les idées reçues° qui encombrent les cervelles° humaines, on en trouve une dont la sentencieuse° énonciation éveille régulièrement dans toute assistance° un frémissement approbatif°: «L'objectivité n'existe pas.» Dans l'information, s'entend°. Elle existe ou peut exister, paraît-il, dans la politique, le syndicalisme°, la diplomatie,
5 les affaires, la culture, la justice. Mais la possibilité même en resterait par principe fermée aux seuls professionnels dont le métier consiste précisément à tenter d'établir une information exacte. Informer, de par une mystérieuse loi naturelle, prendrait source et vigueur dans un relativisme intégral. Les journalistes devraient donc borner°

limit

leur ambition à juxtaposer des *points de vue*, parmi lesquels le public choisirait.

bondage

10 Entre les pays où le pouvoir politique tient en esclavage° la communication et ceux où il lui abandonne une marge variable d'indépendance, il y aurait une seule différence: dans le second cas, les citoyens disposeraient d'un éventail° de visions *subjectives*

array

de la réalité. Leur unique avantage sur les citoyens des régimes dictatoriaux tiendrait à la licence d'opter pour leur vision préférée, au lieu d'ingurgiter°, faute d'°une autre,

take in / for lack of

15 l'interprétation officielle des événements. Leur privilège ne consisterait point en la capacité d'accéder à une information plus véridique, plus honnête, plus complète. L'épanouissement° suprême de la communication libre résiderait dans le seul *pluralisme des affirmations gratuites*, non dans l'information sérieuse.

flourishing

banality / purportedly
amongst
highlighting
profession
pride

Le paradoxe de ce lieu commun° censément° profond, c'est la faveur qu'il rencontre
20 parfois auprès° des journalistes. ... Comment un journaliste peut-il laisser dire que l'information juxtapose de purs éclairages° arbitraires et invérifiables des événements, et que seules leur abondance et leur diversité justifient la corporation°. Car des professionnels, dans des livres graves, confessent avec une sorte de fierté° que «l'objectivité n'est qu'une idéologie». On enseigne ce précepte dans des écoles de journalisme à

delight / description
rewarded / rush towards
unhoped-for
old-fashioned

25 des étudiants que semble ravir° ce décri° de leur métier futur. Quand aux maîtres du pouvoir politique, rarement comblés° de concessions spontanées, ils se ruent° avec délectation sur ce cadeau inespéré° que leur font les journalistes par le seul fait de confesser que l'objectivité de l'information est une illusion démodée°.

saying

are equivalent

admission
so-called

patrol
to boast
confuse

on the other hand

sham
to attain

fraught with danger /
*   undermined by lies /*
*   jolted by emotion /*
*   there remains / gathering /*
*   reach / hare-brained / gross*

bustle about

Cette maxime° masochiste ne légitime-t-elle pas en effet toutes les formes directes
30 et indirectes de contrôle des moyens de communication, rêve caressé depuis le fond
des âges par les gens du pouvoir? Si toutes les versions de la réalité se valent°, si aucune n'est vraie, pourquoi celle du gouvernement mériterait-elle moins le respect
qu'une autre? Et quelle immoralité commet-il en effaçant telles versions, telles informations différentes des siennes, mais de l'aveu° général aussi arbitraires? ...
35   Quand les sciences, même dites° exactes, relativisent aujourd'hui considérable-
ment le critère de l'objectivité, comment en effet les sciences de l'homme, comment l'histoire, dont après tout le journalisme est la patrouille° de reconnaissance,
oseraient-elles se targuer°d'une certitude totale?
      Excellente question, comme disent nos politiciens, mais qui confond° deux niveaux
40 de réflexion. Si la théorie de la connaissance, la philosophie des sciences ont critiqué
depuis longtemps l'idée naïve d'une vérité absolue, en revanche°, la pratique de la
science n'en continue pas moins de reposer sur le système de la vérification et de la
preuve. Elle rejette impitoyablement la fausse monnaie°. En un mot, si l'objectivité
absolue n'existe pas, l'effort pour y parvenir° existe bel et bien. C'est vrai aussi dans le
45 journalisme, malgré la difficulté supplémentaire d'opérer sur une matière en fusion,
semée de pièges°, minée de mensonges° et secouée de passions°. Reste° néanmoins
que l'humble collecte° et la vérification des faits atteignent°, quand on s'en donne la
peine, à une approximation de vérité: toujours flottant, certes, entre le plausible et
le certain, mais dont il est hypocrite de dire qu'elle est interchangeable avec n'importe
50 quelles affirmations farfelues° ou falsifications grossières°. Et d'ailleurs, si l'objectivité,
dans ce modeste sens réaliste et quotidien, était une utopie, comment se fait-il que tant
de gens de par le monde s'affairent° à lui barrer la route et à obtenir que la presse
renonce à diffuser des nouvelles exactes?

Le rejet de l'Etat, Grasset, 1984 in G. Belloc, G. Nègre, D. Brahimi-Chapuis,
55   *L'Homme et le monde moderne*, Delagrave, 1986, 63–64

Synthèses

Après la lecture

1. La première phrase de ce texte contient un certain nombre d'expressions péjoratives, c'est-à-dire à l'opposé des idées de l'auteur. Quelle image J.-F. Revel donne-t-il de ses adversaires?

2. Exception faite de la presse, l'objectivité semble exister dans d'autres secteurs de la vie en société selon l'opinion publique. Quels sont ces secteurs? Etes-vous d'accord avec ce jugement?

3. Quel est le rôle de la communication des informations dans une dictature? Qui interprète les événements pour le public? Est-ce une interprétation subjective ou objective de la réalité?

4. Selon J.-F. Revel, quelle idéologie semble guider la formation des futurs journalistes dans les écoles de journalisme? Cette situation aide-t-elle les politiciens ou est-ce qu'elle leur impose des obstacles? Expliquez.

5. Quel est le danger d'une idéologie où toutes les versions de la réalité ont une même valeur? Un gouvernement a-t-il le droit de faire disparaître les informations qui ne sont pas conformes à sa propre version des événements?

6. Le principe du relativisme s'est introduit dans les sciences exactes. On ne croit plus à la vérité absolue, même dans le domaine scientifique. Mais la pratique de la science (l'expérimentation, la vérification, etc.) ne tient pas compte de ce principe et se comporte comme si l'objectivité existait. Quels sont les parallèles que J.-F. Revel établit entre les sciences et le journalisme?

7. Comment les arguments de l'auteur justifient-ils le titre qu'il a donné à son livre? Avez-vous l'impression que J.-F. Revel est un penseur de la droite ou de la gauche politique?

Pour mieux lire

1. Nous pouvons considérer que, dans cet essai, la presse se trouve devant le tribunal. Il y a donc la présentation des arguments de l'accusation, puis de ceux de la défense. De quel côté se trouve l'auteur, Jean-François Revel? Comment peut-on résumer ses arguments?

2. Imaginez que vous êtes vous-même journaliste et que vous devez faire un résumé de la polémique présentée par le texte de J.-F. Revel que vous venez de lire. Faites le plan de votre article.

Liens culturels

1. Choisissez un événement qui a eu sur notre société un effet aussi dramatique que l'affaire Dreyfus en France. Quels sont les éléments de la situation qui ont provoqué la controverse?

2. Depuis toujours, le principe de la liberté personnelle a une importance capitale dans une société démocratique. Mais à l'époque moderne, le terrorisme mondial a soulevé une polémique au sujet de la sécurité de tous: doit-on renoncer à certaines libertés personnelles afin d'assurer les contrôles nécessaires pour la surveillance (caméras, contrôles dans les aéroports, etc.) d'une menace possible? Imaginez que vous préparez un reportage journalistique à ce sujet. Quelle vérité allez-vous défendre? Comment allez-vous la justifier?

3. Le gouvernement d'un pays a-t-il le droit de commettre, en matière politique, une action illégale ou injuste pour des considérations d'intérêt public? La raison d'Etat peut-elle mériter le silence de la presse? Un chef d'Etat démocratique a-t-il le droit de prendre des sanctions contre les journalistes comme Emile Zola ou, plus récemment, Bill Clinton pendant l'affaire Whitewater?

Chapitre 6

Le mot et l'image

LE CINÉMA FRANÇAIS EST LE PREMIER PRODUCTEUR DE FILMS EN EUROPE.

Cultural Focus
- Cinema in France

Literary Reading
- François Truffaut: «Donner du plaisir ou le plaisir du cinéma», *Le Plaisir des yeux* (excerpt)

Structures
I • Interrogative Adverbs
• Expressing Time
II • Interrogative Pronouns
III • **Quel** and **lequel**

Functions
- Asking Questions
- Seeking Information
- Expressing Time

Perspectives

Les pionniers du cinéma français

1895: La naissance du «septième art». Les frères Lumière, Auguste et Louis, inventent le cinématographe – un appareil capable de reproduire le mouvement par une suite de photographies. Ils tournent plusieurs films très courts (2 minutes environ), dont *L'Arrivée d'un train en gare de La Ciotat* (1896).

1896: Le début de l'empire français du cinéma. Charles Pathé fonde la firme mondiale Pathé Frères qui va mettre la France au premier rang des producteurs de films. Les frères Pathé créent les premières actualités filmées, le *Pathé-Journal*.

1902: Le premier film important du cinéma français. Georges Méliès tourne *Le Voyage dans la lune*, un film muet qui dure 16 minutes et qui marque le début du cinéma de science-fiction. Pour son film, Méliès s'inspire du roman de Jules Verne, *De la terre à la lune* (1865) et des *Premiers hommes dans la lune* de H.G. Wells (1902). Le film de Méliès a eu un immense succès mondial.

Les frères Lumière, *L'Arrivée d'un train en gare de La Ciotat*

Le mot et l'image: Cyrano de Bergerac

Cyrano de Bergerac, film réalisé par Jean-Paul Rappeneau en 1990, illustre l'importance, pour le public français, d'un bon scénario et d'une histoire bien écrite. Les œuvres littéraires ont toujours inspiré le cinéma, et les romans d'écrivains tels qu'Emile Zola (*Germinal*), Marcel Pagnol (*Jean de Florette*, *Manon des Sources*) ou Jean Giono (*Le Hussard sur le toit*) ont souvent nourri l'imagination

Gérard Depardieu, *Cyrano de Bergerac*

des cinéastes. Les premiers films parlants n'étaient parfois que des pièces de théâtre filmées. Avec le film *Cyrano*, c'est le texte de la pièce d'Edmond Rostand (1897) qui continue de séduire les spectateurs. Interprété par Gérard Depardieu, le personnage principal triomphe par la fantaisie de la parole aussi bien que par le sens de l'effet dramatique–ce que Cyrano en mourant appelle son «panache». Et lorsque Cyrano, le visage caché par l'ombre du balcon, déclare son amour à Roxane, l'élégance de ses paroles et la grâce de l'image forment une alliance exaltante. Il n'y a rien d'étonnant si, parmi tous les personnages littéraires, c'est Cyrano que les Français disent préférer ou admirer le plus.

Le voyage dans la lune de G. Méliès

culturelles

Le Festival de Cannes

1946: Le Festival de Cannes s'ouvre en septembre. A ses débuts, il s'agit moins d'une compétition de films que d'une simple rencontre de cinéma.

1951: A partir de cette année, le Festival a lieu en mai et dure environ deux semaines. Le nombre de touristes augmente d'année en année, et les fêtes sur le boulevard de la Croisette attirent, sous le beau ciel de la Côte d'Azur, un public mondain important. Les professionnels du cinéma y accourent de partout dans le monde pour se rencontrer et pour présenter leurs films et projets.

1960: Le premier Marché du film a été créé pour les vendeurs et acheteurs de l'industrie internationale du cinéma.

1972: Le Conseil d'Administration du Festival, au lieu des pays d'origine du film, choisit les films qu'il souhaite présenter.

C'est à Cannes qu'il faut être.

De nos jours, le Festival de Cannes est devenu un vaste rassemblement de tous les éléments de production, d'interprétation et de promotion du cinéma unique au monde. L'écrivain et artiste français, Jean Cocteau, trois fois président du jury du festival, a déclaré un jour: «*Le festival est un no man's land apolitique, un microcosme de ce que serait le monde si les hommes pouvaient prendre des contacts directs et parler la même langue.*» En fait, le festival d'aujourd'hui, ayant accueilli le cinéma du Tiers Monde, correspond parfaitement à l'image du microcosme que Cocteau en faisait déjà de son temps.

Culture générale

Compréhension

1. Quels deux inventeurs français ont créé le cinématographe?

2. Quelle a été la contribution des frères Pathé au développement du cinéma?

3. Quel type de film Méliès a-t-il choisi de tourner au début de l'histoire du cinéma?

4. Qui a écrit la pièce de théâtre intitulée *Cyrano de Bergerac*? Qui a joué le rôle de Cyrano dans la dernière version filmée de cette pièce? Connaissez-vous d'autres films de cet acteur célèbre?

5. Quelles autres œuvres littéraires ont été tournées en versions filmées?

Sujets de réflexion

A. En quoi l'invention du cinéma a-t-elle changé notre façon de représenter le passé, le présent et même le futur? Consulter l'Internet ou une encyclopédie pour situer Georges Méliès dans l'évolution du cinéma.

B. Citez des films qui ont été tirés d'œuvres littéraires. A votre avis, est-ce qu'il vaut mieux voir un film avant de lire l'œuvre littéraire ou après avoir lu le livre? Pourquoi? Dans quel contexte le nom de Cyrano de Bergerac est-il évoqué généralement? (Si vous ne connaissez pas ce personnage, consultez l'Internet ou une encyclopédie.)

Vocabulaire actif

Les activités

doubler to dub
faire la queue to stand in line
passer to show (a film)
tourner to shoot (a film)

Au cinéma

un **abonnement** subscription
une **affiche** movie poster
un **billet** ticket
un **ciné-club** film club
le **cinoche** flicks (*slang*)
l'**écran** (*m*) screen
un / une **fana** fan
un **festival** (film) festival
le **guichet** ticket window
une **ouvreuse** usherette
une **place** seat
une **revue** magazine
une **salle de cinéma** movie house
une **séance** showing
un **spectacle** show
un **tarif** price

Les films

un **acteur** / une **actrice** actor / actress
un **cinéaste** filmmaker

Culture contemporaine

Compréhension

1. En quel mois a lieu actuellement le Festival international du film à Cannes? Quand est-ce que ce festival a été inauguré?

2. Quelles sortes d'activités ont lieu pendant le festival de Cannes?

3. D'habitude, est-ce que les Français vont voir plus de films français ou de films américains? Expliquez votre réponse.

Sujets de réflexion

A. Cannes a son Grand Prix, la Palme d'Or; Hollywood a ses Oscars. Quelle importance ont ces prix, à votre avis? Quelle contribution est-ce que le Festival de Cannes apporte au développement du cinéma mondial?

B. En France, quelle importance le grand nombre de films étrangers, surtout américains, peut-il avoir dans la culture française contemporaine? Trouvez des exemples précis pour illustrer votre point de vue. Dans quelle mesure avez-vous été influencé(e) par des films étrangers?

Pour plus d'activités, visitez:
http://interaction.heinle.com

---

le **décor** set, scenery
un **dessin animé** cartoon
les **effets spéciaux** *(m pl)* / le **trucage**
    special effects
un **film d'épouvante** horror movie
un **film policier** detective movie
le **grand film** main feature
l'**interprétation** *(f)* acting
l'**intrigue** *(f)* plot

un **long métrage** feature film
le **maquillage** makeup
un **maquilleur** / une **maquilleuse**
    makeup artist
un **metteur en scène** director
un **personnage** important person;
    character
le **plateau** movie set
un **réalisateur** / une **réalisatrice** director

la **sortie** release
des **sous-titres** *(m pl)* subtitles
le **tournage** shooting (of a film)
une **vedette** male or female star
la **version originale** movie in its original
    language
un **western** western (movie)

Exercices de vocabulaire

A. Quels termes du *Vocabulaire actif* s'appliquent aux catégories suivantes?
1. *Scary Movie*
2. *The Lion King, Shrek*
3. *The Matrix, Star Wars: The War of the Clones*
4. 4:30, 7:00, 9:00
5. *Première, Star*
6. Leonardo Di Caprio, Gérard Depardieu, Brad Pitt
7. Steven Spielberg, Francis Ford Coppola, Jean-Jacques Beineix, Luc Besson
8. Glenn Close, Winona Ryder, Isabelle Adjani, Juliette Binoche

B. Vous préparez un exposé sur le cinéma en France et vous trouvez des termes utiles dans le dictionnaire. Votre professeur demande une définition de ces expressions. Complétez les définitions suivantes en utilisant une expression de cette liste.

un abonnement	un fana de cinéma	un metteur en scène
en version doublée	l'interprétation	une première
en version originale	l'intrigue	une vedette

1. L'histoire qui est racontée dans un film s'appelle _____.
2. Un film étranger présenté dans la langue du pays où passe le film est _____.
3. Si les acteurs jouent bien leur rôle, on peut dire que _____ est bonne.
4. Un film présenté dans la langue du pays où l'on a tourné le film est _____.
5. Un acteur ou une actrice très célèbre dans le monde du cinéma est _____.
6. Si on est vraiment passionné de cinéma, on est prêt à s'offrir _____ à une revue de cinéma.
7. Un grand gala qui accompagne un nouveau film est _____.
8. Une personne qui adore le cinéma est _____.
9. Une personne qui tourne des films est _____.

C. Philippe et Maryse pensent aller au cinéma. Complétez leur conversation par un terme de la liste suivante.

l'affiche	un film d'épouvante	l'ouvreuse
la caissière	guichet	des places
cinoche	l'intrigue	séance

—Dis, Philippe, tu veux aller au _____ ce soir?

—Mais oui. Prenons rendez-vous avec les copains et sortons tous ensemble.

—D'accord, mais si nous y allons tous, est-ce qu'on va pouvoir trouver _____?

—Ça dépend. Quand on arrive assez tôt, il n'y a pas trop de queue au _____, en général. Et puis, si on va au Palace, je connais _____, on aura des billets sans problème. Qu'est-ce que tu proposes, comme film?

—Aucune idée, sauf que je ne veux absolument pas voir _____. Tu sais que je déteste ça. J'ai toujours trop peur. Quel film est à _____ au Palace?

—Un bon film comique, je crois. Je ne connais pas _____, mais je sais que les critiques sont bonnes.

—D'accord, alors. A quelle _____ veux-tu aller?

—Pas trop tard, parce que j'ai un devoir à finir ce soir.

—Pas de problème. Bon, alors, il ne reste qu'une seule question à résoudre.

—Laquelle?

—Si _____ passe, est-ce que tu vas m'acheter une glace?

Note culturelle

Qui va au cinéma en France? Principalement les adolescents et les jeunes de moins de 25 ans. Quels films ont le plus de succès? Ceux (souvent américains) qui correspondent au goût de ce même public pour l'aventure, le fantastique et les effets spéciaux. On aime aussi en France le cinéma qui permet de se divertir ou de s'évader, ce qui explique pourquoi les films comiques arrivent souvent en tête de liste des plus grands succès. Pourtant le public va de plus en plus souvent au cinéma pour découvrir des films qui expriment la réalité de notre époque, et il semble que les Français se déplacent moins souvent pour admirer une grande star que pour voir un film dont ils ont entendu dire du bien. En dépit de cette tendance, certaines vedettes ont conquis le public et continuent d'attirer l'attention des foules: côté masculin, Gérard Depardieu, Michel Serrault ou Daniel Auteuil; côté féminin, des actrices comme Catherine Deneuve, Emmanuelle Béart, Isabelle Adjani et Juliette Binoche

représentent des «valeurs sûres» qui ont su se faire connaître à l'étranger aussi bien que dans leur pays d'origine.

Le cinéma français est le premier producteur de films en Europe. Mais, selon Daniel Toscan du Plantier, le président d'Unifrance—l'organisme chargé de la promotion des films français à l'étranger—la vocation du film français «n'est pas d'être le deuxième cinéma mondial, loin derrière le premier, mais d'être le leader d'une alternative au monopole». En effet, l'exportation représente une dimension importante pour la santé du cinéma français. La part de marché du cinéma français à l'étranger est évaluée en moyenne entre 2 et 4 pour cent, un chiffre qui semble faible mais qui lui permet de se situer en troisième position dans la plupart des pays, derrière les productions américaines et les productions nationales. Bien que le cinéma français ait retrouvé les faveurs du public sur son territoire et à l'étranger, sa survie serait problématique sans l'aide de l'Etat. Le ministère de la Culture aide au financement des films français au moyen d'une «avance sur recette» qui permet de les produire. De plus, chaque entrée dans une salle de cinéma française contribue au maintien de cette industrie, car le prix de l'entrée comprend des taxes (les deux tiers du prix!) qui sont redistribuées aux producteurs français. L'importance de ce phénomène pour la survie du cinéma français a même été reconnue par le principe de l'«exception culturelle» qui a figuré dans les accords internationaux sur les tarifs et le commerce. Le cinéma est un art en France; mais il est également une grande entreprise commerciale.

Compréhension

1. Quelles personnes fréquentent le plus souvent les salles de cinéma en France?
2. Quelles sortes de films est-ce que la plupart des Français préfèrent?
3. D'habitude, les Français vont-ils au cinéma surtout pour voir une star ou à cause de la réputation du film?
4. Quel pays produit le plus grand nombre de films en Europe?
5. Quelle est la popularité des films français dans la plupart des pays étrangers?
6. Dans quelle mesure est-ce que le Ministère de la Culture aide à subventionner le cinéma français?

Discussion

A. Quand on décide d'aller voir un film, est-on plus influencé par la notoriété des interprètes ou par l'histoire qui est racontée? Faites une liste de quelques réalisateurs de films. Pour quelles sortes de films sont-ils connus? Y a-t-il des réalisateurs étrangers parmi eux? Chercher sur l'Internet le nom du réalisteur/comédien Mathieu Kassovitz et faites son portrait.

B. Connaissez-vous déjà le nom de quelques acteurs ou actrices français? Choisissez le nom d'un artiste mentionné dans la **Note culturelle** et consultez l'Internet pour trouver des renseignements que vous présenterez aux autres étudiants au sujet de cette personne.

C. Le cinéma français exporte beaucoup de ses films, même si, en Europe, 80% de ses ventes sont faites aux télévisions de ces pays. Avez-vous l'impression que la France exporte beaucoup de ses films vers les Etats-Unis? A votre avis, quels sont les obstacles les plus considérables à l'exportation des films de langue française? Faut-il doubler les films français aux Etats-Unis, par exemple?

D. Quels sont les avantages et les inconvénients de la subvention de l'Etat français aux réalisateurs de films en France? Est-ce une bonne idée de subventionner l'art?

Expansion

E. Vous avez pu vous former une impression générale sur le cinéma français. Vous possédez assez d'informations pour pouvoir décrire les aspects principaux du cinéma français depuis ses débuts. Faites une liste des éléments qui devraient figurer dans une histoire du cinéma en France jusqu'à nos jours.

F. Monsieur Toscan du Plantier parle du cinéma américain comme d'un monopole dans le domaine du cinéma mondial. A-t-il raison? A votre avis, qu'est-ce qu'il envisage pour le cinéma français lorsqu'il parle d'une «alternative au monopole»? Faut-il éviter le contrôle des images et des images cinématographiques?

Structures I

Rappel! Rappel!

1. As you have seen in **Chapitres 2** and **4,** questions seeking *yes* or *no* answers are formed by using one of the basic question patterns to make a declarative sentence interrogative.

2. Questions that seek to gain some specific information will contain an interrogative expression (adverb, pronoun, or adjective) whose only function in the sentence is to elicit the desired information (*why, who, which,* etc.).

3. The key to forming questions in French is to realize that the interrogative expression itself does not form the question; it only elicits the information. You must still use one of the basic question patterns (normally **est-ce que** or inversion) to form the question. Such questions are actually composed of two separate slots, each of which must be manipulated independently.

| Whom | *did you see* at the movies | ? |

| Qui | **est-ce que vous avez vu** au cinéma | ? |
| | **avez-vous vu** au cinéma | ? |

Interrogative Adverbs

Interrogative adverbs are used to request information about time, location, manner, number, or cause. Some commonly used interrogative adverbs are listed below.

A. **Time:**

quand *when*
à quelle heure *when, at what time*

> **Quand** est-ce que ce film passe?
> **Quand** commence le grand film?
> **A quelle heure** êtes-vous arrivé au cinéma?
> **A quelle heure** finit la première séance?

B. **Location:**

où *where*

> **Où** est-ce que Truffaut a tourné ce film?
> **Où** passe ce nouveau film d'épouvante?

C. **Manner:**

comment *how*

> **Comment** est-ce que Jean a trouvé le film?
> **Comment** s'appelle cet acteur?

D. **Number:**

combien *how much*
combien de + NOUN *how many, how much*

> **Combien** avez-vous payé les billets?
> **Combien** coûte une bière?
> **Combien de** billets a-t-il pris?
> **Combien de** places y a-t-il dans la salle?

E. **Cause:**

pourquoi *why*

> **Pourquoi** Jean est-il rentré?
> **Pourquoi** est-ce que ces billets coûtent si cher?

With the interrogatives **quand, à quelle heure, où, comment,** and **combien,** you may invert the noun subject and its verb to form the question if the verb is in a simple tense and has no object. The noun subject and its modifiers will be the last element in the question.

> **A quelle heure** commence **le long métrage?**
> **Où** passe **ce nouveau film?**

This type of inversion cannot be made with the expressions **combien de** or **pourquoi,** because normal sentence structure will prevent the noun subject from being the last element in the question.

> **Combien de** places est-ce que Jean prend?

1. Voici une conversation entre Léa et Jeanne. Léa raconte sa sortie au cinéma avec Alexandre et ses copains. Formulez les questions de Jeanne qui correspondent aux réponses de Léa. Les mots en caractères gras vont vous aider à choisir l'adverbe interrogatif approprié.

—Salut, Léa. _____ / être / ton week-end?

—Ah, bonjour, Jeanne. Le week-end a été **très chouette.**

—_____ aller / au cinéma?

—Nous sommes allés au cinéma **vendredi soir.**

—_____ descendre / en ville?

—Nous sommes descendus en ville **dans la voiture de Paul.**

—_____ / retrouver / Jean-Marc?

—Nous avons retrouvé Jean-Marc **sur le parking du cinéma.**

—_____ / la séance / commencer?

—La séance a commencé à **17 h,** et puis après nous avons dîné au restaurant.

—_____ / d'autres copains / aller avec vous?

—Nous étions **six** au début. Mais au milieu du film, Jean-Marc est parti.

—Sans blague! _____ / il / partir?

—**Parce qu'il trouvait le film bête.** Et c'est vraiment dommage parce que nous avons payé les billets assez cher.

—Oui? _____ / coûter / les billets?

—**Huit euros** par personne parce qu'il y avait plus d'un film au programme.

—Ah? _____ / films / il / y avoir?

—Il y avait **deux** films. De toute façon, nous avons retrouvé Jean-Marc plus tard.

—_____ / être / Jean-Marc?

—Il était **au café.** Ça a été une soirée de cinéma assez bizarre, finalement.

2. Employez les éléments indiqués pour poser des questions à vos camarades de classe à propos du cinéma.

1. combien / fois / par mois / tu / aller au cinéma?
2. pourquoi / tu / aller / au cinéma / si souvent (peu)?
3. à quelle heure / tu / préférer / aller au cinéma?
4. comment / tu / aller / au cinéma?
5. combien / tu / payer / un billet de cinéma?
6. où / tu / aimer / t'asseoir, près ou loin de l'écran?
7. combien / tu / payer / le pop-corn ou les bonbons?
8. quand / tu / aller / récemment au cinéma?

3. Posez des questions à votre professeur de français en employant les éléments suivants.

1. quand
2. à quelle heure
3. où
4. pourquoi
5. combien (de)
6. comment

Interactions

Activité 1. Aimes-tu le cinéma? Choisissez un(e) partenaire et faites une interview sur ses goûts en ce qui concerne le cinéma.

Demandez...

1. ce qu'il / elle aime au cinéma
2. ce qu'il / elle déteste au cinéma
3. la fréquence avec laquelle il / elle va au cinéma
4. s'il / si elle loue souvent des cassettes vidéo pour les regarder à la maison
5. le titre des films qu'il / elle a vus à plusieurs reprises

Activité 2. Une vedette. Jouez le rôle de votre acteur ou actrice préféré(e). Les autres étudiants vont vous poser des questions et essayer de deviner votre nouvelle identité.

Activité 3. Les césars du public. Choisissez un des films suivants et répondez aux questions de votre partenaire sans mentionner le titre. Votre partenaire va vous poser des questions pour identifier le film que vous avez choisi.

Les césars du public

Les 50 plus grands succès 1956–1995 (titre du film, nationalité, nombre de spectateurs en millions):

• La Grande Vadrouille (F)	17,2	• Le Gendarme de Saint-Tropez (F)	7,8
• Il était une fois dans l'Ouest (Ital.)	14,9	• Orange mécanique (E.-U.)	7,5
• Le Livre de la jungle (E.-U.)	14,7	• Les Bidasses en folie (F)	7,5
• Les 101 Dalmatiens (E.-U.)	14,6	• Les Aventures de Rabbi Jacob (F)	7,4
• Les Dix Commandements (E.-U.)	14,2	• Danse avec les loups (E.-U.)	7,2
• Ben Hur (E.-U.)	13,8	• Jean de Florette (F)	7,2
• Le Pont de la rivère Kwaï (G.-B)	13,4	• Les Aventures de Bernard et Bianca (E.-U.)	7,2
• Les Visiteurs (F)	12,6	• La Chèvre (F/Mex.)	7,0
• Les Aristochats (E.-U.)	12,5	• Les Sept Mercenaires (E.-U.)	7,0
• Le Jour le plus long (E.-U.)	11,9	• Les Grandes Vacances (F)	6,9
• Le Corniaud (F)	11,7	• Michel Strogoff (F)	6,8
• Trois Hommes et un couffin (F)	10,2	• Aladdin (E.-U.)	6,8
• Les Canons de Navarone (E.-U.)	10,1	• Le Gendarme se marie (F)	6,8
• Le Roi Lion (E.-U.)	10,1	• Rox et Rouky (E.-U.)	6,6
• Les Misérables (F, Ital.)	9,9	• Goldfinger (G.-B.)	6,6
• La Guerre des boutons (F)	9,8	• Manon des sources (F)	6,6
• Docteur Jivago (E.-U.)	9,8	• Le Cercle des poètes disparus (E.-U.)	6,5
• L'Ours (F)	9,1	• Sissi (Aut.)	6,5
• Le Grand Bleu (F)	9,0	• La Belle au bois dormant (E.-U.)	6,5
• ET, l'extra-terrestre (E.-U.)	8,9	• Rain Man (E.-U.)	6,4
• Emmanuelle (F)	8,8	• Robin des bois (E.-U.)	6,4
• La Vache et le prisonnier (F)	8,8	• Les Aventuriers de l'arche perdue (E.-U.)	6,3
• La Grande Evasion (E.-U.)	8,7	• La Cuisine au beurre (F/I)	6,3
• West Side Story (E.-U.)	8,6	• Sissi jeune impératrice (Aut.)	6,3
• Un Indien dans la ville (F)	7,8	• Le Gendarme et les extraterrestres (F)	6,3

Activité 4. Un film français. En groupes, discutez du film suivant. De quelle sorte de film s'agit-il? Résumez le sujet du film. Dégagez des détails importants sur le / la réalisateur(-rice) et sur les acteurs principaux. Chaque groupe doit donner une raison pour laquelle le groupe aime ou n'aime pas ce film.

UNE AFFAIRE PRIVÉE

UNE AFFAIRE PRIVÉE. France. 2001. Réalisation: Guillaume Nicloux. Avec Thierry Lhermitte (François Manéri), Marion Cotillard (Clarisse Entoven), Philippe Nahon (Mathieu), Garance Clavel (Sandrine Pujol), Consuelo De Haviland (Claudine Despré)... Scénario: Guillaume Nicloux. Photo: Olivier Cocaul. Musique: Éric Demarsan. Production: Frédéric Bourboulon, Agnès Le Pont. Distribution: Bac Distribution. Durée: 1 h 47. **SORTIE:** 30 avril 2002.

LE SUJET. Pour tenter de savoir ce qui est arrivé à Rachel, disparue depuis six mois, sa mère fait appel à François Manéri, un enquêteur privé. Parti à la chasse aux informations auprès des proches de la jeune femme, ce dernier se heurte rapidement à la police, qui enquête de son côté après avoir découvert le corps de Rachel.

LE RÉALISATEUR. Théâtre (écriture et mise en scène), romans, courts métrages, scénarios, téléfilm («La vie crevée», 92), longs métrages..., Guillaume Nicloux, né en 1966, a plus d'une corde à son arc. Pour le cinéma, après *Les Enfants volants* (90), un premier film expérimental dont il a aussi écrit le script, il a réalisé *Faut pas rire du bonheur* (93, + scénario), *Le Poulpe* (97, + scénario) et cette *Affaire*.

LES INTERPRÈTES. Né en 1952, Thierry Lhermitte a lui aussi porté différentes casquettes au cours de sa carrière sur grand écran. Soit, entre autres, acteur (dans, notamment, *Les bronzés font du ski,* Patrice Leconte, 79; *La Femme de mon pote,* Bertrand Blier, 83; *Papy fait de la résistance,* Jean-Marie Poiré, 83; *Les Ripoux,* Claude Zidi, 84; *Ripoux contre ripoux,* Zidi, 89; *Le Zèbre,* Jean Poiret, 91; *La Totale!,* Zidi, 91; *Tango,* Leconte, 92; *Le Dîner de cons,* Francis Veber, 97; *Trafic d'influence,* Dominique Farrugia, 98; *Le Placard,* Veber, 00); acteur-scénariste (*Les Bronzés,* Leconte, 78; *Le Père Noël est une ordure,* Poiré, 82; *Nuit d'ivresse,* Bernard Nauer, 85); acteur-producteur (entre autres, *Un Indien dans la ville,* Hervé Palud, 94); acteur-scénariste-producteur (notamment *Le Prince du Pacifique,* Alain Corneau, 00).

Au cinéma, Marion Cotillard, née en 1975 à Paris, a déjà eu pour partenaires masculins, entre autres, Julien Collet (*L'Histoire du garçon qui voulait qu'on l'embrasse,* Philippe Harel, 93), Vincent Lindon (*La Belle Verte,* Coline Serreau, 95), Samy Naceri (*Taxi,* Gérard Pirès, 97; *Taxi 2,* Gérard Krawczyk, 99), Albert Dupontel (*Du bleu jusqu'en Amérique,* Sarah Lévy, 98), Stanislas Merhar (*Furia,* Alexandre Aja, 98), Benoît Magimel (*Lisa,* Pierre Grimblat, 99), Patrick Bruel (*Les Jolies Choses,* Gilles Paquet-Brenner, 00). *(Critique et article dans "Première" n° 302, avril 2002.)*

— PREMIÈRE —

Expressing Time

A. **Hours and Minutes:** Time in French is indicated by a cardinal number followed by **heure(s)** and the number of minutes.

1:10	**une heure dix**
3:05	**trois heures cinq**
5:20	**cinq heures vingt**

- For time past the half-hour, the number of minutes is subtracted from the next hour.

6:35	**sept heures moins vingt-cinq**
8:50	**neuf heures moins dix**
10:40	**onze heures moins vingt**

- The quarter- and half-hours, as well as noon and midnight, have special forms.

4:15	**quatre heures et quart**
2:30	**deux heures et demie**
9:45	**dix heures moins le quart**
12:30 P.M.	**midi et demi**
12:20 A.M.	**minuit vingt**

- The concepts A.M. and P.M. are normally expressed by **du matin, de l'après-midi, du soir.**

2:15 A.M.	**deux heures et quart du matin**
3:10 P.M.	**trois heures dix de l'après-midi**
6:20 P.M.	**six heures vingt du soir**

- In France, official time (train and airline schedules, store closings, times for concerts and public functions, openings and closings of public buildings, etc.) is frequently quoted on the 24-hour clock.

Fermé de **12 h** à **14 h.**
Le train part à **20 h 38.**
Ouvert de **9 h 15** à **19 h 45.**
Le concert finit à **23 h 30.**

- To ask the time, you normally use one of the following patterns:

Quelle heure est-il?	*What time is it?*
À quelle heure... ?	*At what time . . . ? (When . . . ?)*

B. **Divisions of Time:** With periods of the day, **le, la, l'** are used before the noun to express the idea of *in the* or *at.*

Je me lève tôt **le matin** car je travaille.	*I get up early **in the morning** because I work.*
J'ai tous mes cours **l'après-midi.**	*I have all my classes **in the afternoon.***
Le soir, je fais mes devoirs.	***In the evening** I do my homework.*
Je dors bien **la nuit** parce que je suis très fatigué(e).	*I sleep well **at night** because I am very tired.*

C. *Temps, fois, heure:* The terms **temps, fois,** and **heure** can all be used as the equivalent of the word *time,* but there are differences in their meanings.

- **Temps** refers to time as a general or abstract concept.

Je n'ai pas le **temps** de voyager.	*I don't have **time** to travel.*
Le **temps** passe vite.	***Time** flies.*
Prenez le **temps** de vous reposer.	*Take the **time** to rest.*

- **Fois** means time in the sense of an occasion or time in succession.

Je suis ici pour la première **fois.**	*I'm here for the first **time.***
Il est venu me voir trois **fois.**	*He visited me three **times.***
Combien de **fois** avez-vous visité la France?	*How many **times** have you visited France?*

- **Heure** implies a specific time of day.

C'est l'**heure** du dîner.	*It's dinner**time.***
Il arrivera à une **heure** fixe.	*He will arrive at a fixed **time.***
A quelle **heure** ouvre le guichet?	*At what **time** does the ticket window open?*

D. **Divisions of Time Ending in -ée:** Jour, an, soir, and **matin** have alternative forms ending in **-ée** that are used to emphasize the duration of the time period.

le jour	la journée
l'an	l'année
le soir	la soirée
le matin	la matinée

The type of sentence in which the **-ée** form is used often contains some reference to the activities taking place during the time span.

Dans **trois jours,** nous partons en vacances.
J'ai passé **la journée** à régler mes affaires.

Elle part à Paris pour **deux ans.**
Pendant **les deux dernières années,** elle a beaucoup voyagé.

Nos invités arrivent **ce soir.**
Nous allons nous amuser pendant **la soirée.**

Ce matin, je vais consulter le *Guide Michelin.*
Et moi, je vais passer **la matinée** au marché.

Choosing between these alternative forms can often be puzzling, but there are some general guidelines. If the period of time is immediately preceded by a cardinal number, you will normally use the short, masculine form. If the time period is preceded by concepts such as *all the, the whole, a part of,* or *most of,* you will normally use the **-ée** form.

4. Vous écoutez une conversation entre un groupe de jeunes Français. Complétez chaque phrase par la forme appropriée des mots entre parenthèses.

   1. Aujourd'hui, je dois passer (le soir / la soirée) _____ à écrire une dissertation pour mon cours de philosophie.

   2. Dis, Emma, tu as (le temps / l'heure) _____ d'aller au cinéma ce soir?

   3. Regardez! Voilà Olivier et Anne-Marie. C'est (la première fois / le premier temps) _____ qu'ils sortent ensemble.

   4. J'ai un emploi du temps très chargé. Je n'ai même pas (l'heure / le temps) _____ de me reposer.

   5. Marc va passer trois (jours / journées) _____ chez sa cousine à la plage. C'est (le premier temps / la première fois) _____ qu'il va à sa résidence secondaire.

   6. Je dois vous quitter. Chez moi, c'est (le temps / l'heure) _____ du dîner. Au revoir. (Au prochain temps / A la prochaine fois) _____!

5. Vous habitez avec un(e) étudiant(e) français(e) qui passe l'année dans votre université. Vous cherchez une troisième personne pour partager votre appartement. Employez les éléments suivants pour découvrir l'emploi du temps de vos camarades de classe. Essayez de trouver un(e) camarade de chambre idéal(e).

> MODELE dîner d'habitude
> *A quelle heure dînes-tu d'habitude?*

   1. se lever normalement
   2. prendre le petit déjeuner
   3. quitter la maison le matin
   4. avoir cours le lundi / le mardi
   5. rentrer en semaine
   6. travailler le soir
   7. sortir le samedi soir
   8. se coucher

6. Vous êtes à Paris avec un ami américain et vous lisez les horaires suivants dans la petite revue *Pariscope*. Votre ami n'a pas l'habitude de numéroter les heures de 0 à 24. Aidez-le donc en utilisant le système de numérotage de 0 à 12 auquel il est habitué.

   1. un concert à 20 h 15
   2. un film qui commence à 21 h 30
   3. un magasin qui ferme le soir à 18 h
   4. un magasin qui est fermé entre 12 h et 14 h
   5. une boîte qui ouvre à 22 h
   6. un spectacle qui se termine à 23 h 45
   7. un restaurant qui ouvre ses portes à 19 h 30
   8. un film qui se termine à 23 h 30

Synthèses

Vous faites une demande de travail à mi-temps dans un hôtel qui reçoit beaucoup de clients français. Un(e) camarade de classe joue le rôle du / de la responsable du personnel. Répondez à ses questions.

1. Quel âge avez-vous?
2. En quelle année êtes-vous né(e)?
3. Quelle est la date de votre anniversaire?
4. Combien d'heures par semaine voulez-vous travailler?
5. A quelle heure commence votre premier cours chaque jour?
6. A quelle heure finit votre dernier cours chaque jour?
7. Quels jours préférez-vous travailler?
8. Préférez-vous travailler pendant la journée ou pendant la soirée?

Lexique personnel

Le cinéma

A. Cherchez les mots qui correspondent aux thèmes suivants:

1. les types de films qui sont à la mode actuellement
2. les types de films que vous aimez / détestez
3. la réalisation d'un film
4. les différents moyens de regarder un film

B. En utilisant le vocabulaire du chapitre et votre lexique personnel, répondez aux questions suivantes.

1. Quelles sortes de films sont très appréciées du public dans votre pays?
2. Quelles sortes de films aimez-vous (détestez-vous)? Pourquoi?
3. Y a-t-il certains metteurs en scène que vous préférez? Pourquoi?
4. Allez-vous souvent au cinéma? Quand? Combien de fois par mois?
5. Louez-vous quelquefois la cassette vidéo d'un film au lieu d'aller au cinéma? Pourquoi?

Interrogative Pronouns

Questions about People

To ask questions about people, use the interrogative pronoun **qui.** The distinction between *who* and *whom* in English does not exist in French, because **qui** is used for both *who* (subject) and *whom* (object).

    A. *Qui* **as Subject:** As the subject of a question, **qui** both elicits the information and forms the question. **Qui** is the first word in the question and is followed by a verb in the third-person singular. There is no change in word order.

> **Qui** vient avec vous?
> **Qui** a tourné ce film?

    B. *Qui* **as Direct Object:** When **qui** is the direct object of the sentence, it is still the first word, but you must use either **est-ce que** or inversion of subject and object to form the question.

> **Qui est-ce que** Jean amène au cinéma?
> **Qui ont-ils** vu au cinéma?

    C. *Qui* **as Object of a Preposition:** When **qui** is the object of a preposition, the preposition normally becomes the first word in the question and **qui** immediately follows the preposition. Either **est-ce que** or inversion of subject and verb must be used to form the question.

> **Avec qui est-ce que** vos amis sont venus?
> **De qui s'agit-il** dans ce film?

Rappel! Rappel!

    1. It is not always possible to determine from the English verb whether its French equivalent requires a preposition to introduce a noun object. Below is a list of French verbs that take a preposition before a noun object.

à	de
parler à	s'agir de
téléphoner à	parler de
penser à	avoir besoin de
réfléchir à	se rendre compte de
jouer à	se souvenir de
passer à	avoir peur de
s'abonner à	jouer de

    2. The reverse is also true: some common verbs require a preposition before a noun object in English but use no preposition in French.

demander = *to ask **for***	**écouter** = *to listen **to***
payer = *to pay **for***	**regarder** = *to look **at***
chercher = *to look **for***	**attendre** = *to wait **for***

1. Vous parlez avec un(e) ami(e) d'une sortie récente au cinéma. Employez les éléments indiqués pour reproduire les questions posées par votre ami(e) au sujet des personnes que vous connaissez. Faites attention aux mots en caractères gras.

—_____ / tu / aller / au cinéma?

—Je suis allé(e) avec **des copains.**

—_____ / venir?

—*(Names of your friends)* sont venus.

—_____ / tu / amener?

—Je n'ai amené **personne.**

—_____ / être / la vedette du film?

—*(Name)* était la vedette.

—_____ / être / le metteur en scène?

—*(Name)* était le metteur en scène.

—_____ / tu / voir / au cinéma?

—J'ai vu *(names).*

—_____ / tu / parler?

—J'ai parlé à *(names).*

—_____ / s'amuser?

—**Tout le monde** s'est bien amusé.

2. Pour préparer un reportage sur les jeunes en France, vous parlez à une étudiante française qui passe l'année comme assistante dans votre université. Vous lui demandez des renseignements sur les personnes qu'elle fréquente lorsqu'elle se trouve en France. Posez des questions logiques à propos de ces personnes en utilisant les éléments indiqués.

1. tu / sortir avec / en général?
2. tu / voir régulièrement?
3. tu / parler à / tous les jours?
4. être / ton prof d'anglais?
5. tu / téléphoner à / souvent?
6. inviter / chez toi le week-end?
7. être / ton (ta) meilleur(e) ami(e)?
8. tu / aller avec / à des soirées?

		LE FIGARO	PREMIERE	PARISCOPE	CHARLIE HEBDO	FRANCE MUS.	RADIO NOVA	PHOSPHORE	T T J	EUROPE 1	L'HUMANITE	TELERAMA
1	Parle avec elle	■	■			■		■	■	■		■
2	Le voyage de Chihiro		■	■	■	■		■	■	■	■	■
3	Spider-man	■	■			■			■			■
4	Gosford park	■			■	■		■	■	■	■	■
5	Hollywood ending	■	■	■	■	■				■	■	■
6	8 femmes	■	□	■	■	□	□	■	■	■	■	□

■ PASSIONNEMENT
■ BEAUCOUP
□ UN PEU
× PAS DU TOUT

Consultez-vous l'Internet pour choisir un film à voir?

Questions about Things, Actions, or Situations

In French, the ways of asking questions about things, actions, or situations vary according to the function of the interrogative word. This may be confusing for the English speaker, because the same interrogative, *what*, is used in English as both subject and object.

    A. *Qu'est-ce qui* **as Subject:** When *what* is the subject of a question, the interrogative pronoun **qu'est-ce qui** is used *without exception*. It both asks for the information and forms the question; neither **est-ce que** nor inversion is required.

> **Qu'est-ce qui** arrive à la fin du film?
> **Qu'est-ce qui** vous amuse dans ce film?

    B. *Que* **as Direct Object:** When *what* is the direct object, **que** is used to elicit the information, but it does not form the question. You must use either **est-ce que** or the appropriate type of inversion after **que**. The form **qu'est-ce que** (que + est-ce que) is preferred in everyday speech.

> **Qu'est-ce qu'on** passe au Rex?
> **Que** passe-t-on au Rex?
> **Qu'est-ce que** tu fais ce soir?
> **Que** fais-tu ce soir?

Rappel! Rappel!

Don't confuse the forms **qu'est-ce qui** (*what?* as subject) and **qu'est-ce que** (*what?* as object).

Qu'est-ce *qui* + VERB	**Qu'est-ce qui est** amusant dans ce film?
Qu'est-ce *que* + NOUN or PRONOUN	**Qu'est-ce que cet acteur** fait actuellement?
	Qu'est-ce que vous faites après le film?

Remember that the form *qui* **est-ce que** is used to ask questions about PEOPLE, when the interrogative word **qui** is the object of the verb.

> *Qui* **est-ce que** vous amenez au cinéma?

    C. *Quoi* **as Object of a Preposition:** When *what* is the object of a preposition, the interrogative used is **quoi**. The preposition is normally the first word in the question and **quoi** immediately follows the preposition and precedes either **est-ce que** or inversion.

> **De quoi s'agit-il** dans ce film?
> **A quoi est-ce qu'on** fait allusion dans ce film?

    D. **Asking for a Definition:**

Qu'est-ce que c'est?	*What is it?*
Qu'est-ce que c'est que ça (cela)?	*What is that?*
Qu'est-ce que c'est qu'un «navet»?	*What is a "flop"?*

3. Vous avez l'intention d'écrire à votre copain français. Vous préparez une liste de questions à lui poser. Complétez chacune des questions suivantes par l'expression interrogative qui correspond à la réponse entre parenthèses.

1. _____ se passe dans ta vie ces jours-ci? (Rien de sérieux.)
2. _____ tu fais d'intéressant? (Je prends des leçons de ski.)
3. _____ passe au cinéma en ce moment? (Beaucoup de bons films.)
4. _____ tu as vu au cinéma récemment? (J'ai vu un excellent film d'aventures.)
5. _____ il y a de nouveau comme festival de cinéma? (Il y a un festival Clint Eastwood.)
6. De _____ parle-t-on au ciné-club actuellement? (On parle des films français.)
7. _____ rend les activités du club amusantes? (L'atmosphère et la variété des films qu'on passe.)
8. _____ tu vas voir le week-end prochain? (Je vais voir un film policier.)

4. Employez les éléments indiqués pour poser des questions logiques à un(e) camarade de classe. Une fois que votre camarade a répondu, posez-lui une autre question.

MODELE   s'agir de / dans ton manuel d'histoire
        —De quoi est-ce qu'il s'agit dans ton manuel d'histoire?
        —Il s'agit de la Révolution française.
        —Ah oui, qu'est-ce que tu apprends?

1. parler de / dans ton cours de _____?
2. penser à / beaucoup?
3. réfléchir à / souvent?
4. parler de / le plus souvent / avec tes amis?
5. avoir besoin de / ces jours-ci?
6. téléphoner à / souvent?
7. jouer à / pour t'amuser?

Synthèses

A. En parlant de cinéma avec un(e) étudiant(e) de Bruxelles qui passe l'année dans votre université, vous découvrez que le film *True Lies* est une reprise (un *remake*) du film français *La Totale*. L'étudiant(e) vous pose des questions sur la version américaine du film. Complétez ses questions par l'expression interrogative appropriée en vous servant des réponses indiquées.

—_____ est-ce que ce film est sorti aux Etats-Unis?

—*True Lies* est sorti il y a quelques années.

—_____ l'as-tu vu?

—Je l'ai vu chez moi. J'ai loué la cassette vidéo.

—_____ joue le rôle masculin principal dans la version américaine?

—C'est Arnold Schwarzenegger qui interprète le rôle du héros.

—_____ joue le rôle féminin principal?

—C'est Jamie Lee Curtis.

—_____ est-ce qu'il s'agit dans le film?

—Il s'agit d'un homme qui est espion, mais sa famille ne le sait pas.

—_____ fait sa femme?

—Elle essaie de devenir espionne, elle aussi, mais elle fait toutes sortes de bêtises, et elle se fait kidnapper.

—Par _____ est-elle kidnappée?

—Elle est kidnappée par des terroristes.

—_____ se passe à la fin?

—Bien sûr, la femme jouée par Jamie Lee Curtis est sauvée par son mari, et ils commencent à travailler ensemble comme espions.

B. Vous avez l'intention d'aller au cinéma avec vos copains. Posez des questions logiques en employant les éléments indiqués.

1. vouloir / voir?
2. payer cher / billet?
3. se passer / film?
4. jouer / rôle principal?
5. amener / cinéma?
6. adorer / comme vedette?
7. présenter / comme film?
8. faire / après / cinéma?

C. Vous posez des questions à un(e) camarade sur les sujets indiqués. Utilisez les adverbes et les pronoms interrogatifs étudiés dans le chapitre.

1. sa famille
2. ses cours
3. ses distractions
4. ses copains
5. ses préférences au cinéma

Interactions

Activité. Vous allez profiter d'une des promotions du site Web CINEMA MONTREAL. Formez des groupes. Chaque groupe doit choisir son propre film de la liste et composer une critique de ce film. Lisez chacune des critiques devant un jury composé de quelques-uns de vos camarades de classe. Le jury doit choisir le groupe qui gagne le prix. Selon cette promotion, quel est le prix? Lequel de ces films est-ce que la majorité de la classe voudrait voir?

FILMS À L'AFFICHE EN FRANÇAIS
Semaine du vendredi 2/01 au jeudi 8/08/2002

Astérix et Obélix: Mission Cléopâtre (G) **8.9**/10 • *horaires* avec Gérard Depardieu & Christian Clavier

Austin Powers: L'Homme au membre d'or (G) **8.6**/10 • *horaires* v.f. de Austin Powers 3: Goldmember, avec Mike Myers & Michael York

C'est assez (13+) **7.4**/10 • *horaires* v.f. de Enough, avec Jennifer Lopez & Russell Milton

Chasseur de Crocodiles (G) **6.4**/10 • *horaires* v.f. de Crocodile Hunter, avec Steve Irwin & Terri Irwin

Comme un garçon (G) **8.3**/10 • *horaires* v.f. de About a Boy, avec Hugh Grant & Toni Collette

Diva • *horaires* avec Frédéric Andréi & Roland Bertin

Ère de glace (G) **8.8**/10 • *horaires* v.f. de Ice Age, avec Ray Romano & John Leguizamo

Hé Arnold! Le Film (G) **6.3**/10 • *horaires* v.f de Hey Arnold! The Movie, avec Spencer Klein & Justin Shenkarow

Hommes en noir 2 (G) **6.9**/10 • *horaires* v.f. de Men in Black 2, avec Tommy Lee Jones & Will Smith

Horlogers du temps (G) **7.5**/10 • *horaires* v.f. de Clock-stoppers, avec Jesse Bradford & French Stewart

Jason X vf. (13+) **5.6**/10 • *horaires* avec Kane Hodder & Melyssa Ade

Lilo et Stitch vf. (G) **8.3**/10 • *horaires* v.f. de Lilo And Stitch, avec Daveigh Chase & Chris Sanders

Mémoire dans la peau (13+) **7.9**/10 • *horaires* v.f. de The Bourne Identity, avec Matt Damon & Franka Potente

Mystérieuse Mademoiselle C. (G) **8.7**/10 • *horaires* avec Marie-Chantal Perron & Gildor Roy

Petit Stuart 2 (G) **8.6**/10 • *horaires* v.f. de Stuart Little 2, avec Michael J. Fox & Geena Davis

Philanthropique **10**/10 • *horaires* avec Mircea Diaconu & Gheorghe Dinica

Powerpuff Girls vf. (G) **6.5**/10 • *horaires* v.f. de The Powerpuff Girls, avec Cathy Cavadini & Tara Strong

Rapport minoritaire (13+) **8.2**/10 • *horaires* v.f. de Minority Report, avec Tom Cruise & Colin Farrell

Règne Du Feu (G) **6.7**/10 • *horaires* v.f. de Reign of Fire, avec Matthew McConaughey & Christian Bale

Scooby-Doo vf. (G) **7.3**/10 • *horaires* avec Matthew Lillard & Freddie Prinze Jr.

Spider-Man vf. (G) **8.5**/10 • *horaires* avec Tobey Maguire & Willem Dafoe

Star Wars II: L'Attaque des Clones (G) **7.7**/10 • *horaires* v.f. de Star Wars II: Attack of the Clones, avec Ewan McGregor & Natalie Portman

Voie de Perdition (13+) **8**/10 • *horaires* v.f. de The Road To Perdition, avec Tom Hanks & Tyler Hoechlin

Pour s'exprimer

Track 7

Ecoutez attentivement la conversation entre Christophe et Barbara au sujet du cinéma, puis faites les activités qui suivent.

CONTEXTE: Barbara a été invitée à une fête où elle rencontre Christophe. Barbara apprend bientôt que Christophe est fanatique de cinéma. Comme elle est étrangère et ne connaît pas très bien les films français, elle lui pose beaucoup de questions à ce sujet.

A l'écoute

A. On pose beaucoup de questions dans ce dialogue. Christophe en pose **cinq**, Barbara **douze**. Les trois formes interrogatives sont utilisées: (a) l'inversion sujet / verbe, (b) l'intonation et (c) **est-ce que**. Relevez toutes les questions que vous entendez au cours du dialogue. Combien de fois chacune des formes interrogatives est-elle utilisée? Quelle conclusion tirez-vous à propos de l'usage des différentes formes interrogatives dans la conversation?

B. Pour chacun des éléments suivants, mentionnez au moins deux détails qui y sont associés dans le dialogue: (a) les vieux films, (b) les films en v.o., (c) les habitudes des Français qui vont au cinéma, (d) Yves Montand, (e) *La Leçon de piano*.

C. Choisissez trois éléments du dialogue qui sont, à votre avis, les plus difficiles à comprendre. Qu'est-ce qui les rend difficiles? Est-ce la prononciation? le vocabulaire? le contexte culturel? Expliquez votre choix. Comment peut-on résoudre le problème quand il se pose dans une vraie conversation?

D. Imaginez que c'est à vous, au lieu de Barbara, que Christophe donne le titre du dernier film tourné avec Yves Montand. Qu'est-ce que vous avez compris? Répétez exactement ce qu'il a dit. Si vous trouvez le titre difficile à comprendre, qu'est-ce qu'il faut dire à Christophe?

A vous la parole

On emploie souvent, dans le style parlé, des expressions interrogatives pour demander une explication supplémentaire. (1) Un membre de la classe lit une des déclarations suivantes. (2) Un(e) deuxième étudiant(e) réagit à cette déclaration en employant une des expressions de la liste. (3) La première personne doit ensuite préciser sa pensée.

Et alors?	(So what?)
C'est vrai?	(Is that right?)
Comment ça?	(How's that?)
Tu plaisantes, ou quoi?	(Are you joking, or what?)
Ah, bon?	(Really?)
Vraiment?	(Really?)
Sans blague?	(No kidding?)

MODELE
—*Je déteste les films d'épouvante.*
—*Vraiment?*
—*Oui, oui, je les trouve trop violents.*

1. Le week-end dernier j'ai vu un film super!
2. Je trouve les films de Jim Carey très amusants.
3. J'adore les films de Spielberg.
4. Les films américains sont trop violents.
5. On devrait censurer les films pornographiques.
6. J'ai adoré le film qui s'appelle *(nom d'un film)*.
7. J'ai vraiment détesté le film qui s'appelle *(nom d'un film)*.
8. Mon actrice préférée est *(nom d'une actrice)*.

Situations orales et écrites

A. Vous êtes à Montréal et on vous invite à aller voir un film. Quelles questions posez-vous pour déterminer si vous voulez voir ce film?

B. Vous avez vu récemment un film que vous avez beaucoup aimé (ou détesté). Votre ami(e) ne l'a pas vu. Expliquez à votre ami(e) pourquoi vous avez tellement aimé (ou détesté) ce film.

C. Un(e) ami(e) français(e) désire mieux connaître le cinéma aux Etats-Unis. Composez une présentation du cinéma américain (les films à la mode, les vedettes à la mode, les types de films qui sont populaires, etc.). Ensuite, comparez votre description avec les descriptions de vos camarades de classe.

D. Une étudiante suisse qui passe l'année scolaire dans votre université critique le cinéma américain en disant que les films américains sont souvent médiocres et trop violents. Composez une réponse à cette critique du cinéma américain. Etes-vous d'accord?

Structures III

Quel and lequel

Quel

Quel has the English equivalents *what* and *which*. **Quel** is an adjective and must agree in gender and number with the noun it modifies, even if it is separated from that noun by other elements of the sentence.

	Singular	Plural
Masculine	**quel**	**quels**
Feminine	**quelle**	**quelles**

One of the key problems in forming questions in French is recognizing when you must use the interrogative adjective **quel** as opposed to one of the interrogative pronouns. Keep in mind that **quel** is used when you want to single out one or more persons or things from a larger group.

Sometimes in English we use *what* as a modifier instead of *which: What time is it?* **Quel** should not be confused, however, with any of the interrogative forms meaning *what* because, as an adjective, it is always used in conjunction with a noun. The following is an explanation of the types of sentence patterns in which **quel** and the noun it modifies are normally used.

A. ***Quel* + *être* + Noun:** When **quel** precedes the verb **être**, the noun subject follows the verb to form the question.

> **Quel** est **le premier film** ce soir?
> **Quelle** est **la date** de la version originale?
> **Quels** sont **les résultats** de cette investigation?
> **Quelles** sont **les meilleures revues** de cinéma?

Choosing between the interrogative adjective **quel** and the interrogative pronoun **qu'est-ce qui** to render the concept of *What?* is one of the most difficult distinctions to make when forming questions.

If the verb **être** is followed by a noun, then **quel** should be used to seek the information *What?*

> **Quelle** est **la date** de la version originale?

If the verb **être** is followed by any construction other than a noun, then **qu'est-ce qui** is the correct choice to render the idea *What?*

> **Qu'est-ce qui** est **amusant** dans le film?

When *what* is the subject and the verb is anything other than **être**, then **qu'est-ce qui** is always the correct choice to express this interrogative concept.

> **Qu'est-ce qui arrive** à la fin de ce film?

B. *Quel* + **Noun Subject:** When the noun modified by **quel** is the subject of the sentence, **quel** both elicits the information and forms the question; normal declarative word order is used.

> **Quel acteur** a joué le rôle principal?
> **Quels films** passent en ce moment?

C. *Quel* + **Noun Direct Object:** When the noun modified by **quel** is the direct object, **quel** elicits the information but does not form the question. The noun must be followed by either **est-ce que** or inversion.

> **Quelles revues** de cinéma **est-ce que** vous lisez?
> **Quelle interprétation a-t-il** donnée de ce rôle?

D. **Preposition +** *quel* + **Noun:** When the noun modified by **quel** is the object of a preposition, **quel** elicits the information but the noun must be followed by either **est-ce que** or the appropriate type of inversion to form the question.

> **De quel film parliez-vous?**
> **Pour quelle actrice a-t-il écrit** ce rôle?
> **A quels films est-ce qu'il pense?**

1. Au Cercle français, on parle de cinéma. Pendant la discussion, on a dit les choses suivantes. Demandez des renseignements supplémentaires en utilisant la forme appropriée de l'adjectif interrogatif **quel.**

1. Nous allons voir un film français.
2. Le film passe dans un des cinémas du quartier.
3. Il y a certains aspects du film qui sont extraordinaires.
4. Le film a gagné le grand prix dans un des festivals de l'année dernière.
5. Une revue de cinéma française a donné une excellente critique de ce film.
6. Nous allons demander à chacun de donner une participation pour aller voir le film.

Lequel

Lequel is a pronoun that replaces **quel** and the noun it modifies and therefore must agree in gender and number with that noun. The following forms may refer to either persons or things.

	Singular	Plural
Masculine	**lequel**	**lesquels**
Feminine	**laquelle**	**lesquelles**

Lequel is always used as the equivalent of *which one(s)*. It never means *what*, so there should be no confusion with the other interrogative pronouns or with **quel.**

Because it is a pronoun, **lequel** can be the subject or the object of a verb or the object of a preposition.

A. *Lequel* **as Subject:** When **lequel** is the subject of a sentence, it elicits the information and forms the question.

—Je voudrais voir un des films de Mathieu Kassovitz.
—**Lequel** passe en ville en ce moment?

—J'ai tendance à oublier le nom de ces deux actrices.
—**Laquelle** joue dans le film *Amélie?*

—Il y a maintenant en France deux ou trois metteurs en scène très célèbres.
—**Lesquels** ont gagné un prix à Cannes?

—Il y a tant de revues de cinéma actuellement!
—**Lesquelles** sont les meilleures?

B. *Lequel* **as Direct Object:** When **lequel** is the direct object of the sentence, it only elicits the information. To ask the question, you must use either **est-ce que** or the appropriate form of inversion.

—J'aime beaucoup les films avec Depardieu.
—Ah oui, **lequel est-ce que** vous avez vu récemment?

—Je connais une actrice française célèbre.
—**Laquelle connaissez-vous?**

—Je préfère les acteurs qui sont amusants.
—**Lesquels aimez-vous** le mieux?

—Je prépare un exposé sur les vedettes françaises.
—**Lesquelles est-ce que** tu as vues?

C. *Lequel* **as Object of a Preposition:** When **lequel** is the object of a preposition, it elicits the information but does not form the question, so it must be followed by either **est-ce que** or the appropriate type of inversion.

When preceded by the prepositions **à** and **de**, **lequel** follows the same pattern of contraction as does the definite article.

- Note that in everyday conversational responses, French speakers often avoid the construction PREPOSITION + **lequel** and instead use PREPOSITION + **quel** + NOUN.

<u>à</u>	<u>de</u>
auquel	**du**quel
à laquelle	**de** laquelle
auxquels	**des**quels
auxquelles	**des**quelles

—En classe on a parlé d'un film de Luc Besson.
—**Duquel** a-t-on parlé?
—**De quel film** a-t-on parlé?

—Au ciné-club, on écrit quelquefois à des acteurs.
—**Auxquels** est-ce qu'on a écrit?
—**A quels acteurs** est-ce qu'on a écrit?

—Depardieu joue dans plusieurs films actuellement.
—**Dans lesquels** est-ce qu'il joue?
—**Dans quels films** joue-t-il?

2. Après la réunion organisée par le Cercle français, vous parlez de cinéma avec différents membres. Complétez les questions suivantes (1) par la forme appropriée de **lequel** et (2) par la forme **quel** + nom.

1. —Je viens de voir deux films.
   —_____ venez-vous de voir?

2. —Marie cherche des photos pour sa collection.
   —_____ cherche-t-elle?

3. —Paul a parlé longtemps des acteurs canadiens.
   —_____ a-t-il parlé?

4. —Mon ami a écrit à un acteur.
   —_____ a-t-il écrit?

5. —Une vedette a envoyé sa photo à des jeunes filles dans mon lycée.
   —_____ a-t-elle envoyé sa photo?

6. —Il y a deux guichets devant ce cinéma.
   —_____ achète-t-on les billets?

7. —Ils reçoivent deux revues différentes.
   —_____ est-ce qu'ils préfèrent?

8. —J'adore ces bonbons-là.
   —_____ adores-tu?

3. Formez des phrases en utilisant les éléments indiqués. Après chaque phrase, un(e) camarade va vous demander une précision en employant une forme de **lequel**. Répondez-lui.

1. je / adorer / plusieurs / genres de films
2. je / s'abonner à / toutes sortes de revues
3. il / y avoir / beaucoup / vedettes / que / je / adorer
4. il / y avoir aussi / vedettes / que / je / détester
5. je / aller voir / plusieurs fois / certains genres de films
6. je / avoir / une actrice préférée
7. je / avoir aussi / un acteur préféré
8. je / voir / récemment / deux films très mauvais

Synthèses

A. Vous parlez à Patrick, un étudiant de Djibouti qui passe l'année dans votre université. Employez les indications suivantes pour composer des questions à poser à Patrick. Demandez-lui...

1. (when he came to the U.S.)
2. (why he came to the U.S.)
3. (what he is studying)
4. (where he is living)
5. (who he is living with)
6. (if he is married)
7. (whom he sees a lot in the U.S.)
8. (what aspects of life in the U.S. he likes)
9. (what he doesn't like in the U.S.)
10. (what the weather is typically in his country)

B. Une journaliste française prépare un article sur les Américains et les médias. Utilisez ses notes pour interroger un(e) camarade de classe.

Le journal

1. son journal préféré
2. ce qu'il / elle pense du journal local
3. l'heure à laquelle il / elle lit son journal
4. le nombre de journaux qu'il / elle lit
5. les articles qu'il / elle trouve les plus intéressants dans le journal

La télé

1. son présentateur / sa présentatrice préféré(e)
2. son émission préférée
3. ce qu'il / elle pense des «pubs» à la télé
4. les mauvais côtés de la télé
5. l'avantage du câble

La radio

1. la musique qu'il / elle aime écouter
2. l'endroit où il / elle écoute le plus souvent la radio
3. l'aspect de la radio qui lui plaît le plus
4. la raison pour laquelle il / elle écoute la radio
5. l'heure à laquelle il / elle écoute le plus souvent la radio

Interactions

Activité. Lisez les textes sur les films *L'enfant noir* et *Veloma*. Ensuite, discutez de vos réponses aux questions suivantes avec un(e) partenaire.

1. Lequel des deux films suivants vous intéresse le plus? Pourquoi?
2. Le premier film, *L'enfant noir*, est adapté d'un livre. Quels films adaptés de livres avez-vous vus? En général, préférez-vous la version du livre ou celle du cinéma? Pourquoi?
3. A votre avis, à quel genre de film appartient *Veloma*?
4. Quels autres films est-ce que vous connaissez qui abordent le thème de deux amants séparés par l'absence ou la mort?
5. La vedette du film *Veloma*, Julie Depardieu, vient d'une famille célèbre d'acteurs (son père et son frère sont aussi acteurs). Quelles sont les difficultés qui se posent pour les enfants d'acteurs qui veulent devenir acteurs?

GRAND ÉCRAN

L'enfant noir ▪▪▪▪

"Nous prenons tous un jour le chemin de la vie, celui que nous abordons en naissant, et qui n'est jamais que le chemin momentané de notre exil…" Ces mots sont extraits de "L'enfant noir", que l'écrivain guinéen Camara Laye publiait en 1953. En adaptant ce livre pour le cinéma, le réalisateur Laurent Chevalier a transposé l'action dans l'Afrique d'aujourd'hui. Récit initiatique, il met en scène un adolescent contraint de quitter son village dans la brousse pour aller vivre à la ville. Exil. C'est beau, simple et émouvant. Une belle leçon de cinéma.

Le film: Veloma

De Marie de Laubier (2001)
avec Julie Depardieu, Patrick Pineau, Thibaud Patell.

Philippe boucle une course à la voile autour du monde, en solitaire et sans escales. Il arrive bon dernier, avec deux mois de retard sur le premier participant. De retour à terre, Philippe a du mal à reprendre sa vie normale. Pourtant, sa femme Lucie, traductrice pour des maisons d'édition, est une femme aimante qui supporte très bien ses longues absences. Lors d'un week-end où il va à La Rochelle avec son tout jeune fils, Vincent, il le met dans le train et embarque sur son voilier sans prévenir personne. En mer, il disparaît. Tout le monde le croit mort, sauf Lucie, persuadée qu'il a simplement voulu "suicider sa vie d'avant". Elle se lance alors dans une enquête pour le retrouver.

INTERVIEW

Julie Depardieu, actrice dans *Veloma*

Pas facile d'être, tour à tour, la fille de Gérard et Elisabeth puis la sœur de Guillaume. Et pourtant Julie Depardieu, de film en film, de rôle en rôle, promène sa singularité dans le cinéma français et a réussi à se faire un prénom. L'actrice, plutôt rare sur le grand écran, nous revient dans *Veloma*. Elle y incarne Lucie, une jeune femme dont le mari a disparu en mer mais qui refuse de faire son deuil. Rencontre avec une jeune femme moderne et naturelle, au franc-parler réjouissant.

Le film pose un regard sur le deuil assez particulier puisque votre personnage refuse de faire celui de son mari. C'est ce qui vous a séduit dans ce projet?

Oui, c'est assez beau! Ils s'aiment vraiment même si lui a un problème avec le fait de réintégrer sa vie: il ne peut plus vivre dans cette vie-là, donc il décide de se faire passer pour mort. Je pense que lorsque deux personnes s'aiment, elles ressentent les choses autrement, et c'est ce qu'elle dit dans le film: "Je le sentirai". Et effectivement, il n'est pas mort, elle a raison. Je trouve que c'est un personnage touchant dans la mesure où elle n'avale pas tout ce qu'on lui raconte. Je ne sais pas comment moi je réagirais dans cette situation, mais j'aime bien sa réaction.

C'est le grand fantasme de disparaître, mais de là à le faire… Pourtant, tous les ans plein de gens disparaissent alors qu'ils paraissaient très heureux. Le fait de disparaître de cette manière, je trouve que c'est un beau sujet de film. Moi, je prends ça pour un certain courage. La lâcheté, c'est de rester quand on ne se sent pas bien! Sinon, j'ai aussi aimé la façon dont Marie (le metteur en scène) a écrit le rapport de Lucie avec son enfant, ce n'est jamais niais.

Perspectives

Mise en train

Sujets de réflexion

1. En général, pourquoi va-t-on au cinéma? Quelles sortes de films préférez-vous? Pourquoi?

2. Quels films «classiques» (c'est-à-dire de la période des années 20 jusqu'aux années 50) connaissez-vous? Lesquels aimez-vous particulièrement? Pourquoi?

3. Quelles tendances générales peut-on reconnaître dans les films américains modernes? Considérez, par exemple, les deux listes suivantes:

   Titanic   *Silence of the Lambs*
   Jurassic Park   *Natural Born Killers*
   Alien

   Lesquels de ces films avez-vous vus? Les avez-vous appréciés ou non? Pourquoi?

4. Quels films français connaissez-vous? A votre avis, quelles différences essentielles y a-t-il entre les films américains et les films français?

François Truffaut (1932–1984)

De tous les réalisateurs français des années 50 jusqu'à aujourd'hui, François Truffaut est celui qui représente, aussi bien pour les étrangers que pour les Français, le véritable style cinématographique français. Fils unique d'un père architecte et d'une mère secrétaire, Truffaut a connu une vie marquée par des déplacements fréquents et un certain isolement. Pour lui, le cinéma est devenu un refuge, surtout durant l'occupation de Paris par les forces allemandes pendant la Seconde Guerre mondiale. Après la guerre, ayant abandonné ses études, Truffaut a connu une période de délinquance, mais il a heureusement découvert les films d'Orson Welles, en particulier Citizen Kane, et est devenu un disciple du cinéaste André Bazin. Au cours des années 50, Truffaut a commencé à tourner ses propres films, tels que son premier chef-d'œuvre Les Quatre cents coups, et il a participé au mouvement spontané appelé la Nouvelle Vague, composé de jeunes cinéastes qui allaient transformer pour toujours le cinéma moderne. Les films de Truffaut, qu'il a tournés jusqu'à sa mort subite en 1984 (Jules et Jim, L'Argent de poche, Le Dernier Métro et beaucoup d'autres) sont classés de nos jours parmi les vrais classiques du cinéma français. Marqué par un fort élément autobiographique, le cinéma de Truffaut est fidèle à la qualité essentielle de la Nouvelle Vague dont les films représentent souvent une sorte de confession ou de journal intime. Mais c'est Truffaut qui a su interpréter, peut-être mieux que tout autre cinéaste de sa génération, les grands bouleversements de la société contemporaine au niveau de l'individu.

littéraires

Avant de lire

Lisez rapidement chaque paragraphe de cet article de Truffaut, puis complétez en quelques mots les phrases suivantes pour résumer l'idée principale de chaque paragraphe.

a. Paragraphe 1: Les premiers films étaient caractérisés par un aspect...

b. Paragraphe 2: Très vite, le cinéma a voulu surpasser la réalité pour créer...

c. Paragraphe 3: Les cinquante premières années du cinéma ont été marquées par...

d. Paragraphe 4: Parce qu'on apprécie toujours les films classiques, on tourne...

e. Paragraphe 5: A la suite des progrès techniques, le cinéma a perdu...

f. Paragraphe 6: L'aspect artistique du cinéma nécessite une déformation de...

g. Paragraphe 7: La seule chose qui soit essentielle au cinéma, c'est...

h. Paragraphe 8: Truffaut a peur que les professeurs de cinéma amènent leurs étudiants à...

i. Paragraphe 9: Pour Truffaut, il ne doit pas y avoir de hiérarchie entre les films sérieux et comiques, et le seul aspect du cinéma qui soit vraiment important, c'est...

j. Paragraphe 10: Selon Truffaut, le vrai cinéaste est celui qui a la capacité de...

François Truffaut: «Donner du plaisir ou le plaisir du cinéma» (extrait du Plaisir des yeux)

(1) Les gens qui, à la fin du dix-neuvième siècle, ont inventé le cinématographe, n'ont pas été immédiatement conscients de bouleverser notre vie quotidienne, et cependant les premières bandes enregistrées° ressemblent, par leur aspect strictement *informatif* et *documentaire*, à ce qu'allait devenir à partir des années cinquante la
5 télévision.

(2) D'abord créé pour reproduire la réalité, le cinéma est devenu grandiose chaque fois qu'il a réussi à surpasser cette réalité en s'appuyant sur elle, chaque fois qu'il a pu donner de la plausibilité à des événements étranges ou des êtres bizarres, établissant ainsi les éléments d'une mythologie en images.

10 (3) De ce point de vue, les cinquante premières années de l'histoire du cinéma ont été d'une richesse prodigieuse. Il est bien difficile aujourd'hui pour un «monstre» de l'écran de rivaliser avec *Nosferatu, Frankenstein* ou *King Kong*, impossible pour un danseur d'être plus gracieux que Fred Astaire, pour une vamp d'être plus énigmatique et dangereuse que Marlene Dietrich, pour un comique d'être plus inventif et drôle
15 que Charlie Chaplin.

(4) Le cinéma parlant, après quelques flottements°, a trouvé sa voie° en tournant les remakes des films muets et aujourd'hui, on tourne en couleurs les remakes des films noir et blanc!

film strips

hesitations / way

(5) A chaque étape, à chaque progrès technique, à chaque nouvelle invention, le
20 cinéma perd en poésie ce qu'il gagne en réalisme. Le son stéréophonique, l'écran
géant, les vibrations sonores ressenties directement sur les fauteuils ou encore les essais
de relief° peuvent aider l'industrie à vivre et survivre, rien de tout cela n'aidera le
cinéma à demeurer un art.

(6) L'art cinématographique ne peut exister que par une trahison° bien organisée de
25 la réalité. Tous les grands cinéastes disent NON à quelque chose. C'est, par exemple,
le refus des extérieurs réels dans les films de Federico Fellini, le refus de la musique
d'accompagnement dans les films d'Ingmar Bergman, le refus d'utiliser des comé-
diens professionnels chez Robert Bresson, le refus des scènes documentaires chez
Hitchcock.

(7) Si [...] le cinéma existe encore, c'est grâce à la seule chose dont vous ne trouverez
aucune image [...]: un bon scénario, une bonne histoire racontée avec précision et
invention. Avec *précision*, car il est nécessaire dans un film de clarifier et de classer
toutes les informations pour garder l'intérêt du spectateur en éveil°, avec *invention*,
car il est important de créer de la fantaisie pour donner du plaisir au public. J'espère
35 que la mention du mot PLAISIR ne choquera pas le lecteur. [...]

(8) Aujourd'hui, dans les universités, on enseigne le cinéma au même titre que la
littérature ou les sciences. Cela peut être une bonne chose, à condition que les professeurs n'amènent pas leurs élèves à préférer la sécheresse° du documentaire à la
fantaisie de la fiction, la théorie à l'instinct. N'oublions jamais que les idées sont
40 moins intéressantes que les êtres humains qui les inventent, les perfectionnent ou
les trahissent.

(9) Certains professeurs, journalistes ou de simples observateurs ont parfois l'ambition
de vouloir décider eux-mêmes de ce qui est *culturel* et de ce qui ne l'est pas. [...] Or°,
je crois fermement qu'il faut refuser toute hiérarchie de genres [films sérieux et films
45 comiques], et considérer que ce qui est *culturel* c'est simplement tout ce qui nous
plaît, nous distrait, nous intéresse, nous aide à vivre.

(10) Le cinéma est à son meilleur chaque fois que l'homme-cinéaste réussit à plier° la
machine à son désir et, de cette manière, à vous faire entrer dans son rêve.

François Truffaut, *Plaisir des yeux* © Flammarion

culturelles

Dans l'air: Concorde *et* Airbus

En Europe, certains grands succès dans les transports aériens sont le fruit d'une collaboration internationale. C'est le cas, en particulier, du *Concorde* ainsi que des divers modèles d'*Airbus*.

Savez-vous le prix d'un voyage en *Concorde?*

- Tout le monde reconnaît le *Concorde*, avec son aile Delta, son nez basculant et ses performances exceptionnelles (tour du monde, New York à New York, sens est-ouest en 31 heures, avec 6 escales techniques). Le prototype de cet avion a été construit en 1969 à Toulouse. Depuis cette date, les compagnies d'Air France et de British Airways maintiennent leurs propres flottes: cinq appareils français, sept britanniques.

- Depuis les années 1970, un consortium européen (France, Allemagne, Espagne et Grande-Bretagne) construit, aménage et administre la construction de plusieurs modèles d'*Airbus*. Parmi les clients d'Airbus Integrated Company, on compte certaines compagnies aériennes non-européennes (par exemple, American Airlines) auxquelles on vend plus de 300 appareils par an.

Dans l'espace: Ariane

Les satellites et les lanceurs *Ariane* qui les propulsent dans l'espace depuis 1984 sont produits, financés et commercialisés par Arianespace, une société européenne dont le siège est à Evry près de Paris.

- La fonction des fusées *Ariane* est de mettre en orbite, à partir d'un vaste site à Kourou (en Guyane française, à 7 000 km de Paris) des satellites appartenant au domaine civil.

- Arianespace a effectué plus de 200 lancements de fusées *Ariane* et espère que son dernier modèle, *Ariane 5*, va devenir le lanceur du vingt et unième siècle et capter plus de 60 pourcent du marché civil occidental des lancements de satellites.

Une fusée *Ariane*

Sur les rails: Le TGV *et le tunnel sous la Manche*

Le nombre de voyageurs qui prennent le train augmente en France, et le *Train à grande vitesse (TGV)* représente 50 pourcent du trafic.

- Depuis 1981, les lignes de *TGV* se multiplient sur une grande partie de la France (250 villes sur 5 zones).

- Le *TGV* peut atteindre une vitesse maximale de 300 km/h, et ses passagers effectuent le trajet Paris-Lyon en 2 heures et celui de Paris-Marseille en 3 heures.

- Le *TGV Transmanche Eurostar* amène les passagers vers Calais d'où, en 35 minutes, ils passent sous la Manche en tunnel pour sortir à Folkestone en Angleterre.

- Le tunnel sous la Manche a été inauguré en 1984. A vrai dire, il s'agit de trois tunnels: un tunnel de service est relié à deux tunnels principaux par des points de communication. Les deux tubes identiques sont destinés au passage du train qu'on appelle «le Shuttle». Ces navettes transportent voitures, autocars et camions.

Culture générale

Compréhension

1. Qui a été responsable du premier vol libre d'un appareil plus léger que l'air? En quelle année?
2. Quand a eu lieu le premier vol d'hommes en «montgolfière»? C'était un vol de quelle distance?
3. Quelles ont été certaines grandes innovations dans les transports pendant les années 20 et 30?
4. Quelles sortes de couleurs préférait le peintre Fernand Léger?
5. Quelles formes Léger donnait-il souvent à ses personnages et objets?
6. Quelle groupe social figurait souvent dans les peintures de Léger?
7. Quelle attitude envers l'avenir exprimaient les œuvres de Léger?

Sujets de réflexion

A. En quoi consiste une «montgolfière»? Faites une définition de ce mot, en utilisant les éléments de vocabulaire dans le texte que vous venez de lire.
B. Quels types de voitures, de trains et de bateaux viennent à votre esprit lorsque vous imaginez l'époque que nous appelons les «années folles»? Quels noms portent-ils?
C. Imaginez que vous êtes un artiste comme Fernand Léger. Autour de quelles images est-ce que vous représentez les progrès techniques d'aujourd'hui?

Vocabulaire actif

Les activités

appuyer to press (a button)
attacher to fasten
atterrir to land
composter to punch (a ticket)
décoller to take off
se déplacer to get around
enregistrer to check (baggage)
éteindre to extinguish
faire une escale to stop over
se rendre to go
valider to validate

Pour voyager

une **agence de voyages** travel agency
un **aller-retour** round-trip ticket
un **aller simple** one-way ticket
l'**arrivée** (f) arrival
le **bureau de renseignements** information counter
le **comptoir** airline ticket counter
une **correspondance** connection, transfer point
une **grève** strike
le **haut-parleur** loudspeaker
les **heures de pointe** (f pl) rush hour
l'**horaire** (m) schedule
un **tarif (réduit)** (reduced) fare
les **transports en commun** (m pl) mass transport
une **valise** suitcase

En avion

la **ceinture** seat belt
la **compagnie aérienne** airline
la **piste** runway
la **porte** gate
un **steward** / une **hôtesse de l'air** flight attendant
le **vol** flight

Culture contemporaine

Compréhension

1. Le vol normal entre Paris et New York dure huit heures. Combien de temps dure le même vol en Concorde?
2. Dans quel sens Airbus représente-t-il un succès international?
3. A quoi sert la fusée Ariane? D'où est-ce qu'on lance les fusées Ariane?
4. Quel pourcentage du marché espère-t-on qu'Ariane va capter au vingt et unième siècle?
5. Qu'est-ce que le TGV? A quelle vitesse peut-il rouler?
6. Combien de temps dure le trajet Paris-Marseille en TGV? Le trajet sous la Manche?

Sujets de réflexion

A. Résumez les contributions faites par la France dans l'évolution de l'aviation et de l'aérospatiale.
B. Quels progrès ont été réalisés depuis vingt ans dans le système ferroviaire (le chemin de fer) en France?

Pour plus d'activités, visitez:
http://interaction.heinle.com

Dans le métro

un **arrêt** stop
une **bouche de métro** subway entrance
un **carnet** book of tickets
le **distributeur** ticket dispenser
un **plan** map
le **quai** platform
une **rame** subway train
la **RATP (Régie Autonome des Transports Parisiens)** Paris bus and subway agency
le **RER (Réseau Express Régional)** suburban rapid transit line
la **sortie** exit
la **voie** track
la **voiture** subway or railway car

En bus

l'**avant** (m) front
le **bouton** button
le **car** intercity bus
le **couloir** aisle, bus lane

Par le train

le **chemin de fer** railroad
un **compartiment** compartment
une **couchette** bunk
la **gare** station
l'**indicateur** (m) train schedule
la **période creuse** slack period
un **rapide** express train
un **réseau** network

la **SNCF (Société Nationale des Chemins de fer Français)** French national railroad system

Les caractéristiques

à bord on board
à destination de bound for
affiché(e) posted
direct(e) non-stop
en partance (pour) departing
en provenance de arriving from
de location rental
fumeur (non-fumeur) smoking (non-smoking)

Exercices de vocabulaire

A. Vous visitez Paris avec un(e) ami(e) qui n'a jamais pris le métro. Votre ami(e) vous demande comment se servir de ce moyen de transport. Complétez les phrases suivantes par le terme approprié de la liste pour expliquer à votre ami(e) comment utiliser le métro à Paris.

l'arrêt	la station
la bouche de métro	un ticket
un carnet	la rame
une correspondance	valider
le plan	la sortie
le quai	

1. D'abord, il faut trouver _____ la plus proche.
2. Ensuite, descends dans _____.
3. Cherche le distributeur et achète _____.
4. Pour économiser de l'argent, il est préférable d'acheter _____.
5. Consulte _____.
6. N'oublie pas de _____ ton ticket, tu risques d'être contrôlé(e).
7. Va sur _____ pour attendre _____.
8. Tu dois déterminer s'il faut prendre _____.
9. Arrivé(e) à _____ désiré, tu descends, et voilà. C'est très simple.
10. Enfin, tu cherches _____ pour quitter la station.

B. Vous avez passé l'année scolaire à Toulouse. A la fin de votre séjour, il vous faut prendre le train de Toulouse jusqu'à Paris pour aller ensuite à l'aéroport de Roissy. Complétez par un terme convenable du *Vocabulaire actif* cette conversation entre vous et l'agent de la SNCF.

—Bonjour, Monsieur. A quelles heures y a-t-il des trains de Toulouse _____ Paris?

—Il y a plusieurs trains vers Paris, Monsieur/Mademoiselle/Madame.

—Alors, je voudrais un _____, parce que je ne retourne pas à Toulouse.

—Très bien. Est-ce que vous fumez? C'est-à-dire, vous préférez un wagon _____?

—Non, je ne fume pas. Y a-t-il un _____ pour les étudiants?

—Oui, en effet, les étudiants paient moins cher les billets de train.

—Aussi, je veux éviter (*avoid*) une _____. Je préfère un train direct.

—Il y a un TGV qui part à 14 heures de la _____ de Toulouse.

—Très bien. Je prends un billet pour le TGV de 14 heures. Merci, Monsieur.

C. Vous arrivez à l'aéroport de Roissy avec un(e) ami(e) pour prendre votre vol vers les Etats-Unis. Complétez les phrases par les termes appropriés de la liste suivante.

atterrir	le haut-parleur
le comptoir	l'horaire
attacher	la porte
enregistrer	décoller

1. D'abord, il faut chercher _____ Air France.
2. Est-il nécessaire d'_____ toutes nos valises?
3. Consultons _____ pour voir si notre vol va partir à l'heure.
4. Ecoute, je crois que _____ annonce notre vol.
5. De quelle _____ part notre vol?
6. Ah, il y a un petit retard; notre vol va _____ à onze heures au lieu de dix heures et demie.
7. Attention, il faut _____ ta ceinture, on y va!
8. Dans huit heures, on va _____ à New York.

D. Vous êtes arrivé(e) à la gare d'Arles. Regardez les symboles et complétez chacune des phrases suivantes par le terme qui correspond au symbole approprié.

1. Vous avez soif et désirez prendre quelque chose à boire avant de quitter la gare. Vous cherchez _____.
2. Vous avez laissé un paquet dans le train de Dijon. Vous cherchez _____.
3. Vous voulez laisser votre valise à la gare pendant votre visite de la ville. Vous cherchez _____.
4. Vous désirez confirmer votre réservation pour le voyage de retour. Vous cherchez _____.
5. Vous voulez vous asseoir et vous reposer un moment avant de quitter la gare. Vous cherchez _____.
6. Vous désirez quitter la gare. Vous cherchez _____.

Information - Réservation	Train Autos Couchettes	Facilités pour handicapés	Relais-toilettes (bains-douches)	Bureau des objets trouvés
Consigne	Bagages	Non fumeurs	Bar (cafétéria)	Sortie
Point de rencontre	Billets	Eau potable	Buffet (restaurant)	Toilettes pour dames
Consigne automatique	Salle d'attente	Téléphone public	Fumeurs	Toilettes pour hommes
Chariot porte-bagages	Bureau de poste	Bureau de change	Entrée	

Les transports urbains

Pour se déplacer dans les grandes villes, si on ne veut pas se servir de sa voiture, d'une voiture de location ou de ses pieds, les transports en commun sont un moyen efficace et plutôt facile à utiliser.

Le métro. A Paris, les entrées ou «bouches» des stations de métro sont marquées par un grand M, facilement visible du trottoir. On descend vers les quais souterrains en passant

devant les guichets ou les distributeurs automatiques où l'on achète son billet. Le carnet de tickets coûte moins cher que le billet individuel et, pour les personnes qui se servent du métro pendant plusieurs jours, le billet de tourisme et la «carte orange» permettent un nombre illimité de voyages pendant une période donnée. Après avoir validé son ticket, on attend sur le quai. Quelques minutes plus tard, une des rames de la RATP se présente sur la voie. On monte en voiture, et le petit voyage commence. En suivant le plan affiché dans chaque voiture, on peut déterminer à quel arrêt il faut descendre, mais attention, car aux heures de pointe il faut quelquefois faire un effort pour sortir de la voiture. Puis, arrivé sur le quai, on cherche la sortie du métro ou le passage qui mène à une station de correspondance, car il faut souvent changer de ligne pour arriver à sa destination dans Paris. Si on se destine vers la banlieue parisienne (pour se rendre à l'aéroport Charles-de-Gaulle ou pour visiter EuroDisneyland, par exemple), on doit souvent prendre le RER.

L'autobus. Dans la plupart des villes de France, le plus populaire des transports en commun est l'autobus. Les municipalités maintiennent un réseau de lignes, et

chaque bus porte le numéro de la ligne qu'il dessert ainsi que le nom du terminus. Pour savoir quel autobus il faut prendre, on doit consulter le tableau qui se trouve à tous les arrêts. En montant par l'avant du bus, on peut aussi vérifier qu'on ne s'est pas trompé en posant la question au conducteur. Ensuite, on doit composter son ticket dans la machine à côté du chauffeur. Au moment de descendre, il faut faire signe en appuyant sur un bouton spécial avant de sortir par la porte arrière ou celle du milieu.

Le taxi. Ceux qui sont pressés ou ne veulent pas se servir du bus ou du métro peuvent toujours prendre un taxi. Il suffit d'en attendre un près d'un endroit marqué «tête de station» ou d'en faire venir un en téléphonant à une compagnie de taxis. La plupart des chauffeurs n'acceptent pas plus de trois clients à la fois et demandent un supplément pour les valises. Et il ne faut pas oublier de leur donner un pourboire d'au moins 10%, même si cela n'est pas strictement obligatoire.

Les transports ferroviaires et aériens

Le train. Les trains français dépendent de la Société Nationale des Chemins de fer Français, la SNCF, un établissement public qui bénéficie d'une subvention annuelle importante de l'Etat. Depuis vingt ans, le nombre de ses passagers a augmenté de 20%, car les gens y trouvent un moyen de transport moderne, rapide et ponctuel à un prix relativement modeste. Il existe aussi en France beaucoup de possibilités d'obtenir un billet à tarif réduit dont les bénéficiaires sont les couples, les familles, les groupes, les militaires, les 12 à 25 ans, les plus de 59 ans, etc. Il suffit souvent d'avoir l'âge et l'état civil ou social requis pour obtenir une réduction de 20% à 50% sur le prix normal. La SNCF a, bien entendu, le droit d'imposer certaines conditions aux diminutions accordées, et il est toujours moins cher de partir un jour «bleu» (surtout du lundi au vendredi) que de prendre le train les jours «rouges» (jours de grands départs en vacances). Et si on prend le TGV, où la réservation est obligatoire, on peut la faire sur Internet, dans les agences de voyages, aux guichets de toute gare ou, jusqu'à quelques minutes avant le départ, aux distributeurs automatiques de billets à réservation rapide.

L'avion. La compagnie Air France transporte tous les ans des millions de voyageurs vers 75 pays et à l'intérieur de la France métropolitaine. Air France est une entreprise commerciale soumise à la concurrence internationale et

un service public soumis au contrôle de l'Etat. La France est le premier pays européen pour la densité de fréquentation des vols domestiques où elle transporte 20 millions de passagers tous les ans. En Europe, ce sont les aéroports de Paris (Charles-de-Gaulle et Orly) qui, après les aéroports de Londres, accueillent le plus grand nombre de passagers: plus de 55 millions par an. L'utilisation de l'avion s'est donc beaucoup développée depuis quelques années en France, plus encore que les transports terrestres. En ce qui concerne l'avenir, l'avion va-t-il l'emporter sur le train et la voiture chez les voyageurs? Si on compare les vitesses des transports aériens, ferroviaires et routiers, au départ de Paris (centre-ville), on constate qu'un voyageur à destination de Genève (centre-ville) met 3h 15 en avion, 3h 30 par le TGV et 6h 10 en voiture. A destination de Lyon: 3h 10; 2h et 4h 50. A destination de Montpellier: 2h 50, 4h 40 et 8h 55. Seuls les clients, qui pèsent le pour et le contre des divers moyens de transport selon leurs besoins personnels, vont pouvoir décider de la question.

Compréhension

1. Expliquez ce qu'il faut faire pour prendre le métro à Paris.

2. Pour aller dans la banlieue autour de Paris, on peut prendre le _____ .

3. Dans les bus, il faut _____ son billet et _____ quand on veut descendre.

4. Les taxis parisiens n'acceptent pas plus de _____ personnes à la fois. Pour les valises, il faut payer un _____.

5. La SNCF, c'est _____.

6. Comparés à l'AMTRAK, les trains en France sont _____.

7. Qui peut bénéficier d'un tarif réduit pour voyager par le train?

8. Pour prendre le _____, les réservations sont obligatoires.

9. Comment peut-on réserver un billet de train?

10. La compagnie Air France est dirigée par _____.

11. Quels aéroports européens accueillent le plus grand nombre de passagers?

12. Est-ce que les Français voyagent plus souvent par le train ou en avion? Pourquoi?

Discussion

A. Imaginez que vous faites du tourisme dans la capitale française. Quel moyen de transport en commun choisissez-vous pour vous rendre, par exemple, du Louvre à la place de la Bastille? de l'aéroport de Roissy au quartier de la gare Montparnasse? des Invalides au boulevard Saint-Michel (si vous êtes pressé[e])? Expliquez vos choix en tenant compte des distances, du prix et du temps dont vous disposez. (Consultez le plan de la ville, page 236.)

B. Il semble évident que l'Etat encourage les gens à se servir du train pour voyager en France. Faites un petit inventaire des moyens que la SNCF emploie pour inciter les gens à prendre le train. Etes-vous partisan d'une politique de ce genre? Expliquez pourquoi.

C. Pour effectuer un voyage d'affaires entre Paris et Genève, quel moyen de transport préférez-vous? Et si vous voulez faire du tourisme en même temps, faites-vous le même choix? Quels avantages et quels inconvénients présentent ces divers moyens de transport?

Expansion

D. De quelle manière l'esprit qui a inspiré les frères Montgolfier continue-t-il à se manifester de nos jours?

E. Quelqu'un a dit que ce n'étaient pas les grands peintres qui créaient le style au vingtième siècle mais les ingénieurs. Etes-vous d'accord ou non avec cette affirmation?

F. Si un gouvernement, dans la répartition des aides financières, doit choisir entre l'automobile, le chemin de fer et l'aéronautique, lequel de ces domaines doit selon vous avoir la priorité? Défendez votre point de vue.

Object Pronouns

A. Direct-Object Pronouns: If a verb does not require a preposition and the noun object directly follows the verb, the noun object is replaced by the appropriate direct-object pronoun: **me, te, le, la, l', nous, vous, les.**

—Vous cherchez **le métro?**

—Oui, je **le** cherche.

—Alors, vous voyez **la bouche de métro?**

—Oui, je **la** vois.

—Descendez dans la station. Vous savez consulter **les plans?**

—Oui, je sais **les** consulter.

Some common verbs that do not require a preposition before a noun object are **acheter, aimer, amener, choisir, consulter, faire, lire, préférer, réserver, trouver, vendre.** (See also *Chapitre 6*, p. 193, and *Chapitre 9*, p. 297.)

Rappel! Rappel!

Study the following examples in which the English pronoun *it* is used. Note that in French, a different pronoun is necessary in each case. [besoin de + noun]

Je **le** vois.	*I see **it**.*	J'**en** ai besoin.	*I need **it**.*
J'**y** réponds.	*I answer **it**.*	J'écris avec **cela**.	*I write with **it**.*

[Je repond à la question]

To choose which object pronoun to use in French, you must know what preposition, if any, the verb requires when introducing a following noun object. If you concentrate first on the preposition, you can choose correctly every time.

1. Vous dites à un(e) ami(e) que vous allez faire un voyage au Canada francophone. Il / Elle vous pose les questions suivantes. Répondez à ses questions en remplaçant les mots indiqués par le pronom qui convient.

1. —Tu fais **ce voyage** à Québec en été?
   —Oui, je _____ fais en été.
2. —Tu prends **ta voiture,** n'est-ce pas?
   —Oui, je _____ prends.
3. —Vous visitez **les sites touristiques célèbres?**
   —Oui, nous _____ visitons.
4. —Tu emmènes **tes copains?**
   —Oui, je _____ emmène.

B. Indirect-Object Pronouns: If the noun object is a person and is introduced by the preposition **à,** the preposition and its object are replaced by the appropriate indirect-object pronoun: **me, te, lui, nous, vous, leur.** Note that **lui** and **leur** replace both masculine and feminine nouns.

—Vous avez parlé **à l'agent?**

—Oui, je **lui** ai parlé.

—Et vous avez écrit **à vos amis** pour les inviter?

—Oui, je **leur** ai écrit.

C. Y: If the object of the preposition **à** is a thing, the preposition and its object are replaced by **y**. **Y** also replaces a preposition of location and its object (*dans* le sac, *sous* la table, *devant* la porte, etc.).

—Est-ce que la directrice a répondu **à votre lettre?**
—Oui, elle **y** a répondu.

—Et est-ce qu'on dîne bien **dans l'avion?**
—Oui, on **y** dîne bien.

For other verbs requiring the preposition **à** before a noun object, see *Chapitre 6*, p. 193, and *Chapitre 9*, p. 297.

2. Votre ami(e) vous interroge toujours au sujet de votre voyage au Canada. Répondez à ses questions en remplaçant les mots en caractères gras par les pronoms appropriés.

1. Quand est-ce que tu vas **au Canada?**
   J' _____ vais au mois de juillet.
2. Tu as déjà téléphoné **aux copains** pour les inviter?
   Bien sûr, je _____ ai déjà téléphoné.
3. Tu écris toujours des lettres **à tes amis canadiens?**
   Oui, je _____ écris toujours des lettres.
4. Et ils répondent **à tes lettres?**
   Bien sûr, ils _____ répondent.
5. Ils habitent toujours **à Québec?**
   Oui, ils _____ habitent toujours.
6. Tu vas envoyer des cartes postales **à tes amis,** n'est-ce pas?
   Oui, oui, je vais _____ envoyer des cartes comme d'habitude.

D. *En:* The pronoun **en** replaces the preposition **de** and its object when the object is a thing. When the noun object is introduced by a number or another expression of quantity (**beaucoup de, plusieurs, assez de,** etc.), **en** replaces the preposition, if any, and the noun, but the expression of quantity remains in the sentence.

—Elle a fait **deux voyages** en France.
—C'est vrai! Elle **en** a fait **deux?**

—Est-ce qu'on a besoin **de son passeport** pour aller en France?
—Oui, on **en** a besoin.

—Est-ce qu'elle a envoyé **beaucoup de cartes?**
—Oui, elle **en** a envoyé **beaucoup.**

—Est-ce qu'elle parle souvent **de ses voyages?**
—Ah, oui. Elle **en** parle souvent.

For other verbs requiring the preposition **de** before a noun object, see also *Chapitre 6*, p. 193, and *Chapitre 9*, p. 297.

E. Disjunctive Pronouns: When the noun object of **de** is a person, the preposition retains its original position in the sentence, and the person is replaced by the appropriate disjunctive pronoun: **moi, toi, lui / elle, nous, vous, eux / elles.** Note that third-person forms (**lui / elle** and **eux / elles**) show a gender distinction.

—Vous parliez **de Marie?**
—Oui, on parlait **d'elle.**

—Qu'est-ce que vous pensez **d'eux?**
—Ses amis sont très gentils.

3. Vous parlez avec un(e) camarade d'un ami commun et d'un voyage qui n'a pas eu lieu. Remplacez les mots en caractères gras par les pronoms appropriés.

1. —Mon ami rêve **d'aller en France.**

   —C'est vrai, il _____ rêve?

2. —Oui, mais il a peur en avion. Il a fait deux **longs voyages** en Californie et en Floride, mais jamais en avion.

   —Il _____ a fait deux sans prendre l'avion?

3. —Oui. Et il parle toujours **d'un voyage en France.**

   —En effet, il _____ parle toujours.

4. —Et il parle sans cesse de **son amie Suzanne** qui est allée en France l'année dernière.

   —Pourquoi parle-t-il si souvent d'_____?

5. —Ah, ce n'est pas seulement de **Suzanne** qu'il parle; il parle aussi de tous ses copains qui ont visité la France.

   —Il parle d'_____, mais il n'a pas le courage de les imiter, hein?

6. —C'est ça. Il n'a pas trop **de courage,** n'est-ce pas?

   —En effet, il n'_____ a pas trop.

F. **Prepositions with Object Pronouns:** If the noun object is a person and is introduced by any preposition other than **à,** the preposition retains its original position in the sentence, and the person is replaced by the appropriate disjunctive pronoun.

   —Ils partent en vacances **avec leurs copines?**
   —Oui, ils partent **avec elles.**

   —Ils ont réservé des places **pour les copines?**
   —Oui, bien sûr. Ils ont réservé des places **pour elles.**

   —Et **pour leur frère** aussi?
   —Oui, **pour lui** aussi.

4. Employez les éléments indiqués pour poser des questions à d'autres étudiants. Vos voisins doivent répondre aux questions en utilisant des pronoms objets dans leurs réponses.

1. tu / sortir souvent / avec tes copains?
2. tu / habiter toujours / chez tes parents?
3. tu / acheter quelquefois / un cadeau / pour ton (ta) meilleur(e) ami(e)?
4. tu / être assis(e) / devant (nom d'un[e] étudiant[e])?
5. tu / parler français / avec ton (ta) prof?
6. tu / aller au restaurant / avec ton (ta) meilleur(e) ami(e)?
7. tu / faire des courses / pour tes copains?
8. tu / voyager souvent / sans ta famille?

Position of Object Pronouns

Object pronouns are placed either directly before a conjugated verb or directly before an infinitive, depending on which verb the object pronoun logically accompanies. Never separate these pronouns from the verb form on which they depend. Note the position of pronouns in negative and interrogative sentences.

Vous **lui** parlez.	Vous **lui** avez parlé.
Vous ne **lui** parlez pas.	Vous ne **lui** avez pas parlé.
Lui parlez-vous?	**Lui** avez-vous parlé?

Il voudrait **la** voir.
Il ne voudrait pas **la** voir.
Voudrait-il **la** voir?

—Tu **lui** téléphones aujourd'hui?
—Non, je **lui** ai téléphoné hier.
—Tu veux toujours **la** voir?
—Oui, je veux bien **la** voir.

When two object pronouns are used together, the following order is used before the verb:

me	le	lui	y	en
te	la	leur		
se	les			
nous				
vous				

—Dis, tu as parlé **à ta mère de nos projets de voyage**?
—Oui, oui, je **lui en** ai parlé hier.
—Et tes parents vont **nous** prêter **la voiture**?
—Oui, ils vont **nous la** prêter.
—Super! Alors, nous cherchons **des copains** pour **nous** accompagner **jusqu'à Paris**.
—Oui, nous **en** cherchons pour **nous y** accompagner tout de suite.

Remember that in compound tenses, the past participle of a verb using **avoir** as the auxiliary agrees with any direct-object pronoun preceding the verb.

J'ai vu **mes amies**.   Je **les** ai vues.

When **le** and **les** are used as object pronouns, there is no contraction with **de** or **à**.

J'ai envie **de le** voir.   J'hésite **à les** acheter.

5. Vous voyagez avec un groupe en France et tout le monde a des questions à poser sur les moyens de transport. Voici les questions que les voyageurs posent au guide au sujet du métro. Jouez le rôle du guide et répondez aux questions selon les indications données en remplaçant les mots en caractères gras par les pronoms appropriés.

1. D'abord, on cherche une **bouche de métro**, n'est-ce pas? (oui)
2. Et puis, on descend directement **dans la station?** (oui)
3. Il faut acheter un **carnet de tickets?** (non)
4. Le plan est toujours affiché **au mur?** (oui)
5. Il faut attendre longtemps **les rames?** (non)
6. Il y a beaucoup **de passagers** à six heures du soir? (oui)
7. Il est toujours nécessaire de prendre une **correspondance?** (non)

6. Voici les questions posées au guide au sujet des trains. Continuez à jouer le rôle du guide et répondez aux questions en remplaçant les mots en caractères gras par les pronoms appropriés.

1. Et pour prendre le train, on achète **les billets** au guichet?
2. Est-ce qu'il est toujours nécessaire d'enregistrer **les valises?**
3. Vaut-il mieux réserver une **place?**
4. Il y a toujours huit **personnes** dans un compartiment?
5. Peut-on parler **aux autres passagers?**
6. On donne son billet **au contrôleur?**
7. L'horaire des trains est toujours précisé **sur l'indicateur?**
8. On attend le train **sur le quai?**
9. On demande **des renseignements à l'agent?**
10. Il faut toujours valider (ou composter) **le billet?**

7. Une étudiante française qui passe l'année dans votre université vous pose les questions suivantes. Répondez à ses questions en utilisant les pronoms objets appropriés.

1. Est-ce que tes parents t'envoient quelquefois de l'argent?
2. Est-ce que le prof de français vous parle souvent français?
3. Est-ce que tes copains t'ont souvent rendu visite à l'université l'année dernière?
4. Est-ce qu'ils t'ont souvent téléphoné ce semestre?
5. Est-ce que les profs te parlent souvent après les cours?
6. Peux-tu me recommander un bon cours pour le semestre prochain?
7. Est-ce que les profs ici vous font passer beaucoup d'examens?
8. Veux-tu venir en France l'été prochain?

8. Posez des questions à vos camarades de classe en employant les éléments suivants. Vos camarades doivent répondre aux questions en utilisant des pronoms compléments d'objet dans leurs réponses.

1. aimer bien ton cours de français
2. téléphoner à tes copains
3. voyager en France
4. avoir des camarades de chambre
5. regarder souvent la télé
6. avoir une voiture
7. vendre tes livres à la fin du semestre
8. suivre quatre cours
9. déjeuner au restaurant universitaire
10. parler souvent à tes amis
11. travailler en bibliothèque
12. pouvoir facilement trouver une place sur le parking
13. parler souvent au prof de français
14. ???

Object Pronouns with the Imperative

Object pronouns used with a negative imperative immediately precede the verb and follow their normal order of placement.

Ne **lui en** donnez pas.
Ne **me la** donnez pas.
Ne **les y** mettez pas.
Ne **m'en** parlez pas.

With an affirmative imperative, the object pronouns immediately follow the verb, are connected to it by hyphens, and are placed in the following order: (1) direct object, (2) indirect object, (3) **y**, and (4) **en**.

Donnez-**lui-en**.
Passe-**la-moi**.
Mettez-**les-y**.
Parlez-**lui-en**.
Achètes-**en**.
Vas-**y**.
Donnez-**m'en**.
Parlez-**m'en**.

When **me** and **te** follow an affirmative imperative, they are replaced by **moi** and **toi**.

Donnez-**moi** le livre.   Donnez-**le-moi**.
Achète-**toi** ce livre.   Achète-**le-toi**.

9. Vous prenez le train avec des amis. Certains de vos amis vous posent des questions. Composez une réaction à ces questions en utilisant la forme impérative du verbe et en remplaçant au moins un des noms par un pronom objet convenable.

> MODELE   Alors, j'achète mon billet à la gare?
> *Oui, achète-**le** à la gare.* ou *Oui, achètes-**y** ton billet.*

1. Je cherche une bouche de métro?
2. Je descends à la station près de la gare?
3. J'achète mon billet au guichet?
4. Je trouve la bonne voiture?
5. Je cherche mon compartiment?
6. Je mets mes affaires sous mon siège?
7. Je montre mon billet au contrôleur?
8. Je descends mes valises du train?

Synthèses

A. Votre ami(e) canadien(ne) pense aller en France cet été. Composez une réaction à chacune de ses questions en employant l'**impératif** affirmatif ou négatif et les pronoms convenables.

> MODELE   Est-ce qu'il est préférable de prendre un vol direct?
> *Oui, prenez-en un, parce que les vols directs sont meilleurs.*

1. Je dois rester à Paris pendant quelques jours?

   Oui, absolument, _____ aussi longtemps que possible. C'est une ville très intéressante.
2. Est-ce que je dois visiter le Musée d'Orsay?

   Oui, _____. Il y a des peintures remarquables.
3. Est-ce que cela vaut la peine d'aller au théâtre?

   Oui, _____. C'est une bonne activité culturelle.
4. Est-ce que je dois descendre dans un hôtel de luxe?

   Ah, non _____. Il y a beaucoup de bons petits hôtels pas chers.
5. Est-il possible d'aller aussi à Nice?

   Oui, oui, _____. Vous pouvez facilement passer quelques jours à Nice.
6. Pour aller à Nice, est-ce que je peux prendre le TGV?

   Ah oui, _____. Tu peux être à Nice en quelques heures.
7. Pour prendre le TGV, est-il nécessaire de réserver une place?

   Oui, _____. C'est obligatoire.
8. Est-il nécessaire d'enregistrer ma valise?

   Non, _____. Tu peux mettre ta valise au-dessus de ton siège.
9. Et à Nice, est-ce que je peux faire de la planche à voile?

   Absolument. _____. C'est facile.
10. Je vais vous téléphoner de Paris, d'accord?

    Oui, oui, _____. Je veux recevoir de vos nouvelles.

B. Interview: Les moyens de transport. Posez les questions suivantes à d'autres étudiants. Ils doivent répondre aux questions en employant un pronom pour remplacer les noms compléments d'objet.

1. Tu as une voiture?
2. Tu prends ta voiture pour aller à l'université?
3. Tu mets ta voiture sur le parking?
4. Ta voiture consomme beaucoup d'essence?
5. Tu prends souvent le train?
6. Tu aimes ou tu détestes prendre l'avion?
7. On prend souvent des taxis dans votre ville?
8. Il y a un système de bus dans votre ville?

Lexique personnel
Les moyens de transport

A. Cherchez les mots qui correspondent aux thèmes suivants:

1. les moyens de transport que vous utilisez pour (a) rentrer chez vous, (b) partir en Europe, (c) aller faire du ski au Canada, (d) aller de Paris à Dijon, (e) traverser la ville de Washington
2. comment acheter un ticket pour les transports en commun (avion, train, autobus, etc.)
3. l'expérience d'un voyage en avion

B. En utilisant le vocabulaire du chapitre et votre lexique personnel, faites les activités suivantes.

1. Vous avez la possibilité de partir en France l'été prochain. Expliquez les divers moyens de transport que vous allez utiliser pour vous rendre de votre domicile jusqu'à votre hôtel à Paris.
2. Les étrangers pensent souvent que les Américains utilisent exclusivement la voiture pour se déplacer et ne prennent jamais les transports en commun. Décrivez l'emploi que font les Américains de ces moyens de transport.
3. Décrivez en détail votre voyage le plus long.
4. Dans quelles villes américaines y a-t-il le métro? Avez-vous déjà pris le métro aux Etats-Unis, à Londres, à Paris? Expliquez à un(e) ami(e) comment se servir du métro.

Interactions

Activité 1. Le téléphone à la maison. Répondez aux questions d'après l'annonce suivante pour *TELE2*.

1. Que veulent dire les termes «heures pleines» et «heures creuses»? A quelle compagnie *TELE2* compare-t-elle ses tarifs? Qui contrôle cette autre compagnie?
2. Comment les appels locaux se paient-ils en France? Est-ce qu'on reçoit le même tarif pour les appels vers les téléphones mobiles?
3. Selon l'annonce, quels sont les avantages de ce service téléphonique privé?
4. Quelle sorte de téléphone peut-on acheter chez *TELE2*? Combien coûte ce téléphone? S'agit-il d'un prix normal?
5. Combien doit-on payer pour s'abonner?

Activité 2. Le téléphone portable. Répondez aux questions d'après les renseignements sur le téléphone portable en France.

> ● **Le téléphone portable a connu un développement fulgurant.**
>
> Il avait fallu plusieurs décennies pour que le téléphone fixe se démocratise en France et concerne la majorité des ménages. La diffusion du téléphone portable a été au contraire plus rapide que celle de n'importe quel autre bien d'équipement. 20 millions de Français en étaient équipés fin 1999, contre 5,7 millions fin 1997 et moins de 2,5 millions fin 1996. Le taux de possession est maximal jusqu'à l'âge de 30 ans (44 % en mai 1999); il diminue ensuite régulièrement, avec un fort décroche-ment à partir de 65 ans (10 %). De nombreux ménages possèdent au moins deux appareils. France Télécom reste le premier opérateur avec près de la moitié des abonnés (48 % en février 2000), devant SFR (36 %) et Bouygues Télécom (16 %).
>
> Les portables équipés du système WAP permettent aujourd'hui d'accéder à certains sites et services Internet adaptés. Les *pagers*, instruments de radiomessagerie (émission et réception de messages sur un écran), sont de moins en moins utilisés. Ils concer-naient surtout les jeunes et les enfants.
>
> [Mermet, *Francoscopie 2001*, p. 413]

1. Combien de Français étaient équipés d'un téléphone portable en 1999?
2. Qui utilise le plus souvent le téléphone portable?
3. Quel est le premier opérateur du service des portables?
4. Que peut-on faire si on a un portable équipé du système WAP?

Structures II

Disjunctive Pronouns

A. As Compound Subject or Object: The disjunctive pronouns are **moi, toi, lui / elle / soi, nous, vous, eux / elles.** Compound subjects and objects may be composed of two or more disjunctive pronouns or a combination of nouns and pronouns. In such cases, the noun precedes the pronoun.

> **Charles et moi,** nous allons au cinéma.
> Nous avons invité **Pierre et elle.**
> **Eux et elles** viennent aussi.
> **Vous et lui,** vous pourrez nous accompagner.

The subject pronoun is normally repeated when it is **nous** or **vous; ils** is often omitted.

B. To Emphasize a Single Element of the Sentence: In French, emphasis cannot be placed on a single element of the sentence with voice inflection as is done in English because each element of a sentence receives equal stress. Emphasis can be achieved by the addition of a disjunctive pronoun or by using the construction **c'est** or **ce sont** followed by the appropriate disjunctive pronoun.

> **Moi,** je ne l'ai pas vu.   *I didn't see him.*
> Je ne l'ai pas vu, **lui.**   *I didn't see **him.***
> **Ce n'est pas moi** qui l'ai vu. *I'm not the one who saw him.*
> **C'est lui** que j'ai vu.   *He's the one I saw.*

A disjunctive pronoun stressing a subject can be placed either at the beginning or at the end of the sentence. A disjunctive pronoun used to stress an object is placed only at the end of the sentence.

> **Moi,** je ne l'ai pas vu.   Elle l'a vu, **lui.**
> Je ne l'ai pas vu, **moi.**   Nous les avons rencontrés, **eux.**

When using the construction **c'est / ce sont** followed by the disjunctive pronoun and a clause, be sure that the verb of the clause agrees in gender and number with the disjunctive pronoun.

> C'est **moi** qui **suis** en retard.   C'est **nous** qui **voyageons** ensemble.
> Ce sont **elles** qui **prennent** l'autobus.   C'est **vous** qui **conduisez.**

C. After a Preposition: Remember to replace the object of any preposition except **à** (+ person or thing) or **de** (+ thing) by the appropriate disjunctive pronoun. (See p. 224.)

D. In Special Constructions:

- Subject pronouns cannot stand alone without a verb. A disjunctive pronoun can be used alone.

> Qui est là?   **Moi.**   Qui vient avec vous?   **Eux.**
> Qui a fait cela?   **Lui.**

- When the impersonal subject pronoun **on** is used, **soi** is used as the object of a preposition.

> On est toujours bien chez **soi.**
> On aime travailler pour **soi.**

- The ending **-même(s)** added to any of the disjunctive pronouns reinforces the pronoun. In such cases, **-même** is the equivalent of the English *-self*, as in *myself, himself, yourself*, and agrees in number with the pronoun it accompanies.

  J'y vais **moi-même**.   Nous travaillons pour **nous-mêmes**.

- The disjunctive pronouns are used as direct objects following the negative expressions **ne... que** and **ne... ni... ni...**

  Il n'aime **qu'elle**.   Il **ne** comprend **ni elle ni moi**.
  Je n'accompagne **qu'eux**.   Je n'ai vu **ni lui ni eux**.

- The disjunctive pronouns follow **que** in comparisons.

  Il court **plus vite que moi**.   Elles voyagent **plus souvent que lui**.

- After the following verbs, when the object of the preposition **à** refers to people, a disjunctive pronoun is used.

être à	Cette voiture **est à moi**.
faire attention à	**Faites attention à elles**.
s'habituer à	Nous **nous habituons à vous**.
penser à	Je **pense à lui**.
tenir à	Il **tient à eux**.

- However, even with the verbs in the preceding list, when the object of the preposition **à** is a thing, the object pronoun **y** is used.

  Je m'habitue **au climat**.   Je m'**y** habitue.
  Elles pensent **au voyage**.   Elles **y** pensent.

Rappel! Rappel!

Remember, the preceding examples of **à** with a disjunctive pronoun are exceptions, and you should learn them as such.

In the majority of cases, a person as the object of the preposition **à** is replaced by an indirect-object pronoun, which precedes the verb.

Je donne le carnet à **Paul**.   Je **lui** donne le carnet.
Ils téléphonent **à leurs copains**.   Ils **leur** téléphonent.

1. Un groupe de jeunes Français parlent d'aller à un concert. Complétez chaque phrase par le pronom disjoint convenable.

1. Dis, Jean-Marc, tu as réservé des billets pour Jeanne et *(me)* _____.
2. Oui, oui, mais qui va payer ces billets? *(me)* _____.
3. Nous partons avant Olivier et Catherine? Je veux arriver avant *(them)* _____.
4. Mais n'attendez pas Emma. *(She)* _____, elle va arriver en retard.
5. D'accord, mais *(I)* _____, je ne veux pas être en retard.
6. Et Charles et Jean-Pierre? Charles et *(he)* _____ vont nous accompagner?
7. Magalie et Hélène ont leurs billets. Nous sommes assis derrière *(them)* _____.
8. Je vais conduire la voiture de Robert. Je connais la route mieux que *(him)* _____.
9. D'accord, c'est *(you)* _____ qui conduis.
10. Rachelle et son frère ne peuvent pas aller au concert. Je vais penser à *(them)* _____ pendant toute la soirée!

2.

Posez des questions à vos camarades de classe en utilisant les éléments indiqués. Vos camarades doivent utiliser des pronoms dans leurs réponses.

MODELE   aimer travailler avec ton / ta petit(e) ami(e)
     —*Tu aimes travailler avec ton / ta petit(e) ami(e)?*
     —*Non, je n'aime pas travailler avec lui / elle.*

1. s'habituer à notre prof de français
2. voyager souvent avec tes camarades de chambre
3. penser souvent à ton / ta petit(e) ami(e)
4. travailler plus souvent que ton copain
5. rentrer tard à la maison plus souvent que tes camarades de chambre
6. parler souvent de tes profs
7. faire attention à tes parents
8. vouloir me présenter à ton / ta meilleur(e) ami(e)
9. habiter toujours chez tes parents
10. acheter des cadeaux pour tes amis

Synthèses

A. Des étudiants américains suivent un cours d'été à l'université de Dijon. Ils sont en train d'organiser une excursion à Paris pour y passer quelques jours et aussi pour voir un concert de U2. Jouez le rôle des étudiants et répondez aux questions suivantes en employant les pronoms convenables.

1. On va prendre le train?
2. Nous retrouvons Kim à la gare, n'est-ce pas?
3. Est-ce que nous allons dormir dans un hôtel?
4. Mark, tu as réservé des billets pour le concert, non?
5. Nous voyageons avec Paul et Suzanne?
6. Jeff, est-ce que tu as expliqué tous les détails du voyage aux autres?
7. A quelle heure est-ce qu'il nous faut arriver au Palais des Sports?
8. Vous autres, vous avez déjà vu U2?
9. Chris, tu vas acheter beaucoup de souvenirs?
10. On a demandé à Jean-Marc de venir nous chercher à la gare?

B. De retour à Dijon, Kim parle à une de ses copines françaises du séjour qu'elle a fait à Paris avec d'autres amis. Complétez chaque phrase en utilisant des pronoms disjoints ou des pronoms compléments d'objet.

1. Je dois _____ dire qu'on s'est beaucoup amusés à Paris.
2. Je suis restée avec Paul et Suzanne, et je suis allée au théâtre avec _____.
3. Sarah et Matthew? Je ne _____ ai pas vus. Ils ne faisaient pas partie de mon groupe.
4. Chris? C'est _____ qui a choisi des films à voir à Paris, et le groupe _____ a beaucoup appréciés.
5. Tout le monde est allé au concert de U2. Paul et _____, nous _____ avons vus l'année dernière.

6. C'est _____ qui avons proposé ce concert au groupe.

7. J'ai beaucoup aimé le concert, mais Paul, _____, a trouvé ce concert moins bon que l'autre.

8. Pour rentrer, nous avons pris le TGV. Je _____ ai trouvé super rapide!

9. Nous avions de bonnes places. Paul _____ avait réservées à l'avance.

10. La petite bande est rentrée à Dijon vers minuit. J'étais contente d'_____ arriver.

Interactions

Activité 1. Les transports urbains. La technologie aide à moderniser les métros, les bus, les trams, pour laisser respirer les villes. Les transports urbains nous offrent une solution aux problèmes de pollution et d'embouteillages. Répondez aux questions suivantes.

1. Quels sont les avantages des transports urbains? Quels en sont les inconvénients?

2. Quels sont les obstacles matériels au développement des transports urbains en Europe? En Amérique du Nord?

3. Quels sont les obstacles psychologiques?

4. Pourquoi est-il si difficile pour les gens de garer leur voiture et de prendre les transports urbains, surtout en Amérique du Nord?

5. Utilisez-vous les transports en commun?

Activité 2. Vous êtes à Paris. Répondez aux questions d'après la carte suivante de la ville de Paris.

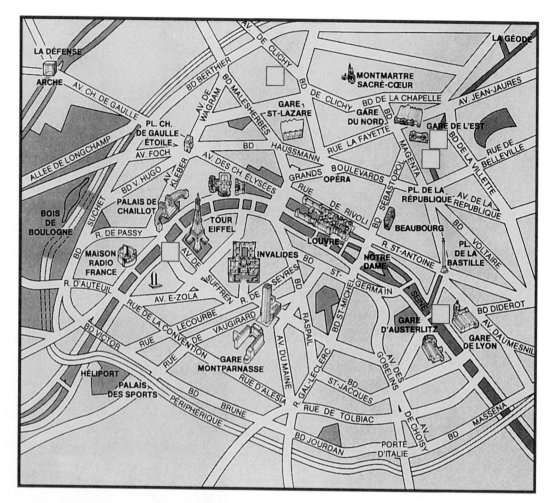

1. Vous êtes dans un hôtel près de la Gare du Nord. A quel quartier célèbre pouvez-vous aller à pied?

2. Vous visitez le Palais de Chaillot. Quel monument célèbre pouvez-vous voir de la terrasse devant le Palais?

3. Vous êtes assis(e) dans un café au coin du boulevard St. Michel et du boulevard St. Germain. Quel monument pouvez-vous voir de la terrasse du café?

4. Vous êtes devant le Louvre et vous regardez vers la Place Charles de Gaulle–Etoile. Quels deux monuments pouvez-vous voir?

5. Vous voulez voir les Invalides et le tombeau de Napoléon. Est-ce que vous devez faire la visite des Invalides après la visite de la Tour Eiffel ou après la visite du musée d'art moderne à Beaubourg? Expliquez votre réponse.

6. A la fin de votre séjour à Paris, vous prenez le TGV pour aller à Avignon. Par quelle place célèbre est-ce que votre bus va peut-être passer pour arriver à la Gare de Lyon?

Pour s'exprimer

Track 8

Avant de faire les activités qui suivent, écoutez la conversation entre Christelle et Magali qui parlent de leurs projets pour l'été.

CONTEXTE: Nous sommes à Paris en juillet. Christelle termine bientôt ses examens de fin de deuxième année de médecine et compte rentrer chez ses parents à Bordeaux. Magali se prépare à faire un stage à Aix dans un cabinet d'architecte pendant l'été. Chacune doit partir vers une destination différente. Comment vont-elles organiser leur départ et leur voyage?

A l'écoute

A. Christelle et Magali mentionnent plusieurs moyens de transport au cours de leur conversation. Lesquels avez-vous notés?

B. Faites une liste des villes dont vous entendez le nom au cours du dialogue. Essayez de les situer sur la carte de France au début du livre. A quelle distance approximative sont-elles de la capitale?

C. Imaginez dans le détail l'emploi du temps de Magali le jour de son départ. Retracez son voyage à partir du moment où elle quitte son appartement à Paris.

D. Comparez le voyage de Christelle et celui de Magali. Pour chacun des moyens de transport mentionnés, à quels avantages et inconvénients est-ce que les jeunes filles font allusion?

A vous la parole

Voici une liste d'expressions utiles pour proposer quelque chose et pour accepter ou refuser une proposition. Un membre de la classe fait une des propositions indiquées à un(e) camarade de classe qui accepte ou refuse en expliquant sa décision.

Pour proposer	Pour accepter	Pour refuser
Tu veux m'accompagner... ?	Oui, oui, je veux bien.	Merci, mais je n'ai pas le temps.
Si on allait... ?	Ah, oui, volontiers!	Je regrette, mais je suis très occupé(e) en ce moment.
Ça te tente de... ?	Mais oui, bien sûr.	Franchement, ça ne me dit pas grand-chose.
Dis, tu voudrais... ?	D'accord. Je suis disponible.	Non, vraiment, ça ne me tente pas.
Si on partageait les frais pour... ?	Pourquoi pas?	Je voudrais bien, mais je suis fauché(e) *(broke)*.
	Ça m'est égal.	

1. donner une soirée le week-end prochain
2. partager un appartement l'année prochaine
3. prendre un pot ce soir
4. voyager en France l'été prochain
5. passer les vacances de printemps chez mes parents
6. aller au concert de MC Solaar
7. passer les vacances en Floride
8. dîner dans un restaurant végétarien
9. préparer ensemble l'examen de français
10. ???

Situations orales et écrites

A. Vous êtes à Paris et vous désirez prendre le train pour aller à Tours pendant deux jours afin de visiter quelques-uns des châteaux de la vallée de la Loire. Imaginez votre conversation avec l'agent de la SNCF à la gare.

B. Vous avez passé l'année scolaire à Bordeaux et maintenant vous voulez rentrer aux Etats-Unis. Vous allez dans une agence de voyages pour préparer votre retour (le train vers Paris et le vol transatlantique). Quelles questions posez-vous?

C. En basant vos idées sur la **Note Culturelle** aux pages 220–221, écrivez une composition qui compare les transports en France et aux Etats-Unis. Par exemple, quels moyens de transport est-ce que vous utilisez souvent? Quels moyens de transport est-ce que les Français semblent employer plus souvent que les Américains?

D. Vous envoyez un courrier électronique à votre correspondant(e) français(e) qui vous demande comment la technologie influence les modes de vie aux Etats-Unis. Décrivez comment vous utilisez la technologie dans votre vie, par exemple à la maison, à l'université, au travail, etc.

Structures III

Possessive Pronouns

The possessive pronouns in French are equivalent to the English pronouns *mine, yours, his, hers, its, ours, theirs*. A possessive pronoun replaces the possessive adjective and the noun it modifies. The possessive pronoun must agree with the noun replaced, *not* with the possessor.

One Possessor	Single Possession	Plural Possessions
mine	le mien (*m*)	les miens (*m*)
	la mienne (*f*)	les miennes (*f*)
yours (fam.)	le tien (*m*)	les tiens (*m*)
	la tienne (*f*)	les tiennes (*f*)
yours (formal)	le vôtre (*m*)	les vôtres (*m* & *f*)
	la vôtre (*f*)	
his / hers / its	le sien (*m*)	les siens (*m*)
	la sienne (*f*)	les siennes (*f*)
More Than One Possessor	**Single Possession**	**Plural Possessions**
ours	le nôtre (*m*)	les nôtres (*m* & *f*)
	la nôtre (*f*)	
yours	le vôtre (*m*)	les vôtres (*m* & *f*)
	la vôtre (*f*)	
theirs	le leur (*m*)	les leurs (*m* & *f*)
	la leur (*f*)	

Apportez votre livre et **mon livre.**
Apportez votre livre et **le mien.**

Ils ont vérifié vos billets et **les miens.**
Tu peux prendre ma valise et **les tiennes.**
Jeanne a acheté mon carnet et **le sien.**
Je vais attacher ma ceinture et **la sienne.**
Voici votre compartiment et **le nôtre.**
Vous avez pris vos places et **les nôtres.**
J'ai réclamé ma valise et **la vôtre.**
Nous pouvons trouver notre train et **le leur.**

The pronoun forms corresponding to the adjectives **notre** and **votre** have a circumflex accent over the o (ô), and, like **les leurs,** the plural forms show no gender distinction.

The prepositions **à** and **de** contract with the definite article of the possessive pronouns.

Je pense à mon voyage et **au sien.**
Nous avons besoin de notre voiture et **des leurs.**

Rappel! Rappel!

The choices involving **le sien** and **le leur** sometimes pose a problem for the English speaker. When expressing *his* or *hers,* only one person is the possessor, so choose from among **le sien, les siens, la sienne,** and **les siennes** the form that agrees with the object possessed, not the possessor.

—Elle achète son billet?   —*She's buying her ticket?*
—Oui, elle achète son billet   —*Yes, she's buying her ticket and **his.***
  à elle et **le sien.**

—Et lui?   —*And what about him?*
—Il enregistre ses valises   —*He's checking his bags and **hers.***
  à lui et **les siennes.**

When expressing *theirs,* there is always more than one possessor, but they may possess either a single thing or more than one thing.

—Mon train part à midi. A quelle heure part **leur train?**
—**Le leur** part à trois heures.
—Alors, je vais mettre mes valises dans le compartiment. Et **leurs valises à eux?**
—Mettez **les leurs** dans le compartiment aussi.

To express the concept of possession, the two types of structures **Elle est à moi** and **C'est la mienne** can be used.

The two constructions are not always interchangeable. When no comparison or contrast is implied in expressing ownership, French usage tends to prefer the form **il / elle / ce + être + à +** disjunctive pronoun. In making comparisons, the possessive pronoun would be preferred.

—Cette cassette vidéo?   —**Elle est à moi.** (= *statement of ownership*)
—C'est ma cassette vidéo?   —**Non, c'est la mienne.** (= *mine, not yours*)

1. Vous venez de terminer un voyage en voiture avec des amis. Il reste quelques affaires dans la voiture et vous essayez de déterminer à qui elles appartiennent. Répondez aux questions selon les indications.

1. —J'ai déjà enlevé ma valise. Cette valise-là, elle est à Paul?

   —Oui, c'est *(his)* _____.

2. —Jeanne, tu as déjà ton sac, non? Alors, ce sac-là est à Marie?

   —Oui, c'est *(hers)* _____.

3. —Ce livre-ci est à moi. Et le livre qui est par terre?

   —C'est *(theirs)* _____.

4. —Et ces petits gâteaux?

   —Ils sont *(ours)* _____.

5. —Voilà aussi un carnet.

   —Il est *(mine)* _____.

6. —Tout le monde a enlevé ses affaires. Les affaires qui restent sont à Paul et à Martin?

   —Oui, ce sont *(theirs)* _____.

7. —J'ai aussi trouvé des CD.

   —Alors, les CD de Renaud sont à vous, non? Et les CD de MC Solaar sont *(mine)* _____.

8. —Tu as vu mes lunettes de soleil *(sunglasses)*?

   —Oui, voilà tes lunettes et *(his)* _____.

2. Répondez aux questions suivantes en utilisant un pronom possessif.

1. Tu utilises ton livre ou mon livre?
2. Tu as ton stylo ou le stylo de quelqu'un d'autre?
3. Tu prends ta voiture ou la voiture de ton frère?
4. Tu empruntes quelquefois les vêtements d'une autre personne?
5. Tu préfères tes CD ou les CD de ton ami(e)?

Demonstrative Pronouns

The demonstrative pronouns in French are equivalent to the English expressions *this one, that one, these,* and *those*. A demonstrative pronoun replaces a demonstrative adjective and the noun it modifies. It must agree in gender and number with the noun replaced.

	Singular	Plural
Masculine	celui	ceux
Feminine	celle	celles

Apportez-moi ce livre.
Apportez-moi **celui-là.**

Basic Uses of Demonstrative Pronouns

The demonstrative pronoun cannot stand alone and must be followed by one of the following constructions.

A. *-ci* or *-là*:

Cette voiture-là est sale; prenons **celle-ci.**	*That car is dirty, let's take **this one.***
Cet avion est dangereux; je préfère **celui-là.**	*This plane is dangerous; I prefer **that one.***
Les couchettes de ce côté sont plus commodes que **celles-là.**	*The bunks on this side are more convenient than **those.***
Ce trajet est plus facile que **ceux-là.**	*This trip is easier than **those.***

The demonstrative pronoun followed by **-ci** may also mean *the latter;* followed by **-là** it may mean *the former*. The **-ci** refers to the last element mentioned (the latter or closest one), whereas **-là** refers to the first element mentioned (the former or the farthest one).

Nous allons prendre ou le bateau ou l'avion. Moi, je préfère **celui-ci** car **celui-là** va trop lentement.	*We're going to take either the boat or the plane. I prefer **the latter,** because **the former** goes too slowly.*

B. A relative pronoun + clause:

De tous les trains, je préfère **celui qui est rapide.**	*Of all the trains, I prefer **the one that is fast.***
Montrez-moi ma place et **celles que vous avez réservées.**	*Show me my place and **those you reserved.***
Voilà **celle dont j'ai besoin.**	*There's **the one I need.***

C. *De* + noun:

Voilà ma valise et **celle de Jean.**	*There's my suitcase and **John's.***
J'ai apporté mon horaire et **ceux de Paul et d'Hélène.**	*I brought my schedule and **Paul's and Helen's.***

Ceci *and* cela

The neuter demonstrative pronouns **ceci** and **cela** do not refer to a specific noun but to a concept or idea. **Ceci** announces an idea that is to follow, and **cela** refers to something that has already been stated.

Je vous dis **ceci:** ne prenez jamais le métro après 11 heures du soir.
Vous avez manqué le train, et je vous ai dit que **cela** allait arriver.

Cela (ça) is often used to translate *this* or *that* as the subject of a verb other than **être.** With **être, ce (c')** is used as the subject.

Ça is generally used only in spoken language; **cela** is used in written French.

C'est un trajet difficile.
Ça fait une heure qu'on attend.

3. Vous rentrez après un long voyage avec des souvenirs pour tout le monde. Distribuez les souvenirs en utilisant un pronom démonstratif dans vos phrases.

1. Voilà un livre. C'est _____ d'Hélène.
2. Voilà une bague *(ring)*. C'est _____ que j'ai rapportée pour Josée.
3. Voilà une cassette. C'est _____ de Marc.
4. Et ces bracelets en bois sont _____ qui se vendent partout en Afrique.
5. J'ai rapporté des diapositives aussi jolies que _____ qu'on vend en Amérique.
6. Voilà un sac. C'est _____ d'Annick.
7. Enfin, une bouteille de cognac. C'est _____ d'Edouard.
8. Et ces excellents chocolats? _____, je les garde pour moi.

Interactions

Activité. La technologie d'aujourd'hui et de demain. Répondez au questionnaire «Êtes-vous citoyen du monde?». Ensuite répondez aux questions suivantes.

1. Le développement de la technologie amène des changements importants dans la vie quotidienne. A votre avis, quels ont été les changements les plus importants de ces 25 dernières années?

2. Y a-t-il des innovations technologiques avec lesquelles vous n'êtes pas d'accord? (par exemple, le clonage d'animaux? les appareils qui prolongent la durée de la vie?)

3. Comment pouvons-nous éviter l'emploi abusif de la technologie? A qui en donner le contrôle? au gouvernement? aux scientifiques? aux médecins? à qui d'autre?

4. Pouvez-vous identifier certains métiers qui n'existaient pas il y a 25 ans? Lesquels?

5. Comptez-vous employer la technologie dans votre carrière professionnelle? Comment?

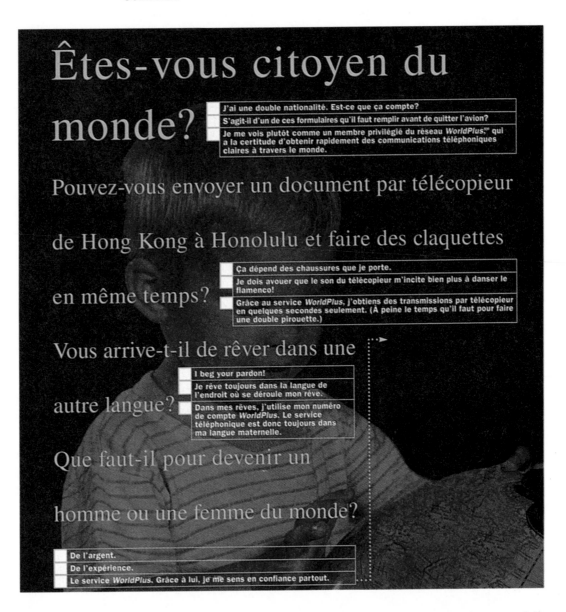

Perspectives

Mise en train

Sujets de réflexion

1. Dans l'univers des voyages dans l'espace il y a le rêve et la réalité. Que savez-vous de la légende grecque d'Icare? Quelles sortes de machines volantes dessinait Léonard de Vinci? Quels véhicules imaginait Jules Verne pour le voyage dans la Lune?

2. Quels films ou livres connaissez-vous où il est question de voyages interstellaires? Les avez-vous appréciés? Dites pourquoi.

3. Depuis 1957, nous avons lancé dans l'espace plus de 5 000 satellites qui nous observent et observent les autres planètes. Quelle planète a déjà reçu notre visite? A votre avis, la vie est-elle possible sur une autre planète? Y a-t-il des êtres humains ailleurs que dans notre galaxie?

4. Quelles sont les caractéristiques essentielles d'une œuvre de science-fiction? Quel est l'équilibre idéal entre les éléments familiers et étranges qui la composent?

Pierre Boulle (1912–1994)

Pierre Boulle est né à Avignon. Dans les années 30, il part en Asie du Sud-Est puis, pendant la Seconde Guerre mondiale il combat en Chine et en Birmanie. C'est de cette expérience qu'il tire son livre Le Pont de la Rivière Kwaï *dont Hollywood fait une adaptation cinématographique mondialement célèbre. En littérature française, Boulle est un de ceux qui ont le plus contribué à la science-fiction. C'est en 1963 qu'il publie* La Planète des singes. *Ce roman, lui aussi, sera adapté au cinéma, d'abord en 1967 dans le film de Franklin Schaffner et plus récemment, en 2001, dans un film de Tim Burton.*

L'action de La Planète des singes *se déroule à 300 années-lumière de la Terre dans un endroit étrangement familier aux voyageurs. En partant explorer, le journaliste Ulysse Mérou et ses compagnons ne s'attendaient pas à trouver une planète qui ressemblait tant à la Terre. Ils l'appellent Soror (sœur, en latin), car ils y trouvent même des humains! Mais ces «hommes» vivent nus, semblent dénués de pensée et communiquent par des cris. Ce sont les autres habitants de la planète, les singes, qui sont habillés et qui parlent! Boulle renverse donc les rôles de domination et met en cause le comportement des hommes et leurs mépris des autres espèces.*

littéraires

Ulysse Mérou, après avoir été subjugué par les singes de Soror, devient amoureux de Nova, un être humain, belle mais stupide. Bientôt Nova a un enfant avec Ulysse. L'amour et la maternité vont la tranformer lentement et lui rendre, petit à petit, toutes les caractéristiques humaines qu'elle avait perdues. Grâce à une ruse qui a bien réussi, tous les trois, Ulysse, Nova et leur petit enfant Sirius, échappent à la planète des singes et se dirigent vers la Terre.

Avant de lire

1. Le retour d'Ulysse vers la Terre se divise en deux parties. Les paragraphes 1 à 10 sont consacrés au voyage lui-même. Ulysse raconte le trajet en utilisant bon nombre de termes techniques. Aussi fait-il allusion à certaines manœuvres qui nous sont devenues familières depuis l'époque où Boulle a écrit son roman. Mettez dans l'ordre logique les phrases suivantes, tirées du texte:

   a. *Nous sommes dans l'atmosphère. Les rétrofusées entrent en action.*

   b. *Collés aux hublots, nous regardons la Terre s'approcher.*

   c. *L'abordage de notre vaisseau s'est bien passé.*

   d. *Le soleil grossit à chaque instant.*

   e. *C'est déjà la période de freinage, qui doit durer une autre année.*

2. Dans la seconde partie du texte (paragraphes 11 à 18), il y a un manque de modernité, de progrès et même de vie humaine. Quelles images, surtout dans les paragraphes (11) et (13) se rattachent au passé?

La Planète des singes

(1) *L*e tour est joué°. Je vogue de nouveau dans l'espace, à bord du vaisseau cosmique, filant° comme une comète en direction du système solaire, avec une vitesse qui s'accroît° à chaque seconde.

(2) Je ne suis pas seul. J'emmène avec moi Nova et Sirius, le fruit de nos amours inter-
5 planétaires, qui sait dire papa, maman et bien d'autres mots. Il y a également à bord un couple de poulets et de lapins, et aussi diverses graines, que les savants avaient mis dans le satellite pour étudier le rayonnement° sur des organismes très divers. Tout cela ne sera pas perdu...

(3) L'abordage° de notre vaisseau s'est bien passé. J'ai pu m'en approcher peu à peu, en
10 manœuvrant le satellite, pénétrer dans le compartiment resté béant°, prévu pour le re-tour de notre chaloupe°. Alors, les robots sont entrés en action pour refermer toutes les issues°. Nous étions à bord. L'appareillage° était intact et le calculateur électronique se chargea de faire toutes les opérations du départ. Sur la planète Soror, nos complices ont prétendu que le satellite avait été détruit en vol, n'ayant pu être placé sur son orbite.

15 (4) Nous sommes en route depuis plus d'un an de notre temps propre. Nous avons atteint la vitesse de la lumière à une fraction infinitésimale près, parcouru en un temps très court un espace immense et c'est déjà la période de freinage°, qui doit durer une autre année. Dans notre petit univers, je ne me lasse° pas d'admirer ma nouvelle famille...

(5) Quelle émotion j'ai ressentie ce matin en constatant que le soleil commençait à
20 prendre une dimension perceptible! Il nous apparaît maintenant comme une boule de billard et se teinte° de jaune. Je le montre du doigt à Nova et à Sirius. Je leur explique ce qu'est ce monde nouveau pour eux et ils me comprennent. Aujourd'hui, Sirius

parle couramment et Nova, presque aussi bien. Elle a appris en même temps que lui. Miracle de la maternité; miracle dont j'ai été l'agent. Je n'ai pas arraché tous les
25 hommes de Soror à leur avilissement°, mais la réussite est totale avec Nova.

(6) Le soleil grossit° à chaque instant. Je cherche à repérer° les planètes dans le télescope. Je m'oriente facilement. Je découvre Jupiter, Saturne, Mars et... la Terre. Voici la Terre!

(7) Des larmes me montent aux yeux. Il faut avoir vécu plus d'un an sur la planète des
30 singes pour comprendre mon émotion... Je sais, après sept cents ans, je ne retrouverai ni parents ni amis, mais je suis avide de revoir de véritables hommes.

(8) Collés aux hublots°, nous regardons la Terre s'approcher. Il n'est plus besoin de télescope pour distinguer les continents. Nous sommes satellisés. Nous tournons autour de ma vieille planète. Je vois défiler° l'Australie, l'Amérique et la France; oui,
35 voici la France. Nous nous embrassons tous trois en sanglotant°.

(9) Nous nous embarquons dans la deuxième chaloupe du vaisseau. Tous les calculs ont été effectués° en vue d'un atterrissage dans ma patrie, non loin de Paris, j'espère.

(10) Nous sommes dans l'atmosphère. Les rétrofusées° entrent en action. Nova me regarde en souriant. Elle a appris à sourire et aussi à pleurer. Mon fils tend les bras et ou-
40 vre des yeux émerveillés. Au-dessous de nous, c'est Paris. La tour Eiffel est toujours là.

(11) J'ai pris les commandes et me dirige d'une manière très précise. Miracle de la technique°! Après sept cents ans d'absence, je parviens à me poser° à Orly, qui n'a pas beaucoup changé, au bout du terrain, assez loin des bâtiments. On a dû m'apercevoir; je n'ai qu'à attendre. Il ne semble pas y avoir de trafic aérien; l'aéroport serait-il désaf-

45   fecté°? Non, voici un appareil°. Il ressemble en tout point aux avions de mon époque!

(12) Un véhicule se détache des bâtiments, roulant dans notre direction. J'arrête mes fusées, en proie° à une agitation de plus en plus fébrile. Quel récit je vais pouvoir faire à mes frères humains! Peut-être ne me croiront-ils pas tout d'abord, mais j'ai des preuves. J'ai Nova, j'ai mon fils.

50   (13) Le véhicule grandit. C'est une camionnette d'un modèle assez ancien: quatre roues et un moteur à explosion°. J'enregistre machinalement tous ces détails. J'aurais pensé que ces voitures étaient reléguées dans les musées.

(14) J'aurais imaginé volontiers aussi une réception un peu plus solennelle. Ils sont peu nombreux pour m'accueillir. Deux hommes seulement, je crois. Je suis stupide, ils

55   ne peuvent pas savoir. Quand ils sauront!...

(15) Ils sont deux. Je les distingue assez mal, à cause du soleil déclinant qui joue° sur les vitres, des vitres sales. Le chauffeur et un passager. Celui-ci porte un uniforme. C'est un officier, j'ai vu le reflet de ses galons°. Le commandant de l'aéroport, sans doute. Les autres suivront.

60   (16) La camionnette s'est arrêtée à cinquante mètres de nous. Je prends mon fils dans mes bras et sors de la chaloupe. Nova nous suit avec quelque hésitation. Elle a l'air craintive°. Cela lui passera° vite.

(17) Le chauffeur est descendu. Il me tourne le dos. Il m'est à moitié caché par de hautes herbes° qui me séparent de la voiture. Il tire la portière pour faire descendre le

65   passager. Je ne m'étais pas trompé, c'est un officier; au moins un commandant; je vois briller de nombreux galons. Il a sauté à terre. Il fait quelques pas vers nous, sort des herbes et m'apparaît enfin en pleine lumière. Nova pousse un hurlement°, m'arrache son fils et court se réfugier avec lui dans la chaloupe, tandis que je reste cloué° sur place, incapable de faire un geste ni de proférer une parole.

70   (18) C'est un gorille.

Pierre BOULLE, *La Planète des singes*,
©1994, éditions Pocket Jeunesse

Synthèses

Après la lecture

1. Le paragraphe (3) raconte la manière dont Ulysse et sa famille ont réussi à s'évader en satellite de la planète Soror. Quelles sont les indications dans ce paragraphe du texte qui expliquent cet événement?

2. Ulysse nous dit: *Je ne me lasse pas d'admirer ma nouvelle famille...* (4). Comment imaginez-vous les deux autres personnages, sa femme Nova et son fils Sirius, au moment où ils quittent Soror? Les paragraphes (5) et (10) peuvent vous aider.

3. Ce récit de voyage interstellaire est en même temps une sorte de leçon d'astronomie. Quels éléments de cette leçon se trouvent dans les paragraphes (6), (7) et (8)?

4. Ulysse a très envie de faire le récit de ses aventures à ses frères humains. Mais il doit faire face à un certain nombre de déceptions en atterrissant. Quels détails dans les paragraphes (13) et (14) ajoutent à cette déception?

5. La réaction de Nova, lorsqu'elle voit le visage de l'officier, est violente. Expliquez pourquoi.

Pour mieux lire

1. Le style de Pierre Boulle est plutôt direct et concret. De plus, il utilise un vocabulaire scientifique, indispensable pour communiquer dans le domaine de la technologie. Les phrases suivantes contiennent des mots **en caractères gras**. Ce sont des expressions scientifiques ou techniques que vous expliquerez en utilisant vos propres mots:

   a. *Nous étions à bord. L'**appareillage** était intact et le **calculateur électronique** se chargea de faire toutes les opérations du départ.*

   b. *Nous avons atteint la **vitesse de la lumière** à une fraction infinitésimale près, parcouru en un temps très court un espace immense et c'est déjà la **période de freinage**, qui doit durer une autre année.*

   c. *Nous sommes dans l'**atmosphère**. Les **rétrofusées** entrent en action.*

2. Maintenant, racontez en utilisant vos propres mots l'épisode de *La Planète des singes* que vous avez lu. Si vous avez vu l'un des deux films tirés de ce roman, quels sont les différences que vous avez pu noter entre le livre et le film?

Liens culturels

1. La lecture de *La Planète des singes* offre un exemple de la transformation en littérature de réalités scientifiques. Imaginez que vous êtes J. Charles ou N. Robert et que vous faites un des premiers voyages en ballon au dix-huitième siècle. Vous écrivez une page dans votre journal intime pour décrire ce que vous avez fait pour survoler la campagne française au départ de Paris.

2. Au dix-neuvième et au vingtième siècles, l'idée de la vitesse est devenue une obsession. Faites une liste des découvertes qui ont sensiblement *accéléré* le rythme de la vie moderne. Y a-t-il quelques-unes de ces découvertes que vous jugez inutiles ou frivoles? Est-ce que les grandes découvertes dans la technologie des transports ont été motivées par le désir d'aller toujours plus vite ou par d'autres préoccupations? Quelle est, à votre avis, la découverte la plus importante qu'on ait faite dans le domaine des transports? Expliquez votre réponse.

3. La technologie et l'art: Comparez l'utilisation de la technologie faite par Fernand Léger dans son tableau (page 214) et par Pierre Boulle dans le passage de *La Planète des singes* que vous avez lu (pages 246–248). Lequel des deux semble avoir plus de confiance en la nature humaine?

Chapitre 8

A la fac

La Sorbonne à Paris est un établissement public d'enseignement supérieur partagé en plusieurs universités.

Perspectives

La Sorbonne

La Sorbonne est un établissement public d'enseignement supérieur qui est divisé en plusieurs universités. En plus de son importance historique, cette université parisienne présente aussi un intérêt architectural.

- En 1257, Robert de Sorbon fonde un établissement pour faciliter l'étude de la théologie chez les étudiants (appelés *écoliers*) pauvres. A partir de la Renaissance (seizième siècle), cette faculté de théologie a été connue sous le nom de *Sorbonne*.
- Au dix-septième siècle, le cardinal Richelieu, Ministre du roi, demande à l'architecte Lemercier de reconstruire la Sorbonne. La magnifique chapelle de la Sorbonne, avec son dôme néo-classique de style Louis XIII, date de cette époque. Les bâtiments de la Sorbonne que nous admirons aujourd'hui ont été refaits ou modifiés vers 1900.

L'Université d'Etat

Au douzième siècle, l'Eglise décide que toute cathédrale doit maintenir une école pour assurer l'instruction de ses clercs. C'est de l'école épiscopale de Paris que va naître l'Université de Paris.

- Fondée en 1192, l'Université de Paris (et surtout sa faculté de théologie, la Sorbonne) a gardé son importance pendant plusieurs siècles. En province, d'autres universités ont été créées sur le modèle de Paris (par exemple, en 1229 à Toulouse et en 1289 à Montpellier).
- A la suite de la Révolution Française de 1789, les universités ont été supprimées.

Le dôme de la Sorbonne: un excellent exemple du classicisme en architecture

- En 1806, Napoléon Ier va donc pouvoir créer sa propre Université impériale qu'il place sous le contrôle immédiat du gouvernement. Le principe des universités d'Etat, administrées par le pouvoir central, a donc été formellement établi en France à partir de l'époque napoléonienne. Ce principe est toujours en vigueur.

Jules Ferry et l'école républicaine

Sous la Troisième République (1870–1940), la France a connu des progrès impressionnants en matière d'éducation. Certaines de ses «valeurs républicaines» exercent encore leur influence sur l'enseignement français contemporain.

- Jules Ferry (1832–1893) était Ministre de l'Instruction publique lorsque la France a voté la «loi Jules Ferry» de 1882 par laquelle l'école primaire publique est devenue *gratuite* pour tous, *laïque* (c'est-à-dire neutre en matière de religion et de politique) et *obligatoire* de 7 à 13 ans.
- A partir de 1889, les instituteurs deviennent des fonctionnaires d'Etat, et une instruction morale et civique remplace l'enseignement religieux.
- Au début, seule l'école primaire n'est pas payante. La gratuité va s'étendre à tout le secondaire en 1932. A partir de 1924, l'enseignement dans les lycées de jeunes filles, institués par la loi de 1880, va s'aligner sur le modèle masculin.

culturelles

L'Université de Paris

En 1970, l'Université de Paris a été divisée en treize universités dans la capitale et sa banlieue. Chacune de ces universités porte la désignation Paris-I, Paris-II, Paris-III, etc., en plus d'un nom qui lui est propre. Par exemple, Paris-IV s'appelle «Paris-Sorbonne» et Paris-VI, Pierre-et-Marie-Curie.

La fac des sciences de l'Université de Paris—«Jussieu»

- Parmi les Universités de Paris, on compte la «fac des sciences», qu'on a l'habitude d'appeler «Jussieu», pour le quartier où elle se trouve. Le plus vaste campus de France, il accueille près de 5% des étudiants du pays. Sa construction date de 1965. L'architecture tubulaire et le caractère répétitif de ses éléments préfabriqués sont plutôt typiques des structures universitaires datant des années soixante.

- En l'an 2000, la part des jeunes de 19 à 21 ans qui poursuivent des études supérieures en France est passée à 40%. La France occupe ainsi le troisième rang parmi les pays occidentaux, derrière le Canada et l'Espagne, mais devant les Etats-Unis, l'Allemagne, le Royaume-Uni et l'Italie.

L'Université française hors de France

Plus de 25 000 étudiants sont inscrits dans des universités françaises situées loin de la France métropolitaine: l'Université des Antilles-Guyane, l'Université de la Nouvelle-Calédonie, l'Université de la Polynésie française et l'Université de la Réunion.

- Depuis 1982, plus de 12 000 étudiants de Guadeloupe, de Martinique et de Guyane ont la possibilité de préparer des diplômes universitaires sans faire le voyage en Europe.

- Sur les campus de l'UAG, à Pointe-à-Pitre (Guadeloupe) ou à Kourou (Guyane), les étudiants s'inscrivent dans une assez grande variété de cours dont les plus souvent choisis sont en droit et sciences politiques, langues et sciences structurales. On peut aussi même y préparer des maîtrises dans certaines disciplines.

Etablissements privés et l'apprentissage

Dans la tradition française, l'université forme des penseurs, des étudiants sélectionnés sur la base de l'intelligence conceptuelle. Mais de plus en plus de Français cherchent une réconciliation entre la théorie et la pratique. C'est la mission que se donnent actuellement beaucoup d'établissements privés, surtout ceux qui sont orientés vers le monde de l'entreprise.

- La préparation par un enseignement commercial se fait très souvent dans des établissements d'enseignement supérieur technique privés. Beaucoup de ces instituts et écoles offrent à leurs élèves des possibilités d'insertion professionnelle rapide «dès la sortie» de l'école.

- La formation par apprentissage offre un excellent moyen de préparer un diplôme de l'enseignement technique reconnu et offre, en même temps, une expérience professionnelle.

Culture générale

Compréhension

1. Qui a fondé la Sorbonne? En quelle année? Pour quelle raison?
2. Qui a fait reconstruire la Sorbonne au dix-septième siècle? De quel style architectural s'agit-il?
3. Depuis combien de temps existe l'Université de Paris?
4. Depuis l'époque de Napoléon, qui administre les universités en France?
5. Qui était Jules Ferry? Qu'est-ce qu'il a établi par la loi de 1882?
6. Depuis 1889, pour qui travaille tout éducateur dans l'enseignement public?
7. Quand est-ce que l'enseignement secondaire est devenu complètement gratuit en France?
8. A quel moment l'enseignement secondaire des filles est-il devenu l'égal de celui des garçons?

Sujets de réflexion

A. Quelles raisons historiques, géographiques, esthétiques, etc., les étudiants actuels de la Sorbonne peuvent-ils donner pour justifier leur inscription dans cette université?

B. Retracez rapidement l'histoire des universités françaises. De quelles institutions (l'Eglise, l'Etat) dépendent-elles au Moyen Age? aux dix-huitième et dix-neuvième siècles? à partir du dix-neuvième siècle?

C. Que veut dire le mot *république*? Dans quel sens un système éducatif peut-il avoir les «valeurs républicaines» dont Jules Ferry a été, en grande partie, responsable?

Pour plus d'activités, visitez:
http://interaction.heinle.com

Vocabulaire actif

Les activités

apprendre par cœur to memorize
assister à to attend
échouer to fail
faire des études (de) to study, to major (in)
former to educate, to prepare
s'inscrire to register, to enroll
loger to lodge, to live
s'orienter to choose a course of study
se préinscrire to preregister
se rattraper to make up
recevoir (un diplôme) to finish a course of study, to graduate

régler to settle, to pay
remplir to fill out
retirer to obtain, to withdraw
sécher un cours to cut a class (coll.)
subir to undergo

A la fac

un amphithéâtre (amphi) lecture hall
un apprentissage apprenticeship
un bachelier / une bachelière baccalaureate holder
le BTS (Brevet de technicien supérieur) technical degree obtained at secondary level

la cité universitaire residence hall complex
une classe préparatoire preparatory class (for the entry exam to the **grandes écoles**)
une conférence lecture
un conseiller / une conseillère adviser
le contrôle continu des connaissances periodic testing
une copie exam paper
un cours magistral lecture by the professor
un cursus course of study

le DEUG (Diplôme d'études universitaires générales) degree obtained after two years of university study
le deuxième cycle second level of higher education
un diplôme diploma, degree
un dossier record, transcript
le DUT (Diplôme universitaire de technologie) technical degree obtained at university level
l'enseignement (m) teaching, instruction, education
une épreuve test
les études (f pl) course of study

Culture contemporaine

Compréhension

1. Quel changement important l'Université de Paris a-t-elle subi en 1970?
2. Que veut-on dire par «Jussieu»? Quand est-ce que son campus a été construit?
3. Quel est le pourcentage des 19–21 ans qui font des études supérieures en France? Dans quels pays le pourcentage est-il plus élevé?
4. Où se trouvent des universités françaises hors de France?
5. Quels types de diplômes les étudiants antillais préparent-ils chez eux?
6. Est-ce que l'intelligence conceptuelle, favorisée par les universités, s'associe plutôt à la théorie ou à la pratique?
7. Quelle sorte d'enseignement reçoit-on souvent dans les établissements d'enseignement supérieur privés?
8. Quelle sorte d'expérience la formation par l'apprentissage offre-t-elle?

Sujets de réflexion

A. La plupart des bacheliers français font leurs études supérieures dans l'université de la région où ils habitent. A Paris, cela veut dire que le nombre d'étudiants qui désirent s'inscrire dans les universités parisiennes augmente de plus en plus. A votre avis, quelles sortes de problèmes se présentent à l'Administration dans un pays comme la France où toute personne ayant le bac peut s'inscrire à l'université?

B. Imaginez que vous êtes une jeune Martiniquaise qui vient de réussir le bac et désire continuer ses études. Quelles sont les possibilités que vous pouvez envisager à l'avenir?

C. La plupart des universités françaises sont publiques et fonctionnent sous l'administration de l'Etat. Dans le secteur privé, les écoles ou instituts qui assurent un enseignement supérieur sont de caractère essentiellement différent des établissements publics. Quel est le profil des étudiants français qui s'inscrivent dans le privé? S'agit-il de la même motivation chez vous et en France? Expliquez les différences.

_____ supérieures graduate school
une **fiche** form
une **formation** education, academic preparation
les **frais d'inscription** (m pl) tuition, registration fees
HEC (Ecole des hautes études commerciales) prestigious business school
l'**informatique** (f) computer science
les **inscriptions** (f pl) registration
une **insertion** entry into
un **IUT (institut universitaire de technologie)** Technical Institute

la **licence** first diploma after **DEUG** (3 years of university study)
la **maîtrise** master's degree, one year beyond **licence**
une **majeure** major subject
une **manifestation** demonstration
une **matière** subject
une **mention** honors (on the **bac** exam), degree concentration
une **mineure** minor
le **ministère de l'Education nationale** Department of Education
un **module** unit

une **moyenne** average
un **niveau** level
une **note** grade
une **orientation** direction of study
un **polycopié** reproduced set of lecture notes
la **première** next to last year of **lycée**
le **recueil de vœux** choice of preferences
le **repêchage** second chance
le **Resto U (RU)** university restaurant
une **spécialisation** major (field of study)
la **terminale** last year of **lycée**

les **travaux pratiques** (m pl) drill, laboratory, or discussion sections
une **unité de valeur** credit
la **vie active** work

Les caractéristiques

admis(e) accepted
au fur et à mesure bit by bit
déçu(e) disappointed
démodé(e) old-fashioned
facultatif(-ive) optional
gratuit(e) free
provisoire temporary
reçu(e) passed (an exam)
sélectif(-ive) selective
surpeuplé(e) crowded

Exercices de vocabulaire

A. Choisissez le terme du *Vocabulaire actif* qui se rapporte le mieux à chacune des constatations au sujet de l'enseignement en France. Il y a souvent plus d'un choix possible.

1. On paie très peu pour faire des études en France.
2. Il faut choisir une discipline majeure pendant la première année à l'université.
3. Il y a des étudiants français qui n'assistent pas régulièrement aux cours.
4. Une formation professionnelle en France comprend souvent un aspect pratique.
5. Dans les travaux pratiques, il y a beaucoup d'examens.
6. On obtient une formation technique au niveau universitaire en France.
7. Les étudiants français demandent quelquefois des réformes du système éducatif.
8. Assez peu d'étudiants en France peuvent suivre des études supérieures.

B. Quelle expression de la liste de droite peut-on associer à chaque verbe de la liste de gauche? Il y a souvent plus d'un choix possible.

1.	choisir	a.	des épreuves
2.	échouer	b.	le(s) cours
3.	retirer	c.	la cité universitaire
4.	s'inscrire	d.	des fiches
5.	loger	e.	une orientation
6.	régler	f.	des travaux pratiques
7.	remplir	g.	un dossier
8.	sécher	h.	une mention
9.	subir	i.	les frais d'inscription
10.	assister à	j.	des conférences

C. Vous rencontrez quelques étudiants francophones qui passent l'année scolaire dans votre université. Ils sont un peu perdus par rapport au système universitaire américain. Complétez les phrases suivantes par une des expressions indiquées afin d'expliquer la vie universitaire américaine à ces étudiants.

sécher	spécialisation	notes
inscriptions	échouer	cours obligatoires
unités de valeur	loger	cours magistraux
obtenir un diplôme	se préinscrire	frais d'inscription

1. Vers la fin de chaque semestre, il faut _____ aux cours du semestre suivant.
2. Les _____ ont lieu juste avant le début de chaque semestre.
3. Si on a une moyenne de «B+», on a de bonnes _____.
4. Si on _____ à un cours, il faut le reprendre.
5. Pendant les deux premières années, il y a des _____ qu'il faut suivre.
6. On paie les _____ au moment de s'inscrire.
7. La plupart des étudiants américains _____ dans des résidences.
8. Assez souvent, on assiste aux _____ pour écouter des conférences faites par les professeurs.
9. Pour chaque cours qu'on réussit, on reçoit un certain nombre de _____.
10. Le vendredi après-midi, au printemps, les étudiants ont tendance à _____ les cours.
11. Un étudiant qui est très fort en français, peut choisir le français comme _____.
12. Normalement, on peut _____ en quatre ans.

Note culturelle

Les élèves en année de terminale au lycée préparent non seulement l'examen du bac mais aussi leur vie à l'automne suivant. S'ils ont l'intention de s'inscrire dans l'enseignement supérieur, il faut prendre certaines décisions. Va-t-on s'orienter vers une formation en faculté, les classes préparatoires aux concours d'entrée des grandes écoles, un institut universitaire de technologie (IUT), un Brevet de technicien supérieur (BTS)... ? Les inscriptions en première année commencent en juillet, le jour des résultats du bac. Les futurs étudiants doivent se renseigner sur les inscriptions spéciales et les dates limites dans l'établissement où ils veulent aller. Lorsque les résultats du bac sont connus, les nouveaux bacheliers doivent retirer un dossier d'inscription à l'université. En cas d'admission, l'établissement fixe une date à laquelle les étudiants doivent se présenter pour l'inscription définitive. Tous les bacheliers savent qu'ils vont trouver une place en fin de compte, mais qu'ils vont aussi être obligés de compter sur eux-mêmes de plus en plus souvent au cours de leur première année de l'enseignement supérieur.

La première étape des études comprend généralement deux années de cours qui mènent à un diplôme. Le DUT (Diplôme universitaire de technologie) et le BTS, qu'on obtient dans certains lycées ou certaines écoles privées, sont des diplômes professionnels qui mènent directement à la vie active. Le DEUG (Diplôme d'études universitaires générales) s'obtient dans une faculté universitaire et donne accès au deuxième cycle de l'enseignement supérieur long (la licence et la maîtrise). Les nouveaux étudiants choisissent immédiatement le DEUG qu'ils vont préparer. Neuf voies sont possibles: *droit, lettres et langues, arts, sciences humaines et sociales, sciences, technologie industrielle, économie et gestion, administration économique et sociale,* et *STAPS (sciences et techniques des activités physiques et sportives)*. Au cours de la première année, on choisit aussi une discipline «majeure» dans laquelle on doit suivre la moitié des enseignements. C'est la majeure qui détermine la

«mention» ou nom du diplôme qu'on prépare. Les autres enseignements constituent une «mineure» et déterminent l'«option». Par exemple: un DEUG «lettres et langues», mention LEA (langues étrangères appliquées), option anglais-allemand.

L'accès au deuxième cycle universitaire se fait sans difficulté pour les titulaires d'un DEUG qui correspond à la même mention de licence. Les étudiants désirant changer d'orientation après le DEUG doivent avoir suivi au moins la mineure de leur nouvelle spécialité.

Le Ministère de l'Education nationale, dont dépendent toutes les universités, cherche actuellement à rendre les formations universitaires plus souples et plus adaptées aux besoins des étudiants. Il y a plus de 1,5 million d'étudiants français inscrits en fac. Les droits d'inscription sont toujours assez modiques, mais les étudiants dépensent en moyenne 700€ par mois pour le logement, les loisirs, l'alimentation et le transport.

Compréhension

1. Parmi quelles sortes d'options les nouveaux bacheliers peuvent-ils choisir s'ils veulent continuer leurs études?
2. Expliquez les diplômes suivants: le DUT, le BTS, le DEUG. Dans quels types d'établissement faut-il les préparer?
3. Que doivent faire les futurs étudiants aussitôt que les résultats du bac sont connus?
4. En ce qui concerne sa préparation, quelle décision importante est-ce que chaque étudiant doit prendre en s'inscrivant à l'université?
5. Qu'est-ce qu'on doit choisir au cours de la première année d'études à la fac?
6. Quels diplômes peut-on préparer dans une fac pendant la troisième et la quatrième année après le bac?
7. Est-il possible de changer d'orientation entre le premier cycle et le deuxième cycle universitaire?
8. Comparez les frais de l'enseignement en France et aux Etats-Unis.

Discussion

A. Imaginez que vous êtes en terminale au lycée et que vous voulez établir votre calendrier pour cette année si importante. D'abord, quels choix devez-vous faire en ce qui concerne votre formation future? Si vous choisissez une filière universitaire, que devez-vous faire dès que vous recevez les résultats du bac? Et à partir du mois d'octobre, que se passe-t-il?

B. Reprenez dans le détail la **Note culturelle** pour comparer vos propres expériences et la série des formalités qui doivent être remplies par les étudiants en France. En quoi vos parcours ont-ils été semblables et différents?

C. Près d'un étudiant sur deux ne parvient pas à obtenir de diplôme de fin de premier cycle en France. Ce résultat vous paraît-il excessif, normal... ? A quelle(s) cause(s) peut-on attribuer un tel phénomène?

Expansion

D. Entre 1192—date de sa fondation—et 1970, quand elle a donné naissance à treize universités, l'Université de Paris a subi plusieurs transformations au sujet desquelles vous possédez maintenant certains détails. Que savez-vous du système universitaire français?

E. Vous savez maintenant que l'instruction publique en France, malgré certains efforts de décentralisation, dépend principalement de l'autorité de l'Etat. Préparez une liste d'arguments qu'on peut proposer pour justifier un système d'éducation nationale et une deuxième liste d'arguments contre une telle organisation des études à tous les niveaux.

Structures I

Formation of the Present Subjunctive

The subjunctive is a mood, that is, an entirely different way of talking about the world around us. The subjunctive is not used to report the world as it is (**Je pars**), as it was (**Je suis parti[e]**), or as it will be (**Je vais partir / Je partirai**); such cases call for the indicative. Rather, the subjunctive is used to express the world as one would like it to be (**Vous préférez que je parte**), as seen through the subjective filter of one's emotions (**Vous êtes surpris[e] que je parte**), or as viewed in one's opinions (**Vous n'êtes pas sûr[e] que je parte**). Actions are, therefore, presented not as facts but as hypotheses (**Je vais partir pourvu que vous veniez avec moi**), or as events influenced by the subjectivity of the person who is speaking (**Je vais partir, bien que vous veniez avec moi**).

The subjunctive is not prevalent in English today, although some of our common speech patterns may involve its use.

> I wish John **were** here.
> It is imperative **that you be** here on time.
> I recommend **that he go** to the doctor.

Modern French makes more extensive use of the subjunctive than does English. It is an important construction that you will hear often and need to know how to use.

There are four tenses of the subjunctive mood: the **present**, the **past**, the **imperfect**, and the **pluperfect** subjunctive. The latter two are literary tenses that have limited use in modern French.[1] There is no future tense of the subjunctive. An action in the future is expressed by the present subjunctive.

[1] For a discussion of the imperfect and pluperfect subjunctive, see **Appendix A.**

Regular Subjunctive Forms

The formation of the present subjunctive is the same for all regular conjugations (**-er, -ir, -re**). To form the present subjunctive, drop the **-ent** ending of the **ils** form of the present indicative and add the following endings: **-e, -es, -e, -ions, -iez, -ent.**

parler (ils parl~~ent~~)	**finir** (ils finiss~~ent~~)	**répondre** (ils répond~~ent~~)
que je parle	que je finisse	que je réponde
que tu parles	que tu finisses	que tu répondes
qu'il / elle / on parle	qu'il / elle / on finisse	qu'il / elle / on réponde
que nous parl**ions**	que nous finiss**ions**	que nous répond**ions**
que vous parl**iez**	que vous finiss**iez**	que vous répond**iez**
qu'ils / elles parlent	qu'ils / elles finissent	qu'ils / elles répond**ent**

Most irregular verbs in **-ir** and **-re** (**lire, écrire, dormir, partir, mettre,** etc.) follow a regular pattern in the formation of the present subjunctive.

1. Les parents adorent donner en exemple à leurs enfants ce que font «les autres». Ici, M. et Mme Dumont font allusion *(are referring)* aux amis de leurs enfants. Complétez la réaction des enfants en mettant le verbe indiqué à la forme appropriée du subjonctif.

1. —Ils **réussissent** au bac.

   —Et bien sûr, vous voulez aussi que nous _____ au bac.

2. —Ils n'**échouent** jamais aux examens.

   —Croyez-vous que nous _____ aux examens?

3. —Ils **écrivent** d'excellentes dissertations.

   —Mais même au niveau secondaire, il faut que Bruno _____ de bonnes dissertations.

4. —Ils **s'entendent** bien avec leurs professeurs.

   —Vous ne croyez pas que je _____ bien avec mes profs?

5. —Ils **obéissent** à toutes les règles de l'université.

   —Mais, il est essentiel que tout le monde _____ aux règles de l'université.

6. —Ils **lisent** tous les manuels de cours.

   —Il n'est pas suprenant qu'ils _____ tous les manuels.

7. —Ils **suivent** les cours les plus difficiles.

   —Mais, il est essentiel qu'on _____ quelques cours difficiles.

Irregular Subjunctive Forms

Certain irregular verbs have regular subjunctive stems but undergo spelling changes in the **nous** and **vous** forms that correspond to similar irregularities in the stem of the present indicative.

croire (ils croi~~ent~~)	**voir** (ils voi~~ent~~)	**prendre** (ils prenn~~ent~~)	**devoir** (ils doiv~~ent~~)
que je croie	que je voie	que je prenne	que je doive
que tu croies	que tu voies	que tu prennes	que tu doives
qu'il / elle / on croie	qu'il / elle / on voie	qu'il / elle / on prenne	qu'il / elle / on doive
que nous **croyions**	que nous **voyions**	que nous **prenions**	que nous **devions**
que vous **croyiez**	que vous **voyiez**	que vous **preniez**	que vous **deviez**
qu'ils / elles croient	qu'ils / elles voient	qu'ils / elles prennent	qu'ils / elles doivent

venir (ils vienn~~ent~~)	**tenir** (ils tienn~~ent~~)	**boire** (ils boiv~~ent~~)
que je vienne	que je tienne	que je boive
que tu viennes	que tu tiennes	que tu boives
qu'il / elle / on vienne	qu'il / elle / on tienne	qu'il / elle / on boive
que nous **venions**	que nous **tenions**	que nous **buvions**
que vous **veniez**	que vous **teniez**	que vous **buviez**
qu'ils / elles vienn**ent**	qu'ils / elles tiennent	qu'ils / elles boivent

Stem-changing verbs undergo the same spelling changes in the present subjunctive as in the present indicative.[2]

A few verbs have totally irregular stems in the present subjunctive.

avoir	**être**	**aller**	**faire**
que j'**aie**	que je **sois**	que j'**aille**	que je **fasse**
que tu **aies**	que tu **sois**	que tu **ailles**	que tu **fasses**
qu'il / elle / on **ait**	qu'il / elle / on **soit**	qu'il / elle / on **aille**	qu'il / elle / on **fasse**
que nous **ayons**	que nous **soyons**	que nous **allions**	que nous **fassions**
que vous **ayez**	que vous **soyez**	que vous **alliez**	que vous **fassiez**
qu'ils / elles **aient**	qu'ils / elles **soient**	qu'ils / elles **aillent**	qu'ils / elles **fassent**

savoir	**vouloir**	**pouvoir**
que je **sache**	que je **veuille**	que je **puisse**
que tu **saches**	que tu **veuilles**	que tu **puisses**
qu'il / elle / on **sache**	qu'il / elle / on **veuille**	qu'il / elle / on **puisse**
que nous **sachions**	que nous **voulions**	que nous **puissions**
que vous **sachiez**	que vous **vouliez**	que vous **puissiez**
qu'ils / elles **sachent**	qu'ils / elles **veuillent**	qu'ils / elles **puissent**

[2] See *Appendix B.*

2. Voici des phrases qui résument un désaccord typique entre parents et enfants au sujet des études. Complétez les phrases par la forme appropriée du **subjonctif**.

1. Mes parents veulent que je (faire) _____ des études de commerce.
2. Ils désirent que j'(avoir) _____ une belle carrière et que je (être) _____ membre d'une profession libérale.
3. Pour moi, il faut qu'un individu (pouvoir) _____ faire ce qu'il veut faire et qu'il (être) _____ heureux.
4. Mes parents ont peur que je n'(aller) _____ pas à l'université et que je ne (prendre) _____ pas mon avenir au sérieux.
5. J'ai peur que mes parents ne (comprendre) _____ pas l'importance du bonheur individuel.
6. C'est dommage qu'ils n'(avoir) _____ pas confiance en moi.
7. Je veux que mes parents (être) _____ fiers de moi.
8. Mais, en même temps, je ne crois pas qu'on (pouvoir) _____ mener sa vie pour les autres.

Formation of the Past Subjunctive

The past subjunctive follows the same pattern of formation as the **passé composé**. It is formed by combining the present subjunctive of the auxiliary verb **avoir** or **être** with the past participle of the main verb.

parler	finir
que j'**aie parlé**	que j'**aie fini**
que tu **aies parlé**	que tu **aies fini**
qu'il / elle / on **ait parlé**	qu'il / elle / on **ait fini**
que nous **ayons parlé**	que nous **ayons fini**
que vous **ayez parlé**	que vous **ayez fini**
qu'ils / elles **aient parlé**	qu'ils / elles **aient fini**

répondre	partir
que j'**aie répondu**	que je **sois parti(e)**
que tu **aies répondu**	que tu **sois parti(e)**
qu'il / elle / on **ait répondu**	qu'il / elle / on **soit parti(e)**
que nous **ayons répondu**	que nous **soyons parti(e)s**
que vous **ayez répondu**	que vous **soyez parti(e)(s)**
qu'ils / elles **aient répondu**	qu'ils / elles **soient parti(e)s**

se lever

que je **me sois levé(e)**
que tu **te sois levé(e)**
qu'il / elle / on **se soit levé(e)**
que nous **nous soyons levé(e)s**
que vous **vous soyez levé(e)(s)**
qu'ils / elles **se soient levé(e)s**

3. Vous écrivez à un(e) correspondant(e) en France au sujet de votre premier semestre à l'université. Mettez les verbes indiqués au **passé du subjonctif**.

1. Certains de mes amis sont surpris que je (aller) _____ à la fac.
2. Mais c'est la meilleure décision que j'(prendre) _____.
3. Les cours obligatoires sont les cours les plus difficiles que j'(suivre) _____.
4. Bien qu'on (écrire) _____ beaucoup en cours d'anglais, ça a été un cours très utile.
5. J'étais heureux(-euse) qu'on (lire) _____ des livres si intéressants en cours d'anglais.
6. Le prof n'était pas content que tant d'étudiants (venir) ne _____ pas _____ à sa conférence.
7. Mes parents étaient contents que j'(faire) _____ un si bon travail à l'université.
8. J'ai été surpris(e) qu'un de mes copains (échouer) _____ à son examen de maths.
9. Ma famille était heureuse que j'(réussir) _____ dans tous mes cours et que je (s'amuser) _____ à l'université.

Lexique personnel
A la fac

A. Chercher les mots qui correspondent aux thèmes suivants:

1. les cours obligatoires que vous avez suivis
2. les cours facultatifs que vous avez suivis
3. les cours que vous suivez ce semestre
4. votre spécialisation, par exemple:

> Je fais des études de...
>
> Je suis spécialiste de...
>
> Je me spécialise en...

5. la profession que vous pensez exercer

> Je pense devenir...

B. En utilisant le vocabulaire du chapitre et votre lexique personnel, répondez aux questions suivantes.

1. Vous êtes étudiant(e) en quelle année à l'université (première, deuxième, troisième, quatrième)?
2. Quels cours obligatoires avez-vous suivis? Est-ce que l'étude des langues étrangères est obligatoire ou facultative dans votre université?
3. Quelles études faites-vous à l'université?
4. Quels cours suivez-vous ce semestre? Sont-ils tous obligatoires?
5. Avez-vous un conseiller pédagogique? Est-ce qu'il / elle vous aide à établir votre programme d'études?

Structures II

Uses of the Subjunctive

The usual construction requiring the use of the subjunctive consists of a main clause containing a verbal expression that implies doubt or subjectivity followed by a subordinate clause with a change of subject introduced by **que**.

Il **doute que je finisse** à l'heure.   *He **doubts that I'll finish** on time.*

The use of the subjunctive in the subordinate clause is caused by an expression in the main clause that requires a shift in the mood of the verb from the indicative (fact) to the subjunctive (doubt or subjectivity).

The two essential elements that call for the use of the subjunctive are implied doubt or subjectivity and change of subject. If either one of these elements is missing, the subjunctive is not used.

- If you remove the element of doubt, the subjunctive is not required.

  Il **est certain que je vais finir** à l'heure.   *It **is certain that I'll finish** on time.*

- If there is no change of subject, there is no need for a second clause with a verb in the subjunctive. In such cases, the main verb will be followed by an infinitive.

  Je **veux finir** à l'heure.   *I **want to finish** on time.*

- The past subjunctive is used in the same type of construction as the present subjunctive. There is a main clause containing an expression that implies doubt or subjectivity followed by a subordinate clause with a different subject.

  The verb in the subordinate clause is in the past subjunctive when the action of that verb has taken place prior to the action of the main verb.

  Ses parents **doutent qu'il ait fait** de son mieux l'année dernière.
  Le prof **n'était pas sûr qu'elle soit venue** en classe hier.
  Nous **sommes contents que vous ayez réussi** à l'examen.

- Note from the preceding examples that the tense of the main verb has no effect on the tense of the subjunctive verb. If the subordinate action has taken place prior to the main action, use the past subjunctive. In all other cases, the present subjunctive is used.

Rappel! Rappel!

The keys to using the subjunctive are:

1. Learn the specific types of expressions that may require the use of a subjunctive verb in a subordinate clause.

2. Check to see if the element of doubt or subjectivity is present in the main clause.

3. Verify whether the subjects of the two verbs are different or the same. When the two subjects are different, use the subjunctive in the subordinate clause. When the subjects are the same, use a conjugated verb followed by an infinitive.

4. Verify the sequence of the actions in the main clause and the subordinate clause. If the action of the subordinate clause has taken place prior to the action of the main clause, put the verb in the subordinate clause in the past subjunctive.

Expressions of Doubt, Emotion, Will, and Thought

Expressions of doubt, emotion, will, and thought usually require the subjunctive in the subordinate clause when there is a change of subject and when the context implies doubt or subjectivity.

A. **Doubt:** When used affirmatively or interrogatively, the expressions **douter** and **être douteux** require the subjunctive in a subordinate clause.

> **Je doute que le prof comprenne** le problème.
> **Doutez-vous que je puisse** réussir?
> **Il est douteux qu'il ait fait** des études supérieures.
> **Est-il douteux qu'elles reçoivent** leurs diplômes en juin?

When used negatively, however, expressions of doubt require the indicative in the subordinate clause.

> **Il n'est pas douteux qu'elles vont recevoir** leurs diplômes en juin.
> **Je ne doute pas que M. Dubois est** un très bon professeur.

1. M. et Mme Dumont parlent de l'avenir de leurs enfants. Complétez leur conversation en mettant les verbes entre parenthèses à la forme appropriée du **subjonctif** ou de l'**indicatif** selon le contexte.

—Tu sais, Jacqueline, je doute quelquefois que Philippe (choisir) _____ une bonne carrière.

—Et Béatrice, tu doutes aussi qu'elle (faire) _____ de bonnes études?

—Non, pour elle, je ne doute pas qu'elle (aller) _____ pouvoir réussir ses projets d'avenir dans une école de commerce. Mais, il est douteux que Bruno (être) _____ reçu au bac, tu sais.

—Hein, qu'est-ce que tu dis? Je ne doute pas du tout, moi, qu'il (réussir) _____ son bac. Le problème est le suivant: il est douteux que tu (avoir) _____ confiance en lui.

—Pas vraiment! Il n'est pas douteux que Bruno (être) _____ intelligent; la question n'est pas là!

—Je suppose que tous les parents doutent quelquefois que leurs enfants (pouvoir) _____ se débrouiller. Mais on ne doute jamais que ses enfants (être) _____ capables, pas vrai?

B. **Emotion:** Expressions of emotion are considered to be subjective statements and require the subjunctive after a change of subject, whether used affirmatively, negatively, or interrogatively.

> Je **suis contente qu'il ait été reçu** à son bac.
> Elle **est heureuse que son ami aille** à la même université qu'elle.
> M. Dumont **est triste que Philippe ne fasse pas** des études de médecine.
> Ses parents **étaient fâchés que Monique ait échoué** à un examen important.
> Je **suis désolé que tu ne sois pas reçu** à l'institut universitaire de technologie.
> **Etes-vous vraiment surpris que j'aie** une mauvaise moyenne en maths?
> Nous **avons peur qu'il (n') y ait** trop d'examens dans ce cours.[3]
> Je **regrette que vous n'ayez pas réussi** à l'examen.

- Note that after expressions of emotion, when there is no change of subject, an infinitive preceded by **de** is used.

> Je **suis content de réussir.**   *I'm happy to succeed.*
> Elle **est heureuse de venir.**   *She's happy to come.*

2. Complétez les questions suivantes par la forme appropriée des verbes entre parenthèses et posez les questions à des camarades de classe.

1. Est-ce que tes parents sont contents que tu (faire) _____ des études?
2. Est-ce que tes amis sont surpris que tu (choisir) _____ cette université?
3. Est-ce que tes camarades de chambre sont fâché(e)s que tu (sortir) _____ beaucoup?
4. Est-ce que tu as peur que tes cours (être) _____ difficiles?
5. Est-ce que ta famille est surprise que tu (suivre) _____ des cours de français?
6. ???

3. Choisissez un élément dans chaque colonne, puis posez des questions à d'autres étudiants sur les préoccupations de leur famille.

tes parents ta famille	être content(e) que être surpris(e) que être heureux(-euse) que être fâché(e) que avoir peur que	être à la fac choisir cette université avoir une spécialisation pratique suivre un cours de français avoir une bonne / mauvaise moyenne trouver un bon poste réussir dans la vie faire des études de...

[3] After **avoir peur** (and other expressions of fear) you may encounter **ne** before a subjunctive verb used in the affirmative. This is a stylistic device that has become optional in spoken French. If the subjunctive verb is used negatively, both **ne** and **pas** (or other negative) are required, as in any other negative construction

4. Voici des phrases entendues au cours d'une conversation entre des amis français. Mettez devant chaque phrase l'expression entre parenthèses. Ensuite décidez si le verbe de la phrase originale doit être au **subjonctif** ou à l'**infinitif.**

MODELES   (J'ai peur) J'échoue à l'examen.
J'ai peur d'échouer à l'examen.

(J'ai peur) Tu ne finis pas ta dissertation.
J'ai peur que tu ne finisses pas ta dissertation.

1. (Nous sommes heureux) Notre copine réussit bien en maths.
2. (Etes-vous surpris) Je suis admis à l'université?
3. (Mes parents ne sont pas surpris) Je fais des études à la fac.
4. (Nous sommes désolés) Notre prof de physique part l'année prochaine.
5. (N'es-tu pas content) Tu as de bons résultats?
6. (J'ai peur) Vous ne comprenez pas la difficulté du système éducatif en France.
7. (Mon copain regrette) Il ne peut pas faire des études en France.
8. (Mon amie Sophie a peur) Ses meilleurs copains ne réussissent pas au bac.

Interactions

Activité 1. Vous avez quelquefois des doutes? Nous avons tous des doutes sur ce que font ou disent les personnes autour de nous (nos amis, les politiciens, les journalistes, les acteurs, les célébrités, etc.). Partagez cinq de ces doutes.

MODELE   *Je doute que le président américain devienne socialiste.*

Activité 2. Des regrets. Dites trois choses que vous regrettez de ne pas avoir faites. Ensuite, exprimez trois de vos regrets en ce qui concerne la société en général.

MODELES   *Je regrette de ne pas être allé(e) en France l'été dernier.*
Je regrette qu'il y ait tant de gens sans domicile fixe.

Activité 3. Mes parents et moi. Faites une liste de cinq de vos activités que vos parents approuvent. Puis faites une liste de cinq de vos activités qui les surprennent.

MODELES   *Mes parents sont heureux que je fasse des études à l'université.*
Mes parents sont surpris que je ne dorme que cinq heures par nuit.

C. **Will:** Expressions of will are considered to be statements of the speaker's personal desire or preference and require the subjunctive when there is a change of subject in the subordinate clause.

> **vouloir**
> Je **veux que vous finissiez** vos devoirs.
> *I want you to finish your homework.*
>
> **désirer**
> Ils **désirent que j'aille** à l'université.
> *They want me to go to the university.*
>
> **préférer**
> Elle **préfère que son fils soit** médecin.
> *She prefers her son to be a doctor.*
>
> **souhaiter**
> Je **souhaite que tu finisses** tes études cette année.
> *I wish you would finish your studies this year.*

The following verbs of ordering or forbidding are also expressions of will. In everyday conversation, however, these verbs are not used in ways that require the subjunctive. They are followed by a noun object introduced by **à**, which in turn is followed by an infinitive introduced by **de.** The noun object may be replaced by an indirect object pronoun that precedes the verb.

> **demander à** (quelqu'un) **de** (faire quelque chose)
> M. Dumont **a demandé à son fils de faire** des études de médecine.
>
> **dire à** (quelqu'un) **de** (faire quelque chose)
> On **dit aux étudiants de s'inscrire.**
>
> **permettre à** (quelqu'un) **de** (faire quelque chose)
> Le conseiller **permet à l'étudiant de suivre** cinq cours.
>
> **conseiller à** (quelqu'un) **de** (faire quelque chose)
> Le prof **me conseille de passer** l'examen en octobre.

Rappel! Rappel!

To express a construction consisting of a verb of will followed by another verb form, you must determine if both verbs have the same subject. If the subjects are the same, the verb of will is followed by a dependent infinitive.

Je **veux finir** en juin.	*I want to finish in June.*
Il **désire parler** au prof.	*He wishes to talk to the professor.*
Ils **préfèrent aller** à l'IUT.	*They prefer to go to the IUT.*

However, if the subject of the verb of will and the subject of the second verb are not the same, the action in the subordinate clause must be expressed with the subjunctive.

Ses parents **veulent qu'il finisse** en juin.	*His parents want him to finish in June.*
Il **veut que nous parlions** au prof.	*He wants us to talk to the professor.*

5. Parlez des goûts des personnes suivantes en complétant chaque phrase par un verbe approprié au **subjonctif.**

1. Mes parents veulent que je...
2. Je désire que mes parents...
3. Mes amis préfèrent que nous...
4. Mes camarades de chambre veulent que je...
5. Mes professeurs souhaitent que les étudiants...
6. Notre prof de français désire que nous...
7. Mon ami(e) veut que je...
8. Je veux que mon ami(e)...

6. A la terrasse d'un café en France, vous discutez avec des amis des relations parents-enfants vis-à-vis des études. Faites des phrases en employant les éléments indiqués. Soyez certain(e) de bien distinguer entre les phrases où il y a un changement de sujet et celles où le sujet reste le même.

1. les parents américains / désirer toujours / les enfants / réussir à l'école
2. moi aussi / je / vouloir / mes enfants / réussir
3. beaucoup de familles / vouloir / les enfants / faire / des études universitaires
4. par exemple / mon père / souhaiter / je / devenir / ingénieur
5. ah oui, en France / tous les parents / désirer / les jeunes / obtenir / leur bac
6. quelquefois / les jeunes / préférer / travailler / ou faire des études plus pratiques
7. mais les parents / préférer / on / choisir / des programmes plus traditionnels
8. moi, par exemple / je / vouloir / être / informaticien(-ne)

7. Quelquefois, il y a de vrais malentendus entre parents et enfants. Voici l'histoire d'Olivier. Reconstruisez ces phrases qui expliquent le problème qu'il a avec sa famille.

1. ses parents / lui / dire / aller à l'université
2. il / leur / demander / la permission / faire des études techniques
3. ils / lui / interdire / s'inscrire dans une école privée d'hôtellerie
4. Olivier / demander / à son conseiller / lui / donner son opinion
5. le conseiller / lui / suggérer / commencer ses études dans une faculté de lettres
6. enfin, Olivier / demander / à ses parents / changer d'avis
7. ils / lui / défendre / faire les études qu'il veut
8. pauvre Olivier, / ses parents / l'empêcher / réaliser son rêve

D. **Thought (Opinion):** The verbs **croire, penser,** and **espérer** require the subjunctive in a subordinate clause when used negatively or interrogatively. When used affirmatively, these verbs no longer imply doubt or subjectivity, and the verb in the subordinate clause is in the indicative.

—**Crois-tu qu'il comprenne** bien les conséquences de son choix?

—Oui, je **crois qu'il comprend** bien les conséquences de son choix, mais je **ne crois pas qu'il choisisse** bien son orientation.

—**Pensez-vous que ce soit** une bonne chose à faire?

—Je **ne pense pas qu'il soit** nécessaire de faire des études supérieures et je **pense qu'on peut** réussir dans la vie sans diplôme universitaire.

—**Est-ce que ses parents espèrent qu'elle devienne** avocate?

—Non, ils **n'espèrent pas qu'elle devienne** avocate, mais ils **espèrent qu'elle va** faire une bonne carrière.

When used negatively or interrogatively, the expressions **être certain(e)(s)** and **être sûr(e)(s)** require the subjunctive in a subordinate clause.

Elle **n'est pas certaine que** vous vous rattrapiez.	*She isn't certain that you'll make it up.*
Sommes-nous certains qu'elle fasse de son mieux?	*Are we certain that she's doing her best?*
Nous **ne sommes pas sûrs qu'il parte.**	*We are not sure that he's leaving.*
Etes-vous sûr que je réponde bien?	*Are you sure that I'm answering well?*

BUT:

Elle **est sûre qu'il fait** son travail.	*She is sure that he's doing his work.*
Je **suis certain qu'il dit** la vérité.	*I am certain that he's telling the truth.*

Rappel! Rappel!

Pay special attention to the patterns in the uses of the subjunctive that you have studied to this point.

EXPRESSION	SUBJUNCTIVE	INDICATIVE
Doubt	Affirmatively Interrogatively	Negatively
Emotion	Affirmatively Negatively Interrogatively	
Will	Affirmatively Negatively Interrogatively	
Thought / Opinion	Negatively Interrogatively	Affirmatively

8. Posez des questions à vos camarades en utilisant des éléments de chaque colonne. Quand le / la camarade de classe répond, il / elle doit faire attention à l'emploi du **subjonctif** ou de l'**indicatif**.

Crois-tu	que	les études universitaires / être importantes
Penses-tu		les frais d'inscription / coûter trop cher
Es-tu sûr(e)		les études / pouvoir être gratuites
Es-tu certain(e)		certains cours / être obligatoires
		les cours de langues / être nécessaires
		les examens / nous aider à apprendre
		la spécialisation / garantir un bon poste
		trop d'étudiants / se spécialiser en commerce

Interactions

Activité 1. Les Resto U de la région parisienne. Après avoir examiné l'illustration ci-dessous qui donne des précisions sur les différents Resto U de la région parisienne, répondez aux questions suivantes.

RESTAURANT UNIVERSITAIRE	AGE	NOMBRE DE PLATS SERVIS CHAQUE JOUR	CADRE AMBIANCE	CHOIX DES PLATS	
CITEAUX (Paris)	17 ans	1100	★	★★	
PITIE-SALPETRIERE (Paris)	20 ans	2000	★★	★	
GRAND-PALAIS (Paris)	25 ans	1200	★	★★	
BULIER (Paris)	25 ans	3500	★	★★	
ASSAS (Paris)	60 ans	1000	★★★	★★★	
NECKER (Paris)	20 ans	3300	★	★	
CITE INTERNATIONALE (Paris)	60 ans	non communiqué	★★★	★★	
DESCARTES (Paris)	5 ans	1100	★★★	★★★	
CENSIER (Paris)	30 ans	2500	●	★	
NANTERRE	20 ans	5000	★	★	

excellent - superbe - nickel ★★★   bon - beau - propre ★★   bof - bof - passable ★

1. Quel âge ont les deux Resto U les plus vieux? Y a-t-il une bonne ou une mauvaise ambiance? Nommez quelques avantages de ces deux restaurants.

2. Combien de plats par jour sont servis par le Resto U le plus fréquenté? Quels sont les avantages de ce restaurant?

3. Le Resto U le plus moderne a pourtant des désavantages. Lesquels?

4. En général, quels sont les meilleurs et les plus mauvais plats servis dans les Resto U parisiens?

5. Ayant jeté un coup d'œil sur «Les + » et «Les – », dites quel Resto U est, selon vous, le meilleur? Lequel est le pire? Pourquoi?

Activité 2. Que souhaitez-vous? Faites une liste de cinq souhaits que vous voulez voir se réaliser pour certaines personnes de votre entourage (vos parents, vos amis, votre petit[e] ami[e]).

MODELE *Je souhaite (je voudrais) que mes parents aient plus de temps libre.*

Activité 3. Un sondage sur la vie à l'université. Vous voulez faire un sondage pour découvrir les problèmes principaux dans votre université. Préparez six questions pour les autres étudiants de la classe.

MODELE *Penses-tu qu'il y ait assez de parcs de stationnement sur le campus?*

QUALITE DU REPAS CHOISI	VISITE DES CUISINES	PERSONNEL	LES ⊕	LES ⊖
Carottes râpées ...... ★★ Steak haché .... ● Pommes de terre ... ★★ Pastèque .... ★ Petits suisses .... ★	●	★★	Flippers Petits déjeuners	Les consommateurs fument
Carottes râpées .... ★ Poulet .... ●● Purée .... ●● Fromage .... ★★ Pomme .... ★	●	★	Lumière du jour Menu brasserie Cafétéria 2 flippers	Fermé pendant les vacances
Pâté en croûte ..... ★★★ Francfort .... ★★ Frites .... ★★★ Pêche .... ★ Gâteau	impossible sans autorisation du CROUS	★★	Four micro-ondes	Menu pas affiché Système de file d'attente aberrant
Macédoine .... ★ Poisson frit .... ★ Riz nature .... ★ Fromage Camembert ... ★ Flan .... ★	★★	★	Ouvert midi et soir Ouvert 1 mois été Cafétéria Salle service rapide	
Chou-fleur .... ★ Chipolata + viande ... ★★ Pommes de terre ..... ★★ Flan .... ★ Petits suisses	★	●	Machine à café Micro-ondes	
Tomates + hareng .... ★★ Rosbeef .... ★★ Spaghetti .... ★ Gâteau semoule ..... ★★ Yaourt	refusé	●	Cafétéria Micro-ondes	Pas de serviette Pas de menu affiché Pas de ticket au détail
Carottes râpées .... ★ Rognons en sauce ... ★★★ Riz au safran ...... ★★★ Fromage frais 1 pomme	★★	★★	Possibilité achat mousseux! Cafétéria + journaux et tabac Portemanteaux Corbeille à pain sur la table Micro-ondes Ouvert toute l'année Chaîne rapide Huile changée tous les 10 jours	Pas de serviette
Chou rouge .... ★★ Paupiettes .... ★★★ Purée .... ★★ Compote d'abricots ... ★★	★★★	★★	3 salles Liquide accepté	1 seul Fermé le week-end Fermé l'été
Concombre .... ● Poisson pané .... ●● Epinards .... ★★ Abricots .... ★★ Glace	★	●	Cafétéria Ouvert de 11 h à 15 h 45 Ouvert le soir Liquide accepté Alternance week-end et été	
Tomates .... ★★ Truite .... ★★ Riz .... ★ Cake .... ★★ Yaourt	★★	★★★	4 salles avec menus différents Cafétéria Ouvert une grande partie de l'été Ouvert le samedi Ouvert le soir avec menu amélioré	

mauvais - moche - pas net ●   A éviter! ●●

Les aliments sans notation sont des produits industriels (yaourts, petits suisses, ...)

The Subjunctive after Impersonal Expressions

An impersonal expression is any verbal expression that exists only in the third-person singular form and has **il** or **ce** (meaning *it*) as its subject. Impersonal expressions normally require the subjunctive in a subordinate clause because such generalizations imply that the statement being made is open to doubt or is the subjective opinion of the speaker.

The following is a list of some impersonal expressions that require the subjunctive.

Impersonal Expressions with **être**

il est nécessaire	*it is necessary*	Il est nécessaire que vous **fassiez** des études.
il est essentiel	*it is essential*	Il est essentiel qu'il **aille** en classe.
il est important	*it is important*	Il est important que je **choisisse** mes cours.
il est possible	*it is possible*	Il est possible que vous n'**ayez** pas **compris**.
c'est dommage	*it's a pity*	C'est dommage qu'il ne **réussisse** pas.
c'est triste	*it is sad*	C'est triste qu'elle **ait échoué** à l'examen.
il est surprenant	*it is surprising*	Il est surprenant que ce cours **soit** mauvais.
ce n'est pas la peine	*it's not worth the trouble*	Ce n'est pas la peine qu'il **vienne** me voir.

Impersonal Verbs

il faut	*it is necessary*	Il faut que vous vous **inscriviez**.
il vaut mieux	*it's better*	Il vaut mieux que nous **assistions** aux cours.
il semble	*it seems*	Il semble que le cours **finisse** en juin.
il se peut	*it's possible*	Il se peut que vous **ayez** tort.

The following impersonal expressions require the indicative in the subordinate clause when used affirmatively.

il est certain	*it's certain*		**il est clair**	*it's clear*
il est sûr	*it's sure*		**il est vrai**	*it's true*
il est probable	*it's probable*		**il paraît**	*it seems*
il est évident	*it's evident*		**il me semble**[4]	*it seems to me*

Il est certain que vous **avez** raison.
Il est vrai qu'il **connaît** l'université.
Il me semble que vous **séchez** trop de cours.

If these expressions are used in the negative or interrogative, the subordinate clause is in the subjunctive.

Il n'est pas sûr que je **réussisse** à cet examen.
Il n'est pas probable qu'elles **aillent** à l'université.
Est-il clair qu'elle **ait compris**?

---

[4] Note that the expression **il semble** always requires the subjunctive, whereas **il me semble** requires the subjunctive only when used negatively or interrogatively.

In using impersonal expressions, if you are making a broad general statement rather than addressing a specific person, there is no need for a subordinate clause. In such cases, the impersonal expression is followed by an infinitive. The expressions involving **être** take the preposition **de** before the infinitive.

Il faut s'inscrire en août.
Il faut que vous vous inscriviez avant de partir en vacances.

Il vaut mieux assister à toutes les conférences.
Il vaut mieux qu'il assiste au cours de maths.

Il est nécessaire de remplir certains formulaires.
Il est nécessaire, monsieur, **que vous remplissiez** certains formulaires.

Il est important d'établir un bon programme.
Il est important qu'elles établissent un bon programme.

---

9. Votre ami du Sénégal va venir passer l'année dans votre université. Vous lui écrivez pour lui donner des conseils. Complétez chaque phrase en mettant les verbes entre parenthèses à la forme appropriée du **subjonctif** ou de l'**indicatif**.

1. D'abord, il est possible que les frais d'inscription (être) _____ augmentés pour l'année prochaine.
2. Il faut que tu (écrire) _____ au bureau des inscriptions pour savoir s'il va y avoir une augmentation.
3. Il est essentiel que tu (s'inscrire) _____ tout de suite aux cours que tu veux suivre.
4. Il est toujours possible que certains cours (être) _____ complets.
5. Il est important que tous les étudiants (venir) _____ à la première séance d'orientation.
6. Il est probable que tu (avoir) _____ au moins un camarade de chambre.
7. Il n'est pas sûr que nous (habiter) _____ la même résidence.
8. Il est important que ton conseiller (comprendre) _____ ta situation en tant qu'étudiant étranger.
9. C'est dommage que tu ne (pouvoir) _____ pas arriver plut tôt.
10. Il est certain que je (venir) _____ te chercher à l'aéroport.

Synthèses

A. Voici des phrases entendues au cours d'une soirée entre étudiants au moment de la rentrée. Composez une seule phrase en liant les deux propositions indiquées.

> MODELES   j'ai peur / Yves vient
> *J'ai peur qu'Yves (ne) vienne.*
>
> j' ai peur / je pars si tôt
> *J'ai peur de partir si tôt.*

1. n'es-tu pas content / on vient chez toi ce soir
2. elle veut / on est à l'heure pour la soirée
3. nous sommes désolés / Luc ne peut pas venir
4. tout le monde souhaite / elle se rattrape
5. je crois / il va revenir cette année
6. penses-tu / il est arrivé avant la rentrée
7. mon prof de français désire / je suis un cours avancé
8. ma mère est triste / je veux quitter l'université
9. mais j'ai peur / je ne réussis pas à ce cours
10. désires-tu / tu pars si tôt
11. je ne doute pas / ce prof est sévère
12. elle préfère / on va au cinéma demain soir
13. je suis étonné(e) / il a changé de spécialisation
14. j'espère / il me demande de sortir avec lui cette semaine
15. je souhaite / je finis mes études l'année prochaine

B. Complétez les phrases suivantes en exprimant vos opinions personnelles sur votre université.

1. Il me semble que les étudiants ici...
2. Je pense que les livres qu'on achète à la librairie...
3. Je suis certain(e) que les profs...
4. Je voudrais que la bibliothèque...
5. Je doute que les étudiants...
6. Il paraît que notre restaurant universitaire...
7. Il est important que ma spécialisation...
8. Je crois que les cours obligatoires...
9. Je voudrais que ma résidence...
10. Il me semble que le plus gros problème à l'université...

Interactions

Activité 1. Des visiteurs. Un groupe de lycéens vient passer la journée sur le campus de votre université pour observer la vie quotidienne des étudiants et pour assister aux cours. Ils veulent que vous leur donniez des conseils. Qu'est-ce que vous leur dites?

> MODELE   *Il est essentiel que vous alliez toujours en cours.*

Activité 2. Voici ce qu'il faut faire. Votre meilleur(e) ami(e) va étudier une langue étrangère pour la première fois. Quels conseils voulez-vous lui donner?

MODÈLE   *Il est important que tu ailles souvent au laboratoire de langues.*

Activité 3. Les étudiants d'aujourd'hui en France. Selon les renseignements suivants, faites le portrait des étudiants d'aujourd'hui en France.

1. Où est-ce que la majorité des étudiants font des études?

2. Dans quelles filières du système éducatif français peut-on faire des études professionnelles? Y a-t-il beaucoup d'étudiants dans ces filières? Avez-vous l'impression qu'il y a plus ou moins d'étudiants qui font des études professionnelles en France qu'aux Etats-Unis?

3. Qu'est-ce qui montre que les grandes écoles sont les écoles les plus difficiles et les plus prestigieuses de France?

2 millions d'étudiants		
Répartition des effectifs de l'enseignement supérieur (1998–1999) :		
	Nombre	**%**
—Universités (hors IUT)	1 290 151	61,7
—Sections de techniciens supérieurs (STS)	234 346	11,2
—Instituts universitaires de technologie (IUT)	114 302	5,5
—Ecoles paramédicales et sociales	82 747	4,0
—Instituts universitaires de formation des maîtres (IUFM)	79 811	3,8
—Classes préparatoires aux grandes écoles (CPGE)	77 084	3,7
—Ecoles d'ingénieurs indépendants des universités	55 434	2,7
—Ecoles de commerce, gestion, vente et comptabilité	51 090	2,4
—Ecoles supérieures d'art et d'architecture	50 750	2,4
—Etablissements privés d'enseignement universitaire	22 397	1,1
—Ecoles juridiques et administratives	6 859	0,3
—Ecoles normales supérieures	3 246	0,2
—Autres écoles	21 353	1,0
Total France métropolitaine	**2 089 524**	**100,0**

Ministère de l'Education nationale

4. En petits groupes, composez deux listes: une liste des raisons pour lesquelles les étudiants américains choisissent de faire des études universitaires; une liste de ce qui constitue la réussite pour les étudiants américains. Ensuite, comparez les listes des différents groupes et les réponses des étudiants français au sondage suivant.

Les étudiants ont-ils perdu le goût de l'effort?

Le changement de discours récent sur les études supérieures semble avoir pour conséquence une baisse sensible du goût de l'effort, de la soif d'apprendre et de la volonté de réussir.

Un sondage SCP de juin 1999 montre que 79 % des étudiants en université préféreraient dans le futur avoir beaucoup de temps libre mais gagner moins d'argent; seuls 10 % choisiraient d'avoir peu de temps libre et de gagner beaucoup d'argent. Pour les étudiants, la «réussite» c'est d'abord «un travail intéressant» (83 %), devant «une vie de famille heureuse» (67 %), «avoir du temps libre» (33 %), «aider les autres» (23 %), «avoir beaucoup d'argent» (21 %), «avoir des responsabilités» (19 %), «avoir la sécurité de l'emploi» (15 %). 71 % pensent qu'ils auront à l'avenir un bon salaire, 28 % non. 58 % pensent trouver rapidement leur premier emploi, 41 % non. 69 % estiment qu'ils ne verront pas, de leur vivant, une forte réduction des inégalités, 31 % oui.

G. Mermet, Francoscopie 2001 © Larousse / HER 2000

Pour s'exprimer

Track 9

Avant de faire les activités qui suivent, écoutez la conversation entre Jim et Sébastien au sujet du système éducatif français.

CONTEXTE: Comme le font tous les ans beaucoup d'Américains, Jim passe sa troisième année universitaire dans une fac française. Sébastien vient d'arriver à la même université où il sympathise bientôt avec Jim. Chacun est curieux d'en savoir plus sur le système éducatif de l'autre. Il y a tant à apprendre sur les règlements, c'est-à-dire la partie officielle de l'enseignement supérieur, mais aussi sur son fonctionnement officieux, qui est souvent surprenant.

A l'écoute

A. Sébastien explique les cours qu'il a dû suivre pendant son année de terminale au lycée. En quoi consiste le programme qu'il a suivi? Est-ce très différent de ce que vous avez fait en dernière année? Quels résultats a-t-il obtenus à la fin de l'année?

B. Comme beaucoup de Français, Sébastien emploie dans la conversation des abréviations, comme «amphi» pour amphithéâtre. Combien de ces formes abrégées pouvez-vous trouver dans le dialogue? Faites une liste de toutes celles que vous ne comprenez pas du premier coup. Le contexte vous permet-il d'en deviner au moins le sens général?

C. Imaginez que c'est Sébastien qui vous demande: «Et ça coûte cher, tout ça?», en parlant des études universitaires chez vous. Répondez-lui. Employez, si possible, le vocabulaire du dialogue.

D. D'après l'explication donnée par Sébastien sur la vie sociale dans les universités françaises, en quoi ressemble-t-elle à la vie associative dans votre propre université? Quelles sont les différences?

A vous la parole

A. Voici une liste d'expressions souvent employées pour présenter une opinion personnelle ou pour discuter d'idées abstraites.

> Vraiment, je suis surpris(e) que...
> Pour ma part, je suis certain(e) que...
> A mon avis, il est évident que...
> Je pense que...
> Franchement, je suis désolé(e) que...
> Ah non, je ne crois pas que...
> Quant à moi, je doute que...
> Moi, je crois que...
> Je ne pense pas que...
> Personnellement, je regrette que...
> A vrai dire, je ne suis pas sûr(e) que...

B. Considérations sur quelques aspects de la vie actuelle. Exprimez vos propres opinions en formant de nouvelles phrases unissant les expressions qui précèdent aux considérations qui suivent. Faites tous les changements nécessaires. Un(e) camarade de classe doit ensuite donner sa propre opinion.

1. Pour réussir dans la vie, tout le monde a besoin de faire des études universitaires.
2. Les études universitaires doivent être plus orientées vers une formation professionnelle.
3. Les frais d'inscription coûtent trop cher.
4. L'énergie nucléaire est trop dangereuse.
5. Les manipulations génétiques vont beaucoup apporter à l'humanité.
6. L'union libre mène à des mariages plus durables.
7. Actuellement, il est trop facile d'obtenir le divorce.
8. Le gouvernement doit avoir un droit de censure sur les paroles des chansons de rock.
9. Il est nécessaire d'augmenter les impôts pour garantir une assurance maladie à tous les citoyens des Etats-Unis.
10. ???

Situations orales et écrites

A. Plusieurs membres de la classe donnent leur avis sur ce qu'il est nécessaire (important, essentiel, bon, etc.) qu'une personne fasse (possède, soit, etc.) pour être heureuse dans la vie. Les autres étudiants vont donner leurs opinions. Selon toutes les réponses, qu'est-ce qui constitue le bonheur dans la société américaine d'aujourd'hui?

B. En petits groupes, composez une liste de deux ou trois réformes que vous croyez nécessaires dans votre université. Ensuite, comparez vos réponses à celles des autres groupes. Quels sont les changements les plus importants à faire dans votre université?

C. Votre ami(e) français(e) va passer une année dans votre université et vous écrit pour vous demander des conseils. Ecrivez une lettre pour expliquer à votre ami(e) ce qu'il est nécessaire (important, essentiel, bon, etc.) qu'il / elle fasse pour suivre des cours ici et pour s'assurer une bonne année universitaire.

D. Vous cherchez un poste dans une compagnie qui a aussi des locaux en Belgique. Composez une lettre qui donne un résumé de votre carrière universitaire et de votre expérience professionnelle. Vous devez aussi expliquer dans votre lettre pourquoi cela vous intéresse de travailler en Belgique.

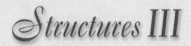

Structures III

The Subjunctive after Certain Conjunctions

The following conjunctions are followed by a subordinate clause with a verb in the subjunctive when there is a change of subject. If there is no change of subject, these conjunctions are followed by an infinitive. Note that in such cases, **que** is dropped, and some of the conjunctions take **de** to introduce the infinitive.

	Change of Subject	Single Subject
avant (que / de) *before*	**Mon conseiller** me parle **avant que je (ne)**[5] **m'inscrive.**	**Je** parle à mon conseiller **avant de m'inscrire.**
sans (que) *without*	**Il** quitte l'école **sans que ses parents le sachent.**	**Il** quitte l'école **sans l'annoncer.**
à moins (que / de) *unless*	**Il** va quitter l'école **à moins que ses parents** ne le **laissent** vivre à la résidence universitaire.	**Il** va quitter l'école **à moins de changer** d'avis.
afin (que / de) *so that*	**Je** me spécialise en biologie **afin que mes parents soient** heureux.	**Je** me spécialise en biologie **afin de trouver** un bon poste.
pour (que) *in order that / to*	**Vous** venez **pour que nous** vous **passions** des polycopiés.	**Vous** venez nous voir **pour avoir** des polycopiés.
de peur (que / de) *for fear that / of*	**Il** a bien étudié **de peur que le prof (ne) donne** un examen.	**Il** a bien étudié **de peur d'échouer.**

The following conjunctions must always be followed by a verb in the subjunctive, even when there is no change of subject.

	Change of Subject	Single Subject
bien que *although*	**Il** aime le cours **bien que le sujet soit** difficile à comprendre.	**Il** aime le cours **bien qu'il** n'y **aille** pas souvent.
quoique *although*	**Vous** séchez des cours **quoique vos notes soient** mauvaises.	**Vous** séchez des cours **quoique vous ayez** de mauvaises notes.
pourvu que *provided that*	**Je** vais suivre ce cours **pourvu que la classe soit** peu nombreuse.	**Je** vais suivre ce cours **pourvu que j'aie** le temps.
jusqu'à ce que *until*	**Nous** allons travailler **jusqu'à ce que vous arriviez.**	**Nous** allons travailler **jusqu'à ce que nous comprenions** ce problème.

[5] These expressions may be followed by the pleonastic **ne** before the subjunctive verb.

Rappel! Rappel!

The conjunctions **après que, pendant que, parce que, aussitôt que,** and **dès que** are not followed by the subjunctive because they introduce a clause that is factual rather than hypothetical.

Il m'a parlé **après que vous êtes partie.**	He spoke to me **after you left.**
Je vais travailler **pendant qu'elle est** à l'école.	I'm going to work **while she's at school.**
D'habitude, ils partaient **aussitôt que j'avais fini.**	They usually left **as soon as I had finished.**

1. Votre amie Emma vient passer une année aux Etats-Unis. Elle doit s'incrire dans votre université et vous lui envoyez un e-mail avec des conseils pratiques. Complétez la liste par la forme appropriée des verbes indiqués.

1. Je vais t'envoyer de la documentation avant que tu ne (partir) _____ de Montpellier.
2. Bien que les inscriptions ne (être) _____ pas très compliquées, tu as besoin de t'inscrire tôt.
3. Je vais t'envoyer une des brochures que l'université a préparées pour qu'on (savoir) _____ quels cours sont au programme.
4. Tu peux suivre n'importe quels cours, pourvu qu'il y (avoir) _____ de la place.
5. On peut attendre jusqu'à ce que tu (être) _____ sur le campus pour t'inscrire.
6. Tu vas avoir les cours que tu veux, pourvu que tu n'(attendre) _____ pas trop longtemps pour envoyer ton dossier.
7. Tu ne dois pas aller plus loin sans (préparer) _____ un dossier.
8. Je vais t'envoyer le nom d'un conseiller pour que tu lui (écrire) _____ avant d'(arriver) _____ aux Etats-Unis.

2. Maintenant, c'est à vous d'exprimer quelques-unes de vos opinions sur la vie d'étudiant chez vous. Complétez chaque phrase logiquement.

1. Je fais de mon mieux pour que mes parents...
2. Je ne m'inscris jamais à un cours sans...
3. J'aime bien le professeur pourvu qu'il / elle...
4. Je ne sèche jamais mon cours de... de peur...
5. J'ai choisi de faire des études universitaires pour...
6. J'étudie le français bien que...
7. J'ai réussi quoique...
8. J'accepte l'opinion de mon conseiller pourvu que...

The Subjunctive after Indefinite Antecedents

When a subordinate clause refers to a concept (or antecedent) in the main clause that is indefinite, the subordinate verb is in the subjunctive. The context of the sentence will indicate that the existence or nature of the antecedent is doubtful or open to question.

Je cherche **une voiture qui soit** économique.	*I'm looking for **a car that is** economical.*
Il veut trouver **une chambre qui ait** une belle vue.	*He's looking for **a room that has** a good view.*
Nous voulons **une spécialisation qui nous permette** de réussir.	*We're looking for **a major that will permit us** to succeed.*
Elles cherchent **des amis qui fassent** aussi des études.	*They're looking for **friends who are** also going to school.*

When the context of the sentence indicates that the subordinate clause refers to a definite person or thing, the verb is in the indicative.

J'ai acheté **une voiture qui est** très économique.
(You know the car exists.)

Il a loué **une chambre qui a** une belle vue.
(He knows the room has a view.)

Nous avons choisi **une spécialisation qui** nous **permet** de réussir.
(We know that the major will help us succeed.)

Elle a **des amis qui font** aussi des études.
(She has these friends already.)

If the antecedent is preceded by a definite article, this is normally a good indication that the verb in the subordinate clause should be in the indicative.

Voilà **la voiture qui est** si chère.
Nous voulons voir **la chambre qu'il a louée.**

3. Au moment de la rentrée, des copains parlent de différents aspects de la vie d'étudiant. Complétez leurs phrases en choisissant la forme appropriée du verbe entre parenthèses.

1. (être) J'espère trouver une chambre qui ne _____ pas trop chère.
2. (vendre) Nous cherchons une librairie qui _____ les livres de cours moins cher.
3. (être) Moi, je veux trouver une spécialisation qui _____ utile.
4. (savoir) Connaissez-vous quelqu'un qui _____ la date des inscriptions?
5. (être) J'ai déjà suivi les cours qui _____ obligatoires.
6. (comprendre) Il faut trouver un prof qui _____ les problèmes des étudiants.
7. (faire) J'ai un camarade de chambre qui _____ des études de commerce.
8. (avoir) Je ne veux pas suivre un de ces cours où il y _____ une centaine d'étudiants.
9. (choisir) M. Martin fait partie d'un comité qui _____ le nouveau président.
10. (avoir) Nous voulons une nouvelle camarade de chambre qui _____ le même emploi du temps que nous.

4. Vous parlez de votre vie à l'université avec un(e) ami(e). Complétez les phrases suivantes par la forme appropriée des verbes entre parenthèses.

1. Moi, je cherche des amis qui (être) _____ intéressants.
2. Ma copine a des amis qui (être) _____ bizarres.
3. Je voudrais trouver une spécialisation qui (offrir) _____ des débouchés (*career options*) intéressants.
4. Il me faut trouver un poste qui (payer) _____ bien.
5. Toi, tu as choisi des cours qui (être) _____ difficiles.
6. Nous avons trouvé des postes que nous (aimer) _____ bien.
7. Je dois chercher un(e) camarade de chambre qui (sortir) ne _____ pas si souvent.
8. Pour le semestre prochain, pouvez-vous m'aider à choisir un emploi du temps qui (être) ne _____ pas si chargé?

5. Vous parlez de votre vie à l'université avec un(e) ami(e). Complétez les phrases suivantes pour indiquer votre point de vue.

1. Moi, je cherche des amis qui...
2. Toi, tu choisis des cours qui...
3. Notre université cherche des étudiants qui...
4. Je voudrais trouver une spécialisation qui...
5. Je suis spécialiste de... et il me faut trouver un poste qui...

The Subjunctive in Superlative Statements

When a superlative is followed by a subordinate clause, the verb in the subordinate clause is normally in the subjunctive because most superlatives are subjective statements of opinion.

La chimie, c'est **le cours le plus difficile qu'on puisse** suivre ici.	*Chemistry is **the hardest course you can** take here.*
Mme Roland est **le meilleur prof qui soit** à l'université.	*Mme Roland is **the best professor who is** at this university.*

Remember that **personne, rien,** and **le seul** may be used as superlatives and require the subjunctive in a following subordinate clause.

Il n'y a **personne qui puisse** réussir à ce cours.	*There is **no one who can** pass this course.*
Je **ne** vois **rien qui soit** intéressant dans le programme du semestre.	*I don't see **anything that is** interesting in the course offerings this semester.*
Une mauvaise moyenne en maths n'est pas **le seul problème qu'il ait** ce semestre.	*A bad average in math isn't **the only problem he has** this semester.*

The subjunctive is not used following a superlative that is a statement of fact rather than an expression of opinion.

C'est **le plus avancé des cours qu'elle suit** ce semestre.	*It is **the most advanced course that she is taking** this semester.*

6. Voici plusieurs affirmations superlatives entendues parmi les étudiants. Complétez ces phrases par la forme appropriée du verbe entre parenthèses.

1. (pouvoir) C'est l'examen le plus difficile qu'on _____ imaginer.
2. (être) Il n'y a personne qui ne _____ pas inquiet avant un examen important.
3. (être) Tu vois ces hommes là-bas? C'est le plus grand qui _____ mon prof de biologie.
4. (suivre) C'est le meilleur cours que je _____ ce semestre.
5. (être) Le prof nous a dit que la note la plus basse de la classe _____ soixante sur cent.
6. (savoir) J'ai donné la seule réponse que je _____.
7. (réussir) Il n'y a pas un seul étudiant qui _____ tout le temps, pas vrai?
8. (pouvoir) Un D en maths? Ce n'est pas la plus mauvaise note qu'on _____ avoir.
9. (avoir) Les étudiants en quatrième année sont les seules personnes qui _____ le privilège de s'inscrire tôt.

Synthèses

A. Vous écoutez une conversation entre plusieurs jeunes Français qui parlent de leur année universitaire. Complétez chaque phrase par la forme convenable des verbes indiqués.

1. Oh, là, là! Ce cours de maths est le cours le plus difficile que je (suivre) _____.
2. L'année prochaine, je vais essayer de trouver des cours qui ne (être) _____ pas si durs.
3. Tu cherches un appartement que tu (pouvoir) _____ partager avec d'autres étudiants?
4. Oui, et j'ai bien trouvé un petit appartement qui (être) _____ situé très près de la faculté.
5. Il faut que vous (prendre) _____ certaines décisions avant de (partir) _____ en vacances.
6. Il est certain que je (devoir) _____ travailler pendant l'été pour payer mes frais de scolarité.
7. Dans mon cours de Science Po, la note la plus mauvaise à l'examen (être) _____ huit sur vingt.
8. Il est probable que nous ne (aller) _____ pas pouvoir nous réunir pendant les vacances.
9. Mes parents sont très contents que je (faire) _____ un stage aux Etats-Unis cet été.
10. Je veux que vous m'(écrire) _____ tous des e-mails pendant les vacances.

B. Interview: La vie d'étudiant. Posez les questions suivantes à un(e) camarade de classe.

1. Est-ce que tes professeurs te demandent de faire trop de devoirs?
2. Penses-tu que certains professeurs soient trop indulgents ou trop sévères?
3. Crois-tu que les étudiants américains doivent apprendre beaucoup de choses par cœur? Pour quels cours?
4. Penses-tu qu'il faille apprendre une langue étrangère pour acquérir une bonne instruction? Pourquoi?
5. Au mois de septembre, avant le premier examen, est-ce que tu as peur que certains professeurs soient trop sévères?
6. Penses-tu que les rapports entre la plupart des étudiants et leurs professeurs soient bons?
7. Es-tu surpris(e) que bien des étudiants aient des problèmes d'argent?
8. Quel est le cours le plus intéressant que tu aies jamais suivi? Pourquoi?
9. Quels avantages ou quels inconvénients y a-t-il à habiter dans une résidence universitaire?
10. Penses-tu que les étudiants américains soient assez sérieux en ce qui concerne leurs études? Pourquoi?

Interactions

Activité. L'instruction pour tous. Lisez l'annonce suivante. Ensuite, répondez aux questions.

1. Quel est le but de l'instruction telle qu'elle est présentée dans cette publicité?
2. A votre avis, est-ce que l'instruction universitaire est un droit pour tout le monde ou un privilège réservé aux meilleurs étudiants du lycée? Comment peut-on comparer des lycées différents?
3. Quel est le but des études universitaires? Le diplôme universitaire est-il la garantie d'un emploi?
4. Quel avenir voyez-vous pour le système universitaire aux Etats-Unis?

Réussir l'école, grandir la vie

Création républicaine, le droit à l'instruction laïque et obligatoire date de 200 ans. Aujourd'hui, le monde entre dans le troisième millénaire. La scolarité est déjà trois à quatre fois plus longue. L'école, c'est la possibilité pour chacun de pousser, mûrir, se cultiver. Pour tous, la maîtrise d'une culture intégrant une lecture renouvelée du passé et des connaissances nouvelles. Proposons des parcours multiples jusqu'à 18 ans et au-delà. Cultivons ce creuset commun de la promotion sociale, de l'épanouissement individuel dans une éducation nationale qui n'oublie personne.

Parce qu'il ne suffit pas de quelques épines pour se défendre, il est temps d'accroître les droits à l'éducation , à l'emploi, à la citoyenneté et à la démocratie.

Le SNES* vous invite au dialogue lors des premières rencontres nationales pour l'éducation. Prof : métier de vie.

* Syndicat national des enseignants du secondaire

Perspectives

Mise en train

Sujets de réflexion

1. D'où vient le mot *civilisé*, d'après vous? On dit parfois que les gens qui habitent la campagne ont des mentalités sensiblement différentes de celles des gens qui habitent la ville? Il y a même une fable qui met en scène le *rat de ville* et le *rat des champs*. Dans quels domaines est-ce vrai, à votre avis?

2. Tout le monde est d'accord que l'on apprend beaucoup dans les livres. Mais il y a d'autres façons d'apprendre aussi. Quelles sont d'autres sources d'enseignement en dehors de l'école?

Guy Tirolien (1917–1988)

Guy Tirolien est né en 1917 à Pointe-à-Pitre (Guadeloupe). Il a fait ses études primaires et secondaires dans les écoles de langue française à la Guadeloupe avant de partir en France où il a fait carrière dans le domaine littéraire aussi bien que dans l'Administration des colonies. Pendant son enfance, Guy Tirolien a connu certaines conditions communes à beaucoup d'autres jeunes gens dans les pays colonisés: l'apprentissage d'une langue étrangère qu'on devait utiliser obligatoirement, du moins à l'école; et un enseignement fondé sur des bases très différentes des traditions présentes dans le milieu familial. La Prière d'un petit enfant nègre, poème publié en 1948, raconte la douleur et le mécontentement ressentis par un enfant noir à qui l'on impose cette école étrangère.

Le Carnaval, Guadeloupe

littéraires

Avant de lire

1. Pour quelles sortes de raisons un enfant fait-il une prière au Seigneur? Qu'est-ce que l'enfant demande d'habitude?

2. Les vers 1–20 forment une première unité. Lesquels contiennent la *prière* du petit enfant? Quels vers nous montrent ce que l'enfant *veut* faire?

3. Quelles réponses donnent souvent les adultes lorsqu'un enfant leur demande pourquoi il faut aller à l'école? Quelle réponse contiennent les vers 21–28?

Guadeloupe

Prière d'un petit enfant nègre (1943)

Seigneur je suis très fatigué.

Je suis né fatigué.

Et j'ai beaucoup marché depuis le chant
    du coq

et le morne[1] est bien haut qui mène à
    leur école.

5 Seigneur, je ne veux plus aller à leur école,

Faites, je vous en prie, que je n'y aille plus.

Je veux suivre mon père dans les ravines
    fraîches

Quand la nuit flotte encore dans le mystère
    des bois

Où glissent[2] les esprits que l'aube[3] vient
    chasser.

10 Je veux aller pieds nus par les rouges sentiers[4]

Que cuisent les flammes de midi,

Je veux dormir ma sieste au pied des lourds
    manguiers[5],

Je veux me réveiller

Lorsque là-bas mugit[6] la sirène des Blancs

15 Et que l'Usine[7]

Sur l'océan des cannes[8]

Comme un bateau ancré

Vomit dans la campagne son équipage[9]
    nègre...

Seigneur, je ne veux plus aller à leur école,

20 Faites, je vous en prie, que je n'y aille plus.

Ils racontent qu'il faut qu'un petit nègre
    y aille

Pour qu'il devienne pareil[10]

Aux messieurs de la ville

Aux messieurs comme il faut[11].

25 Mais moi je ne veux pas

Devenir, comme ils disent,

Un monsieur de la ville,

Un monsieur comme il faut.

Je préfère flâner[12] le long des sucreries[13]

30 Où sont les sacs repus[14]

Que gonfle[15] un sucre brun autant que
    ma peau brune.

Je préfère vers l'heure où la lune
    amoureuse

Parle bas à l'oreille des cocotiers[16] penchés

Ecouter ce que dit dans la nuit

35 La voix cassée d'un vieux qui raconte en
    fumant

Les histoires de Zamba et de compère[17]
    Lapin

Et bien d'autres choses encore

Qui ne sont pas dans les livres.

Les nègres, vous le savez, n'ont que trop
    travaillé.

40 Pourquoi faut-il de plus apprendre dans
    des livres

Qui nous parlent de choses qui ne sont
    point d'ici?

Et puis elle est vraiment trop triste leur
    école,

Triste comme

Ces messieurs de la ville,

45 Ces messieurs comme il faut

Qui ne savent plus danser le soir au clair
    de lune

Qui ne savent plus marcher sur la chair[18]
    de leurs pieds

Qui ne savent plus conter les contes[19] aux
    veillées[20].

Seigneur, je ne veux plus aller à leur école.

Anthologie de la nouvelle poésie nègre et
malgache de langue française,
L.S. Senghor, Ed. P.U.F., 1948.

---

[1] small mountain (creole expression)   [2] glide   [3] dawn   [4] paths   [5] mango trees   [6] roars   [7] factory   [8] sugar cane   [9] crew   [10] just like   [11] proper   [12] dawdle   [13] sugar factories   [14] full   [15] swells   [16] coconut trees   [17] fellow   [18] flesh   [19] tales   [20] evening gatherings

Synthèses

Après la lecture

1. Imaginez la journée typique de ce «petit enfant nègre», c'est-à-dire la journée qu'il désire ne pas passer. A quelle heure se lève-t-il? Quel chemin doit-il suivre? Que fait-il à l'école? Faites une liste des vers où vous trouvez les réponses à ces questions.

2. Comment l'enfant imagine-t-il sa vie idéale? Faites une liste d'au moins dix activités préférables selon l'enfant.

3. Les vers 34, 35, 36 et 48 font allusion à des histoires. Peut-être s'agit-il de fables? Quelles histoires de ce genre avez-vous écoutées quand vous aviez l'âge du petit garçon? Quelle est leur importance dans le contexte de ce poème?

4. Lorsque l'enfant répète la phrase *Seigneur, je ne veux plus aller à leur école*, de quelle école parle-t-il? *Leur* se réfère à qui, à votre avis?

Pour mieux lire

1. Dans les vers 20, 21 et 22, nous relevons plusieurs exemples de l'emploi du subjonctif. Expliquez pour quelles raisons cet emploi grammatical est nécessaire dans ces vers.

2. La répétition de certaines images est souvent utilisée par les poètes pour souligner une idée ou un élément important. Comment peut-on justifier cet emploi poétique de la répétition dans les vers suivants?

   a. *Seigneur, je ne veux plus aller à leur école* (vers 5, 19, 49)

   b. *Aux messieurs de la ville*   *Un monsieur de la ville*
      Aux messieurs comme il faut.   *Un monsieur comme il faut.*
        (vv. 23–24)   (vv. 27–28)

   c. *Qui ne savent plus danser le soir au clair de lune*
      Qui ne savent plus marcher sur la chair de leurs pieds
      Qui ne savent plus conter les contes aux veillées. (vv. 46, 47, 48)

3. La métaphore est un procédé de langage qui consiste à modifier le sens d'un mot par une substitution. On emploie, par exemple, un terme concret dans un contexte abstrait (au vers 8: *la nuit flotte*). Trouvez dans le poème au moins trois autres exemples de métaphores.

4. Quelles images du poème préférez-vous? Expliquez pourquoi.

Liens culturels

1. Nous sentons qu'il y a, dans ce poème, certains conflits d'intérêts. Quels antagonismes se manifestent dans le texte? S'agit-il seulement d'un enfant qui ne veut plus aller à l'école? Quelles réponses peut-on envisager de donner à cet enfant? Où est-ce qu'une situation culturelle de ce type se reproduit aujourd'hui? Peut-on en trouver dans notre propre société?

2. L'école en question dans ce poème est l'école coloniale française. Que savez-vous au sujet de l'enseignement primaire public en France (la loi Jules Ferry, par exemple)? Pourquoi l'éducation dans une école de langue française à la Guadeloupe semble-t-elle si étrangère à l'enfant du poème?

3. Dans beaucoup de pays, y compris la France, l'enseignement primaire et secondaire public dépend du Ministère de l'Education Nationale. Quel est le système pratiqué dans votre pays? A votre avis, est-ce un avantage ou un inconvénient d'avoir un système d'éducation uniforme? Quels sont les points forts et les points faibles d'une éducation nationale?

Chapitre 9

La francophonie

Bon nombre de francophones vivent sous les latitudes tropicales. Ici, port de pêche de la Martinique.

Cultural Focus
- The Francophone World
- The Francophone Identity

Literary Reading
- Tahar Ben Jelloun:
  Interview with *Le Monde;*
  L'Enfant de sable (excerpt)

Structures
- I • Prepositions with Infinitives
- II • Other Uses of Prepositions
  • The Present Participle
- III • Relative Pronouns

Functions
- Expressing Intention
- Specifying the Purpose
  or Nature of Objects
- Indicating Location or Duration
- Qualifying Information

Perspectives

Histoire de l'expansion de la langue française dans le monde

Pour comprendre l'histoire de l'expansion de la langue française dans le monde, il faut d'abord parler de l'histoire de la colonisation.

Le Nouveau Monde

1534 Le Français Jacques Cartier prend possession du Canada sous le roi François Premier.

1604–08 Samuel Champlain fonde les colonies d'Acadie (Nouvelle-Ecosse actuelle) et du Québec.

1635 La Compagnie des îles d'Amérique occupe la Guadeloupe et la Martinique.

1682 Cavelier de la Salle colonise la Louisiane.

Les descendants des colons français au Canada forment une partie des 6 millions de Franco-Canadiens concentrés aujourd'hui au Québec où l'on a conservé le français comme première langue. Aux Etats-Unis, de nombreux immigrants canadiens se sont installés en Nouvelle-Angleterre où ils ont fondé des communautés ayant leurs propres églises et écoles francophones. En Louisiane, l'héritage des Français est toujours évident dans les danses et la musique folklorique aussi bien que dans le nom de beaucoup de villes.

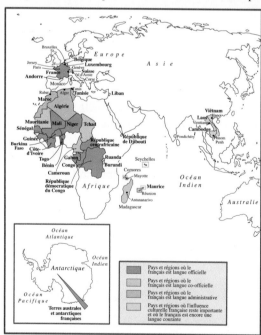

Afrique, Inde, Asie, Océanie

1659 Au Sénégal, établissement d'une installation commerciale à St-Louis. (La conquête du Sénégal date de 1854.)

1830 Prise d'Alger

1832–47 Etablissements en Côte d'Ivoire, au Gabon, à Madagascar, à Mayotte, à Tahiti

1842–67 Nouvelle-Calédonie, Cochinchine, Cambodge

1881 Tunisie

1912 Maroc

Entre 1880 et 1934, la France établit de nombreux mandats, protectorats et colonies en Afrique, au Proche-Orient (Syrie, Liban), en Polynésie et en Indochine. Cette période marque aussi l'apogée de l'influence politique et linguistique de la France dans le monde. A la suite de la Seconde Guerre mondiale, et surtout pendant les années 1960, la grande majorité de ces pays ont gagné leur indépendance, mais le français y est souvent resté l'une des langues officielles.

culturelles

Qui parle français actuellement?

Il y a dans le monde entier 200 millions de francophones. Où peut-on les trouver? Dans cinq continents et de nombreuses îles de langue française. 70 millions de personnes parlent français

en Europe:

- 58 millions d'habitants en France métropolitaine;
- 9 millions dans le reste de l'Europe (première langue de 4,5 millions en Belgique; 1,2 million en Suisse; 300 000 au Luxembourg; Monaco, 27 000)

en Outre-mer:

- Départements d'outre-mer (DOM) où les habitants ont la nationalité française: Martinique, Guadeloupe, Guyane, île de la Réunion
- Territoires d'outre-mer (TOM): Nouvelle-Calédonie, Wallis-et-Futuna, Polynésie Française, Terres australes et antarctiques françaises
- Collectivités territoriales (CT): Mayotte, St-Pierre-et-Miquelon

en Afrique:

- Afrique du Nord (le Maghreb: Algérie, Maroc, Tunisie)—l'arabe y est la langue officielle, mais le français est souvent une langue d'enseignement à statut privilégié, employée dans les milieux diplomatiques et administratifs
- Sud du Sahara (Burundi, Cameroun, Centrafrique, Comores, Congo, Côte d'Ivoire, Djibouti, Gabon, Guinée, Madagascar, Mali, Maurice, Mauritanie, Ruanda, Sénégal, Seychelles, Tchad, Togo)—le français y est une langue officielle ou administrative

en Amérique:

- Canada (Québec et Nouveau-Brunswick)
- Louisiane
- Haïti

Festival International des Francophonies en Limousin

Limoges, ville du Centre de la France, accueille un festival dont le programme suivant précise le rôle de la langue française dans le monde d'aujourd'hui.

«Algériens, Québécois, Nigériens, Maliens, Libanais, utilisent le français pour créer des œuvres littéraires et théâtrales... Ils se retrouvent à Limoges pour échanger leurs expériences, et nous en faire profiter...»

«... Le point commun à ces créations, c'est la langue. [Le festival des] Francophonies montre et fait écouter la langue française parlée dans les endroits les plus éloignés de la planète, riche de cette diversité.»

«Par une curieuse inversion, c'est l'importation en France de spectacles africains, américains ou asiatiques, qui témoigne de la vitalité et du rayonnement de la langue française... Ce n'est plus la France qui exporte sa culture [...]. Ce sont des étrangers qui montrent aux Français ce qu'ils font tous les jours du français.»

Culture générale

Compréhension

1. A quelle époque la France a-t-elle commencé à faire des voyages de découverte?
2. Quels navigateurs sont responsables des premières explorations françaises outre-atlantique?
3. Dans quelles parties des Etats-Unis reste-t-il une présence française?
4. Quels pays d'Afrique du Nord ont connu un régime colonial français?
5. Consultez la carte à la page 291 et indiquez au moins trois pays au sud du Sahara où il y a eu une présence française. Dites avec précision où ils se trouvent.
6. A quelle époque beaucoup de pays africains ont-ils gagné leur indépendance?

Sujets de réflexion

A. Tracez chronologiquement sur la carte géographique l'expansion coloniale de la France. Quelles motivations peut-on suggérer pour expliquer cette politique de la colonisation?
B. Prenez l'exemple du Canada. Quelles puissances coloniales ont pris possession de ce pays? Que savez-vous du mouvement séparatiste au Québec? Comment l'expliquez-vous?
C. Quel est l'héritage français sur le territoire des Etats-Unis? Quels événements historiques pouvez-vous citer pour expliquer cette présence, surtout en Louisiane et en Nouvelle-Angleterre?

Vocabulaire actif

Les activités

conserver to preserve
élargir to broaden
établir to establish
s'étendre to extend
naviguer to sail

La francophonie

un(e) **anglophone** English-speaking person
le **carnaval** (winter) festival
un **colon** colonist
des **communautés** (f pl) communities
la **conquête** conquest
le **créole** native language spoken in many Francophone countries

un **département** administrative division of France
un **divertissement** recreation, entertainment
la **douceur de vivre** pleasant lifestyle
une **fête** festival
un(e) **francophone** French-speaking person

Culture contemporaine

Compréhension

1. Donnez quelques indications du nombre de personnes qui parlent français dans divers endroits du monde.
2. Sur quel continent y a-t-il le plus de francophones?
3. Expliquez les sigles (*acronyms*) DOM, TOM et CT. Où se trouvent ces endroits?
4. Quel est le statut de la langue française dans beaucoup de pays d'Afrique?
5. Quelle sorte de réunion francophone a lieu à Limoges?
6. Quel est le point commun partagé par les écrivains francophones?

Sujets de réflexion

A. Dans plusieurs pays d'Afrique, le français est soit une langue officielle, soit une langue privilégiée. (Cherchez sur l'Internet un site qui vous donne plus de précisions sur l'un de ces pays.) Pourquoi est-il logique que la langue française soit toujours employée comme langue de communication entre tant de pays africains?

B. Pour certains pays, comme l'Algérie, le français a perdu son statut de langue officielle ou administrative. Quelles raisons politiques et culturelles pouvez-vous suggérer pour expliquer ces circonstances particulières?

C. Identifiez le phénomène qui donne de la cohésion au Festival des Franco-phonies. En quoi ce festival constitue-t-il une «importation» de culture?

Pour plus d'activités, visitez:
http://interaction.heinle.com

---

la **francophonie** French-speaking world
l'**Hexagone** (*m*) the Hexagon (term for France stemming from its six-sided shape)
un **lien** link
le **Maghreb** geographic term for North African countries
la **mer des Caraïbes** Caribbean Sea
la **métropole** mainland France

un **palmier** palm tree
la **patrie** homeland
un **pays** country
la **peau** skin
la **plage** beach
le **Proche-Orient** Middle East
le **sable** sand
un **sport d'hiver** winter sport

Les caractéristiques

destiné(e) (à) intended (for)
d'outre-mer overseas
fier (fière) proud
francophone French-speaking
indigène native
maternel(le) native (language)
métropolitain(e) of / from continental France

Exercices de vocabulaire

A. Complétez chacune des phrases suivantes par le terme convenable du *Vocabulaire actif*.

1. Au Canada, il y a chaque hiver un _____ .
2. La Guadaloupe et la Martinique font partie des départements _____ .
3. Pour les Français, le français est leur langue _____ .
4. Dans certains pays francophones, on parle aussi le _____ .
5. Pour les Français, la France est leur _____ .

B. Composez des phrases en utilisant **C'est un(e)...** ou **Ce sont des...** pour indiquer quels termes du *Vocabulaire actif* correspondent aux définitions suivantes.

1. une personne qui parle anglais
2. la France
3. Daytona et Malibu
4. le ski et la luge
5. une personne qui habite dans une colonie
6. une personne qui parle français
7. la division géographique française qui correspond à un état des Etats-Unis
8. la Belgique, les Etats-Unis, l'Italie, le Gabon, etc.
9. l'espèce d'arbre qu'on trouve près de certaines plages
10. les pays de l'Afrique du Nord

Dans un marché en plein air à Abidjan, Côte d'Ivoire

La francophonie

La francophonie se fonde sur le partage de la langue française pour l'enrichissement de tous les pays qui la composent. Or, une langue trouve son accomplissement dans l'activité littéraire, qui mobilise toutes ses ressources, qui la célèbre dans toutes ses beautés, qui l'oblige parfois à se renouveler ou à inventer des formes d'expression innovatrices. Une langue ne vit et ne prospère que parce que des écrivains, des conteurs, des poètes—tous ouvriers du mot—la plient à leur volonté créatrice, la montrent dans tous ses états, la font penser, rire, rêver, agir... Les écrivains figurent donc au premier rang des artisans de la francophonie.

La prise de parole

Les littératures francophones procèdent toutes d'un désir parallèle de manifester une présence au monde. Se développant dans des situations de contacts, et même de déséquilibres culturels, la production littéraire d'expression française devient le moyen de définir et de proclamer une identité, qui peut être problématique.

Beaucoup de textes disent l'urgence d'une parole longtemps empêchée, qui s'épanouit enfin dans l'expression littéraire: ce sont les littératures des peuples colonisés, des communautés autrefois dominées, des minorités toujours menacées. L'objectif premier est alors de «prendre la parole», dans toute la force du terme—comme ailleurs on a pris la Bastille. Littératures où les écrivains se font la voix de ceux qui n'avaient pas de voix.

L'écrivain et sa langue

Le problème de la relation de l'écrivain d'expression française avec sa langue d'écriture alimente des débats toujours renouvelés. La revue *La Quinzaine littéraire* avait adressé en 1985, à l'occasion du Salon du Livre de Paris, un questionnaire à un ensemble d'écrivains représentatifs des littératures francophones. La première question était: «L'utilisation du français comme moyen d'expression et de création a-t-elle été pour vous un choix *naturel* ou vous a-t-elle été *imposée* pour des raisons institutionnelles, d'enseignement ou de pression sociale? Dans la nécessité de vous faire entendre, avez-vous choisi le français par opportunité ou par obligation?»

Les réponses reçues se rassemblent sur quelques options fondamentales. Il n'est plus possible de présenter le français comme la langue de toutes les supériorités. Il n'est pas pensable non plus d'en réserver la propriété aux seuls Français. L'accord se fait aussi sur quelques thèmes: c'est la langue qui s'impose à l'écrivain et non l'écrivain qui choisit arbitrairement sa langue d'écriture; si elle est le lieu d'affirmation de l'identité, elle invite aussi à l'expérience de l'exil et de l'étrangeté; c'est l'impureté fondatrice du français des francophones qui lui permet d'atteindre à l'universel.

Qui choisit qui?

«Non, il ne s'agit pas de choix. Imposée ou pas, la langue française était là toute séduction dehors, m'environnant. L'école et l'avenir. Comme le petit Breton, le petit Alsacien. En plus pour moi, la civilisation passait par le français, c'était dit. Mon père (instituteur) aidant, je me suis appliqué à apprendre, parler, écrire, penser, regarder... , vivre.»

Tchicaya U Tam'Si (Congo)

«Francophonie, yes. Je n'ai pas choisi la langue française, elle m'a choisi. Et j'en suis très content. Je veux la garder. [...] Je veux pouvoir mélanger en elle ma raison et ma folie, mon présent difficile et ma mémoire, prolonger ma vie autant que possible [...], lui organiser d'autres fêtes, inviter d'autres mots à partager ses merveilles [...], lui dire que je n'aime qu'elle parce que c'est vrai, la tromper avec d'autres langues parce que ça fait partie de la vérité, de l'Histoire qui m'a été donnée et dans laquelle je me débats comme je peux.»

Jean-Claude Charles (Haïti)

La langue et l'identité

«Le français est ma langue maternelle. J'écris dans ma langue maternelle. Ma langue paternelle est aussi le français. J'écris aussi dans ma langue paternelle. La langue du Québec est aussi le français. J'écris aussi dans la langue du Québec. [...] C'est ma langue et je n'en ai pas d'autre.»

Suzanne Jacob (Québec)

«La grande leçon que donne l'écrivain africain [de langue française]: faire du français, langue de l'Ancien Maître, le lieu d'assomption de sa propre identité.»

Mukala Kadima-Nzuji
(République démocratique
du Congo [ex-Zaïre])

«C'est cette langue [l'arabe, langue de mon père] qui m'est familière et inconnue, que je veux présenter dans les livres que j'écris en français, ma langue maternelle, à travers les personnages romanesques en exil comme moi, déplacés, dispersés, coupés de la terre familiale et de la langue maternelle. A la croisée, pour toujours, dans le jeu avec la vie, la folie, la mort.»

Leïla Sebbar (France/Algérie)

Pour conclure

«Pour clore définitivement la question, parce que je ne vais pas passer ma vie à m'expliquer, encore moins à me justifier pourquoi j'écris en français, j'emprunte une phrase à Henry James, cité par Maurice Blanchot dans *Le Livre à venir*:

"Nous travaillons dans les ténèbres—nous faisons ce que nous pouvons—nous donnons ce que nous avons. Notre doute est notre passion, et notre passion notre tâche. Le reste est folie de l'art."»

Tahar Ben Jelloun (Maroc)

Compréhension

En groupes de trois ou quatre personnes, composez un résumé d'une ou deux phrases de chacune des citations précédentes pour indiquer ce que l'idée de la «francophonie» représente pour chacun des auteurs cités.

Discussion

A. En quoi les écrivains francophones contribuent-ils au développement et à l'évolution de la langue française?

B. Qu'est-ce que les écrivains francophones essaient de définir en se servant de la langue française comme moyen de production littéraire?

Expansion

C. Pour les habitants des pays francophones, il y a toujours un problème d'identité qui se pose. Quels avantages y a-t-il à être francophone?

D. Comment pourriez-vous expliquer à un(e) francophone le problème de l'identité culturelle qui se manifeste actuellement aux Etats-Unis? Possédez-vous vous-même deux cultures (hispanique, japonaise, afro-américaine, vietnamienne, coréenne, par exemple)? Comment est-ce que vous vous voyez en tant qu'«Américain(e)»?

$\mathscr{S}tructures$ I

Prepositions with Infinitives

When a conjugated verb in French is followed by another verb in the same clause, the second verb will be in the infinitive form.

The equivalent English construction may often involve the *-ing* form of the verb, but in French this second verb *always* takes the infinitive form.

Je **veux travailler**.   *I want to work.*
Je **continue à travailler**.   *I continue working.*
J'ai **fini de travailler**.   *I have finished working.*

Note in the preceding models that some verbs require no preposition to introduce a dependent infinitive. Other verbs take **à** and still others use **de** before the dependent infinitive. This usage is not determined by the infinitive, but rather by whether the conjugated verb takes a preposition to introduce the infinitive form. English usage often gives no clue to when a French verb requires a preposition; you must learn this for each verb. Following are lists of some common verbs requiring no preposition and others requiring **à** or **de** before a dependent infinitive.

296   *Chapitre* 9

Conjugated Verb + Infinitive:

aimer	Anne **aime voyager**.
aller	Nous **allons visiter** la Martinique.
croire	Ils **ont cru entendre** un mot de créole.
désirer	Elle **désire m'accompagner**.
devoir	Il **doit prendre** les billets à l'avance.
espérer	Nous **espérons arriver** à l'heure.
faire	Elles vont **faire réserver** des places.
falloir	Il **faut visiter** le marché de Rabat.
penser	Je **pense rentrer** en mars.
pouvoir	Est-ce qu'on **peut prendre** l'avion?
préférer	Elles **préfèrent rester** ici.
savoir	A la Réunion, on **sait danser** le séga.
souhaiter	Le groupe **souhaite voir** Tahiti.
vouloir	Moi, je **veux descendre** en ville.

Conjugated Verb + *à* + Infinitive:

aider à	Le guide **aide** les touristes **à s'amuser**.
s'amuser à	Il **s'amuse à parler** aux visiteurs.
apprendre à	On va **apprendre à apprécier** la cuisine créole.
commencer à	Nous **commençons à comprendre** la langue.
continuer à	Ils **continuent à voyager** après Noël.
enseigner à	On **enseigne** aux touristes **à danser** le séga.
s'habituer à	Je **m'habitue à voyager** en avion.
hésiter à	Nous **hésitons à traverser** l'Atlantique.
inviter à	Mes amis **m'invitent à voyager** avec eux.
réussir à	J'ai **réussi à prendre** un billet.
tenir à[1]	Mes parents **tiennent à voyager** en été.

Conjugated Verb + *de* + Infinitive:

accepter de	J'ai **accepté de venir**.
s'arrêter de	Le guide **s'est arrêté de parler**.
avoir envie de	J'ai **envie de rester** ici.
avoir peur de	Elle **a peur de voyager**.
choisir de	Nous **avons choisi de partir** en mars.
décider de	Il **a décidé de quitter** son pays.
essayer de	Il **essaie de gagner** de l'argent.
finir de	Il **finit de préparer** son voyage.
manquer (de)	Elle **a manqué (de) tomber** dans l'avion.
oublier de	J'ai **oublié de consulter** l'agent.
refuser de	Ils **refusent de partir** en avril.
regretter de	Nous **regrettons de ne pas rester** plus longtemps ici.
risquer de	Ils **risquent d'être** en retard.
venir de[2]	Elle **vient de visiter** la Réunion.

[1] The verb **tenir** means *to hold*. **Tenir à** means *to insist (on)*.
[2] Remember that **venir de** + infinitive means *to have just.*

Après + *Past Infinitive*

With the preposition **après**, use the past infinitive form, which is the infinitive **avoir** or **être** followed by the past participle of the main verb.

Après avoir voyagé, ils sont retournés chez eux.

Après être allés en ville, ils sont rentrés.

After having traveled, *they returned home.*

After having gone *downtown, they went home.*

1. Employez les éléments indiqués pour poser des questions à un(e) camarade de classe.

1. tu / aimer / voyager?
2. tu / tenir / voyager / dans des pays exotiques?
3. dans quels pays / tu / désirer / aller?
4. dans quels pays / tu / ne pas vouloir / aller?
5. tu / espérer / faire un voyage en Europe?
6. tu / commencer / économiser de l'argent pour un voyage?
7. tu / hésiter / quelquefois / prendre l'avion?
8. tu / avoir peur / prendre l'avion?

2. Voici l'histoire de Kandioura, un Sénégalais qui a fait des études supérieures en France. Complétez le récit en mettant les verbes entre parenthèses au **passé composé**. Ajoutez la préposition appropriée, si nécessaire.

Kandioura est né dans un village du Sénégal. A l'école, il (apprendre) _____ parler français. Il (se mettre) _____ parler français tous les jours, mais il (essayer) _____ conserver, en même temps, sa langue maternelle, le wolof. Kandioura (arriver) _____ obtenir son bac sans difficulté, et il (décider) _____ aller à Paris. Fidèle à ses origines sénégalaises, il (refuser) _____ abandonner sa propre culture, même s'il (choisir) _____ faire ses études universitaires en France. Là, il (s'habituer) _____ travailler beaucoup et sa vie (être) n' _____ pas toujours _____ facile. A un moment, il (regretter) _____ avoir quitté son pays et il (penser) _____ y retourner. Mais il (décider) _____ rester en France pour devenir professeur de français. Quelques années plus tard, il (réussir) _____ obtenir un poste de professeur dans une université américaine. Cependant, il (vouloir) n' _____ pas _____ renoncer à sa nationalité et il retourne souvent au Sénégal pour les vacances.

Le Sénégal

3. Employez un des verbes à gauche et une des expressions à droite pour formuler des questions que vous posez à un(e) camarade de classe.

MODELE   *Tu vas regarder la télé ce soir?*

aimer	voyager pendant les week-ends
commencer	apprendre le français
s'arrêter	faire du ski
aller	parler français en cours
pouvoir	fumer
décider	aller à des concerts de rock
hésiter	travailler
s'amuser	choisir une spécialisation
vouloir	réfléchir à ton avenir
savoir	faire des projets pour l'été
apprendre	retrouver tes amis en ville
essayer	aller au cinéma
regretter	regarder la télé
	???

Interactions

Activité 1. Projets de voyage. Choisissez un pays que vous voulez visiter et répondez aux questions suivantes. Où voulez-vous aller? Comment allez-vous voyager? Quels sites touristiques souhaitez-vous visiter? Qu'est-ce que vous espérez faire pendant votre séjour à l'étranger? Les autres étudiants de la classe vont vous poser des questions supplémentaires.

Le Maroc

La Martinique

Activité 2. Un auto-portrait. Nous évoluons tous constamment. Pensez à vos traits de caractère, à vos habitudes, à vos activités. Faites un auto-portrait. Parlez ensuite de ce que vous aimeriez changer en vous et de ce que vous voulez conserver. Que voudriez-vous commencer à faire? continuer à faire? ne pas faire? apprendre à faire?

Activité 3. Ma journée. Racontez en huit ou dix phrases ce que vous avez fait vendredi dernier. Indiquez l'ordre chronologique des événements en faisant l'enchaînement par l'emploi des termes suivants: **avant de** + infinitif, **après** + nom, **après** + infinitif passé, **ensuite, alors.**

Lexique personnel
Qu'est-ce que je sais du monde francophone?

A. Cherchez les termes qui correspondent aux sujets suivants:

1. les pays francophones que vous avez visités
2. les pays francophones que vous voulez visiter
3. les noms (de personnes ou d'endroits) d'origine française que vous connaissez aux Etats-Unis

B. Répondez aux questions suivantes.

1. Avez-vous visité des pays francophones? Lesquels? Avez-vous parlé français avec les habitants?
2. Dans quelles régions des Etats-Unis est-ce qu'il y a un héritage linguistique et culturel français?
3. On vous offre des vacances idéales. Quels pays francophones voulez-vous visiter?

Structures II

Other Uses of Prepositions

A. *It is* + **Adjective** + **Preposition** + **Verb:** A frequent problem for the English speaker is expressing the idea *it is* followed by an adjective that in turn introduces an infinitive: *It is difficult to solve this problem.*

Do *not* rely on English structure to determine whether **c'est** or **il est** should be used to introduce the infinitive. Instead, look for the object of the infinitive in French. If the object of the infinitive is in its normal position—immediately after the infinitive—use **il est** and the preposition **de** to introduce the infinitive.

> **Il est difficile de résoudre** *ce problème.*
> **Il est impossible d'acheter** *nos billets.*

If the object of the infinitive is in any other position, or if it is omitted, use **c'est** and the preposition **à** to introduce the infinitive.

> **C'est** *un problème* (object of résoudre) **difficile à résoudre.**
> **C'est difficile à résoudre.**

1. Un(e) camarade de classe raconte un voyage qu'il / elle a fait. Complétez ses déclarations par **c'est... à** ou **il est... de.**

Je suis allé(e) en Guadeloupe, et je peux dire que _____ une île _____ voir. On y parle créole, et _____ possible _____ comprendre au moins quelques mots de cette langue. Mais _____ difficile _____ prononcer.

_____ facile _____ visiter toute l'île de la Guadeloupe car elle n'est pas grande. Mais _____ important _____ avoir un bon guide, car _____ possible _____ se tromper de route. Et _____ une situation _____ éviter.

_____ amusant _____ passer la soirée à danser et à bavarder avec les autres membres du groupe. En somme, _____ agréable _____ passer des vacances en Guadeloupe.

B. Prepositional Phrases Describing Nouns: Prepositional phrases are frequently used in French to describe or qualify a noun.

- The preposition **à** denotes purpose, function, or nature.

une machine à laver	*a washing machine*
une glace à la vanille	*vanilla ice cream*
un verre à vin	*a wine glass*
une maison à un étage	*a two-story house*

- The preposition **de** denotes contents or composition.

une robe de coton	*a cotton dress*
un problème de maths	*a math problem*
un verre de vin	*a glass of wine*
une boîte de haricots	*a can of beans*

- The preposition **en** denotes substance.

une maison en brique	*a brick house*
une montre en or	*a gold watch*
une pièce en vers	*a play in verse*

C. Prepositions Referring to a Location: When referring to a location, **à** is used in a general sense to mean *at*, **dans** is used to mean *in* (in the physical sense) or *inside of*, and **par** is used to mean *through*.

Je travaille **à la bibliothèque.**	Elles sont **au Resto U** maintenant.
Le laboratoire est **dans ce bâtiment.**	Allez **dans la salle de classe.**
Ils regardent **par la fenêtre.**	Passez **par la porte principale.**

D. Prepositions with Expressions of Time: To refer to a period of time, **à** is used with hours of the day and **en** is used with months, years, and all seasons except **au printemps.**

$$\text{Le groupe est parti} \begin{cases} \text{à trois heures.} \\ \text{en mars.} \\ \text{en 2002.} \\ \text{en hiver.} \end{cases}$$

- To denote the duration of time, **en** means within a certain time frame and **dans** denotes a specified time in the future.

> Je travaille vite et je peux finir **en une heure.**
> Le concert va se terminer **dans deux heures.**

- The concept *for* is expressed by **pendant** when referring to actual duration and by **pour** when referring to intended duration.

> Il a vécu à Paris **pendant deux ans.**
> Je vais rester à Paris **pour une semaine.**
> Elle est allée à Paris **pour une semaine,** mais elle y est restée **pendant six mois.**

E. Prepositions with Modes of Transportation: To describe modes of transportation the preposition **en** is often used, except when referring to train travel, in which case **par le** is used most often.

$$\text{Ils ont voyagé} \begin{cases} \text{en voiture.} \\ \text{en avion et en bateau.} \\ \text{par le train.} \end{cases}$$

F. The Preposition *pour* Used to Express Intention: The preposition **pour** introduces an infinitive to denote the intention of an action. In English, the idea of *in order to* is often omitted, but this idea must be expressed in French whenever the infinitive conveys intention.

> Je travaille **pour gagner de l'argent.**
> **Pour faire un gâteau,** il faut du sucre.

G. The Preposition *chez*: The preposition **chez** has a variety of meanings in French.

> Nous allons dîner **chez Pierre.** (*at someone's home*)
> Il est **chez le médecin.** (*at someone's business*)
> **Chez les Martiniquais,** le français est une langue commune.
>   (*within a group*)
> C'est une attitude bien connue **chez le président.**
>   (*within the nature of a person*)
> **Chez Camus,** il y a beaucoup de descriptions du désert.
>   (*within the work of an author*)

H. Prepositions with Geographical Locations: Most names of geographical locations that end in **e** in French are feminine and are preceded by **en** to mean *to, at,* or *in.*

en France	**en** Asie	**en** Angleterre	**en** Australie
en Provence	**en** Floride	**en** Bourgogne	**en** Californie

Names of geographical locations that end in any other letter in French are masculine and are preceded by **à** + definite article to mean *to, at,* or *in.*

au Portugal	**aux** Etats-Unis	**au** Colorado
au Texas	**au** Canada	

There are a few exceptions to these rules that involve masculine geographical place names.

en Israël	**en** Afghanistan	**au** Mexique
en Iran	**en** Illinois	

It is possible to use **dans l'état de** or **dans le** with states of the United States, especially the masculine ones.

dans l'état de Washington   **dans le** Colorado

With names of cities, the preposition **à** is always used to mean *to, at,* or *in.* No article is used unless the name of the city itself contains an article, such as **Le Havre** (au Havre).

à Paris	**au** Havre	**à La** Nouvelle-Orléans
à Chicago	**au** Caire	

To express the concept of *coming from* or *originating in,* use **de** before feminine nouns and **de** + definite article before masculine nouns.

Ce sont des vins **de** France.   Je viens **des** Etats-Unis.

Note the following exception:

Ce sont des oranges **d'**Israël.   Je viens **d'**Israël.

Un artisan ivoirien travaille le bois.

I. Prepositions with Noun Objects:

Most verbs in French do not require a preposition when they are followed by a noun object. The following is a list of some of these verbs.

apprendre	Elle **apprend le français.**
comprendre	Maintenant, il peut **comprendre le français.**
essayer	Ils **essaient la cuisine créole.**
écouter	Elle **écoute Radio France Internationale.**
étudier	On **étudie les pays francophones.**
parler	Son ami haïtien **parle créole.**
payer	Ses parents **paient son voyage** en France.
prendre	Elle **prend l'avion** pour y aller.
recevoir	Nous **recevons des cartes** de nos amis.
savoir	Nous **savons la date** de leur retour.
visiter	Ils **visitent la Martinique.**
voir	Ils **voient les sites touristiques** de l'île.

A few verbs require the preposition **de** before a noun object.

s'agir de	Il **s'agit d'un voyage** au Canada.
avoir besoin de	J'ai **besoin d'argent** pour voyager.
parler de	Nous **parlons du Canada** en cours.

Other verbs take the preposition **à** before a noun object.

dire à	Le prof **dit à la classe** d'étudier le monde francophone.
s'intéresser à	Elles **s'intéressent à la culture** francophone.
penser à	Elles **pensent à leurs amis** martiniquais.
permettre à	Les parents vont **permettre à leurs filles** de visiter la Martinique.

2. François Ngolet, un étudiant du Gabon, vient passer l'année scolaire dans votre université. Vous voulez lui donner des renseignements sur la vie universitaire. Complétez chaque phrase par la préposition appropriée.

1. D'abord, si vous n'habitez pas une chambre _____ une des résidences, vous devez venir au campus _____ voiture.

2. Dans chacune des résidences, il y a des machines _____ laver. J'ai vécu _____ une résidence _____ toute ma première année à l'université.

3. _____ faire toutes les dissertations, il faut travailler souvent _____ bibliothèque.

4. La bibliothèque, c'est le bâtiment _____ brique là-bas, _____ deux étages.

5. _____ bibliothèque, il y a des cabinets de travail pour les étudiants.

6. _____ trois heures, il y a un cours de littérature française.

7. _____ hiver, il fait assez froid ici, mais _____ printemps, il fait un temps splendide.

8. Si, _____ l'année, vous voulez visiter les principaux sites touristiques de la région, vous pouvez y arriver _____ moins de deux heures, surtout si vous voyagez _____ le train.

9. Vous allez dîner souvent _____ vos nouveaux amis américains. On a l'habitude d'inviter souvent les étrangers _____ pouvoir mieux connaître leur culture.

10. Si vous voulez, je vous retrouve ce soir _____ six heures _____ restaurant universitaire _____ vous aider à choisir vos cours.

3. Vous parlez encore avec François Ngolet. Il raconte un peu sa vie. Complétez chaque phrase par la préposition appropriée.

1. Bien sûr, je suis né _____ Gabon, mais très jeune, je suis allé habiter_____ des cousins _____ Brazzaville _____ Congo.

2. Ayant réussi mon bac, j'ai décidé de faire des études _____ France _____ Montpellier.

3. Là, j'ai fait la connaissance de Sylvia qui est originaire _____ Virginie _____ Etats-Unis.

4. Quand j'ai terminé mon doctorat, j'avais le choix entre retourner _____ Gabon, aller _____ Canada où j'ai des amis qui viennent _____ Gabon ou m'installer _____ Etats-Unis.

5. J'ai été admis dans des universités _____ Nouvelle-Orléans et _____ Chicago, mais j'ai voulu rester près de Sylvia. J'ai donc choisi de venir _____ Virginie pour faire des études.

6. Sylvia et moi, nous allons nous marier au printemps, et je viens de recevoir l'offre d'un poste comme professeur _____ New York _____ Staten Island. Nous allons passer l'été _____ les parents de Sylvia et puis partir pour arriver _____ New York avant la rentrée.

4. Posez les questions suivantes à des camarades de classe en ajoutant la préposition appropriée.

1. Tu viens à l'université _____ voiture, _____ train ou _____ avion?

2. Tu habites _____ une résidence universitaire?

3. Tu travailles souvent _____ la bibliothèque ou _____ ta chambre?

4. Qu'est-ce que tu fais _____ gagner de l'argent?

5. Tu retrouves quelquefois tes amis _____ restaurant universitaire?

6. Tu travailles beaucoup _____ tes cours?

7. Tu passes les vacances _____ tes parents?

8. Tu vas recevoir ton diplôme _____ 20 _____?

5. Complétez les phrases en indiquant un endroit logique.

1. Mes parents habitent...

2. J'ai d'autres membres de ma famille qui sont...

3. Mon / Ma meilleur(e) ami(e) habite...

4. Mon université est...

5. J'ai des copains qui sont étudiants...

6. J'ai voyagé...

7. Je voudrais passer quelque temps...

8. Je voudrais un jour habiter...

Synthèses

A. Un(e) de vos ami(e)s, qui a été coopérant(e) *(Peace Corps volunteer)*, vous raconte ses expériences en Afrique. Complétez ses commentaires à l'aide des prépositions appropriées ou **il est / c'est.**

1. _____ avoir une bonne idée de l'immensité de l'Afrique, il faut traverser le continent _____ voiture, mais _____ est difficile _____ faire.

2. _____ 1997, Laurent Désiré Kabila a préparé un coup d'Etat _____ Zaïre qui s'appelle, de nos jours, la République démocratique du Congo. _____ les Congolais, il y a eu beaucoup d'émotion, d'expressions _____ joie et _____ tristesse.

3. Après avoir passé trois mois au Togo _____ 1991, je suis allé(e) _____ la cafétéria de l'ambassade américaine à Lomé et j'ai pris un sandwich _____ fromage et _____ jambon, un verre de thé glacé, une salade _____ tomates et une glace _____ la vanille. Quelle joie de retrouver la cuisine américaine!

4. Pour rentrer _____ Etats-Unis, notre groupe est parti _____ hiver, _____ janvier plus précisément, _____ trois heures de l'après-midi. Nous avons voyagé _____ voiture et puis _____ avion. J'étais très triste de quitter le Togo parce que j'y avais vécu _____ deux ans.

5. _____ République démocratique du Congo, Mohammed Ali a beaucoup d'amis parce qu'il est allé _____ leur pays _____ participer à un match _____ boxe très célèbre.

B. Vous êtes coopérant(e) et vous travaillez en Afrique. Un jeune Africain du Togo vous pose des questions. Répondez à ses questions.

1. De quel pays venez-vous?
2. Dans quel état habitez-vous?
3. Quels autres pays avez-vous vus?
4. Où pouvez-vous aller pour entendre parler français en Amérique du Nord? Et pour entendre parler espagnol?
5. Où se trouve la ville de Dallas? de Chicago? de Miami?
6. Dans quels états américains est-ce qu'on produit du vin?
7. Dans quels pays étrangers voulez-vous voyager?
8. Dans quels autres pays francophones voulez-vous voyager?

Interactions

Activité 1. Le tour du monde. On vous a demandé d'arranger un voyage autour du monde. Il y a douze pays à visiter. En groupes de trois ou quatre personnes, organisez l'itinéaire de ce voyage. Chaque groupe doit choisir un pays et expliquer aux autres membres de la classe pourquoi le pays choisi fait partie de l'itinéaire.

MODELE   *Nous allons partir des Etats-Unis pour aller en Angleterre.*
En Angleterre, on peut visiter le palais de la reine.

Activité 2. Interview. Posez les questions suivantes à un(e) camarade de classe.

1. Pour quelle(s) raison(s) apprends-tu le français?
2. Sais-tu parler d'autres langues étrangères?
3. Que sais-tu très bien faire?
4. Combien d'heures par semaine étudies-tu le français?
5. A quoi penses-tu quand tu ne fais pas attention en classe?
6. Le français mis à part, à quoi t'intéresses-tu? (à la politique, à la musique, aux sports, etc.)
7. De quels sujets aimes-tu parler avec tes amis?

Activité 3. Le français aux Etats-Unis. Regardez la carte de la répartition de la population francophone aux Etats-Unis. Dans quelles régions des Etats-Unis est-ce qu'il y a des concentrations de gens qui parlent français chez eux? Le nom de certains endroits dénote l'influence française aux Etats-Unis. Faites une liste des états ou des villes qui illustrent cette influence. Par exemple: le Vermont; Terre Haute, Indiana; Des Moines, Iowa; etc.

Répartition de la population francophone aux Etats-Unis

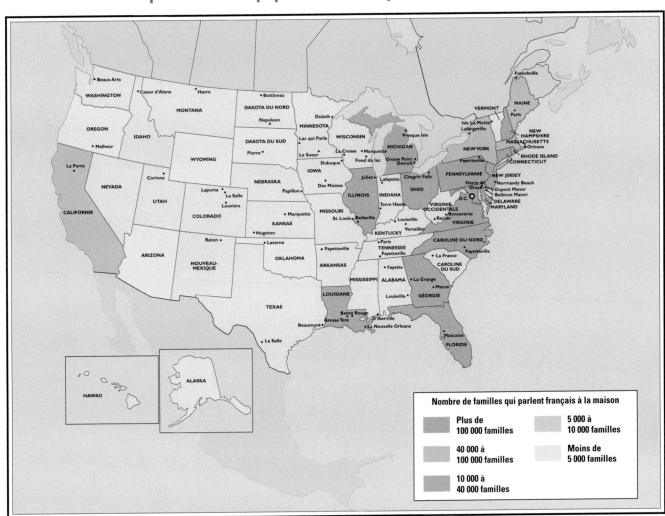

The Present Participle

To form the present participle in French, drop the **-ons** ending from the **nous** form of the present indicative and add the ending **-ant**.

parler	nous **parlons**	**parlant**	*speaking*
finir	nous **finissons**	**finissant**	*finishing*
répondre	nous **répondons**	**répondant**	*answering*
partir	nous **partons**	**partant**	*leaving*
voir	nous **voyons**	**voyant**	*seeing*

Only **avoir**, **être**, and **savoir** have irregular present participles.

avoir	**ayant**
être	**étant**
savoir	**sachant**

The present participle is used in the following ways.

- **As an Adjective.** When used as an adjective, the present participle must agree in gender and number with the noun it modifies.

    une histoire **plaisante**
    des jeux **amusants**

- **After the Preposition *en*.** After most prepositions, use the infinitive form of the verb. However, after the preposition **en**, the present participle is used to mean *by, while, upon* + verb + *-ing*.

En voyageant, j'ai beaucoup appris.	***By traveling**, I learned a lot.*
En visitant le Maroc, nous avons vu le Sahara.	***While visiting** Morocco, we saw the Sahara.*
En arrivant à La Nouvelle-Orléans, il a cherché un taxi.	***Upon arriving** in New Orleans, he looked for a taxi.*

6. Un(e) ami(e) vous demande des renseignements sur un voyage que vous venez de faire à Québec. Complétez chaque phrase par la forme appropriée du verbe entre parenthèses.

1. J'avais envie de (voir) _____ une ville francophone pas loin de chez moi.
2. En (voyager) _____ par le train, j'ai économisé de l'argent.
3. En (arriver) _____ à la gare, je suis allé(e) directement à l'hôtel.
4. J'ai eu la chance de (faire) _____ des excursions magnifiques.
5. En (faire) _____ des visites guidées, je n'ai eu aucune difficulté à (voir) _____ la ville de Québec en trois jours.
6. En (rentrer) _____ par le train, j'ai passé mon temps à (regarder) _____ les paysages québécois.

Pour s'exprimer

Track 10

Ecoutez la conversation suivante entre un Québécois, Gino, et un Haïtien, Alfred, qui parlent français avec l'accent de leur pays. Vous allez écouter très attentivement ce qu'ils disent avant de faire les activités suivantes.

CONTEXTE: Nous sommes à Boston. Gino Lavoie et Alfred Noël, deux francophones, sont heureux de pouvoir se parler en français dans cette ville universitaire des Etats-Unis. En échangeant des idées, Gino et Alfred vont découvrir que, malgré leurs différences, ils ont beaucoup en commun.

A l'écoute

A. Gino vient du Québec. Il est sensible aux accents des autres personnes qui parlent français, car lui aussi a un accent—l'accent québécois. Pouvez-vous découvrir, en l'écoutant parler, certaines caractéristiques de cet accent? Donnez quelques exemples de mots où cet accent vous paraît assez fort. Faites surtout attention aux voyelles nasales, à la voyelle **i**, et à certaines consonnes comme le **t**, le **d**, et le **r**.

B. Selon Gino et Alfred, qui sont les francophones dans leurs pays? Situez sur une carte géographique leurs villes d'origine. En exprimant les distances en kilomètres, expliquez à Gino et Alfred où vous habitez.

C. Quelles questions désirez-vous poser à Gino et Alfred?

La ville basse et le château Frontenac à Québec

Le Bonhomme de Carnaval, Québec

La francophonie   309

A vous la parole

Trouvez dans la liste suivante un élément de liaison qui facilite le passage de la phrase (a) à la phrase (b). Il y a souvent plus d'un choix possible.

Alors là...	*On that point* . . .
Attends...	*Wait a minute* . . .
Bref...	*To make a long story short* . . .
D'ailleurs...	*What's more* . . .
Ecoute...	*Listen* . . .
En effet...	*In fact* . . .
Regarde...	*Look* . . .
Tu sais...	*You know* . . .
Tu comprends...	*You understand* . . .

1. **a.** C'est une histoire longue et compliquée.
   b. Kandioura a fini par trouver un poste en France.
2. **a.** Ma copine va bientôt faire un stage au Sénégal.
   b. Elle part ce mois-ci.
3. **a.** Il faut que l'anglais soit la seule langue internationale.
   b. Je ne suis pas d'accord avec toi.
4. **a.** Où va notre groupe après le séjour à Québec?
   b. Je vais consulter l'itinéraire.
5. **a.** Tu ne vas pas demander une bourse pour étudier en Suisse?
   b. Ce n'est pas une bonne idée.
6. **a.** J'ai besoin de renseignements sur la culture maghrébine.
   b. Maryse peut peut-être t'aider.
7. **a.** Je vais visiter la Martinique au mois de mai.
   b. Il fait très beau là-bas au printemps.
8. **a.** Son séjour chez les Cantin a été très agréable.
   b. Ils l'ont invitée à revenir cet été.

Situations orales et écrites

A. Avez-vous déjà voyagé dans un pays de langue française? Racontez votre voyage à la classe. OU: La classe peut vous poser des questions pour essayer de deviner où vous êtes allé(e).

B. Au cours d'un trajet en taxi à Paris, le chauffeur se met à décrire les problèmes posés par l'immigration en France. Il vous demande si l'immigration pose aussi des problèmes chez vous. Qu'est-ce que vous lui répondez?

C. Un ami guadeloupéen vous demande s'il y a une présence francophone aux Etats-Unis. Composez une réponse à sa question.

D. Vous cherchez un poste dans une société ayant beaucoup de contacts dans les pays francophones. On vous demande de composer une description de votre vie et de décrire vos études. On vous demande aussi dans quels pays francophones vous aimeriez bien travailler.

Structures III

Relative Pronouns

Relative pronouns are used to join two thought groups by relating one clause to a word or concept in another clause. The word or concept referred to by the subordinate clause is called the antecedent.

Le garçon **qui nous accompagne**   *The boy **who is coming with us** is*
   est le frère de Marie.   *Marie's brother.*

The relative pronoun is often omitted in English but must always be used in French.

Le pays **que** nous avons visité est   *The country (**that**) we visited is*
   un territoire d'outre-mer.   *an overseas territory.*

A single French form may have several possible English meanings. For example, **qui** may mean *who, whom, which, what,* or *that.* Choosing the correct relative pronoun in French depends on the pronoun's function in the sentence (subject, direct object, object of a preposition) and whether the verb following the relative pronoun requires a preposition.

Subject of the Clause

It is easy to recognize when a relative pronoun is the subject of the clause it introduces because there will be no other subject in the clause. **Qui** as subject may refer to either persons or things.

Le garçon **qui vient à la fête** est le frère de Marie.
Ce pays **qui se trouve dans le Pacifique** est une ancienne colonie.

When there is no specific word or definite antecedent for the relative pronoun to refer to, an antecedent must be provided by adding **ce.**

Il raconte **ce qui se passe actuellement en Algérie.**
Ils indiquent **ce qui est intéressant en Belgique.**

Relative pronoun constructions that include **ce** are often translated as *what* and refer to a situation or idea rather than to a specific object or person.

Object of the Clause

When the clause introduced by a relative pronoun already has a subject, the relative pronoun is the object of the verb of the clause it introduces. **Que** also refers to either persons or things.

Le garçon **que vous avez invité** vient à la fête.
Les pays **que nous visitons** sont en Asie.

Again, if there is no definite antecedent for the relative pronoun, you must provide one by adding **ce.**

Voilà **ce que vous avez demandé.**
Je ne sais pas **ce qu'il veut.**

1. Vous rédigez (*are composing*) vos notes pour un exposé sur le monde francophone. Complétez chacune de vos phrases par **qui** ou **que** précédé ou non de **ce**.

1. Un francophone est une personne _____ parle français.
2. Le français est une langue _____ ils emploient assez souvent.
3. Ils savent peut-être _____ se passe dans l'Hexagone.
4. L'Hexagone est un nom _____ l'on donne à la France.
5. Quelquefois ils ignorent _____ les Français font chez eux.
6. La langue et la culture franco-canadiennes sont très importantes pour les personnes _____ habitent le Québec.
7. Un Martiniquais est une personne _____ habite la Martinique.
8. Le créole est une des langues _____ l'on parle en Martinique.

Object of a Preposition

In French, if the verb following the relative pronoun requires a preposition, this preposition is incorporated into the body of the sentence in one of the following ways.

A. *Dont* and *ce dont*: The preposition **de** is absorbed into the forms **dont** and **ce dont**, which refer to both persons and things.

Voici le livre **dont vous avez besoin.**	*Here is the book **that you need.*** (*to need* = **avoir besoin** *de*)
Voilà le guide **dont je parlais.**	*There's the guide **that I was talking about.*** (*to talk about* = **parler** *de*)

If there is no definite antecedent for **dont**, you must add **ce**.

Ce dont elle a peur n'est pas clair.	*It's not clear **what she's afraid of.*** (**avoir peur** *de*)
Apportez **ce dont vous avez besoin** pour le voyage.	*Bring **what you need** for the trip.*

Dont is used to express *whose, of whom,* and *of which.* After **dont** meaning *whose,* the word order in French is always subject + verb + object. This may be the reverse of the English order.

Voilà le guide **dont le frère est** français.	*That's the guide **whose brother is** French.*
Voilà le touriste **dont vous avez réparé la voiture.**	*There's the tourist **whose car you repaired.***

B. *Qui* and *lequel*: If the verb following the relative pronoun requires any preposition other than **de**, this preposition must be placed before the appropriate relative pronoun. In such cases, **qui** is usually used to refer to people and the appropriate form of **lequel (laquelle, lesquels, lesquelles)** to refer to things.

Voilà mon ami **pour qui j'ai acheté le cadeau.**
C'est l'école **dans laquelle on étudie les langues.**
Allez chercher les chèques **avec lesquels nous allons payer les billets** (*tickets*).

When **lequel, lesquels, lesquelles** are preceded by the preposition **à**, the appropriate contractions must be made.

Voilà le livre **auquel** notre professeur a fait allusion.

Remember that in both spoken and written French, you may not place a preposition at the end of the sentence. In English, you might hear *There's my friend I bought the present for* or *That's the course I went to.* In French you would have to say:

Voilà mon amie **pour qui** j'ai acheté le cadeau.

C'est le cours **auquel** j'ai assisté.

The Relative Pronoun **où**

If the antecedent is a period of time, **où** is used as the relative pronoun in all cases.

J'étais préoccupée le jour **où** j'ai passé l'examen.

Il est venu au moment **où** je partais.

If the antecedent is a location and you want to convey the meaning of **dans, de, à, sur, vers,** etc., use **où.**

Voilà l'école **où** (= **dans laquelle**) on étudie les langues.

Voilà l'endroit **où** (= **vers lequel**) il faut aller.

If the antecedent is a location and the verb does not require a preposition before a noun object, use the relative pronoun **que** or **qui.**

Voilà le musée **que** nous avons visité.

C'est un musée **qui** possède une excellente collection.

Rappel! Rappel!

The following steps will help in choosing the correct relative pronoun to use in French.

1. Identify the relative clause and remember that in French you must use a relative pronoun, even if it can be omitted in English.

2. Find the subject of the relative clause. If there is none, use **qui** or **ce qui** as the relative pronoun.

3. Verify whether the verb of the relative clause requires a preposition. If the verb requires **de**, use **dont** or **ce dont** as the relative pronoun. If the verb requires any other preposition, use **qui** for persons or a form of **lequel** for things (preceded by the preposition).

4. If the relative clause has a subject and the verb requires no preposition, use **que** or **ce que** as the relative pronoun or **où** if the antecedent is a period of time. If the antecedent is a location, use **où** if the verb requires a preposition before a noun object and **que** or **qui** if no preposition is involved.

2. Pour accompagner votre exposé, vous montrez les diapositives *(slides)* d'un voyage que vous avez fait dans un pays francophone. Voici vos commentaires sur les diapositives. Complétez chaque phrase à l'aide du pronom relatif approprié, précédé ou non d'une préposition.

1. C'étaient des vacances _____ j'avais besoin pour apprendre le français.
2. Voilà l'Airbus dans _____ j'ai voyagé.
3. Et voilà l'île _____ je vais vous parler.
4. C'est l'endroit _____ j'ai passé quinze jours.
5. Il s'agit d'un Club Med, et voilà les petits jetons *(tokens)* avec _____ on paie toutes les activités.
6. Voilà des gens à _____ je parlais souvent.
7. Regardez la pendule. C'est l'heure _____ l'on dîne dans ce pays.
8. Ici le guide nous dit _____ on a besoin pour faire des promenades autour de l'île.
9. Nous sommes en décembre et c'est un mois _____ l'on peut nager et se promener sur la plage.
10. Enfin de retour! Ce sont des vacances _____ je vais me souvenir pendant toute ma vie.

3. Décrivez quelques aspects de votre vie en complétant les phrases suivantes à l'aide des pronoms **qui** ou **que.**

1. J'ai des amis qui / que…
2. Mes camarades de chambre sont des personnes qui / que…
3. J'ai des profs qui / que…
4. Mon cours de français, c'est un cours qui / que…
5. Mon / Ma petit(e) ami(e) est une personne qui / que…
6. Ce semestre, j'ai des cours qui / que…

Sur le campus de l'Université de Casablanca, Maroc

Synthèses

A. Ce qui est important à l'université. Quelques étudiants sont en train de parler de leurs études. Complétez leurs remarques à l'aide du pronom relatif approprié, précédé ou non de **ce**.

1. Je veux une formation _____ me permette de réussir dans la vie.
2. Ce sont les cours obligatoires _____ on doit suivre pendant les deux premières années.
3. Des cours plus pratiques? Voilà _____ nous avons besoin.
4. Nous avons vraiment besoin d'un endroit _____ l'on puisse se réunir pour étudier en groupe.
5. M. Duval? C'est un prof avec _____ on apprend beaucoup.
6. La faculté de Lettres? C'est une partie de l'université dans _____ on étudie les langues vivantes.
7. Je n'ai pas eu de bons résultats dans ce cours. J'étais très préoccupé le jour _____ j'ai passé cet examen.
8. _____ m'intéresse vraiment, c'est l'informatique.
9. M. Roche? C'est le prof d'histoire _____ la femme est médecin.
10. _____ je ne comprends pas, c'est qu'il faut payer les droits d'inscription avant la fin des inscriptions.

B. Les avantages du voyage. Transformez chaque phrase en employant **en** + le participe présent.

MODELE   Elle apprend quand elle voyage.
          Elle apprend en voyageant.

1. Quand on fait un effort, on apprend beaucoup de choses au sujet des étrangers.
2. On rencontre des gens sympathiques quand on visite des pays étrangers.
3. Si on prend le train, on voit le paysage.
4. Quand vous allez dans un autre pays, vous découvrez une autre façon de vivre.
5. Si vous restez quelque temps dans un pays étranger, vous pouvez souvent apprendre un peu la langue de ce pays.

Interactions

Activité 1. Quelques qualités importantes. Quelles sont les qualités d'un bon professeur? Faites cinq ou six phrases à ce sujet.

MODELES   *Je préfère les professeurs qui ont de la patience.*
           Je préfère les professeurs avec qui on peut parler.

Activité 2. Qui est-ce? Pensez à un personnage célèbre. Faites le portrait de cette personne sans dire son nom. Les autres étudiants de la classe vont essayer de deviner de qui vous parlez.

MODELE   *Je pense à une personne qui est morte il y a quelques années: une grande vedette. Elle était très amusante. C'était une actrice comique que tout le monde aimait et respectait. Elle avait les cheveux roux et a été la vedette de plusieurs séries à la télévision. Elle était mariée à un musicien cubain. Qui est-ce?*

Activité 3. Invitation au voyage. En groupes de trois ou quatre personnes, créez une annonce publicitaire de six ou huit phrases pour un pays francophone.

Perspectives

Mise en train

Sujets de réflexion

1. A votre avis, quels sont les aspects d'une culture qui donnent à ses membres une «identité»? Pensez aux cultures hispanique, afro-américaine, japonaise, par exemple.
2. Actuellement la question de l'identité sexuelle repose de moins en moins sur des stéréotypes. Pourtant, y a-t-il toujours des traits qui sont considérés comme «typiques» des hommes et des femmes?
3. Il y a beaucoup de films où des hommes se déguisent en femmes ou des femmes en hommes, comme *Victor Victoria*, *Mrs. Doubtfire*, *Tootsie*, *Mr. Headmistress* et *Bird Cage*, pour n'en mentionner que quelques-uns. Pourquoi, à votre avis, le public semble-t-il s'intéresser tellement à ce thème?

Tahar Ben Jelloun

Tahar Ben Jelloun est né à Fez, au Maroc, en 1944. Quand il est âgé de dix ans, ses parents s'installent à Tanger. Ces deux villes vont laisser une forte empreinte sur l'imaginaire de son œuvre littéraire. Après avoir été élève au lycée français de Tanger, il étudie la philosophie à l'université de Rabat. Il commence à enseigner à Tétouan, puis à Casablanca. En 1971, il part à Paris étudier la sociologie et la psychiatrie sociale. Sa thèse et son activité professionnelle dans ce domaine le familiarisent avec les problèmes d'adaptation des émigrés maghrébins en France. Plusieurs de ses livres posent le problème du déracinement, de la position de l'individu face à l'hégémonie du groupe, et dénoncent sans complaisance tout ce qui porte atteinte aux droits ou à la dignité de l'homme.

Avant de lire

1. Cet entretien semble assez facile à lire parce que les questions posées à Tahar Ben Jelloun par le journaliste servent à établir le contexte des réponses. En considérant les questions du journaliste, faites une liste des sujets dont Ben Jelloun va parler.
2. Dans le premier paragraphe de l'extrait de *L'Enfant de sable*, dégagez les mots qui indiquent qu'Ahmed veut aborder avec son père le sujet de son apparence physique.
3. Lisez rapidement le paragraphe 5 de l'extrait et dégagez-en les mots qui expriment le conflit intérieur d'Ahmed par rapport à sa situation.
4. A la fin de cet extrait, il y a une idée surprenante qui souligne le paradoxe que le père d'Ahmed a créé. A la fin du paragraphe 5, que demande Ahmed?

littéraires

Interview avec Tahar Ben Jelloun: «Tahar Ben Jelloun—Raconteur d'histoires de notre temps»

Romancier, nouvelliste, poète, prix Goncourt 1987 pour *La Nuit sacrée*, intervenant au journal *Le Monde* et à la télévision française sur des questions autant littéraires que politiques, Tahar Ben Jelloun, non, n'a pas réponse à tout. S'il est si demandé, c'est justement parce qu'il est capable de penser plus loin que le bout de son stylo, de faire
5 réfléchir, d'être et de rendre les autres conscients des mouvements du monde.

Qu'est-ce qui vous fait courir, Tahar Ben Jelloun?

obsession

(1) **TBJ:** J'ai une hantise°, c'est l'injustice! Témoigner est ma passion. Je suis un justicier! Et puis ensuite, j'aime raconter des histoires. Pas pour s'endormir, pas pour passer le temps, mais pour se réveiller. J'ai une fille de 9 ans, je lui raconte des histoires sur le
10 chemin de l'école. Les histoires, ça sert à penser, à être conscient de ce qui se passe autour de soi. Pour cela, il y a l'école, bien sûr, mais les histoires, ça rajoute de la vie.

Pourquoi écrivez-vous en français?

old section of Moroccan town

(2) **TBJ:** Je suis né à Fez, au Maroc. C'est une très belle ville, très traditionnelle, pleine de petites ruelles, la médina°. Puis à 10 ans, ma famille est allée s'installer à Tanger.
15 Là, je suis allé au lycée. On étudiait davantage le français que l'arabe. J'ai été formé par les deux langues. L'arabe est ma langue maternelle, mais j'ai pensé que j'avais quelque chose à gagner si je maîtrisais le français. Je m'investissais beaucoup dans la langue française. Puis, j'ai continué. Je n'ai jamais écrit en arabe. Le français était un défi, une richesse de plus.

20 ### Quand écrivez-vous? Vous servez-vous de l'ordinateur?

(3) **TBJ:** J'écris le matin. Je n'utilise pas d'ordinateur. J'ouvre mon cahier et j'attends. Parfois rien n'arrive. Il faut que l'esprit et le corps s'habituent. Un livre est quelque chose de très vivant. J'y pense tout le temps. Il est très excitant de créer des person-

literary characters

nages°, de les faire vivre. Je m'habitue à eux, et tous les matins je les retrouve. On vit
25 ensemble dans le même espace mental. Je crée un univers à côté de l'univers réel.

Comment avez-vous décidé de devenir écrivain?

(4) **TBJ:** Je ne l'ai jamais décidé. Mais c'est quelque chose de très fort. Vous sentez que c'est là que vous êtes le mieux, quand vous racontez des histoires. A 20 ans, j'ai écrit des poèmes, contre l'injustice, contre des choses horribles et inadmissibles dans la société.

30 ### Vous évoquez beaucoup dans vos livres la condition des femmes. Pourquoi?

(5) **TBJ:** Je suis quelqu'un qui témoigne et qui dénonce. Une des grandes injustices est la condition qui est faite aux femmes dans le monde arabe. Je suis très sensible à la manière dont on les traite. Il y a eu une évolution qui est due aux femmes elles-mêmes, pas au gouvernement. Bien sûr, il y a le code de la famille qui est rétrograde°, pas à

backward

l'honneur du pays, mais la société est en avance. Les mœurs se sont libéralisées, les femmes se battent, 33% d'entre elles travaillent. L'avenir leur appartient. Les hommes ont le pouvoir politique, les femmes le pouvoir social, même si ce n'est inscrit nulle part dans les textes.

40 **Dans vos conversations courantes, quand vous êtes en France, vous dites «ils» en parlant des Français, ou «nous»?**

(6) **TBJ:** Je dis rarement «nous». J'établis une distance entre ce que je suis et ce que je vois, mais j'établis cette distance partout, même au Maroc, où je dis «les Marocains». Mon parti pris est celui de l'objectivité, je suis un observateur. J'ai une relation
45 d'équilibre entre les deux pays, et j'ai la même exigence critique. Il est dur de devoir choisir. Nulle part il n'y a de satisfactions garanties.

Vous ne vous sentez pas apatride?

roots (7) **TBJ:** Non, pas du tout. J'ai des racines° claires, précises. Je suis marocain, de culture musulmane humaniste et modérée. Je me sens marocain partout où je vais, cul-
50 turellement et psychologiquement. Je suis aussi adepte des valeurs des droits de l'homme, de la Révolution française, de l'état de droit. En même temps, je suis fasciné par la générosité, l'hospitalité, la convivialité et la largesse d'esprit des Marocains. Ce sont des choses qui se sont un peu perdues en Europe.

© *Le Journal Français*, 1996

Synthèses I

Après la lecture

L'entretien

1. Quelle est la passion de Tahar Ben Jelloun? Dans quel sens pourrait-on comparer ses motivations à celles des auteurs afro-américains comme Toni Morrison, par exemple?

2. Pourquoi Tahar Ben Jelloun aime-t-il raconter des histoires?

3. A quelle époque de sa vie Tahar Ben Jelloun a-t-il commencé à étudier le français? Pourquoi a-t-il choisi d'écrire en français?

4. Comment voit-il les personnages qu'il a créés?

5. Pourquoi Tahar Ben Jelloun parle-t-il si souvent de la condition des femmes dans ses livres?

6. Quel contraste la dernière réponse de Tahar Ben Jelloun offre-t-elle entre les valeurs françaises et marocaines?

Tahar Ben Jelloun: *L'Enfant de sable* (extrait)

tale
problematic

Avec son livre, *L'Enfant de sable* (1986) Tahar Ben Jelloun a séduit un large public en recourant à la forme du conte° pour poser le problème de l'identité aléatoire°: la huitième fille de Hadj Ahmed est déclarée de sexe masculin, mais comment vivre cette identité impossible?... Toute l'œuvre de Tahar Ben Jelloun est écrite
5 pour conjurer l'enfermement dans cette impossibilité.

heir

Humilié de ne pas avoir de fils, d'héritier° mâle, mais «seulement» des filles, un riche commerçant avait décidé de faire passer sa dernière-née pour un garçon. Ainsi, la petite fille fut appelée Ahmed. Habillée et éduquée comme un vrai garçon, elle devait mener une étrange existence, privée de sa vie de jeune fille, mêlée aux hommes, prise par
10 tous pour un homme.

(1) Un jour Ahmed alla voir son père dans son atelier et lui dit:
 — Père, comment trouves-tu ma voix?
 — Elle est bien, ni trop grave ni trop aiguë.
 — Bien, répondit Ahmed. Et ma peau°, comment tu la trouves?

skin

15 — Ta peau? Rien de spécial.
 — As-tu remarqué que je ne me rase pas tous les jours?
 — Oui, pourquoi?
 — Que penses-tu de mes muscles?
 — Quels muscles?

chest

20 — Ceux par exemple de la poitrine°... [...] Père, je vais me laisser pousser la moustache.
 — Si cela te fait plaisir!
 — Dorénavant, je m'habillerai en costume, cravate...
 — Comme tu veux, Ahmed.
25 — Père! Je voudrais me marier...
 — Quoi? Tu es trop jeune encore...
 — Ne t'es-tu pas marié jeune?
 — Oui, c'était un autre temps...
 — Et mon temps, c'est quoi?
30 — Je ne sais pas. Tu m'embarrasses.

lie
faded

(2) — N'est-ce pas le temps du mensonge°, de la mystification? Suis-je un être ou une image, un corps ou une autorité, une pierre dans un jardin fané° ou un arbre rigide? Dis-moi, qui suis-je?

(3) — Mais pourquoi toutes ces questions?

35 **(4)** — Je te les pose pour que toi et moi nous regardions les choses en face. Ni toi ni moi ne sommes dupes.

(5) Ma condition, non seulement je l'accepte et je la vis, mais je l'aime. Elle m'intéresse. Elle me permet d'avoir les privilèges que je n'aurais jamais pu connaître. Elle m'ouvre des portes et j'aime cela, même si elle m'enferme ensuite dans une cage de vitres.

suffocate / drown
hold on to / void

40 Il m'arrive d'étouffer° dans mon sommeil. Je me noie° dans ma propre salive. Je me cramponne° à la terre mobile. J'approche ainsi du néant°. Mais, quand je me réveille, je suis malgré tout heureux d'être ce que je suis. J'ai lu les livres d'anatomie, de biologie, de psychologie et même d'astrologie. J'ai beaucoup lu et j'ai opté pour le bonheur. La souf-

rid myself of / notebook

france, le malheur de la solitude, je m'en débarrasse° dans un grand cahier°. En optant 45 pour la vie, j'ai accepté l'aventure. Et je voudrais aller jusqu'au bout de cette histoire. Je suis homme. Je m'appelle Ahmed selon la tradition de notre Prophète. Et je demande une épouse. [...] Père, tu m'as fait un homme, je dois le rester. Et, comme dit notre Prophète bien-aimé, «un musulman complet est un homme marié».

disarray

(6) Le père était dans un grand désarroi°. Il ne savait quoi répondre à son fils ni à qui 50 demander conseil. Après tout, Ahmed poussait la logique jusqu'au bout. Il n'avait pas tout dit à son père, car il avait un plan. Un grand silence chargé de malaise. Ahmed était devenu autoritaire. [...]

Tahar Ben Jelloun, *L'enfant de sable* © Editions du Seuil, 1985

Synthèses II

Après la lecture

L'Enfant de sable

1. Quelle est la réaction du père d'Ahmed aux premières questions de son «fils»? Qu'est-ce que cette réaction indique sur les motivations et les attitudes du père?

2. Au paragraphe quatre, Ahmed indique pourquoi il (elle) décide d'avoir cette conversation avec son père. Quelle a été sa motivation?

3. Pourquoi Ahmed dit-il (elle): «Ma condition... je l'aime»? En quoi cette attitude de la part d'Ahmed est-elle ironique?

4. A la fin de l'extrait, quelle attitude d'Ahmed le père critique-t-il? Est-ce que cette attitude est habituellement considérée comme un trait masculin ou féminin? Expliquez l'ironie de cette réaction du père d'Ahmed.

5. Expliquez le titre de cette œuvre de Tahar Ben Jelloun. En quoi ce titre évoque-t-il l'univers marocain de l'auteur? Quelles seraient les caractéristiques d'un enfant fait «de sable»?

Pour mieux lire

1. Trouvez dans la colonne de droite les prépositions qui correspondent en anglais aux mots indiqués dans les extraits de l'interview avec Tahar Ben Jelloun dans la colonne de gauche.

   a. «Romancier [...] intervenant au journal *Le Monde* [...] **sur** des questions aussi bien littéraires que politiques... »

   b. «Pas **pour** s'endormir, pas **pour** passer le temps... »

   c. «... je lui raconte des histoires **sur** le chemin de l'école.»

   d. «J'ai été formé **par** les deux langues.»

   e. «Je n'ai jamais écrit **en** arabe.»

   f. «Je crée un univers **à côté de** l'univers réel.»

   g. «... j'ai écrit des poèmes **contre** l'injustice... »

   h. «J'établis une distance **entre** ce que je suis et ce que je vois... »

   i. «Je suis né **à** Fez, **au** Maroc.»

   1. by
   2. in opposition to / against
   3. in (3 fois)
   4. parallel to
   5. in order to / for the purpose of
   6. on (**au sens physique**)
   7. between
   8. on (**sujet**)

2. Ben Jelloun emploie souvent des mots qui vont par paires. Quelquefois ces mots constituent une suite logique, d'autres fois ils représentent un contraste. Dans les deux cas, si vous connaissez la signification de l'un de ces mots, vous pouvez assez facilement deviner le sens de l'autre. Dans les phrases suivantes, tirées de *L'Enfant de sable*, indiquez la signification des mots en italique.

   a. «Elle [ta voix] est bien, ni trop *grave* ni trop *aiguë*.»

   b. «... je m'habillerai en costume, *cravate*... »

   c. «Suis-je un *être* ou une *image*?»

   d. «La *souffrance*, le *malheur* de la solitude... »

   e. «Je suis *homme* [...] Et je demande une *épouse*... »

Liens culturels

1. Dans l'interview, Tahar Ben Jelloun dit: «J'ai une hantise, c'est l'injustice!» Dans quel sens peut-on dire qu'il parle de deux sortes d'injustices à la fois dans *L'Enfant de sable*?

2. Cette œuvre de Tahar Ben Jelloun constitue aussi une parabole culturelle. En quoi cet auteur francophone pratique-t-il, lui aussi, une sorte de déguisement?

3. Dans le monde d'aujourd'hui y a-t-il des personnes (femmes, minorités, etc.) qui «se déguisent» quelquefois pour plaire aux autres ou pour avoir plus de succès?

4. A partir des renseignements que vous avez obtenus en lisant les *Perspectives culturelles* et la *Note culturelle* (pages 290–296) et les *Perspectives littéraires* (pages 316–320), avez-vous l'impression que la politique coloniale de la France a eu des résultats positifs aussi bien que négatifs dans les pays colonisés?

Chapitre 10
Découvrir et se découvrir

La découverte du monde est aussi un moyen de se découvrir.

Cultural Focus
- Discovery and Escapism in the Past
- Vacationing and Self-Discovery in Contemporary France

Literary Reading
- Charles Baudelaire:
  L'Invitation au voyage
  (poem and prose poem)

Structures
I • Formation of the Future and the Future Perfect
II • Uses of the Future and the Future Perfect
III • Formation of the Conditional and the Past Conditional
 • Uses of the Conditional and the Past Conditional

Functions
- Narrating the Future
- Talking about Plans
- Describing Wishes and Regrets
- Describing Relationships between Events

Perspectives

Exploration et utopie

Dix-septième siècle: Les Français commencent à connaître l'Asie et l'Amérique grâce aux récits des explorateurs et des missionnaires.

- L'Orient, connu depuis les Croisades et les voyages de Marco Polo, devient plus accessible aux Français dans ses structures politiques, sociales et économiques. Le médecin et philosophe, François Bernier, publie ses *Voyages* (1699) sur la civilisation musulmane aux Indes. Les religieux, surtout les missionnaires Jésuites, font connaître l'Inde, la Chine et le Japon dans leurs *Lettres édifiantes*.

Toutes ces régions inspireront à la littérature contemporaine un certain exotisme, quelquefois comique, comme dans la parodie des Turcs du *Bourgeois gentilhomme* de Molière.

Arearea, Paul Gauguin

- L'Amérique (de la Nouvelle France jusqu'au Brésil) donne aux navigateurs et aux missionnaires l'occasion de rapporter à leurs lecteurs français des observations sur la nature, les populations, la végétation et les bêtes du Nouveau Monde.

Ces récits de voyage contribuent à la création d'un mythe, celui du «bon sauvage» dont nous trouvons une description chez le Père Du Tertre, missionnaire aux Antilles: «*Les sauvages de ces îles sont... tels que la nature les a produits, c'est-à-dire dans une grande simplicité et naïveté naturelle; ils sont tous égaux, sans que l'on connaisse presque aucune sorte de supériorité ni de servitude.*» (*Histoire générale des Antilles*, 1667)

Gauguin et l'exotisme océanien

Paul Gauguin (1848–1903)

- Vers 1890, Gauguin s'enfuit vers la Polynésie pour vivre dans l'univers calme de son art.
- A Tahiti, il découvre une peinture primitive: teintes plates et intenses; volumes simplifiés d'une nature pure et sauvage.
- La couleur permet à Gauguin de dessiner son sujet et de construire son tableau en attribuant aux couleurs une fonction psychique.
- Au contact des peuples de la Polynésie, Gauguin produit un art authentique, simple et naïf.

Magritte et l'art surréaliste

René Magritte (1898–1967)

- Peintre belge, Magritte se considère comme un penseur plutôt qu'un peintre au sens usuel du terme. Selon lui, la peinture sert à évoquer ce qui nous importe le plus, c'est-à-dire le mystère du monde.
- Surréaliste, Magritte représente presque toujours des objets ou des éléments familiers mais dans un assemblage qui incite les spectateurs à s'interroger sur les énigmes d'un monde mystérieux. Tout se passe dans notre univers mental, nous dit-il. Il suffit quelquefois du choc visuel produit par une de ses œuvres pour que nous pénétrions un peu plus loin dans le nôtre.

La Clef des champs, René Magritte

culturelles

Les vacances et le voyage

Le voyage a toujours fait rêver le monde comme étant un moyen d'échapper au quotidien.

Club Med: l'exotisme démocratisé

- Au dix-neuvième siècle, à l'époque romantique, on aime se rapprocher de la nature. Le chemin de fer va peu à peu réduire les distances et modifier les destinations en vogue.

- Au vingtième siècle, la Provence et la Côte d'Azur attirent d'abord une clientèle privilégiée puis, après la Seconde Guerre mondiale, un public plus large qui fréquente les festivals d'Avignon, d'Aix ou d'Orange ou les stations balnéaires le long de la Méditerranée comme Saint-Tropez.

- Aujourd'hui, les vacances de luxe ne sont plus réservées aux personnes ayant un pouvoir d'achat élevé. Tout le monde semble prêt à faire des sacrifices sur d'autres dépenses pour pouvoir s'offrir des vacances exceptionnelles—ce qui explique, en partie, le grand succès d'un phénomène tel que le Club Méditerranée.

Le tourisme vert

Les Français sont de plus en plus nombreux à prendre des «vacances vertes», loin des villes. Parmi les considérations qui les incitent à le faire, on peut citer:

- la nostalgie de vivre en harmonie avec la nature;
- le désir de retrouver ses racines campagnardes disparues au moment de l'exode rural des années 50;
- la volonté des familles de réduire les dépenses en allant dans des endroits où les prix sont moins élevés.

Que pensez-vous des «vacances vertes»?

Actuellement, ce type de vacances se développe surtout dans le centre de la France, une région assez peu peuplée où existent toujours certains modes de vie oubliés dans les villes, un grand calme et l'authenticité que recherchent de plus en plus de vacanciers.

Voyages dans une réalité virtuelle

Dans notre monde déterminé par la technologie et rationalisé à l'extrême, on est parfois tenté de croire que la vérité est ailleurs. La porte est ouverte au fantastique, aux *ovnis* (objets volants non identifiés) et parfois même à des enlèvements par des extraterrestres! S'agit-il de rêves éveillés, d'hallucinations, de transes ou d'un aspect de la réalité qui nous échappe encore?

Culture générale

Compréhension

1. Par quel moyen est-ce que les Français ont commencé à connaître l'Amérique et l'Asie?
2. Quelles sortes de descriptions se trouvent d'habitude dans une littérature exotique?
3. Où le peintre Gauguin est-il allé poursuivre l'élaboration de son art?
4. Donnez trois caractéristiques de l'art de Gauguin.
5. A quel mouvement artistique Magritte est-il associé?
6. Qu'est-ce que Magritte cherche à évoquer dans ses peintures?

Sujets de réflexion

A. Mettez-vous à la place des Européens du dix-septième siècle. Que pensez-vous du récit du Père Du Tertre: est-il objectif, ou bien s'agit-il d'une sorte de propagande?
B. En quoi le tableau de Gauguin vous paraît-il «simple» et «naïf»? A votre avis, pourquoi Gauguin a-t-il éprouvé le besoin de quitter l'Europe pour pouvoir peindre?
C. Qu'est-ce qui se passe dans votre «univers mental» quand vous regardez ce tableau de Magritte? Faites une recherche sur l'Internet pour découvrir un tableau de Magritte. Expliquez en quoi cette œuvre vous semble «sur-réelle».

Vocabulaire actif

Les activités

se baigner to swim
bénéficier (de) to benefit (from)
bricoler to putter
se faire bronzer to get a suntan
faire des économies to save money
faire le graissage to lubricate (the car)
faire le plein to fill the gas tank
faire la vidange to change the oil

flâner to loaf around
s'occuper de to take care of
profiter de to take advantage of
se renseigner to obtain information
rouler to drive
signaler to indicate

Les possibilités de vacances

la **Côte** the Riviera
un **dépliant** brochure, folder

une **escale** stopover
un **forfait vacances** vacation package deal
les **moyens** (*m pl*) (financial) means
un **rabais** discount
une **randonnée** hike
une **résidence secondaire** vacation home
une **station balnéaire** seaside resort

Culture contemporaine

Compréhension

1. Quelle innovation dans les transports publics va permettre aux gens du dix-neuvième siècle de mieux connaître la nature?

2. Dans quelles régions de la France passe-t-on souvent des vacances de luxe au vingtième siècle?

3. Expliquez les «vacances vertes». Pourquoi ce genre de vacances devient-il de plus en plus courant?

4. Quelles sortes de «vacances», quels types de voyages virtuels sont offerts par la technologie moderne?

Sujets de réflexion

A. Quelles sortes de vacances de luxe sont proposées au public aujourd'hui? Etes-vous d'accord avec l'idée que ces vacances ne sont plus réservées aux riches?

B. Indiquez des exemples de tourisme vert que vous pourriez pratiquer. Qu'est-ce qui motive souvent les gens de votre âge à pratiquer ce genre de tourisme?

C. Qu'est-ce qui explique, à notre époque, le succès d'une série télévisée de science-fiction comme *Aux frontières de la réalité (The X-Files)*?

Pour plus d'activités, visitez:
http://interaction.heinle.com

---

des **vacances vertes** *(f pl)* eco-tourism
des **vols-vacances** *(m pl)* reduced airfares for vacation travel

Pour voyager en voiture

l'**autoroute** *(f)* superhighway
la **batterie** battery
les **freins** *(m pl)* brakes
un(e) **garagiste** garage operator
le *Guide Michelin* popular French travel guide

la **mise au point** tune-up
un **pneu** tire
la **pression** pressure

A l'hôtel

un **acompte** deposit
des **gîtes** *(m pl)* hostels
l'**hébergement** *(m)* housing
un **hôtelier** / une **hôtelière** hotel manager
le **séjour** stay
un **tarif (réduit)** a (reduced) rate

Les caractéristiques

casanier(-ière) stay-at-home
compris(e) included
forfaitaire all-inclusive
intéressant(e) (financially) advantageous

Exercices de vocabulaire

A. Vous étudiez pendant l'année scolaire en France et vous préparez un voyage pour les grandes vacances. Voici une liste de questions que vous désirez poser dans une agence de voyages. Complétez chaque question à l'aide d'un terme approprié de la liste suivante.

un forfait	faire des économies	le séjour
un dépliant	intéressant	un tarif réduit
une escale	un rabais	

1. Pour aller au Maroc, avez-vous _____ vacances à me proposer?
2. Y a-t-il un vol direct ou faut-il faire _____?
3. Est-ce que les étudiants bénéficient d'_____?
4. C'est-à-dire, y a-t-il _____ pour les étudiants?
5. Combien coûtent le vol et _____, petit déjeuner compris?
6. Avez-vous _____ qui explique les détails du voyage?
7. C'est le prix le plus _____ que vous puissiez proposer?
8. Pour me permettre ce voyage, il va me falloir _____, n'est-ce pas?

B. Vous entendez des gens faire les constatations suivantes au sujet de leurs vacances. Substituez un terme du *Vocabulaire actif* à chacune des expressions en caractères gras.

1. Sur la Côte, même au mois de mai, on peut **aller dans l'eau.**
2. J'allais partir en vacances en juillet, mais j'ai décidé de **faire de petits travaux** chez moi.
3. Il faut téléphoner **au propriétaire de l'hôtel.**
4. Il y avait **une réduction** sur le prix des chambres.
5. Nous adorons faire des **promenades** à la montagne.
6. Cela fait dix heures qu'elle **conduit.**
7. Ils vont **demander des renseignements** à l'agence de voyages.
8. Pour réserver notre chambre, il faut envoyer **de l'argent.**
9. Le petit déjeuner est **inclus dans le prix de la chambre.**
10. Si on voyage en groupe, il y a des tarifs vraiment **pas chers.**

C. Vous faites un voyage en voiture et vous arrivez dans une station-service près de Strasbourg où vous demandez à la garagiste de jeter un coup d'œil à votre voiture. Complétez les phrases en utilisant les mots suivants.

la batterie	le graissage	la pression
les freins	le plein	la vidange

1. Vérifiez _____ des pneus, s'il vous plaît.
2. J'ai besoin d'huile aussi. Faites _____.
3. Ma voiture est un peu lente à démarrer (*start up*) le matin. Vérifiez le niveau d'eau dans _____.
4. Il y a un bruit bizarre sous la voiture. Faites _____ aussi.
5. J'ai un peu de difficulté à arrêter la voiture. Vérifiez _____.
6. Enfin, faites _____ d'essence, s'il vous plaît. Merci, madame.

Pour les Français, les vacances sont sacrées et, parmi les Européens, ils sont particulièrement avantagés pour en profiter. La France arrive en seconde position derrière l'Allemagne pour la durée annuelle des vacances. Depuis 1936, année où les salariés français sous le gouvernement de gauche du Front Populaire ont obtenu le droit à deux semaines de congés payés par an, les vacances annuelles sont devenues de plus en plus longues. Une cinquième semaine a été accordée en 1982. Le phénomène des congés payés a eu une influence considérable sur la conception des loisirs en France. Aujourd'hui, beaucoup se demandent s'il est préférable de diviser leur année en onze mois de dur labeur avec, en perspective, un mois de détente, ou s'il ne vaudrait pas mieux concevoir un meilleur équilibre tout au long de l'année.

Dans beaucoup de pays, la notion de «week-end», c'est-à-dire deux jours consécutifs sans travail en fin de semaine, existe depuis longtemps. En France, le dimanche est jour de repos, mais le samedi (ou le lundi pour les commerçants) ne l'a pas toujours été. L'idée de pouvoir disposer de deux jours pour se promener, flâner à la maison, bricoler ou se détendre est une conquête assez récente. On estime qu'il y a environ 2,5 millions de résidences secondaires en France, ce qui expliquerait pourquoi tant de gens passent si souvent un ou deux jours chez des parents ou des amis au cours de l'année. Et le repas du dimanche midi, en famille, reste bien enraciné dans les mœurs des Français, qu'on reste chez soi ou qu'on se retrouve chez d'autres.

Depuis quelques années, une nouvelle pratique s'est aussi ajoutée aux habitudes des Français, celle des vacances d'hiver. Ce sont surtout les jeunes, les cadres ou directeurs d'entreprise, et les membres des professions libérales qui en profitent pour partir aux sports d'hiver ou pour séjourner à la campagne. Les vacances scolaires, quinze jours en décembre-janvier, puis quinze jours en février-mars, ont également encouragé l'élargissement des types de loisirs d'hiver offerts aux jeunes ainsi qu'aux parents qui les accompagnent parfois pour profiter des activités sportives d'hiver.

Les Français sont donc assez nombreux à partir en vacances plusieurs fois pendant l'année. Mais pour eux, ce sont encore les mois de juillet et d'août qui constituent la période des «grandes vacances». Le fait de prendre des vacances à cette époque de l'année s'est généralisé dans la population. La façon dont on passe son temps libre dépend, cependant, de la catégorie sociale à laquelle on appartient.

D'abord, la moitié des vacanciers restent chez eux pendant les vacances d'été, soit pour travailler dans la maison, soit parce qu'ils n'ont pas les moyens de faire autre chose. Parmi ceux qui partent, la plupart, surtout les plus de 30 ans, restent en France. On pourrait suggérer deux hypothèses pour expliquer ce phénomène (qui est nettement moins marqué dans les autres pays européens): d'une part, la France est un pays dont les attraits touristiques sont suffisamment variés (climat, diversité des paysages et des sites à visiter, etc.) pour encourager les Français à y rester; d'autre part, beaucoup de Français voyagent mal à l'étranger et se sentent mieux et plus en sécurité dans leur propre pays. Chez les jeunes de moins de 30 ans, si on pratique des sports, c'est surtout le tennis et le cyclisme ou, à la mer, la planche à voile et autres sports nautiques qui attirent les vacanciers. Où qu'ils aillent, les gens de tout âge semblent aussi profiter de ce temps libre pour lire. Et où pratiquent-ils la lecture? La moitié d'entre eux partent à la mer et à la recherche du soleil, malgré la foule, les prix élevés et les difficultés de circulation dans les stations balnéaires. Les autres voyagent vers l'intérieur du pays, à la campagne ou à la montagne. Peut-être les Français ont-ils raison d'être casaniers? La France est la destination européenne la plus souvent choisie par les touristes étrangers. Il n'y a pas de fumée sans feu!

Compréhension

1. A quel moment le concept des «grandes vacances» est-il entré dans les habitudes des Français?

2. A combien de semaines de vacances les Français ont-ils droit actuellement?

3. Que font les Français pendant le «week-end»?

4. A quel moment beaucoup de Français prennent-ils leurs vacances d'hiver? Que font-ils?

5. Quels mois constituent la période des «grandes vacances» en France?

6. Où est-ce que la moitié des Français passent leurs grandes vacances?

7. Où vont la majorité des Français qui partent en vacances? Pourquoi?

8. Quels sports sont pratiqués par beaucoup de jeunes en vacances?

9. Pourquoi de nombreux Français choisissent-ils de rester chez eux pendant leurs vacances d'été?

10. Quelle est la destination européenne la plus souvent choisie par les touristes étrangers?

Discussion

A. Dans le milieu social que vous connaissez le mieux (chez vous, vos parents, vos voisins, ...), combien de semaines de vacances annuelles prend-on? Est-ce comparable à la moyenne nationale? Quels facteurs déterminent le nombre et la durée des vacances que l'on prend au cours de l'année? Quelle réaction avez-vous eue en apprenant la durée des vacances annuelles en Allemagne et en France, par exemple?

B. Quelle a été l'importance historique du gouvernement du Front Populaire en 1936 par rapport aux habitudes vacancières des Français? Ces habitudes ont-elles évolué? Expliquez.

C. Reprenez les renseignements que la **Note culturelle** vous donne sur les vacances en France. Imaginez puis planifiez des vacances pour une famille typiquement française. Expliquez vos choix.

Expansion

D. Vous avez sans doute déjà utilisé le mot «exotique» dans vos conversations. Que veut dire ce mot quand vous l'employez? Faites une petite liste d'exemples de situations, de lieux, de circonstances «exotiques».

E. Quel rôle joue «le fantastique» dans les réactions du public du dix-septième siècle devant les récits des explorateurs et celles du public d'aujourd'hui devant les récits de science-fiction? Y a-t-il des similarités à relever entre les deux époques?

F. Lequel des deux tableaux préférez-vous, celui de Gauguin ou celui de Magritte? Faites une petite analyse de vos réactions personnelles devant chacun de ces tableaux. Aimez-vous le réalisme en art, ou êtes-vous attiré(e) par d'autres genres? Expliquez votre point de vue.

$\mathcal{S}$tructures I

Formation of the Future and the Future Perfect

Formation of the Future

The future tense indicates that an action *will* be performed at a future time. To form the future tense, use the infinitive as the stem and add the appropriate endings: **-ai, -as, -a, -ons, -ez, -ont.** For **-re** verbs, drop the **-e** from the infinitive.

voyager	partir	prendre
je voyagerai	je partirai	je prendrai
tu voyageras	tu partiras	tu prendras
il / elle / on voyagera	il / elle / on partira	il / elle / on prendra
nous voyagerons	nous partirons	nous prendrons
vous voyagerez	vous partirez	vous prendrez
ils / elles voyageront	ils / elles partiront	ils / elles prendront

A list of the most important verbs with irregular future stems follows.

aller	ir-		faire	fer-		savoir	saur-
avoir	aur-		falloir	faudr-		valoir	vaudr-
devoir	devr-		pleuvoir	pleuvr-		venir	viendr-
envoyer	enverr-		pouvoir	pourr-		voir	verr-
être	ser-		recevoir	recevr-		vouloir	voudr-

Unless a verb has an irregular future stem, its future is formed regularly, even if the verb is irregular in the present tense.[1]

1. Votre correspondante française vous invite à passer l'été en France. Vous lui écrivez pour parler de vos projets d'été. Complétez les phrases suivantes en mettant au **futur** les verbes entre parenthèses.

1. Le semestre (finir) _____ en mai.
2. Je (venir) _____ en France début juin.
3. Est-ce que nous (pouvoir) _____ faire une excursion en Bretagne?
4. Mon / Ma meilleur(e) ami(e) (vouloir) _____ certainement m'accompagner.
5. Tu (faire) _____ de ton mieux pour lui trouver un logement à Paris, n'est-ce pas?
6. Par exemple, tes parents le / la (recevoir) _____ pendant quelques jours?
7. Mon prof de français (être) _____ à Paris aussi.
8. Nous (aller) _____ un soir au théâtre.
9. Après trois ou quatre jours, (descendre) _____ -nous vers le Midi?
10. On (prendre) _____ le train ou la voiture?
11. Où est-ce que nous (habiter) _____?
12. Je sais que je (s'amuser) _____ beaucoup cet été.

2. Vous voulez savoir ce que vos camarades de classe feront demain. Complétez les questions suivantes par le futur des verbes entre parenthèses.

1. Tu (aller) _____ à la bibliothèque?
2. Tu (avoir) _____ un examen?
3. Tu (faire) _____ tes devoirs?
4. Tu (pouvoir) _____ te détendre un peu?
5. Tu (prendre) _____ un repas au restaurant universitaire?
6. Tu (travailler) _____ ?
7. A quelle heure est-ce que tu (rentrer) _____ ?
8. A quelle heure est-ce que tu (te coucher) _____ ?

[1] For the future of stem-changing verbs, see **Appendix B.**

3. Posez des questions à vos camarades en employant les expressions suivantes afin de connaître leurs projets pour demain.

aller à la bibliothèque	se lever
arriver en cours de français	prendre la voiture
avoir un examen	regarder la télé
se coucher	rentrer
déjeuner au Resto U	retrouver des amis
faire des devoirs	travailler
faire du sport	venir au campus

Formation of the Future Perfect

The future perfect tense (**futur antérieur**) indicates that an action will have been performed prior to another action at a future time. The future perfect is formed with the future of the auxiliary **avoir** or **être** and the past participle of the main verb. The future perfect of all verbs is formed this way.

Au mois de septembre, quand vous serez prêts pour la rentrée, Sylvie et Dominique **seront** déjà **parties** pour la Côte. Elles **auront pris** la voiture, elles **auront voyagé** pendant quelques heures et elles **seront arrivées** à Fréjus. Sylvie **aura** beaucoup **conduit** et Dominique **aura fait** des excursions en montagne. Elles **se seront** beaucoup **amusées,** et vous, vous **aurez** beaucoup **travaillé.** Ce n'est pas juste.

Lexique personnel
Voyagez-vous souvent?

A. Cherchez les expressions qui correspondent aux thèmes suivants:
1. les endroits où vous avez passé des vacances
2. les endroits où vous voudriez passer des vacances
3. les moyens de transport que vous employez le plus souvent pour voyager
4. vos projets de vacances pour l'été prochain

B. Employez les éléments indiqués pour poser des questions à un(e) camarade de classe.
1. que / tu / faire / pendant les grandes vacances?
2. tu / faire / souvent / des voyages?
3. comment / tu / voyager / normalement?
4. tu / préférer / voyager / en voiture, en avion ou par le train?
5. quel / être / ton voyage / le plus intéressant?
6. tu / faire / déjà / un voyage organisé?
7. tu / profiter / déjà / d'un voyage à prix forfaitaire?
8. combien / on / payer / le vol, le séjour et les repas quand on va en Floride?

Structures II

Uses of the Future and the Future Perfect

Uses of the Future

The simple future tense expresses an action that will take place at a future time. It is the equivalent of the English *will (shall)...*[2]

Je **partirai** en juillet.	*I'll **leave** in July.*
Ils **prendront** le train.	*They **will take** the train.*

In conversation, the present tense is sometimes used instead of the future.

—Quand est-ce que vous **partirez?**

—Je **pars** demain.

The verb **devoir** used in the future expresses the idea *will have to...* **Devoir** in the present tense followed by the infinitive is also used to express an action that is probable in the future.

On **devra prendre** le bateau.	*We **will have to take** the boat.*
Il **doit arriver** bientôt.	*He **must be arriving** soon.*

1. Vous quittez votre chambre le matin et vous désirez laisser un petit mot à vos camarades de chambre pour les informer de vos activités de la journée. Complétez chaque phrase par un verbe approprié au **futur.**

1. A neuf heures...
2. Après mon premier cours...
3. Pour le déjeuner...
4. Pendant l'après-midi...
5. Vers six heures...
6. Avant de me coucher...

Uses of the Future Perfect

The future perfect tense is used to express the idea that one action in the future will take place and be completed before another action in the future takes place. It expresses the English *will have* + past participle.

Quand il ira à l'université en septembre, il **aura** déjà **fait** son voyage en France.	*When he goes to the university in September, he **will have** already **taken** his trip to France.*
Nous **serons parties** à trois heures demain.	*We **will have left** by three o'clock tomorrow.*

---

[2] The future formed with **aller** + infinitive expresses an action that is more certain and immediate and is equivalent to the English *to be going to* + infinitive. Although these two future constructions are technically not interchangeable, the distinction between them is very fine, and in conversation a strict distinction is not always observed.

Je **vais partir** tout de suite.	*I **am going to leave** right now.*
Je **partirai** peut-être un jour.	*I **will** perhaps **leave** one day.*

The Future after *quand, lorsque, dès que, aussitôt que, après que*

As shown in the following table of tense sequences, after the expressions **quand, lorsque, aussitôt que, dès que,** and **après que,** you must use a future tense in French where English uses the present.

Quand il viendra, nous pourrons partir.

***When he comes,** we will be able to leave.*

	subordinate clause		main clause
si	+	present tense	+ future imperative present
quand **lorsque** **dès que** **aussitôt que**	+	future future perfect	+ future imperative[3]
après que	+	future perfect	+ future imperative

This principle may be easier to remember if you realize that French structure is actually more logical than English on this point, given that *when* (**quand, lorsque**), *as soon as* (**dès que, aussitôt que**), and *after* (**après que**) all refer to actions that have not yet taken place.

Si tu **arrives** à l'hôtel avant minuit, **téléphone**-moi.
S'il **fait** beau, nous **ferons** un voyage.

BUT:

Quand (lorsque) tu **téléphoneras** à l'hôtel, tu **pourras** réserver une chambre.
Lorsque vous **serez** en France, **venez** me voir.
Dès que (aussitôt que) j'**aurai réglé** mes affaires, je **partirai**.
Après que j'**aurai fait** le plein, vous **devrez** vérifier les freins.

---

[3] With **quand** and **lorsque** the future perfect may also be used in the main clause. See *Rappel*, p. 335.

Note that if you use the simple future in the subordinate clause, you are implying that the actions of both clauses will take place in the same time frame.

The future perfect in the subordinate clause implies that the action of that clause must take place and be completed before the main action can take place.

This distinction is often up to the speaker, and both the simple future and the future perfect are used following the conjunctions in question.

Quand il $\left.\begin{array}{l}\textbf{partira,}\\\textbf{sera parti,}\end{array}\right\}$ nous irons en vacances.

Dès que vous $\left.\begin{array}{l}\textbf{achèterez}\\\textbf{aurez acheté}\end{array}\right\}$ les billets, nous partirons.

BUT:

Après que j'aurai consulté une agence de voyages, nous prendrons une décision.

---

2. Après avoir passé quelques mois dans une famille à Paris, vous pensez faire une excursion pendant les grandes vacances avec la fille de vos hôtes. Vous parlez de ces projets d'été à la mère de la jeune fille. Complétez la conversation suivante par le **futur**, le **futur antérieur** ou le **présent** des verbes entre parenthèses selon le contexte.

—Donc, j'(avoir) _____ besoin de louer une voiture pour faire ce voyage.

—Si tu (faire) _____ des économies, tu pourras avoir assez d'argent pour louer la voiture et payer l'essence.

—D'accord, mais je (devoir) _____ réserver la voiture bien avant notre départ. Après que j'(réserver) _____ la voiture, il faudra aussi retenir une chambre dans un hôtel du Midi.

—Quand tu (téléphoner) _____ à l'hôtel, tu pourras leur donner le numéro de ta carte bancaire pour retenir la chambre.

—Tu (pouvoir) _____ nous prêter une carte Michelin?

—Oui, bien sûr. Comme ça, si tu (se perdre) _____, tu pourras la consulter. D'ailleurs, vous (rouler) _____ peut-être plus vite si tu prends les routes nationales au lieu de prendre l'autoroute. Au début des grandes vacances, il (y avoir) _____ énormément de circulation sur les autoroutes.

—Tu as raison. En plus, les petites routes (être) _____ plus agréables. Nous (s'arrêter) _____ souvent pour regarder le paysage et visiter les endroits intéressants.

—Quand tu (arriver) _____ là-bas, mets la voiture dans un garage. Comme ça tu n'(avoir) _____ pas d'ennuis. Et quand tu (commencer) _____ le voyage de retour, téléphone-moi.

—Oui, oui, d'accord. Nous te (faire) _____ connaître nos projets après que nous (tout organiser) _____.

3. Vous parlez de votre avenir avec des amis. Complétez logiquement chaque phrase.
   1. Quand j'aurai terminé mes études...
   2. Si je trouve un bon poste...
   3. Lorsque je gagnerai un salaire suffisant...
   4. Avant l'âge de trente ans...
   5. Je me marierai quand...
   6. J'aurai des enfants si...
   7. Je voyagerai si...
   8. Je serai heureux(-euse) quand...

Synthèses

A. Des amis parlent d'un voyage qu'ils vont faire ensemble à Paris. Complétez leurs phrases en mettant les verbes entre parenthèses aux temps qui conviennent.
   1. Quand nous (être) _____ à Paris, je ferai du lèche-vitrines sur les Champs-Elysées.
   2. Si Beth en a l'occasion, elle (aller) _____ au marché aux puces.
   3. Après que tu (visiter) _____ le Louvre, tu pourras voir la collection des impressionnistes au musée d'Orsay.
   4. Si nous (avoir) _____ de la chance, nous trouverons un bon petit hôtel.
   5. Dès que nous aurons trouvé un hôtel, Paul (pouvoir) _____ réserver des billets pour un concert.

B. Monique écrit un petit mot à une amie au sujet d'un voyage qu'elle va faire. Mettez les verbes entre parenthèses aux temps qui conviennent.

Chère Sandrine,

Je (partir) _____ ce soir. Demain (être) _____ le premier jour de mes vacances et je (aller) _____ chez mes cousins à Toulouse. Je (prendre) _____ l'autoroute pour y aller, mais quand je (rentrer) _____, je (revenir) _____ par les routes départementales. Il (falloir) _____ sûrement prendre beaucoup de détours, mais je (pouvoir) _____ ainsi mieux apprécier le paysage. Quand je (être) _____ de retour, je (devoir) _____ me remettre au travail.

Amitiés,
Monique

C. Interview. Posez des questions logiques au **futur** en employant les éléments suivants. Quand votre partenaire aura répondu, posez-lui une question supplémentaire.

1. partir de la fac aujourd'hui
2. aller après tes cours
3. faire des courses cet après-midi
4. rentrer tôt ou tard
5. regarder la télé
6. faire pendant le week-end
7. aller voir un film
8. sortir avec tes amis
9. dîner au restaurant
10. se coucher tôt ou tard

D. Vous partez en voyage avec des amis et vous faites une liste de préparatifs qu'il faut faire avant de partir. Complétez chacune des phrases suivantes par la forme appropriée du futur des verbes entre parenthèses.

1. D'abord, nous (consulter) _____ une agence de voyages.
2. Chez l'agent de voyages, on (choisir) _____ un itinéaire.
3. Un de mes copains (réserver) _____ des chambres.
4. J'(aller) _____ acheter des chèques de voyage.
5. Nous (acheter) _____ des billets.
6. Mes camarades de chambre (ranger) _____ la maison et (faire) _____ la lessive.
7. Je (faire) _____ mes valises.
8. Enfin, nous (partir) _____!

Interactions

Activité 1. Projets d'été. Quels sont vos projets pour l'été qui suivra la fin de vos études universitaires? Quand vous aurez obtenu votre diplôme, que ferez-vous pour fêter cet événement? Travaillerez-vous? Voyagerez-vous? Racontez vos projets à la classe. Les autres étudiants vous poseront des questions.

Activité 2. Pouvez-vous prédire l'avenir? Essayez de prédire l'avenir d'un(e) de vos camarades de classe. Où travaillera-t-il / elle? Quelles seront ses responsabilités? Où habitera-t-il / elle? Voyagera-t-il / elle souvent? Parlera-t-il / elle une langue étrangère dans le cadre de son travail? (Les autres étudiants de la classe vont vous poser des questions pour deviner de qui vous parlez.)

Activité 3. Vous allez en vacances. Lisez l'annonce suivante pour des vacances idéales. En groupes, discutez des différents forfaits voyages offerts. Chaque groupe doit décider lesquelles des vacances le groupe veut prendre. Expliquez votre choix.

LES ESCAPADES

DU TEMPS LIBRE POUR UN COURT SÉJOUR EN AMOUREUX OU ENTRE AMIS

SEVILLE   365 €

4 JOURS/3 NUITS, HÔTEL**, EN CHAMBRE DOUBLE AVEC PETITS DÉJEUNERS,
TRANSFERTS ET 1 TOUR DE VILLE INCLUS

NAPLES   485 €

4 JOURS/3 NUITS, HÔTEL****, EN CHAMBRE DOUBLE AVEC PETITS DÉJEUNERS,
TRANSFERTS ET 1 DEMI-JOURNÉE DE VISITE INCLUS

PRAGUE A L'ASCENSION   711 €

6 JOURS/5 NUITS, HÔTEL***, EN CHAMBRE DOUBLE AVEC PETITS DÉJEUNERS,
TRANSFERTS ET 2 TOURS DE VILLE D'UNE DEMI-JOURNÉE INCLUS

PRIX TTC PAR PERSONNE, AVION ET TAXES AÉRIENNES COMPRIS À CERTAINES DATES
SAUF PRAGUE, DÉPART DE PARIS, SOUS RÉSERVE DE DISPONIBILITÉ, TAXES ET REDEVANCES
COMPRISES PAYABLES EN FRANCE, SUSCEPTIBLES DE MODIFICATIONS SANS PRÉAVIS

Pour s'exprimer

Track 11

Avant de faire les activités suivantes, écoutez la conversation de ce jeune ménage.

CONTEXTE: Beaucoup de Français se demandent où passer leurs vacances d'été. Le jeune ménage que nous allons maintenant entendre se pose aussi la question. Le couple a déjà un enfant, le petit Loïc, et en attend un deuxième. Elle voudrait faire ceci, lui voudrait faire cela. Comment pourra-t-on sortir de cette impasse?

A l'écoute

A. On entend mentionner dans le dialogue quatre noms de lieux: une région et trois villes. Quels sont ces noms? Quels renseignements dans le texte vous permettent de les situer en France?

B. L'homme et la femme ont des idées bien arrêtées en ce qui concerne leurs grandes vacances! Combien d'arguments la femme donne-t-elle pour convaincre son mari qu'elle a raison? Pourquoi le mari veut-il aller ailleurs?

C. Qui propose le compromis? Y a-t-il, à votre avis, une autre solution? Qu'auriez-vous fait à la place de la femme ou du mari dans une situation pareille?

D. Quel moyen de transport sera utilisé pour partir en vacances? Quels préparatifs faudra-t-il faire avant de se mettre en route?

A vous la parole

On emploie aussi le verbe **aller + infinitif** pour parler des actions à venir. Il y a une distinction entre cette forme et une action exprimée au **futur simple**, par exemple, **je vais travailler / je travaillerai.** Normalement, on utilise **aller + infinitif** pour exprimer un futur proche et le verbe au **futur simple** pour parler d'actions qui sont plus éloignées dans le temps. Il s'agit d'une distinction qui ne se fait pas rigoureusement, mais qu'on a tendance à faire, même dans la conversation.

Posez les questions suivantes à vos camarades de classe. Il faut choisir entre la forme **aller + infinitif** ou le **futur simple**, selon le contexte.

1. Après ce cours, est-ce que tu (travailler) _____ en bibliothèque?

2. Quand est-ce que tu (recevoir) _____ ton diplôme?

3. Le week-end prochain, tu (dîner) _____ au restaurant?

4. A quelle heure est-ce que tu (rentrer) _____ ce soir?

5. Dans cinq ans, tu (habiter) _____ la même ville?

6. Quand est-ce que tu (finir) _____ tes études?

7. Pendant la semaine, est-ce que tu (aller) _____ au cinéma?

8. Où est-ce que tu (passer) _____ tes vacances d'été?

9. Où est-ce que tu (vouloir) _____ habiter dans cinq ans?

10. Tu (déjeuner) _____ au restaurant universitaire aujourd'hui?

Situations orales et écrites

A. Vous êtes déjà à Paris et vous voulez continuer votre voyage en Europe par le train. Allez à l'agence de voyages et demandez les renseignements nécessaires.

B. Vous avez loué une voiture pour faire une excursion en France. Maintenant, vous vous trouvez à Orléans et votre voiture ne démarre pas. Imaginez la conversation avec le (la) garagiste. Un(e) autre étudiant(e) jouera le rôle du (de la) garagiste.

C. Il y a une question qu'on pose souvent aux candidats: «Où voudriez-vous en être dans cinq ans?» Imaginez que vous cherchez un poste à IBM France. Composez une réponse à cette question.

D. Au cours d'une conversation avec des étudiants français, on commence à parler de l'avenir de la société américaine, de l'état de l'économie, de la drogue, de la violence, etc. Composez une description de la société américaine dans l'avenir. Comparez vos réponses à celles de vos camarades de classe afin de faire le portrait complet de la société américaine à l'avenir.

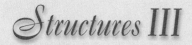

Formation of the Conditional and the Past Conditional

Formation of the Conditional

To form the conditional, use the infinitive as the stem and add the appropriate endings: **-ais, -ais, -ait, -ions, -iez, -aient**. For **-re** verbs, drop the **-e** from the infinitive.

voyager	partir	prendre
je voyager**ais**	je partir**ais**	je prendr**ais**
tu voyager**ais**	tu partir**ais**	tu prendr**ais**
il / elle / on voyager**ait**	il / elle / on partir**ait**	il / elle / on prendr**ait**
nous voyager**ions**	nous partir**ions**	nous prendr**ions**
vous voyager**iez**	vous partir**iez**	vous prendr**iez**
ils / elles voyager**aient**	ils / elles partir**aient**	ils / elles prendr**aient**

Note that the stem for the conditional is the same as for the future and that the endings are the same as for the imperfect.

The verbs that have irregular future stems use the same stems for the formation of the conditional.[4]

aller	**ir-**	faire	**fer-**	savoir	**saur-**
avoir	**aur-**	falloir	**faudr-**	valoir	**vaudr-**
devoir	**devr-**	pleuvoir	**pleuvr-**	venir	**viendr-**
envoyer	**enverr-**	pouvoir	**pourr-**	voir	**verr-**
être	**ser-**	recevoir	**recevr-**	vouloir	**voudr-**

1. Les différents membres du Club français parlent avec Sophie, une étudiante française qui passe l'année dans votre université, de ce qu'ils aimeraient faire pendant les grandes vacances. Complétez les phrases en y mettant les verbes entre parenthèses au **conditionnel**.

1. Je (faire) _____ bien un voyage en France.
2. Nous (aller) _____ au Canada si nous avions assez d'argent.
3. Il (falloir) _____ que je travaille beaucoup pour me payer un voyage.
4. Je (être) _____ content(e) d'aller à la plage.
5. Mes copains (partir) _____ aussi pour la plage.
6. Ma copine (venir) _____ aux Etats-Unis pour me rendre visite.
7. Sophie, tu (vouloir) _____ rester ici pendant l'été?
8. Je (travailler) _____ d'abord pour gagner de l'argent.
9. Et j'(attendre) _____ le mois de juillet pour prendre mes vacances.
10. M. / Mme (nom de votre professeur de français), où (prendre) _____ -vous vos vacances?

[4] For the conditional forms of stem-changing verbs, see *Appendix B*.

Formation of the Past Conditional

The past conditional is formed with the conditional of the auxiliary **avoir** or **être** and the past participle of the main verb. All verbs form the past conditional in this way.

j'aurais voyagé	nous **serions parti(e)s**
il **aurait pris**	elle **serait arrivée**
vous **auriez fait**	ils **seraient allés**
elles **auraient fini**	tu **te serais levé(e)**

2. Nous regrettons quelquefois de ne pas avoir fait certaines choses. Composez des phrases au **passé du conditionnel** pour dire ce que vous auriez fait l'été dernier, si vous aviez pu.

MODELE *L'été dernier, j'aurais travaillé davantage pour gagner plus d'argent.*

Rappel! Rappel!

Be careful not to confuse the English *would* used hypothetically with *would* meaning *used to.*

J'irais en France l'été prochain si c'était possible.

*I **would go** to France next summer if possible.*

J'allais à la plage tous les jours quand j'étais plus jeune.

*I **would go** to the beach every day when I was younger.*

In the first example, the action in question has not yet taken place and depends on other circumstances.

In the second example, you can recognize that *would* means *used to* because the context is in the past.

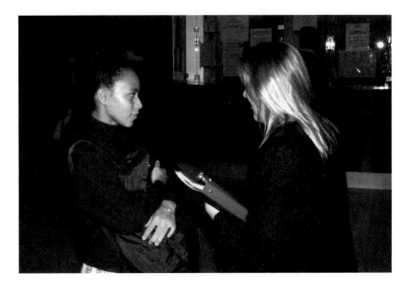

Uses of the Conditional and the Past Conditional

The conditional tense expresses an action that is hypothetical or subject to some condition before it can take place. It has the English equivalent *would*...

Je **voudrais** visiter la Bretagne.	*I **would like** to visit Brittany.*
Ils **voyageraient** en voiture.	*They **would travel** by car.*

The past conditional tense expresses an action in the past that was dependent on certain conditions before it could take place. It expresses the English idea *would have* + past participle.

> L'année dernière, Sylvie et Dominique ont fait le tour de la France en quinze jours. Mais elles n'ont pas tout vu. Si elles avaient eu le temps, elles **auraient** aussi **voyagé** en Bretagne et elles **seraient** aussi **allées** en Corse.

The conditional tenses are used following the expression **au cas où**, meaning *in case*.

> Je viendrai de bonne heure **au cas où** vous **arriveriez** avant midi.
> J'étais venu(e) de bonne heure **au cas où** vous **seriez arrivés** avant midi.

Verbs such as **vouloir, pouvoir,** and **aimer** are often used in the conditional to indicate a more polite tone for a request.

> —Dis, Sylvie, tu **voudrais** me rendre un petit service? **Pourrais-tu** aller à l'agence de voyages pour demander des plans de Fréjus et des Alpes-Maritimes?
> —Ah, j'**aimerais** bien t'aider, mais je ne peux pas y aller aujourd'hui. Est-ce que je **pourrais** faire cette commission demain?
> —Bien sûr. Demain **serait** parfait.

The past conditional of **devoir** is sometimes called the tense of regret.

Cet après-midi, je **devrais** faire les courses.	*This afternoon, I **ought to (should)** do the shopping.*
J'**aurais dû** les faire hier, mais je n'ai pas pu.	*I **ought to have (should have)** done it yesterday, but I wasn't able to.*

3. Quelques-unes des personnes avec qui vous voyagez en France ne sont pas aussi au courant de la culture française que vous. Aidez-les à s'exprimer plus poliment en mettant leurs phrases au **conditionnel.**

1. Monsieur, je veux de l'eau, s'il vous plaît.
2. Et moi, je prends volontiers le coq au vin avec des légumes.
3. Pardon, madame, pouvez-vous m'indiquer l'heure, s'il vous plaît?
4. Monsieur, avez-vous la monnaie de vingt euros?
5. Mademoiselle, savez-vous par hasard à quelle heure ouvre le Louvre?
6. Marie-Laure, peux-tu m'aider à déchiffrer ce plan de métro?

Rappel! Rappel!

The conditional tenses are often used in the main clause in conditional *(if..., then)* statements (*If* I had the time, I *would love* to visit Brittany).

The English speaker must choose the correct tenses to use in both the *if* clause and the main clause. (See table following.)

The key to the tense sequences outlined in the table is that they never vary, although there may be several possible translations in English for the verb in the *if* clause.

si j'avais le temps { *if I had the time*
                         if I were to have the time

	SUBORDINATE CLAUSE	MAIN CLAUSE
si	imperfect pluperfect[5]	conditional past conditional

Si j'**avais** le temps, j'**aimerais** visiter la Belgique.
S'ils **trouvaient** un hôtel, ils **iraient** sur la Côte d'Azur.

Si j'**avais eu** l'argent, je **serais allée** en France.
Si nous **étions arrivés** en juin, nous **aurions vu** le festival.

---

4. Vous parlez de vos projets d'avenir, pour le moment hypothétiques. Complétez chaque phrase par le **conditionnel** ou l'**imparfait** des verbes entre parenthèses selon le contexte.

1. Si je (recevoir) _____ mon diplôme en mai, je ferais d'abord un long voyage.

2. Si je trouvais un emploi tout de suite, j'(acheter) _____ une nouvelle voiture.

3. Si mon / ma meilleur(e) ami(e) avait le temps, il / elle (venir) _____ me rendre visite.

4. Ma famille et moi, nous (partir) _____ en vacances ensemble, si tout le monde était libre.

5. Mes copains français viendraient me voir, si j'(avoir) _____ mon propre appartement.

6. Si ma famille me donnait un peu d'argent, je (pouvoir) _____ chercher un appartement.

7. Mes amis feraient des économies, s'ils (pouvoir) _____ partager un logement pendant un an ou deux.

8. Si je ne trouvais pas de poste tout de suite, je (faire) _____ des demandes d'admission dans les universités pour faire des études supérieures.

9. Si, en septembre, ma copine n'avait pas de poste, elle (aller) _____ en Californie.

10. Et moi, si je ne trouvais pas de travail, mes frères et sœurs (pouvoir) _____ m'aider un peu.

---

[5] Remember that the pluperfect is formed with the imperfect of **avoir** or **être** and the past participle.

5. Posez les questions suivantes à vos camarades de classe. Complétez chaque question par la forme appropriée du verbe entre parenthèses.

1. Si tu étais riche, qu'est-ce que tu (acheter) _____ ?
2. Si tu (aller) _____ en France, qu'est-ce que tu voudrais voir?
3. Si tu faisais le tour du monde, où est-ce que tu (aller) _____ ?
4. Si tu (avoir) _____ l'argent, que ferais-tu?
5. Si tu pouvais réformer notre université, qu'est-ce que tu (changer) _____ ?
6. Si tu pouvais changer ta vie, qu'est-ce que tu (faire) _____ de différent?
7. ???

6. Le passé du **conditionnel** est le temps des choses qui n'ont pas eu lieu. Complétez les phrases suivantes par un verbe au **conditionnel passé** pour exprimer ce que vous auriez fait.

1. Si j'avais eu plus d'argent, ...
2. Si j'avais eu plus de temps, ...
3. Si je n'étais pas allé(e) à cette université, ...
4. Si j'avais pu parler plus franchement à mes parents, ...
5. Si j'avais pu dire la vérité à mon prof, ...
6. Si j'avais choisi d'autres camarades de chambre, ...

Rappel! Rappel!

Contrast the following tense sequences involving the future and the conditional tenses.

si	+	present	+	future present imperative
si	+	imperfect pluperfect	+	conditional past conditional
quand lorsque dès que aussitôt que	+	future future perfect	+	future imperative
après que	+	future perfect	+	future imperative

The key to manipulating these tense sequences is to concentrate on the tense of the main verb, which will be easily identified as the imperative, present, future, conditional, or past conditional. Then determine the tense of the verb in the subordinate clause according to the conjunction in question.

Synthèses

A. En attendant votre train dans la gare d'une grande ville française, vous entendez d'autres voyageurs qui parlent de vacances et de voyages. Complétez chaque phrase par le **conditionnel présent** ou **passé** du verbe entre parenthèses.

1. Si le temps n'était pas désagréable, je (aller) _____ à la plage.
2. Si j'avais le temps, je (aimer) _____ aller en Belgique.
3. Si j'avais eu les moyens, je (aller) _____ du côté de Saint-Tropez.
4. Elle (voir) _____ la bonne route si elle regardait la carte.
5. Je (se renseigner) _____ si j'avais eu le temps.
6. Il (falloir) _____ écouter les prévisions météorologiques si vous faisiez un voyage dans les Alpes.
7. Je (vouloir) _____ savoir s'il avait déjà réglé ses affaires.
8. Nous (pouvoir) _____ compter sur du beau temps, si nous voyagions en été.
9. S'il avait fait du soleil, vous (ne pas trouver) _____ le voyage si désagréable.
10. Tu (partir) _____ pour les Alpes-Maritimes si tu aimais la montagne.

B. Interview: Les études. Posez les questions suivantes à un(e) camarade de classe.

1. Si tu avais l'argent, à quelle université irais-tu?
2. Qu'est-ce que tu aurais fait de différent dans tes études?
3. Si tu avais su que les études étaient si difficiles, les aurais-tu commencées?
4. Quelle autre ville universitaire aurais-tu choisie si tu n'étais pas venu(e) dans celle-ci?
5. Quels autres cours suivrais-tu si tu avais le temps?
6. Est-ce que tu t'achèterais un meilleur ordinateur pour t'aider dans tes études si tu en avais les moyens?

C. Plusieurs étudiants français parlent de leurs vacances. Qu'est-ce qu'ils ont fait? Que vont-ils faire? Que feraient-ils s'ils avaient le temps ou l'argent nécessaire? Complétez leurs déclarations par le temps approprié des verbes entre parenthèses.

1. Aussitôt qu'il y (avoir) _____ de la neige, j'irai à la montagne pour faire du ski.
2. S'il (ne pas pleuvoir) _____ demain, je ferai de la planche à voile.
3. S'il avait fait beau hier, je (aller) _____ à la plage.
4. Si j' (avoir) _____ les moyens, je ferais des excursions.
5. S'ils (faire) _____ un voyage dans les Alpes, ils auraient vu de la neige en été.
6. Je travaillerai cet été si je (pouvoir) _____ trouver un poste.
7. Si nous descendons vers le sud, nous (trouver) _____ sûrement le beau temps.
8. Demain, nous partirons plus tôt que prévu au cas où il y (avoir) _____ de la pluie.
9. S'il (faire) _____ chaud à Paris, il fera encore plus chaud à Nice.
10. Si vous aviez su que la pluie allait arriver, est-ce que vous (aller) _____ à Paris ce week-end-là?

D. Voici des expressions qui s'emploient souvent avec le **conditionnel**. Réagissez à chacune des phrases suivantes en utilisant une de ces expressions dans une phrase au **conditionnel**.

Si c'était moi...
Au cas où...
A ta place, ...
Faute de mieux, ...
Si j'étais toi, ...

Pendant les vacances qui viennent...

1. Je vais suivre des cours d'été.
2. Je vais travailler pour ma mère.
3. Je voyagerai en Egypte.
4. Je ferai un stage dans une entreprise internationale en Afrique.
5. Je serai moniteur / monitrice de colonie de vacances.
6. Je trouverai un emploi à Disney World.
7. Je vais assister à une grande réunion de famille.
8. ???

E. Le rêve et la réalité. Composez quatre phrases au **conditionnel** pour exprimer ce que vous voudriez. Ensuite, composez quatre phrases au **futur** pour dire ce qui arrivera probablement.

Interactions

Activité 1. Autrement. Si vous n'étiez pas venu(e) ici faire des études, qu'est-ce que vous auriez fait? Seriez-vous allé(e) à une autre université? Auriez-vous habité à l'étranger? Où auriez-vous travaillé? En quoi est-ce que votre vie aurait pu être différente?

Activité 2. Le mythe du voyage. Le mot «voyage» a un fort contenu symbolique. Un voyage, au sens propre, permet de changer de lieu, d'identité, d'activité, d'habitudes, bref, de vie. Mais on peut aussi «voyager» au sens figuré, s'évader de soi-même. Le rêve est le véhicule essentiel de cette évasion; l'imagination, le support. Pour chacun des «voyages» suivants, décrivez ce qu'on voudrait trouver, ou ce qu'on essaie de fuir dans sa propre vie.

1. Les villages du Club Méditerranée offrent un confort, une qualité de vie et une sécurité supérieurs à ceux que l'on trouve localement.

2. Euro Disneyland Paris a pour vocation de faire entrer les visiteurs dans un monde magique, plus beau que la réalité.

3. Les jeux vidéo et les techniques de «réalité virtuelle» sont d'autres exemples, plus élaborés, de cette volonté de simuler la vie.

Euro Disneyland Paris

Mise en train

Sujets de réflexion

1. Où allez-vous, que faites-vous pour échapper aux problèmes et aux ennuis de la vie de tous les jours?
2. Faites la description de ce qui serait pour vous un endroit idéal où vous auriez la possibilité de vous évader de la réalité quotidienne.

Charles Baudelaire

Baudelaire: autoportrait

Charles Baudelaire, poète du dix-neuvième siècle, est connu comme l'auteur qui a su introduire le modernisme dans le domaine de la poésie. En 1857, il a publié Les Fleurs du mal, *recueil de poèmes qui appro- fondissent principalement deux thèmes: (1) la dualité de la nature humaine et (2) l'ennui de l'homme face aux limita- tions intellectuelles et spirituelles de la vie. En 1861, Baudelaire reprendra une forme déjà expérimentée par d'autres écrivains, le poème en prose. Dans ses «Petits poèmes en prose», il développe beaucoup des mêmes thèmes qu'il avait déjà abordés dans* Les Fleurs du mal.

Avant de lire

1. Faites une liste d'images tirées du poème *L'Invitation au voyage* (à la page 350) qui représentent les éléments fondamentaux de cette vision de l'idéal de Baudelaire.
2. Ce poème évoque-t-il la ville ou la campagne? De quelle sorte de climat s'agit-il? Ce poème s'inspire d'un endroit réel. Pouvez-vous deviner où se trouve cet endroit?
3. Le refrain du poème est composé de cinq éléments: l'ordre, la beauté, le luxe, le calme, la volupté. Dégagez du poème les images qui illustrent ces différents éléments.

littéraires

Charles Baudelaire:
L'Invitation au voyage (poème)

Mon enfant, ma sœur,
    Songe à la douceur
D'aller là-bas vivre ensemble!
    Aimer à loisir,
5   Aimer et mourir
Au pays qui te ressemble!
    Les soleils mouillés[1]
    De ces ciels brouillés[2]
Pour mon esprit ont les charmes
10   Si mystérieux
    De tes traîtres yeux
Brillant à travers leurs larmes.

    Là, tout n'est qu'ordre et beauté,
    Luxe, calme et volupté.

15   Des meubles luisants[3],
    Polis par les ans,
Décoreraient notre chambre;
    Les plus rares fleurs
    Mêlant leurs odeurs
20 Aux vagues senteurs de l'ambre,
    Les riches plafonds,
    Les miroirs profonds,

    La splendeur orientale,
    Tout y parlerait
25   A l'âme en secret
Sa douce langue natale.

    Là, tout n'est qu'ordre et beauté
    Luxe, calme et volupté.

    Vois sur ces canaux
30   Dormir ces vaisseaux
Dont l'humeur est vagabonde;
    C'est pour assouvir[4]
    Ton moindre désir
Qu'ils viennent du bout du monde.
35   Les soleils couchants
    Revêtent les champs,
Les canaux, la ville entière,
    D'hyacinthe et d'or;
    Le monde s'endort
40 Dans une chaude lumière.

    Là, tout n'est qu'ordre et beauté,
    Luxe, calme et volupté.

[1] dampened   [2] murky   [3] lustrous   [4] satisfy

L'Invitation au voyage (poème en prose)

(1) Il est un pays superbe, un pays de Cocagne°, dit-on, que je rêve de visiter avec une vieille amie. Pays singulier, noyé dans les brumes de notre Nord, et qu'on pourrait appeler l'Orient de l'Occident, la Chine de l'Europe, [...] tant elle l'a patiemment et opiniâtrement° illustré de ses savantes et délicates végétations.

5 (2) Un vrai pays de Cocagne, où tout est beau, riche, tranquille, honnête; où le luxe a plaisir à se mirer dans l'ordre; où la vie est grasse et douce à respirer; d'où le désordre, la turbulence et l'imprévu° sont exclus; où le bonheur est marié au silence; où la cuisine elle-même est poétique, grasse et excitante à la fois; où tout vous ressemble, mon cher ange°.

10 (3) Tu connais cette maladie fiévreuse qui s'empare de nous dans les froides misères, cette nostalgie du pays qu'on ignore, cette angoisse de la curiosité? Il est une contrée qui te ressemble, où tout est beau, riche, tranquille et honnête, où la fantaisie a bâti et décoré une Chine occidentale, où la vie est douce à respirer, où le bonheur est marié au silence. C'est là qu'il faut aller vivre, c'est là qu'il faut aller mourir!

15 (4) Oui, c'est là qu'il faut aller respirer, rêver et allonger les heures par l'infini des sensations. Un musicien a écrit l'*Invitation à la valse*; quel est celui qui composera l'*Invitation au voyage*, qu'on puisse offrir à la femme aimée, à la sœur d'élection?

(5) Oui, c'est dans cette atmosphère qu'il ferait bon vivre, —là-bas, où les heures plus lentes contiennent plus de pensées, où les horloges° sonnent le bonheur avec une
20 plus profonde et plus significative solennité.

(6) Sur des panneaux luisants, ou sur des cuirs dorés et d'une richesse sombre, vivent discrètement des peintures béates°, calmes et profondes, comme les âmes des artistes qui les créèrent. Les soleils couchants, qui colorent si richement la salle à manger ou le salon, sont tamisés° par de belles étoffes° ou par ces hautes fenêtres ouvragées que le
25 plomb° divise en nombreux compartiments. Les meubles sont vastes, curieux, bizarres, armés de serrures° et de secrets comme des âmes raffinées. Les miroirs, les métaux, les étoffes, l'orfèvrerie et la faïence° y jouent pour les yeux une symphonie muette et mystérieuse; et de toutes choses, de tous les coins, des fissures des tiroirs et des plis des étoffes s'échappe un parfum singulier, un *revenez-y* de Sumatra, qui est comme l'âme
30 de l'appartement.

"land of peace and plenty"

obstinately

unexpected

angel

clocks

blissful

filtered / fabrics
lead
locks
decorated earthenware

(7) Un vrai pays de Cocagne, te dis-je, où tout est riche, propre et luisant, comme une belle conscience, comme une magnifique batterie de cuisine, comme une splendide orfèvrerie, comme une bijouterie bariolée°! Les trésors du monde y affluent, comme dans la maison d'un homme laborieux et qui a bien mérité du monde entier. Pays
35 singulier, supérieur aux autres, comme l'Art l'est à la Nature, où celle-ci est réformée par le rêve, où elle est corrigée, embellie, refondue.

(8) Qu'ils cherchent, qu'ils cherchent encore, qu'ils reculent sans cesse les limites de leur bonheur, ces alchimistes de l'horticulture! Qu'ils proposent des prix de soixante et de cent mille florins pour qui résoudra leurs ambitieux problèmes! Moi, j'ai trouvé

40 ma *tulipe noire*° et mon *dahlia bleu*°!

(9) Fleur incomparable, tulipe retrouvée, allégorique dahlia, c'est là, n'est-ce pas, dans ce beau pays si calme et si rêveur, qu'il faudrait aller vivre et fleurir? Ne serais-tu pas

encadrée° dans ton analogie, et ne pourrais-tu pas te mirer, pour parler comme les mystiques, dans ta propre *correspondance*°?

45 (10) Des rêves! toujours des rêves! et plus l'âme est ambitieuse et délicate, plus les rêves l'éloignent du possible. Chaque homme porte en lui sa dose d'opium naturel, incessamment sécrétée et renouvelée, et, de la naissance à la mort, combien comptons-nous d'heures remplies par la jouissance positive, par l'action réussie et décidée? Vivrons-nous jamais, passerons-nous jamais dans ce tableau qu'a peint
50 mon esprit, ce tableau qui te ressemble?

(11) Ces trésors, ces meubles, ce luxe, cet ordre, ces parfums, ces fleurs miraculeuses, c'est toi. C'est encore toi, ces grands fleuves et ces canaux tranquilles. Ces énormes navires qu'ils charrient, tout chargés de richesses, et d'où montent les chants monotones de la manœuvre, ce sont mes pensées qui dorment ou qui roulent sur ton sein. Tu les
55 conduis doucement vers la mer qui est l'Infini, tout en réfléchissant les profondeurs du ciel dans la limpidité de ta belle âme; —et quand, fatigués par la houle° et gorgés° des

produits de l'Orient, ils rentrent au port natal, ce sont encore mes pensées enrichies qui reviennent de l'Infini vers toi.

Synthèses

Après la lecture

1. Dans chaque paragraphe du poème en prose:
   a. soulignez l'idée principale
   b. soulignez les images qui se rapportent à l'idée centrale du paragraphe
   c. indiquez les idées ou les images qu'on ne trouverait pas normalement dans un texte en prose

2. Dégagez du poème les images qui se rapportent à cette «vieille amie» que le poète mentionne au premier paragraphe. Quelle relation y a-t-il selon vous entre le poète et cette personne?

3. Composez une liste d'images qui sont les mêmes dans les deux textes de Baudelaire.

4. Quels sont les mots du poème en prose qui illustrent le refrain du poème en vers? Quels mots, dans le reste du poème, reflètent les mots du refrain?

5. Est-ce que le portrait de l'«amie» du poète est semblable dans les deux poèmes? Pourquoi?

6. Au dernier paragraphe du poème en prose, le poète indique de façon assez directe les clés des symboles fondamentaux du poème en vers. Que symbolise ce pays? Et les bateaux qui le traversent? Que cherche le poète? Avez-vous l'impression qu'il cherche la même chose dans les deux textes? Expliquez.

Pour mieux lire

Une des grandes contributions de Baudelaire à la poésie moderne est sa théorie des «correspondances». Pour montrer l'association entre le monde réel et le monde de l'imagination et pour créer des images nouvelles et frappantes, Baudelaire associe souvent deux concepts qui n'ont aucun lien logique entre eux (par exemple, un son et une odeur). Il ne s'agit pas de traduire ces images, mais de les interpréter. Dans les deux textes, trouvez et interprétez des exemples des *correspondances* de Baudelaire.

Liens culturels

1. *L'Invitation au voyage* de Baudelaire (poème en vers et poème en prose) nous incite, en tant que lecteurs, à imaginer un ailleurs, un lieu *autre* que celui où nous sommes. Gauguin et Magritte, dans le domaine de la peinture, nous invitent eux aussi à nous servir de notre imagination. En vous rappelant votre définition de l'*exotisme* ainsi que la notion de *correspondance* chez Baudelaire (le rapprochement de deux éléments appartenant à des registres différents), dites si vous trouvez plus de similarités entre Baudelaire et Gauguin ou entre Baudelaire et Magritte.

2. Quelles sortes de «voyages imaginaires» sont à la mode dans notre culture actuelle? Par exemple, quels livres et quels films ont comme but de nous transporter dans le monde de l'imagination? Pourquoi croyez-vous que de tels films et de tels livres sont toujours à la mode?

Appendice A

This appendix contains a discussion of the passive voice, indirect discourse, the literary tenses, and special uses of the definite article.

The Passive Voice
Formation of the Passive Voice

The passive voice is limited to transitive verbs that take a direct object, i.e., verbs not used with a preposition preceding the object of the verb. In a passive construction, the word receiving the action of the verb becomes the subject of the sentence. All verbs in the passive voice are formed by conjugating the verb **être** in the appropriate person and tense, followed by the past participle of the action verb. The past participle always agrees in gender and number with the subject of **être**.

An active voice construction becomes passive when transformed according to the following model:

Active Construction	subject	transitive verb	direct object
	↓	↓	↓
Passive Construction	agent	**être** (conjugated) followed by past participle of action verb	subject

Note that if the agent (person or thing) performing the action is expressed in the sentence, it is preceded by the preposition **par** (*by*) and sometimes **de**.

Active Voice

Les supermarchés attirent la clientèle
Supermarkets attract customers.

Tout le monde l'aimait.
Everyone loved her.

Tout le groupe a fait l'excursion.
The whole group made the trip.

Un metteur en scène tournera le film.
A director will make the film.

Un vin léger accompagne le poisson.
A light wine accompanies the fish.

Beaucoup de touristes visiteraient ces pays.
Many tourists would visit these countries.

Passive Voice

La clientèle est attirée par les supermarchés.
Customers are attracted by supermarkets.

Elle était aimée de tout le monde.
She was loved by all.

L'excursion a été faite par tout le groupe.
The trip was made by the whole group.

Le film sera tourné par un metteur en scène.
The film will be made by a director.

Le poisson fut accompagné d'un vin léger.
The fish was accompanied by a light wine.

Ces pays seraient visités par beaucoup de touristes.
These countries would be visited by many tourists.

The past tenses of **être** (**passé composé**, imperfect, pluperfect) when used in the passive voice follow the normal uses of the past tenses (description / completed action).

La ville **était protégée** par les montagnes.
La population **a été surprise** par les nouvelles.

Avoiding the Passive Voice

French usage tends to avoid the passive voice, especially when the agent performing the action is a person.

If the subject of the passive sentence is not a person, you may replace the true passive construction either by using **on** as the subject of the active verb or by making the active verb reflexive.

On vend des légumes au marché.
Des légumes se vendent au marché. } *Vegetables are sold in the market.*

On ouvrira les portes à 20 heures.
Les portes s'ouvriront à 20 heures. } *The doors will be opened at 8 P.M.*

If the subject of the passive sentence is a person, you must use **on** + the active verb construction to replace the passive voice.

On a invité mon ami à la soirée.   *My friend was invited to the party.*
On choisira les meilleurs candidats.   *The best candidates will be chosen.*

Remember that **on** always takes a third-person singular verb even though the corresponding passive construction may have a plural subject and verb.

In English, the indirect object of a verb may be the subject of a sentence in the passive voice.

Marcel was sent the money by his parents.
Hélène was promised a promotion.

However, in French, the object of the preposition **à** can never become the subject of a passive sentence. If the agent of the action is expressed, you may use the passive voice with the direct object of the verb as the subject.

L'argent a été envoyé à Marcel par ses parents.

If the agent is not expressed, you may substitute **on** + the active verb for the true passive construction.

On a promis une promotion à Hélène.

The following verbs are often followed by **à**:

dire	On lui a dit de partir.	*He was told to leave.*
demander	On leur demande de chanter.	*They are being asked to sing.*
donner	Cette lettre nous a été donnée par nos amis.	*We were given this letter by our friends.*
envoyer	On m'a envoyé des fleurs.	*I was sent some flowers.*
expliquer	Le film lui sera expliqué par le metteur en scène.	*The film will be explained to her by the director.*
promettre	On a promis une voiture à Sophie.	*Sophie was promised a car.*
offrir	On a offert à Robert un poste en Europe.	*Robert was offered a position in Europe.*

Rappel! Rappel!

You must be aware of when to use the passive voice rather than the active voice. English usage will clearly indicate when the passive voice is required. The unique construction involving a form of the verb *to be* followed by a past participle cannot be confused with the translations of any other verb forms in French. Compare the following examples based on some of the more commonly used tenses.

	ACTIVE VOICE	PASSIVE VOICE
PRESENT	Les étudiants projettent généralement le film à 8 heures. *The students normally show the film at 8 o'clock.*	Le film est généralement projeté par les étudiants à 8 heures. *The film is normally shown by the students at 8 o'clock.*
PASSE COMPOSE	La vedette a interprété le rôle. *The star played the part.*	Le rôle a été interprété par la vedette. *The part was played by the star.*
IMPERFECT	Les grèves perturbaient souvent le service du métro. *Strikes often disrupted metro service.*	Le service du métro était souvent perturbé par les grèves. *Metro service was often disrupted by strikes.*
PLUPERFECT	Son père avait vendu la voiture. *Her father had sold the car.*	La voiture avait été vendue par son père. *The car had been sold by her father.*
FUTURE	Le professeur corrigera l'examen demain. *The professor will correct the test tomorrow.*	L'examen sera corrigé par le professeur demain. *The test will be corrected by the professor tomorrow.*

A. Ecrivez les phrases suivantes en utilisant la voix passive et en exprimant l'agent dans les phrases.

1. Ce nouvel auteur a écrit un livre.
2. Les étudiants subiront beaucoup d'examens.
3. Les marchands avaient déjà vendu tous les produits.
4. L'agence de voyages propose cette excursion magnifique.
5. Mes parents m'ont offert ce voyage.

B. Ecrivez les phrases suivantes à la voix active. Utilisez le pronom **on** comme sujet de vos phrases.

1. Les touristes sont bien accueillis en Martinique.
2. De nouveaux supermarchés seront construits.
3. L'émission a été présentée à cinq heures.
4. Les paquets vous seront envoyés par avion.
5. Les copains étaient invités à une soirée.

C. Ecrivez les phrases suivantes à la voix active. Utilisez un verbe pronominal (*reflexive verb*) dans vos phrases.

1. Les pâtisseries sont vendues dans une boulangerie.
2. Le français est parlé au Canada.
3. Le train est employé plus souvent en France qu'aux Etats-Unis.
4. Les portes du musée seront ouvertes à dix heures.
5. Cela n'est pas fait ici.

Indirect Discourse

If one relates exactly what another person has said, putting his or her words in quotation marks and not changing any of the original wording, this is called *direct discourse*.

> **Roger a dit: «Je viendrai ce soir».**

If one does not directly quote another person's words but simply relates his or her statement indirectly in a clause, this is called *indirect discourse*.

> **Roger a dit qu'il viendrai ce soir.**

To use indirect discourse in French, you must be aware of the proper sequence of tenses between the introductory statement and the indirect quotation. If the introductory verb is in the present or future, there will be no change in the tenses of the verbs that recount what the person has said.

Marie dit: «Je viendrai».	**Elle dit qu'elle viendra.**
Marie dira: «Je suis venue».	**Elle dira qu'elle est venue.**
Marie dit: «Je viendrais».	**Elle dit qu'elle viendrait.**
Marie dira: «Je venais».	**Elle dira qu'elle venait.**

However, if the introductory verb is in a past tense, there will be certain changes in the tenses of the verbs in the subordinate clause. These tense sequences are summarized below. Note that the tense sequences used in indirect discourse in French correspond in all cases to the tense sequences normally used in indirect discourse in English.

TENSE OF ORIGINAL STATEMENT	INTRODUCTORY VERB IN PAST TENSE	TENSE OF SUBORDINATE VERB
PRESENT J'**arrive** à 2 heures.	Il a dit qu'...	**IMPERFECT** il **arrivait** à 2 heures.
FUTURE On **aura** un examen demain.	Mon ami avait déjà dit qu'...	**CONDITIONAL** on **aurait** un examen demain.
FUTURE PERFECT Elle **sera** déjà **partie** avant le déjeuner.	J'expliquais qu'...	**PAST CONDITIONAL** elle **serait** déjà **partie** avant le déjeuner.
PASSE COMPOSE Nous **avons fait** nos devoirs.	Le prof a demandé si...	**PLUPERFECT** nous **avions fait** nos devoirs.

The imperfect, pluperfect, conditional, and past conditional tenses remain unchanged in indirect discourse.

Il **allait faire** les provisions.	Il a dit qu'il **allait faire** les provisions.
Nous **avions** déjà **fait** nos devoirs.	Nous expliquions que nous **avions** déjà **fait** nos devoirs.
Ils **viendraient** si possible.	Elle avait déjà expliqué qu'ils **viendraient** si possible.
J'**aurais** peut-être **trouvé** le numéro.	Il a répondu qu'il **aurait** peut-être **trouvé** le numéro.

If there is more than one verb in the subordinate clause, each verb must be considered separately according to the sequence of tenses outlined above.

Je **suis arrivée** à 3 heures et j'**allais** partir après le dîner.

Elle a dit qu'elle **était arrivée** à 3 heures et qu'elle **allait** partir après le dîner.

A. *Complétez les phrases suivantes en employant le temps convenable du verbe original.*

1. Le prof annonce: «Il y aura un examen mercredi». Il a annoncé qu'il y _____ un examen mercredi.

2. La présentatrice déclare: «Il fera beau demain». Elle déclare qu'il _____ beau demain.

3. Les étudiants suggèrent: «Nous aurions dû travailler davantage». Ils ont suggéré qu'ils _____ travailler davantage.

4. Nous disons: «Nous avons froid dans cette chambre». Nous lui avons dit que nous _____ froid dans cette chambre.

5. Mes copains annoncent: «On ira ensemble». Ils annoncent qu'on _____ ensemble.

6. Nos parents répondent: «Vous avez eu des problèmes, mais vous réussirez bientôt». Ils ont répondu que nous _____ des problèmes mais que nous _____ bientôt.

7. Ma sœur déclare: «Je viendrai si j'ai les moyens». Elle a déclaré qu'elle _____ si elle _____ les moyens.

8. Je vous l'assure: «Ils arriveront avant nous». Je vous assure qu'ils _____ avant nous.

9. J'ai écrit à mon professeur: «Vous recevrez mon devoir quand je retournerai à l'école». Je lui ai écrit qu'il _____ mon devoir quand je _____ à l'école.

10. Nous demandons: «Vous voulez descendre au café?» Nous avons demandé s'ils _____ descendre au café.

B. *Répondez à chaque question en employant le discours indirect.*

1. —Il fait du vent.
   —Pardon? Qu'est-ce que vous avez dit?
   —J'ai dit qu'...

2. —Il neigera cet après-midi.
   —Qu'est-ce que vous annoncez?
   —J'annonce qu'...

3. —Nous aurions voulu quitter Paris plus tôt.
   —Qu'est-ce que vous avez déclaré?
   —J'ai déclaré que...

4. —Il y a eu un accident sur l'autoroute ce matin.
   —Qu'est-ce qu'il a annoncé?
   —Il a annoncé qu'...

5. —L'inflation augmentera l'année prochaine.
   —Qu'est-ce qu'on a prédit?
   —On a prédit que...

6. —Nous avions déjà acheté nos billets.
   —Qu'est-ce que vous me dites?
   —Je vous dis que...

7. —Je pourrai vous accompagner.
   —Qu'est-ce qu'elle vous a assuré?
   —Elle m'a assuré qu'...

8. —Cette voiture marche bien.
   —Qu'est-ce qu'il a garanti?
   —Il a garanti que...

9. —Je n'ai pas touché à ses affaires.
   —Qu'est-ce que ton petit frère a juré?
   —Il a juré qu'...

10. —C'est ma place.
    —Pardon? Qu'est-ce que vous dites?
    —Je dis que...

C. Roger et Pierre, qui étudient à l'Université de Bordeaux, partent demain pour passer les vacances de Noël chez Roger en Normandie. Racontez au passé leur conversation en employant le discours indirect.

PIERRRE: As-tu entendu les informations à la radio?

ROGER: Oui, et les nouvelles ne sont pas bonnes.

PIERRRE: Eh bien, qu'est-ce qu'on annonce?

ROGER: Le temps sera encore mauvais, et les autoroutes seront bondées.

PIERRRE: J'espère qu'on n'aura pas de neige en plus.

ROGER: On signale qu'il va tout simplement pleuvoir. Peut-être que nous ferions mieux de prendre les routes secondaires.

PIERRRE: Je me demande si elles seront glissantes.

ROGER: Non, non il ne fait pas assez froid pour cela. Nous allons faire un bon voyage. Tu vas voir.

PIERRRE: Je l'espère.

Literary Tenses

There are four literary verb tenses in French. Their use is usually limited to written contexts; they are almost never heard in conversation.

It is unlikely that you will be called upon to produce these tenses, but you should be able to recognize them. They appear in classical and much of the contemporary literature that you will read, especially in the **je** and **il** forms. Passive recognition of these tenses is not difficult because the verb endings are usually easy to identify.

The **passé simple** and the **passé antérieur** belong to the indicative mood; the two other tenses are the imperfect subjunctive and the pluperfect subjunctive.

The *passé simple*

As its name indicates, this is a simple past tense, involving no auxiliary verb. You will find the **passé simple** easiest to recognize if you become familiar with the endings of the three regular conjugations and certain irregular forms.

parler	
je parl**ai**	nous parl**âmes**
tu parl**as**	vous parl**âtes**
il / elle / on parl**a**	ils / elles parl**èrent**

1. **Regular Forms.** To form the **passé simple** of regular **-er** verbs, take the stem of the infinitive and add the appropriate endings: **-ai, -as, -a, -âmes, -âtes, -èrent**.

réfléchir	
je réfléch**is**	nous réfléch**îmes**
tu réfléch**is**	vous réfléch**îtes**
il / elle / on réfléch**it**	ils / elles réfléch**irent**

rendre	
je rend**is**	nous rend**îmes**
tu rend**is**	vous rend**îtes**
il / elle / on rend**it**	ils / elles rend**irent**

To form the **passé simple** of regular **-ir** and **-re** verbs, add the appropriate endings to the stem of the infinitive: **-is, -is, -it, -îmes, -îtes, -irent.**

-is	-îmes	-us	-ûmes
-is	-îtes	-us	-ûtes
-it	-irent	-ut	-urent

2. **Irregular Forms.** Most verbs with an irregularly formed **passé simple** have an irregular stem to which you add one of the following groups of endings.

Following is a partial list of the most common verbs in each of the above categories.

-is		**-us**	
faire	je fis	boire*	je bus
mettre*	je mis	croire*	je crus
prendre*	je pris	devoir*	je dus
rire*	je ris	plaire*	je plus
voir	je vis	pleuvoir*	il plut
écrire	j'écrivis	pouvoir*	je pus
conduire	je conduisis	savoir*	je sus
craindre	je craignis	falloir*	il fallut
naître	il naquit	valoir	il valut
peindre	je peignis	vouloir*	je voulus
vaincre	je vainquis	vivre*	je vécus
		connaître*	je connus
		mourir	il mourut

Avoir and **être** which are frequently seen in the **passé simple**, have completely irregular forms.

avoir		être	
j'**eus**	nous **eûmes**	je **fus**	nous **fûmes**
tu **eus**	vous **eûtes**	tu **fus**	vous **fûtes**
il / elle / on **eut**	ils / elles **eurent**	il / elle / on **fut**	ils / elles **furent**

Two additional common verbs with irregular forms in the **passé simple** are **venir** and **tenir.**

venir		tenir	
je **vins**	nous **vînmes**	je **tins**	nous **tînmes**
tu **vins**	vous **vîntes**	tu **tins**	vous **tîntes**
il / elle / on **vint**	ils / elles **vinrent**	il / elle / on **tint**	ils / elles **tinrent**

* Note that the past participles of these verbs may be helpful in remembering the irregular **passé simple** stems.

3. **Use of the *passé simple*.** The **passé simple** is often thought of as the literary equivalent of the **passé composé**. To an extent this is true. Both tenses are used to refer to specific past actions that are limited in time.

> Victor Hugo **est né** en 1802. (**passé composé**)
> Victor Hugo **naquit** en 1802. (**passé simple**)

The fundamental difference between these two tenses is that the **passé simple** can never be used to refer to a time frame that has not yet come to an end. There is no such limitation on the **passé composé**.

Consider the sentence, **J'ai écrit deux lettres aujourd'hui.** This thought can be expressed only by the **passé composé** because **aujourd'hui** is a time frame that is not yet terminated. In contrast, the statement, **Robert Burns a écrit des lettres célèbres à sa femme** could also be expressed in the **passé simple** — **Robert Burns écrivit des lettres célèbres à sa femme** — because the time frame has come to an end.

Descriptions in the past that are normally expressed by the imperfect indicative are still expressed in the imperfect, even in a literary context.

The *passé antérieur*

1. **Formation.** The **passé antérieur** is a compound tense that is formed with the **passé simple** of the auxiliary verb **avoir** or **être** and a past participle.

parler	j'**eus parlé**, etc.
sortir	je **fus sorti(e)**, etc.
se lever	je **me fus levé(e)**, etc.

2. **Use of the *passé antérieur*.** The **passé antérieur** is used to refer to a past action that occurred prior to another past action. It is most frequently found in a subordinate clause following a temporal conjunction such as **quand, lorsque, après que, dès que, aussitôt que**. The conjunction indicates that the action in question immediately preceded another action in the past. The latter action will generally be expressed in the **passé simple**.

> Hier soir, après qu'il **eut fini** de manger, il **sortit.**

The Imperfect Subjunctive

1. **Formation.** The imperfect subjunctive is most often encountered in the third-person singular. The imperfect subjunctive is formed by taking the **tu** form of the **passé simple**, doubling its final consonant, and adding the endings of the present subjunctive. The third-person singular (**il / elle / on**) does not follow the regular formation. To form it, drop the consonant, place a circumflex accent (^) over the final vowel, and add a **t.**

aller (tu allas → allass-)	
que j'allasse	que nous allassions
que tu allasses	que vous allassiez
qu'il / elle / on allât	qu'ils / elles allassent

2. **Use of the Imperfect Subjunctive.** Like the other tenses of the subjunctive, the imperfect subjunctive is most often found in a subordinate clause governed by a verb in the main clause that requires the use of the subjunctive. The verb of the main clause is either in a past tense or in the conditional. For the imperfect subjunctive to be used in the subordinate clause, the action expressed in this clause must occur at the same time as the action of the main verb or later.

> Je **voulais** qu'elle me **répondît**.
> Elle **voudrait** qu'on l'**écoutât**.

The Pluperfect Subjunctive

1. **Formation.** The pluperfect subjunctive is formed with the imperfect subjunctive of the auxiliary verb **avoir** or **être** and a past participle. Like the imperfect subjunctive, this tense is mostly used in the third-person singular.

> que j'**eusse parlé**, qu'il **eût parlé**, etc.
> que je **fusse sorti(e)**, qu'il **fût sorti**, etc.
> que je me **fusse lavé(e)**, qu'elle se **fût lavée**, etc.

2. **Use of the Pluperfect Subjunctive.** The pluperfect subjunctive, like the imperfect subjunctive, is usually found in a subordinate clause. It is used when the main verb is either in a past tense or in the conditional and the action expressed in the subordinate clause has occurred prior to the action of the main clause.

> Il **déplora** qu'elle **fût** déjà **partie**.

In reading, you may occasionally encounter a verb form identical to the pluperfect subjunctive that does not follow the usage outlined above. In such cases, you will be dealing with an alternate literary form of the past conditional, and you should interpret it as such.

> Ce n'était pas un baba au rhum qu'il m'**eût fallu**, mais un vrai rhum, celui des condamnés.

In lighter prose and conversation, the imperfect subjunctive is replaced by the present subjunctive, and the pluperfect subjunctive is replaced by the past subjunctive.

> Bien qu'elle **eût** beaucoup **voyagé**, j'insistai pour qu'elle m'**accompagnât**.
> (Bien qu'elle **ait** beaucoup **voyagé**, j'insistai pour qu'elle m'**accompagne**.)

The following excerpt is taken from a twentieth-century French novel by Raymond Radiguet. Here, the author makes liberal use of the **passé simple** and the imperfect subjunctive. Locate and identify these tenses in the passage.

> Jusqu'à douze ans, je ne me vois aucune amourette, sauf pour une petite fille nommée Carmen à qui je fis tenir, par un gamin plus jeune que moi, une lettre dans laquelle je lui exprimais mon amour. Je m'autorisais de cet amour pour solliciter un rendez-vous. Ma lettre lui avait été remise le matin avant qu'elle se rendît en classe. J'avais distingué la seule fillette qui me ressemblât, parce qu'elle était propre, et allait à l'école accompagnée d'une petite sœur, comme moi de mon petit frère. Afin que ces deux témoins se tussent, j'imaginai de les marier, en quelque sorte. A ma lettre, j'en joignis donc une de la part de mon frère, qui ne savait pas écrire, pour Mlle Fauvette. J'expliquai à mon frère mon entremise, et notre chance de tomber juste sur deux sœurs de nos âges et douées de noms de baptême aussi exceptionnels. J'eus la tristesse de voir que je ne m'étais pas mépris sur le bon genre de Carmen, lorsque, après avoir déjeuné avec mes parents qui me gâtaient et ne me grondaient jamais, je rentrai en classe.

> (Raymond Radiguet, *Le Diable au corps*, Grasset)

Special Uses of the Definite Article

In addition to the uses of the definite article presented in **Chapitre 1** (pp. 16–17, 20–21), the articles **le, la, l'**, and **les** are also found in grammatical constructions that differ radically from English usage.

- TITLES

  The definite article is used before titles when referring indirectly to people. The article is not used when addressing a person directly.

La reine Elisabeth habite à Londres.	*Queen Elizabeth lives in London.*
Je suis dans le cours **du professeur Dupont.**	*I'm in Professor Dupont's class.*

- LANGUAGES

  The definite article is used before the names of languages, except after the verb **parler** (unmodified) and after the prepositions **en** and **de**.

Nous étudions **le français.**	*We're studying French.*
Il désire enseigner **le russe.**	*He wants to teach Russian.*

  BUT:

Vous parlez **français.** (Vous parlez bien **le français.**)	*You speak French. (You speak French well.)*
Le livre est **en italien.**	*The book is in Italian.*
C'est un professeur **d'allemand.**	*He's a German teacher.*

- PARTS OF THE BODY AND CLOTHING

  The definite article is used with parts of the body and clothing to indicate possession. If the noun is modified, the possessive adjective is used as in English.

Elle ferme **les yeux.**	*She shuts her eyes.*
Il a **les mains** dans **les poches.**	*He has his hands in his pockets.*

  BUT:

Elle ferme **ses yeux bleus.**	*She shuts her blue eyes.*
Il a **ses deux mains** dans **ses poches vides.**	*He has both his hands in his empty pockets.*

A. Complétez les phrases suivantes par l'article défini convenable quand il est nécessaire.

1. Nous étudions _____ français.

2. En classe nous parlons _____ français.

3. Je veux apprendre à parler couramment _____ français.

4. Notre texte est écrit en _____ anglais.

5. Pour le cours de français j'ai _____ professeur (nom de votre professeur). Il / Elle est prof de _____ français depuis longtemps.

B. Complétez le paragraphe suivant par les articles convenables.

_____ empereur Napoléon était un homme intéressant mais curieux. Il est né en Corse et parlait _____ italien et _____ français. Il avait _____ yeux verts, _____ cheveux clairsemés, et il n'était pas grand. Il a fait beaucoup de conquêtes et faisait peur (à) _____ roi Georges d'Angleterre et (à) _____ tsar Nicolas de Russie. Mais pendant une grande bataille, Napoléon fermait _____ yeux et gardait toujours _____ main droite dans sa veste. Tous les grands hommes ont des habitudes particulières.

Appendice B

This appendix contains complete sample conjugations of regular verbs (**-er**, **-ir**, and **-re**), irregular verbs, and stem-changing verbs.

Regular Verbs

Regular -er verb: donner

indicatif

PRESENT	IMPARFAIT	FUTUR	PASSE SIMPLE (**littéraire**)
je donne	je donnais	je donnerai	je donnai
tu donnes	tu donnais	tu donneras	tu donnas
il donne	il donnait	il donnera	il donna
nous donnons	nous donnions	nous donnerons	nous donnâmes
vous donnez	vous donniez	vous donnerez	vous donnâtes
ils donnent	ils donnaient	ils donneront	ils donnèrent

PASSE COMPOSE	PLUS-QUE-PARFAIT	FUTUR ANTERIEUR	PASSE ANTERIEUR (**littéraire**)
j'ai donné	j'avais donné	j'aurai donné	j'eus donné

conditionnel   *impératif*   *participe présent*

PRESENT	PASSE		
je donnerais	j'aurais donné	donne	donnant
tu donnerais		donnons	
il donnerait		donnez	
nous donnerions			
vous donneriez			
ils donneraient			

subjonctif

PRESENT	PASSE	IMPARFAIT (**littéraire**)	PLUS-QUE-PARFAIT (**littéraire**)
que je donne	que j'aie donné	que je donnasse	que j'eusse donné
que tu donnes		que tu donnasses	
qu'il donne		qu'il donnât	
que nous donnions		que nous donnassions	
que vous donniez		que vous donnassiez	
qu'ils donnent		qu'ils donnassent	

Regular -ir verb: finir

indicatif

PRESENT	IMPARFAIT	FUTUR	PASSE SIMPLE (**littéraire**)
je finis	je finissais	je finirai	je finis
tu finis	tu finissais	tu finiras	tu finis
il finit	il finissait	il finira	il finit
nous finissons	nous finissions	nous finirons	nous finîmes
vous finissez	vous finissiez	vous finirez	vous finîtes
ils finissent	ils finissaient	ils finiront	ils finirent

PASSE COMPOSE	PLUS-QUE-PARFAIT	FUTUR ANTERIEUR	PASSE ANTERIEUR (**littéraire**)
j'ai fini	j'avais fini	j'aurai fini	j'eus fini

conditionnel		*impératif*	*participe présent*

PRESENT	PASSE	finis	finissant
je finirais	j'aurais fini	finissons	
tu finirais		finissez	
il finirait			
nous finirions			
vous finiriez			
ils finiraient			

subjonctif

PRESENT	PASSE	IMPARFAIT (littéraire)	PLUS-QUE-PARFAIT (littéraire)
que je finisse	que j'aie fini	que je finisse	que j'eusse fini
que tu finisses		que tu finisses	
qu'il finisse		qu'il finît	
que nous finissions		que nous finissions	
que vous finissiez		que vous finissiez	
qu'ils finissent		qu'ils finissent	

Regular -re verb: attendre

indicatif

PRESENT	IMPARFAIT	FUTUR	PASSE SIMPLE (littéraire)
j'attends	j'attendais	j'attendrai	j'attendis
tu attends	tu attendais	tu attendras	tu attendis
il attend	il attendait	il attendra	il attendit
nous attendons	nous attendions	nous attendrons	nous attendîmes
vous attendez	vous attendiez	vous attendrez	vous attendîtes
ils attendent	ils attendaient	ils attendront	ils attendirent

PASSE COMPOSE	PLUS-QUE-PARFAIT	FUTUR ANTERIEUR	PASSE ANTERIEUR (littéraire)
j'ai attendu	j'avais attendu	j'aurai attendu	j'eus attendu

conditionnel		*impératif*	*participe présent*

PRESENT	PASSE	attends	attendant
j'attendrais	j'aurais attendu	attendons	
tu attendrais		attendez	
il attendrait			
nous attendrions			
vous attendriez			
ils attendraient			

subjonctif

PRESENT	PASSE	IMPARFAIT (littéraire)	PLUS-QUE-PARFAIT (littéraire)
que j'attende	que j'aie attendu	que j'attendisse	que j'eusse attendu
que tu attendes		que tu attendisses	
qu'il attende		qu'il attendît	
que nous attendions		que nous attendissions	
que vous attendiez		que vous attendissiez	
qu'ils attendent		qu'ils attendissent	

Irregular Verbs

Avoir and être

avoir

indicatif

PRESENT	IMPARFAIT	FUTUR	PASSE SIMPLE (littéraire)
j'ai	j'avais	j'aurai	j'eus
tu as	tu avais	tu auras	tu eus
il a	il avait	il aura	il eut
nous avons	nous avions	nous aurons	nous eûmes
vous avez	vous aviez	vous aurez	vous eûtes
ils ont	ils avaient	ils auront	ils eurent

PASSE COMPOSE	PLUS-QUE-PARFAIT	FUTUR ANTERIEUR	PASSE ANTERIEUR (littéraire)
j'ai eu	j'avais eu	j'aurai eu	j'eus eu

conditionnel | *impératif* | *participe présent*

PRESENT	PASSE		
j'aurais	j'aurais eu	aie	ayant
tu aurais		ayons	
il aurait		ayez	
nous aurions			
vous auriez			
ils auraient			

subjonctif

PRESENT	PASSE	IMPARFAIT (littéraire)	PLUS-QUE-PARFAIT (littéraire)
que j'aie	que j'aie eu	que j'eusse	que j'eusse eu
que tu aies		que tu eusses	
qu'il ait		qu'il eût	
que nous ayons		que nous eussions	
que vous ayez		que vous eussiez	
qu'ils aient		qu'ils eussent	

être

indicatif

PRESENT	IMPARFAIT	FUTUR	PASSE SIMPLE (littéraire)
je suis	j'étais	je serai	je fus
tu es	tu étais	tu seras	tu fus
il est	il était	il sera	il fut
nous sommes	nous étions	nous serons	nous fûmes
vous êtes	vous étiez	vous serez	vous fûtes
ils sont	ils étaient	ils seront	ils furent

PASSE COMPOSE	PLUS-QUE-PARFAIT	FUTUR ANTERIEUR	PASSE ANTERIEUR (littéraire)
j'ai été	j'avais été	j'aurai été	j'eus été

conditionnel | *impératif* | *participe présent*

PRESENT	PASSE		
je serais	j'aurais été	sois	étant
tu serais		soyons	
il serait		soyez	
nous serions			
vous seriez			
ils seraient			

subjonctif

PRESENT	PASSE	IMPARFAIT (littéraire)	PLUS-QUE-PARFAIT (littéraire)
que je sois	que j'aie été	que je fusse	que j'eusse été
que tu sois		que tu fusses	
qu'il soit		qu'il fût	
que nous soyons		que nous fussions	
que vous soyez		que vous fussiez	
qu'ils soient		qu'ils fussent	

Verbs in -er

aller

indicatif

PRESENT	PASSE COMPOSE	PASSE SIMPLE (littéraire)	
je vais	je suis allé(e)	j'allai	
tu vas	tu es allé(e)	tu allas	
il va	il est allé	il alla	
nous allons	nous sommes allé(e)s	nous allâmes	
vous allez	vous êtes allé(e)(s)	vous allâtes	
ils vont	ils sont allés	ils allèrent	

IMPARFAIT	PLUS-QUE-PARFAIT	FUTUR	FUTUR ANTERIEUR
j'allais	j'étais allé(e)	j'irai	je serai allé(e)

conditionnel | *impératif* | *participe présent*

PRESENT	PASSE		
j'irais	je serais allé(e)	va	allant
		allons	
		allez	

subjonctif

PRESENT	IMPARFAIT (littéraire)
que j'aille	que j'allasse
que tu ailles	que tu allasses
qu'il aille	qu'il allât
que nous allions	que nous allassions
que vous alliez	que vous allassiez
qu'ils aillent	qu'ils allassent

envoyer
indicatif

PRESENT	PASSE COMPOSE	PASSE SIMPLE (littéraire)	
j'envoie	j'ai envoyé	j'envoyai	
tu envoies		tu envoyas	
il envoie		il envoya	
nous envoyons		nous envoyâmes	
vous envoyez		vous envoyâtes	
ils envoient		ils envoyèrent	
IMPARFAIT	PLUS-QUE-PARFAIT	FUTUR	FUTUR ANTERIEUR
j'envoyais	j'avais envoyé	j'enverrai	j'aurai envoyé

conditionnel | *impératif* | *participe présent*

PRESENT	PASSE		
j'enverrais	j'aurais envoyé	envoie	envoyant
		envoyons	
		envoyez	

subjonctif

PRESENT	IMPARFAIT (littéraire)
que j'envoie	que j'envoyasse
que tu envoies	que tu envoyasses
qu'il envoie	qu'il envoyât
que nous envoyions	que nous envoyassions
que vous envoyiez	que vous envoyassiez
qu'ils envoient	qu'ils envoyassent

Renvoyer is conjugated like **envoyer**.

Verbs in -ir

dormir
indicatif

PRESENT	PASSE COMPOSE	PASSE SIMPLE (littéraire)	
je dors	j'ai dormi	je dormis	
tu dors		tu dormis	
il dort		il dormit	
nous dormons		nous dormîmes	
vous dormez		vous dormîtes	
ils dorment		ils dormirent	
IMPARFAIT	PLUS-QUE-PARFAIT	FUTUR	FUTUR ANTERIEUR
je dormais	j'avais dormi	je dormirai	j'aurai dormi

conditionnel | *impératif* | *participe présent*

PRESENT	PASSE		
je dormirais	j'aurais dormi	dors	dormant
		dormons	
		dormez	

subjonctif

PRESENT	IMPARFAIT (littéraire)
que je dorme	que je dormisse
que tu dormes	que tu dormisses
qu'il dorme	qu'il dormît
que nous dormions	que nous dormissions
que vous dormiez	que vous dormissiez
qu'ils dorment	qu'ils dormissent

Other verbs conjugated like **dormir** include **endormir**, **s'endormir**, **partir**, **servir**, **sentir**, and **sortir**.

PRESENT

partir	**servir**	**sentir**	**sortir**
je pars	je sers	je sens	je sors
tu pars	tu sers	tu sens	tu sors
il part	il sert	il sent	il sort
nous partons	nous servons	nous sentons	nous sortons
vous partez	vous servez	vous sentez	vous sortez
ils partent	ils servent	ils sentent	ils sortent

PASSE COMPOSE

je suis parti(e)	j'ai servi	j'ai senti	je suis sorti(e)

conquérir
indicatif

PRESENT	**PASSE COMPOSE**	**PASSE SIMPLE (littéraire)**
je conquiers	j'ai conquis	je conquis
tu conquiers		tu conquis
il conquiert		il conquit
nous conquérons		nous conquîmes
vous conquérez		vous conquîtes
ils conquièrent		ils conquirent

IMPARFAIT	**PLUS-QUE-PARFAIT**	**FUTUR**	**FUTUR ANTERIEUR**
je conquérais	j'avais conquis	je conquerrai	j'aurai conquis

conditionnel   *impératif*   *participe présent*

present	passe		
je conquerrais	j'aurais conquis	conquiers	conquérant
		conquérons	
		conquérez	

subjonctif

PRESENT	**IMPARFAIT (littéraire)**
que je conquière	que je conquisse
que tu conquières	que je conquisses
qu'il conquière	qu'il conquît
que nous conquérions	que nous conquissions
que vous conquériez	que vous conquissiez
qu'ils conquièrent	qu'ils conquissent

Acquérir is conjugated like **conquérir**.

courir

indicatif

PRESENT	PASSE COMPOSE	PASSE SIMPLE (littéraire)	
je cours	j'ai couru	je courus	
tu cours		tu courus	
il court		il courut	
nous courons		nous courûmes	
vous courez		vous courûtes	
ils courent		ils coururent	

IMPARFAIT	PLUS-QUE-PARFAIT	FUTUR	FUTUR ANTERIEUR
je courais	j'avais couru	je courrai	j'aurai couru

conditionnel

PRESENT	PASSE
je courrais	j'aurais couru

impératif

cours
courons
courez

participe présent

courant

subjonctif

PRESENT	IMPARFAIT (littéraire)
que je coure	que je courusse
que tu coures	que tu courusses
qu'il coure	qu'il courût
que nous courions	que nous courussions
que vous couriez	que vous courussiez
qu'ils courent	qu'ils courussent

fuir

indicatif

PRESENT	PASSE COMPOSE	PASSE SIMPLE (littéraire)	
je fuis	j'ai fui	je fuis	
tu fuis		tu fuis	
il fuit		il fuit	
nous fuyons		nous fuîmes	
vous fuyez		vous fuîtes	
ils fuient		ils fuirent	

IMPARFAIT	PLUS-QUE-PARFAIT	FUTUR	FUTUR ANTERIEUR
je fuyais	j'avais fui	je fuirai	j'aurai fui

conditionnel

present	passe
je fuirais	j'aurais fui

impératif

fuis
fuyons
fuyez

participe présent

fuyant

subjonctif

PRESENT	IMPARFAIT (littéraire)
que je fuie	que je fuisse
que tu fuies	que tu fuisses
qu'il fuie	qu'il fuît
que nous fuyions	que nous fuissions
que vous fuyiez	que vous fuissiez
qu'ils fuient	qu'ils fuissent

S'enfuir is conjugated like **fuir**.

mourir

indicatif

PRESENT	PASSE COMPOSE	PASSE SIMPLE (**littéraire**)	
je meurs	je suis mort(e)	je mourus	
tu meurs		tu mourus	
il meurt		il mourut	
nous mourons		nous mourûmes	
vous mourez		vous mourûtes	
ils meurent		ils moururent	

IMPARFAIT	PLUS-QUE-PARFAIT	FUTUR	FUTUR ANTERIEUR
je mourais	j'étais mort(e)	je mourrai	je serai mort(e)

conditionnel   *impératif*   *participe présent*

PRESENT	PASSE		
je mourrais	je serais mort(e)	meurs	mourant
		mourons	
		mourez	

subjonctif

PRESENT	IMPARFAIT (**littéraire**)
que je meure	que je mourusse
que tu meures	que tu mourusses
qu'il meure	qu'il mourût
que nous mourions	que nous mourussions
que vous mouriez	que vous mourussiez
qu'ils meurent	qu'ils mourussent

ouvrir

indicatif

PRESENT	PASSE COMPOSE	PASSE SIMPLE (**littéraire**)	
j'ouvre	j'ai ouvert	j'ouvris	
tu ouvres		tu ouvris	
il ouvre		il ouvrit	
nous ouvrons		nous ouvrîmes	
vous ouvrez		vous ouvrîtes	
ils ouvrent		ils ouvrirent	

IMPARFAIT	PLUS-QUE-PARFAIT	FUTUR	FUTUR ANTERIEUR
j'ouvrais	j'avais ouvert	j'ouvrirai	j'aurai ouvert

conditionnel   *impératif*   *participe présent*

PRESENT	PASSE		
j'ouvrirais	j'aurais ouvert	ouvre	ouvrant
		ouvrons	
		ouvrez	

subjonctif

PRESENT	IMPARFAIT (**littéraire**)
que j'ouvre	que j'ouvrisse
que tu ouvres	que tu ouvrisses
qu'il ouvre	qu'il ouvrît
que nous ouvrions	que nous ouvrissions
que vous ouvriez	que vous ouvrissiez
qu'ils ouvrent	qu'ils ouvrissent

Other verbs conjugated like **ouvrir** include **couvrir, découvrir, offrir,** and **souffrir.**

venir

indicatif

PRESENT	PASSE COMPOSE	PASSE SIMPLE (littéraire)	
je viens	je suis venu(e)	je vins	
tu viens		tu vins	
il vient		il vint	
nous venons		nous vînmes	
vous venez		vous vîntes	
ils viennent		ils vinrent	

IMPARFAIT	PLUS-QUE-PARFAIT	FUTUR	FUTUR ANTERIEUR
je venais	j'étais venu(e)	je viendrai	je serai venu(e)

conditionnel · *impératif* · *participe présent*

present	passe		
je viendrais	je serais venu(e)	viens	venant
		venons	
		venez	

subjonctif

PRESENT	IMPARFAIT (littéraire)
que je vienne	que je vinsse
que tu viennes	que tu vinsses
qu'il vienne	qu'il vînt
que nous venions	que nous vinssions
que vous veniez	que vous vinssiez
qu'ils viennent	qu'ils vinssent

Other verbs conjugated like **venir** include **devenir, revenir, tenir, maintenir, soutenir, obtenir,** and **retenir.**

Verbs in -re

boire

indicatif

PRESENT	PASSE COMPOSE	PASSE SIMPLE (littéraire)	
je bois	j'ai bu	je bus	
tu bois		tu bus	
il boit		il but	
nous buvons		nous bûmes	
vous buvez		vous bûtes	
ils boivent		ils burent	

IMPARFAIT	PLUS-QUE-PARFAIT	FUTUR	FUTUR ANTERIEUR
je buvais	j'avais bu	je boirai	j'aurai bu

conditionnel · *impératif* · *participe présent*

PRESENT	PASSE		
je boirais	j'aurais bu	bois	buvant
		buvons	
		buvez	

subjonctif

PRESENT	IMPARFAIT (littéraire)
que je boive	que je busse
que tu boives	que tu busses
qu'il boive	qu'il bût
que nous buvions	que nous bussions
que vous buviez	que vous bussiez
qu'ils boivent	qu'ils bussent

conduire

indicatif

PRESENT	PASSE COMPOSE	PASSE SIMPLE (littéraire)
je conduis	j'ai conduit	je conduisis
tu conduis		tu conduisis
il conduit		il conduisit
nous conduisons		nous conduisîmes
vous conduisez		vous conduisîtes
ils conduisent		ils conduisirent

IMPARFAIT	PLUS-QUE-PARFAIT	FUTUR	FUTUR ANTERIEUR
je conduisais	j'avais conduit	je conduirai	j'aurai conduit

conditionnel

PRESENT	PASSE
je conduirais	j'aurais conduit

impératif

conduis
conduisons
conduisez

participe présent

conduisant

subjonctif

PRESENT	IMPARFAIT (littéraire)
que je conduise	que je conduisisse
que tu conduises	que tu conduisisses
qu'il conduise	qu'il conduisît
que nous conduisions	que nous conduisissions
que vous conduisiez	que vous conduisissiez
qu'ils conduisent	qu'ils conduisissent

Other verbs conjugated like **conduire** include **construire, cuire, détruire, produire,** and **traduire.**

connaître

indicatif

PRESENT	PASSE COMPOSE	PASSE SIMPLE (littéraire)
je connais	j'ai connu	je connus
tu connais		tu connus
il connaît		il connut
nous connaissons		nous connûmes
vous connaissez		vous connûtes
ils connaissent		ils connurent

IMPARFAIT	PLUS-QUE-PARFAIT	FUTUR	FUTUR ANTERIEUR
je connaissais	j'avais connu	je connaîtrai	j'aurai connu

conditionnel

PRESENT	PASSE
je connaîtrais	j'aurais connu

impératif

connais
connaissons
connaissez

participe présent

connaissant

subjonctif

PRESENT	IMPARFAIT (littéraire)
que je connaisse	que je connusse
que tu connaisses	que tu connusses
qu'il connaisse	qu'il connût
que nous connaissions	que nous connussions
que vous connaissiez	que vous connussiez
qu'ils connaissent	qu'ils connussent

Reconnaître and **paraître** are conjugated like **connaître.**

craindre

indicatif

PRESENT	PASSE COMPOSE	PASSE SIMPLE (littéraire)	
je crains	j'ai craint	je craignis	
tu crains		tu craignis	
il craint		il craignit	
nous craignons		nous craignîmes	
vous craignez		vous craignîtes	
ils craignent		ils craignirent	

IMPARFAIT	PLUS-QUE-PARFAIT	FUTUR	FUTUR ANTERIEUR
je craignais	j'avais craint	je craindrai	j'aurai craint

conditionnel / impératif / participe présent

PRESENT	PASSE	impératif	participe présent
je craindrais	j'aurais craint	crains	craignant
		craignons	
		craignez	

subjonctif

PRESENT	IMPARFAIT (littéraire)
que je craigne	que je craignisse
que tu craignes	que tu craignisses
qu'ils craigne	qu'il craignît
que nous craignions	que nous craignissions
que vous craigniez	que vous craignissiez
qu'ils craignent	qu'ils craignissent

Peindre and **plaindre** are conjugated like **craindre**.

croire

indicatif

PRESENT	PASSE COMPOSE	PASSE SIMPLE (littéraire)	
je crois	j'ai cru	je crus	
tu crois		tu crus	
il croit		il crut	
nous croyons		nous crûmes	
vous croyez		vous crûtes	
ils croient		ils crurent	

IMPARFAIT	PLUS-QUE-PARFAIT	FUTUR	FUTUR ANTERIEUR
je croyais	j'avais cru	je croirai	j'aurai cru

conditionnel / impératif / participe présent

PRESENT	PASSE	impératif	participe présent
je croirais	j'aurais cru	crois	croyant
		croyons	
		croyez	

subjonctif

PRESENT	IMPARFAIT (littéraire)
que je croie	que je crusse
que tu croies	que tu crusses
qu'il croie	qu'il crût
que nous croyions	que nous crussions
que vous croyiez	que vous crussiez
qu'ils croient	qu'ils crussent

dire

indicatif

PRESENT	PASSE COMPOSE	PASSE SIMPLE (littéraire)	
je dis	j'ai dit	je dis	
tu dis		tu dis	
il dit		il dit	
nous disons		nous dîmes	
vous dites		vous dîtes	
ils disent		ils dirent	

IMPARFAIT	PLUS-QUE-PARFAIT	FUTUR	FUTUR ANTERIEUR
je disais	j'avais dit	je dirai	j'aurai dit

conditionnel ・ impératif ・ participe présent

PRESENT	PASSE	impératif	participe présent
je dirais	j'aurais dit	dis disons dites	disant

subjonctif

PRESENT	IMPARFAIT (littéraire)
que je dise	que je disse
que tu dises	que tu disses
qu'il dise	qu'il dît
que nous disions	que nous dissions
que vous disiez	que vous dissiez
qu'ils disent	qu'ils dissent

écrire

indicatif

PRESENT	PASSE COMPOSE	PASSE SIMPLE (littéraire)	
j'écris	j'ai écrit	j'écrivis	
tu écris		tu écrivis	
il écrit		il écrivit	
nous écrivons		nous écrivîmes	
vous écrivez		vous écrivîtes	
ils écrivent		ils écrivirent	

IMPARFAIT	PLUS-QUE-PARFAIT	FUTUR	FUTUR ANTERIEUR
j'écrivais	j'avais écrit	j'écrirai	j'aurai écrit

conditionnel ・ impératif ・ participe présent

PRESENT	PASSE	impératif	participe présent
j'écrirais	j'aurais écrit	écris écrivons écrivez	écrivant

subjonctif

PRESENT	IMPARFAIT (littéraire)
que j'écrive	que j'écrivisse
que tu écrives	que tu écrivisses
qu'il écrive	qu'il écrivît
que nous écrivions	que nous écrivissions
que vous écriviez	que vous écrivissiez
qu'ils écrivent	qu'ils écrivissent

Décrire is conjugated like **écrire**.

faire
indicatif

PRESENT	PASSE COMPOSE	PASSE SIMPLE (**littéraire**)	
je fais	j'ai fait	je fis	
tu fais		tu fis	
il fait		il fit	
nous faisons		nous fîmes	
vous faites		vous fîtes	
ils font		ils firent	

IMPARFAIT	PLUS-QUE-PARFAIT	FUTUR	FUTUR ANTERIEUR
je faisais	j'avais fait	je ferai	j'aurai fait

conditionnel   *impératif*   *participe présent*

PRESENT	PASSE	impératif	participe présent
je ferais	j'aurais fait	fais	faisant
		faisons	
		faites	

subjonctif

PRESENT	IMPARFAIT (**littéraire**)
que je fasse	que je fisse
que tu fasses	que tu fisses
qu'il fasse	qu'il fît
que nous fassions	que fissions
que vous fassions	que vous fissiez
qu'ils fassent	qu'ils fissent

lire
indicatif

PRESENT	PASSE COMPOSE	PASSE SIMPLE (**littéraire**)	
je lis	j'ai lu	je lus	
tu lis		tu lus	
il lit		il lut	
nous lisons		nous lûmes	
vous lisez		vous lûtes	
ils lisent		ils lurent	

IMPARFAIT	PLUS-QUE-PARFAIT	FUTUR	FUTUR ANTERIEUR
je lisais	j'avais lu	je lirai	j'aurai lu

conditionnel   *impératif*   *participe présent*

PRESENT	PASSE	impératif	participe présent
je lirais	j'aurais lu	lis	lisant
		lisons	
		lisez	

subjonctif

PRESENT	IMPARFAIT (**littéraire**)
que je lise	que je lusse
que tu lises	que tu lusses
qu'il lise	qu'il lût
que nous lisions	que nous lussions
que vous lisiez	que vous lussiez
qu'ils lisent	qu'ils lussent

mettre

indicatif

PRESENT	PASSE COMPOSE	PASSE SIMPLE (littéraire)	
je mets	j'ai mis	je mis	
tu mets		tu mis	
il met		il mit	
nous mettons		nous mîmes	
vous mettez		vous mîtes	
ils mettent		ils mirent	

IMPARFAIT	PLUS-QUE-PARFAIT	FUTUR	FUTUR ANTERIEUR
je mettais	j'avais mis	je mettrai	j'aurai mis

conditionnel | impératif | participe présent

PRESENT	PASSE	impératif	participe présent
je mettrais	j'aurais mis	mets	mettant
		mettons	
		mettez	

subjonctif

PRESENT	IMPARFAIT (littéraire)
que je mette	que je misse
que tu mettes	que tu misses
qu'il mette	qu'il mît
que nous mettions	que nous missions
que vous mettiez	que vous missiez
qu'ils mettent	qu'ils missent

Permettre and **promettre** are conjugated like **mettre.**

naître

indicatif

PRESENT	PASSE COMPOSE	PASSE SIMPLE (littéraire)	
je nais	je suis né(e)	je naquis	
tu nais		tu naquis	
il nait		il naquit	
nous naissons		nous naquîmes	
vous naissez		vous naquîtes	
ils naissent		ils naquirent	

IMPARFAIT	PLUS-QUE-PARFAIT	FUTUR	FUTUR ANTERIEUR
je naissais	j'étais né(e)	je naîtrai	je serai né(e)

conditionnel | impératif | participe présent

PRESENT	PASSE	impératif	participe présent
je naîtrais	je serais né(e)	nais	naissant
		naissons	
		naissez	

subjonctif

PRESENT	IMPARFAIT (littéraire)
que je naisse	que je naquisse
que tu naisses	que tu naquisses
qu'il naisse	qu'il naquît
que nous naissions	que nous naquissions
que vous naissiez	que vous naquissiez
qu'ils naissent	qu'ils naquissent

plaire

indicatif

PRESENT	PASSE COMPOSE	PASSE SIMPLE (littéraire)	
je plais	j'ai plu	je plus	
tu plais		tu plus	
il plaît		il plut	
nous plaisons		nous plûmes	
vous plaisez		vous plûtes	
ils plaisent		ils plurent	

IMPARFAIT	PLUS-QUE-PARFAIT	FUTUR	FUTUR ANTERIEUR
je plaisais	j'avais plu	je plairai	j'aurai plu

conditionnel | | impératif | participe présent

PRESENT	PASSE		impératif	participe présent
je plairais	j'aurais plu		plais	plaisant
			plaisons	
			plaisez	

subjonctif

PRESENT	IMPARFAIT (littéraire)
que je plaise	que je plusse
que tu plaises	que tu plusses
qu'il plaise	qu'il plût
que nous plaisions	que nous plussions
que vous plaisiez	que vous plussiez
qu'ils plaisent	qu'ils plussent

prendre

indicatif

PRESENT	PASSE COMPOSE	PASSE SIMPLE (littéraire)	
je prends	j'ai pris	je pris	
tu prends		tu pris	
il prend		il prit	
nous prenons		nous prîmes	
vous prenez		vous prîtes	
ils prennent		ils prirent	

IMPARFAIT	PLUS-QUE-PARFAIT	FUTUR	FUTUR ANTERIEUR
je prenais	j'avais pris	je prendrai	j'aurai pris

conditionnel | | impératif | participe présent

PRESENT	PASSE		impératif	participe présent
je prendrais	j'aurais pris		prends	prenant
			prenons	
			prenez	

subjonctif

PRESENT	IMPARFAIT (littéraire)
que je prenne	que je prisse
que tu prennes	que tu prisses
qu'il prenne	qu'il prît
que nous prenions	que nous prissions
que vous preniez	que vous prissiez
qu'ils prennent	qu'ils prissent

Other verbs conjugated like **prendre** include **apprendre**, **comprendre**, and **surprendre**.

rire

indicatif

PRESENT	PASSE COMPOSE	PASSE SIMPLE (**littéraire**)	
je ris	j'ai ri	je ris	
tu ris		tu ris	
il rit		il rit	
nous rions		nous rîmes	
vous riez		vous rîtes	
ils rient		ils rirent	

IMPARFAIT	PLUS-QUE-PARFAIT	FUTUR	FUTUR ANTERIEUR
je riais	j'avais ri	je rirai	j'aurai ri

conditionnel		*impératif*	*participe présent*

PRESENT	PASSE		
je rirais	j'aurais ri	ris	riant
		rions	
		riez	

subjonctif

PRESENT	IMPARFAIT (**littéraire**)
que je rie	que je risse
que tu ries	que tu risses
qu'il rie	qu'il rît
que nous riions	que nous rissions
que vous riiez	que vous rissiez
qu'ils rient	qu'ils rissent

Sourire is conjugated like **rire**.

suivre

indicatif

PRESENT	PASSE COMPOSE	PASSE SIMPLE (**littéraire**)	
je suis	j'ai suivi	je suivis	
tu suis		tu suivis	
il suit		il suivit	
nous suivons		nous suivîmes	
vous suivez		vous suivîtes	
ils suivent		ils suivirent	

IMPARFAIT	PLUS-QUE-PARFAIT	FUTUR	FUTUR ANTERIEUR
je suivais	j'avais suivi	je suivrai	j'aurai suivi

conditionnel		*impératif*	*participe présent*

PRESENT	PASSE		
je suivrais	j'aurais suivi	suis	suivant
		suivons	
		suivez	

subjonctif

PRESENT	IMPARFAIT (**littéraire**)
que je suive	que je suivisse
que tu suives	que tu suivisses
qu'il suive	qu'il suivît
que nous suivions	que nous suivissions
que vous suiviez	que vous suivissiez
qu'ils suivent	qu'ils suivissent

vivre

indicatif

PRESENT	PASSE COMPOSE	PASSE SIMPLE (littéraire)	
je vis	j'ai vécu	je vécus	
tu vis		tu vécus	
il vit		il vécut	
nous vivons		nous vécûmes	
vous vivez		vous vécûtes	
ils vivent		ils vécurent	

IMPARFAIT	PLUS-QUE-PARFAIT	FUTUR	FUTUR ANTERIEUR
je vivais	j'avais vécu	je vivrai	j'aurai vécu

conditionnel		impératif	participe présent
PRESENT	**PASSE**	vis	vivant
je vivrais	j'aurais vécu	vivons	
		vivez	

subjonctif

PRESENT	IMPARFAIT (littéraire)
que je vive	que je vécusse
que tu vives	que tu vécusses
qu'il vive	qu'il vécût
que nous vivions	que nous vécussions
que vous viviez	que vous vécussiez
qu'ils vivent	qu'ils vécussent

Verbs in -oir

asseoir

indicatif

PRESENT	PASSE COMPOSE	PASSE SIMPLE (littéraire)	
j'assieds	j'ai assis	j'assis	
tu assieds		tu assis	
il assied		il assit	
nous asseyons		nous assîmes	
vous asseyez		vous assîtes	
ils asseyent		ils assirent	

IMPARFAIT	PLUS-QUE-PARFAIT	FUTUR	FUTUR ANTERIEUR
j'asseyais	j'avais assis	j'assiérai	j'aurai assis

conditionnel		impératif	participe présent
PRESENT	**PASSE**	assieds	asseyant
j'assiérais	j'aurais assis	asseyons	
		asseyez	

subjonctif

PRESENT	IMPARFAIT (littéraire)
que j'asseye	que j'assisse
que tu asseyes	que tu assisses
qu'il asseye	qu'il assît
que nous asseyions	que nous assissions
que vous asseyiez	que vous assissiez
qu'ils asseyent	qu'ils assissent

S'asseoir is conjugated like **asseoir**.

devoir

indicatif

PRESENT	PASSE COMPOSE	PASSE SIMPLE (littéraire)	
je dois	j'ai dû	je dus	
tu dois		tu dus	
il doit		il dut	
nous devons		nous dûmes	
vous devez		vous dûtes	
ils doivent		ils durent	

IMPARFAIT	PLUS-QUE-PARFAIT	FUTUR	FUTUR ANTERIEUR
je devais	j'avais dû	je devrai	j'aurai dû

conditionnel

PRESENT	PASSE
je devrais	j'aurais dû

impératif

dois
devons
devez

participe présent

devant

subjonctif

PRESENT	IMPARFAIT (littéraire)
que je doive	que je dusse
que tu doives	que tu dusses
qu'il doive	qu'il dût
que nous devions	que nous dussions
que vous deviez	que vous dussiez
qu'ils doivent	qu'ils dussent

falloir

indicatif

PRESENT	PASSE COMPOSE	PASSE SIMPLE (littéraire)	
il faut	il a fallu	il fallut	

IMPARFAIT	PLUS-QUE-PARFAIT	FUTUR	FUTUR ANTERIEUR
il fallait	il avait fallu	il faudra	il aura fallu

conditionnel

PRESENT	PASSE
il faudrait	il aurait fallu

subjonctif

PRESENT	IMPARFAIT (littéraire)
qu'il faille	qu'il fallût

pleuvoir

indicatif

PRESENT	PASSE COMPOSE	PASSE SIMPLE (littéraire)	
il pleut	il a plu	il plut	

IMPARFAIT	PLUS-QUE-PARFAIT	FUTUR	FUTUR ANTERIEUR
il pleuvait	il avait plu	il pleuvra	il aura plu

conditionnel

PRESENT	PASSE
il pleuvrait	il aurait plu

participe présent

pleuvant

subjonctif

PRESENT	IMPARFAIT (littéraire)
qu'il pleuve	qu'il plût

pouvoir

indicatif

PRESENT	PASSE COMPOSE	PASSE SIMPLE (littéraire)	
je peux	j'ai pu	je pus	
tu peux		tu pus	
il peut		il put	
nous pouvons		nous pûmes	
vous pouvez		vous pûtes	
ils peuvent		ils purent	

IMPARFAIT	PLUS-QUE-PARFAIT	FUTUR	FUTUR ANTERIEUR
je pouvais	j'avais pu	je pourrai	j'aurai pu

conditionnel

participe présent

PRESENT	PASSE
je pourrais	j'aurais pu

pouvant

subjonctif

PRESENT	IMPARFAIT (littéraire)
que je puisse	que je pusse
que tu puisses	que tu pusses
qu'il puisse	qu'il pût
que nous puissions	que nous pussions
que vous puissiez	que vous pussiez
qu'ils puissent	qu'ils pussent

recevoir

indicatif

PRESENT	PASSE COMPOSE	PASSE SIMPLE (littéraire)
je reçois	j'ai reçu	je reçus
tu reçois		tu reçus
il reçoit		il reçut
nous recevons		nous reçûmes
vous recevez		vous reçûtes
ils reçoivent		ils reçurent

IMPARFAIT	PLUS-QUE-PARFAIT	FUTUR	FUTUR ANTERIEUR
je recevais	j'avais reçu	je recevrai	j'aurai reçu

conditionnel

impératif

participe présent

PRESENT	PASSE
je recevrais	j'aurais reçu

reçois
recevons
recevez

recevant

subjonctif

PRESENT	IMPARFAIT (littéraire)
que je reçoive	que je reçusse
que tu reçoives	que tu reçusses
qu'il reçoive	qu'il reçût
que nous recevions	que nous reçussions
que vous receviez	que vous reçussiez
qu'ils reçoivent	qu'ils reçussent

savoir

indicatif

PRESENT	PASSE COMPOSE	PASSE SIMPLE (littéraire)	
je sais	j'ai su	je sus	
tu sais		tu sus	
il sait		il sut	
nous savons		nous sûmes	
vous savez		vous sûtes	
ils savent		ils surent	

IMPARFAIT	PLUS-QUE-PARFAIT	FUTUR	FUTUR ANTERIEUR
je savais	j'avais su	je saurai	j'aurai su

conditionnel   impératif   participe présent

PRESENT	PASSE	impératif	participe présent
je saurais	j'aurais su	sache	sachant
		sachons	
		sachez	

subjonctif

PRESENT	IMPARFAIT (littéraire)
que je sache	que je susse
que tu saches	que tu susses
qu'il sache	qu'il sût
que nous sachions	que nous sussions
que vous sachiez	que vous sussiez
qu'ils sachent	qu'ils sussent

valoir

indicatif

PRESENT	PASSE COMPOSE	PASSE SIMPLE (littéraire)	
je vaux	j'ai valu	je valus	
tu vaux		tu valus	
il vaut		il valut	
nous valons		nous valûmes	
vous valez		vous valûtes	
ils valent		ils valurent	

IMPARFAIT	PLUS-QUE-PARFAIT	FUTUR	FUTUR ANTERIEUR
je valais	j'avais valu	je vaudrai	j'aurai valu

conditionnel   participe présent

PRESENT	PASSE	participe présent
je vaudrais	j'aurais valu	valant

subjonctif

PRESENT	IMPARFAIT (littéraire)
que je vaille	que je valusse
que tu vailles	que tu valusses
qu'il vaille	qu'il valût
que nous valions	que nous valussions
que vous valiez	que vous valussiez
qu'ils vaillent	qu'ils valussent

voir

indicatif

PRESENT	PASSE COMPOSE	PASSE SIMPLE (littéraire)	
je vois	j'ai vu	je vis	
tu vois		tu vis	
il voit		il vit	
nous voyons		nous vîmes	
vous voyez		vous vîtes	
ils voient		ils virent	

IMPARFAIT	PLUS-QUE-PARFAIT	FUTUR	FUTUR ANTERIEUR
je voyais	j'avais vu	je verrai	j'aurai vu

conditionnel		impératif	participe présent
PRESENT	PASSE	vois	voyant
je verrais	j'aurais vu	voyons	
		voyez	

subjonctif

PRESENT	IMPARFAIT (littéraire)
que je voie	que je visse
que tu voies	que tu visses
qu'il voie	qu'il vît
que nous voyions	que nous vissions
que vous voyiez	que vous vissiez
qu'ils voient	qu'ils vissent

vouloir

indicatif

PRESENT	PASSE COMPOSE	PASSE SIMPLE (littéraire)	
je veux	j'ai voulu	je voulus	
tu veux		tu voulus	
il veut		il voulut	
nous voulons		nous voulûmes	
vous voulez		vous voulûtes	
ils veulent		ils voulurent	

IMPARFAIT	PLUS-QUE-PARFAIT	FUTUR	FUTUR ANTERIEUR
je voulais	j'avais voulu	je voudrai	j'aurai voulu

conditionnel		impératif	participe présent
PRESENT	PASSE	veuille	voulant
je voudrais	j'aurais voulu	veuillons	
		veuillez	

subjonctif

PRESENT	IMPARFAIT (littéraire)
que je veuille	que je voulusse
que tu veuilles	que tu voulusses
qu'il veuille	qu'il voulût
que nous voulions	que nous voulussions
que vous vouliez	que vous voulussiez
qu'ils veuillent	qu'ils voulussent

Stem-Changing Verbs

acheter

PRESENT	SUBJONCTIF PRESENT	FUTUR
j'achète	que j'achète	j'achèterai
tu achètes	que tu achètes	tu achèteras
il achète	qu'il achète	il achètera
nous achetons	que nous achetions	nous achèterons
vous achetez	que vous achetiez	vous achèterez
ils achètent	qu'ils achètent	ils achèteront

appeler

PRESENT	SUBJONCTIF PRESENT	FUTUR
j'appelle	que j'appelle	j'appellerai
tu appelles	que tu appelles	tu appelleras
il appelle	qu'il appelle	il appellera
nous appelons	que nous appelions	nous apellerons
vous appelez	que vous appeliez	vous appellerez
ils appellent	qu'ils appellent	ils appelleront

commencer (verbs ending in -cer)

PRESENT	IMPARFAIT	PASSE SIMPLE (littéraire)
je commence	je commençais	je commençai
tu commences	tu commençais	tu commenças
il commence	il commençait	il commença
nous commençons	nous commencions	nous commençâmes
vous commencez	vous commenciez	vous commençâtes
ils commencent	ils commençaient	ils commencèrent

espérer (préférer, répéter, protéger, etc.)

PRESENT	SUBJONCTIF PRESENT	FUTUR
j'espère	que j'espère	j'espérerai
tu espères	que tu espères	tu espéreras
il espère	qu'il espère	il espérera
nous espérons	que nous espérions	nous espérerons
vous espérez	que vous espériez	vous espérerez
ils espèrent	qu'ils espèrent	ils espéreront

essayer (verbs ending in -ayer, -oyer, -uyer)

PRESENT	SUBJONCTIF PRESENT	FUTUR
j'essaie	que j'essaie	j'essaierai
tu essaies	que tu essaies	tu essaieras
il essaie	qu'il essaie	il essaiera
nous essayons	que nous essayions	nous essaierons
vous essayez	que vous essayiez	vous essaierez
ils essaient	qu'ils essaient	ils essaieront

jeter

je jette

tu jettes

il jette

nous jetons

vous jetez

ils jettent

que je jette

que tu jettes

qu'il jette

que nous jetions

que vous jetiez

qu'ils jettent

je jetterai

tu jetteras

il jettera

nous jetterons

vous jetterez

ils jetteront

lever (mener, emmener, geler, etc.)

je lève

tu lèves

il lève

nous levons

vous levez

ils lèvent

que je lève

que tu lèves

qu'il lève

que nous levions

que vous leviez

qu'ils lèvent

je lèverai

tu lèveras

il lèvera

nous lèverons

vous lèverez

ils lèveront

Lexique français-anglais

Included in the French–English vocabulary are all terms that are not cognates or that would not be immediately recognizable to a student at the intermediate level. The gender of all nouns is indicated by the notation m or f and the feminine endings of adjectives are given in parentheses. When feminine endings of adjectives require a change in ending or consist of a separate form, these changes are noted. Expressions consisting of more than one word are listed under their principal part of speech. For all expressions that are considered to be slang or popular, the notation is indicated in parentheses following such entries. Grammatical terms and impersonal expressions are also listed.

A

abandonner to give up
abondant(e) abundant
abonné(e) m, f subscriber
abonnement m subscription
abonner: s'_____ (à) to subscribe (to)
abord, d'_____ at first
abricot m apricot
absolu(e) absolute
absolument absolutely
abstrait(e) abstract
accent m accent
_____ **aigu** acute accent
_____ **circonflexe** circumflex accent
_____ **grave** grave accent
accentué(e) stressed
accompagner to go with
accomplissement m accomplishment
accord m agreement
d'_____ OK
être d'_____ to agree
se mettre d'_____ to come to an agreement
accorder to grant
s'_____ to agree
accueillir to welcome
achat m purchase
acheter to buy
achever to complete
acompte m deposit
acquérir to acquire
acquis(e) acquired
acrobaties f pl acrobatics
acteur/actrice m, f actor/actress
actif(-ive) active
actualités f pl news
actuellement presently
addition f bill, check
admettre to admit
admis(e) accepted
adresser, s'_____ à to speak to
adversaire m, f adversary, opponent
aérien(ne) air, aerial
aéroport m airport

affaires f pl business; belongings
régler des _____ to take care of business
affiche f movie poster
affiché(e) posted
afficher to post
affirmativement affirmatively
affirmer to affirm
affreux(-euse) awful
afin de in order to, in order that
afin que in order to, in order that
africain(e) African
âgé(e) old
agence f agency
_____ **de voyages** travel agency
agglomération f populated area
agir, s'_____ de to be a question of
agréable agreeable, pleasant
aide f help
à l'_____ de by means of
aide-mémoire m reminder
aider to aid, to help
aile m wing
ailleurs elsewhere
d'_____ furthermore
aimable pleasant, nice
aimer to like, to love
_____ **bien** to like
air m manner, appearance
avoir l'air to seem
aise f ease, convenience
à leur _____ at their leisure
ait pres. subj. of **avoir**
ajouter to add
album m album
_____ **de coupures de journaux** scrapbook
alcool m alcohol
Algérie f Algeria
alimentaire nutritive
aliments m pl food
allée f aisle
allemand m German language
aller to go
s'en _____ to go away
aller-retour m round-trip ticket

aller simple m one-way ticket
allumer to turn on
allusion f allusion, hint
faire _____ à to allude to
alors then, in that case
Alpes-Maritimes f pl region in southeastern France
amateur m fan
ambitieux(-euse) ambitious
aménager to oversee
amende f fine
amener to bring along
américain(e) American
Américain(e) m, f American
Amérique du Sud f South America
ami(e) m, f friend
petit(e) _____ boyfriend/girlfriend
amical(e) friendly
amitié f friendship
amphithéâtre (amphi) m lecture hall
amusant(e) amusing, entertaining
amuser to amuse, to entertain
s'_____ to have a good time
an m year
avoir... _____s to be . . . years old
analytique analytical
ancien(ne) old, former
anglais m English language
Angleterre f England
anglophone m, f English-speaking person
année f year
_____ **lumière** f light year
_____ **scolaire** school year
anniversaire m birthday
annonce f announcement, advertisement
annoncer to announce
antenne parabolique f satellite dish
_____ **de réception** f TV antenna
antérieur(e) anterior, preceding
antonyme m antonym
août m August
apercevoir, s'_____ to notice
aperçu past part. of **apercevoir**
apparaître to appear

appareil *m* device
appartement *m* apartment
appartenir to belong
appeler to call
    s'_____ to be named
appendice *m* appendix
appliquer, s'_____ to apply oneself
apporter to bring
apprécier to enjoy
apprendre to learn
    _____ par cœur to memorize
apprentissage *m* apprenticeship
approcher, s'_____ to approach
appuyer to press
    _____ sur le bouton to push the button
après after
    _____ que after
après-midi *m* afternoon
arbre *m* tree
argent *m* money
    _____ de poche spending money, allowance
armée *f* army
arrêt *m* stop
arrêté(e) definite
arrêter, s'_____ to stop
arrière *m* back, rear
arrivée *f* arrival
arriver to arrive; to happen
article de fond *m* in-depth article
artisanat *m* crafts
as *m* ace
Asie *f* Asia
aspiré(e) aspirated
asseoir to seat
    s'_____ to sit down
assez quite, rather
    _____ de enough
assiette *f* plate
assimiler to assimilate
assis(e) seated
    être _____ to be seated
assister à to attend
assurer to assure, to guarantee
astronomique astronomical
atelier de réparation *m* repair shop
attacher to fasten
attaque *f* attack
attendre to wait for
    s'_____ à to expect
attentif(-ive) attentive
attention! watch out!
    faire_____ à to pay attention to
atterrir to land
attirer to attract
aubergine *f* eggplant
aucun(e) not any; not a single
au-dessus de above
au fur et à mesure bit by bit
augmenter to raise; to grow

aujourd'hui today
aussi also
    _____ bien que as well as
aussitôt que as soon as
autant (de) as many
auteur *m* author
authentique authentic
automne *m* autumn
autonomie *f* autonomy; self-government
autorité *f* authority
autoroute *f* superhighway
autour about
    _____ de around
autre other
autrement otherwise
avance *f* advance
    d'_____ in advance
avancer, s'_____ to advance, to move forward
avant *m* front
avant de before
avant que before
avantage *m* advantage
avec with
avenir *m* future
    à l'_____ in the future
aventure *f* adventure
aventureux(-euse) adventurous
aventurier *m* adventurer
aviateur/aviatrice *m, f* aviator
avion *m* airplane
    _____ à réaction jet
    en _____ by plane
    par _____ by plane
avis *m* opinion
avocat(e) *m, f* lawyer
avoir to have
    _____ à to need to, to have to
    _____ envie de to feel like
    _____ le trac to be afraid
    en _____ assez to be fed up
avril *m* April
ayant *pres. part. of* avoir having
Aztèques *m pl* Aztecs

B

bac *m abbrev. for* baccalauréat
baccalauréat *m* diploma based on an exam taken at the end of secondary education
bachelier/bachelière *m, f* baccalaureate holder
bachot *m slang for* baccalauréat
bachoter to prepare for an exam
baguette *f* loaf of French bread
baigner, se _____ to swim
bain *m* bath
bal *m* ball, dance
balader, se _____ to stroll
banal(e) dull
bande *f* gang

banque de données *f* data bank
bar *m* snack bar
barbant(e) boring *(colloquial)*
bas(se) low
baser to base
basket *m* basketball *(the sport)*
    _____s *f pl* tennis shoes
bateau *m* boat
    en _____ by boat
bâtiment *m* building
bâtir to build
batterie *f* battery
battre, se _____ to fight
bavard(e) outgoing, talkative
bavarder to chat
beau/belle beautiful
    faire beau to be nice weather
beaucoup much, many
    _____ de a lot of
beau-frère *m* brother-in-law
beauté *f* beauty
bébé *m* baby
beignet *m* doughnut
belge Belgian
Belge *m, f* Belgian
Belgique *f* Belgium
belle-mère *f* mother-in-law; stepmother
bénéficier de to benefit from
besoin *m* need, want
    avoir _____ de to need (to)
bêtise *f* stupidity
béton *m* cement
beurre *m* butter
bibliothèque *f* library
bien well
    _____ des many
    _____ que although
    faire du _____ to be beneficial
bientôt soon, shortly
bière *f* beer
bijou *m* jewel
billet *m* ticket
biscuit *m* cookie
    _____ salé cracker
bizarre strange
bizutage *m* hazing
blanc(he) white
blesser to hurt
    se _____ to get hurt
bleu *m* blue cheese
blouson *m* jacket
bœuf *m* beef
bof-génération *f* Generation X
boire to drink
    _____ un verre to have a drink
boisson *f* drink, beverage
boîte *f* can; night club
bon(ne) kind, good
bonbon *m* piece of candy
bondé(e) crowded

bonheur *m* happiness
bonhomme *m* good-natured man
bonté *f* kindness
bord, à _____ de on board
bouche de métro *f* subway entrance
boucher/bouchère *m, f* butcher
boucherie *f* butcher shop
bouger to stir; to budge
boulanger/boulangère *m, f* baker
boulangerie *f* bakery
bouleversement *m* upheaval
boulot *m* work (*colloquial*)
boum *f* party
bouquin *m* book (*colloquial*)
bouquiner to read (*colloquial*)
Bourgogne *f* Burgundy, region
   of France
bouteille *f* bottle
bouton *m* button
boxe *f* boxing
   match de _____ boxing match
branché(e) plugged in; with it (*slang*)
bras *m* arm
brave courageous, nice
bref(-ève) short
   en bref in short
brevet de technicien supérieur *m*
   technical degree obtained at
   secondary level
brillamment brilliantly
bronzer, se faire _____ to get a tan
brosser, se _____ to brush
bruit *m* sound
brûler to burn
Bruxelles Brussels
BTS *m abbrev. for* brevet de technicien
   supérieur
bûcher to cram (*slang*)
bureau de renseignements *m* information counter

C

ça that
   _____ ne fait rien it doesn't matter
   _____ y est that's it, it's done
cabas *m* tote bag
cadavre *m* corpse
cadeau *m* gift, present
cadre *m* setting
café *m* coffee
   _____ instantané instant coffee
caisse *f* cash register
caissier/caissière *m, f* cashier
calculer to calculate
calmement calmly
calmer to calm, to quiet
   se _____ to calm down
camarade *m, f* friend, chum
   _____ de chambre roommate
   _____ de classe classmate
cambriolage *m* breaking and entering

cambrioleur *m* thief
camion *m* truck
campagne *f* campaign; countryside
canadien(ne) Canadian
candidat(e) *m, f* candidate
candidature *f* présenter sa
   _____ to be a candidate
capitale *f* capital
capturer to capture
car because
car *m* intercity bus
   _____ scolaire school bus
carnaval *m* winter festival
carnet *m* book of tickets
carré(e) square
carrefour *m* intersection
carrière *f* career
carte *f* card, map
   _____ (postale) postcard
   _____ d'étudiant student card
cartouche *f* carton
cas *m* case
   au _____ où in case
casanier(-ère) stay-at-home
cathédrale *f* cathedral
cause, à _____ de because of
ceci this, this thing
ceinture *f* belt, seat belt
cela that, that thing
célèbre celebrated, famous
censure *f* censorship
centaine *f* about a hundred
centre commercial *m* shopping
   center
cependant nevertheless, however
cercle *m* circle
cérémonie *f* ceremony
cerise *f* cherry
certain(e) definite, particular
   être _____ to be certain
   il est _____ it is certain
certainement certainly
C.E.S. (collège d'enseignement secondaire) *m* first level of secondary
   school (ages 11–14)
cesser to stop
chacun(e) each one
chaîne *f* channel
   changer de _____ to change
   channels
   _____ stéréo *f* stereo system
chambre *f* room
champignon *m* mushroom
chance *f* chance, luck
   avoir de la _____ to be lucky
changement *m* change
chanson *f* song
chanter to sing
chanteur(-euse) *m, f* singer
chaque each
charcuterie *f* delicatessen

charcutier/charcutière *m, f* delicatessen
   owner
charger to load
chariot *m* shopping cart
charmant(e) charming
chasser to chase
chat *m* cat
château *m* castle
chaud(e) hot
   avoir _____ to be hot
   faire _____ to be hot weather
chauffeur *m* driver
chef-d'œuvre *m* masterpiece
chemin de fer *m* railroad
chèque *m* check
   toucher un _____ to cash a check
cher(-ère) expensive; dear
chercher to look for, to seek
chéri(e) *m, f* darling, dearest
cheval *m* horse
cheveux *m pl* hair
chèvre *m* goat cheese
chez at, to, in, with, among,
   in the works of
chien/chienne *m, f* dog
chiffre *m* number
Chinois *m* Chinese
choc *m* shock
choisir to choose
choix *m* choice
chômage *m* unemployment
chose *f* thing
chouette neat, nice (*slang*)
chou-fleur *m* cauliflower
cible *f* target
ci-dessous below
ci-dessus above
ciel *m* sky
cinéaste *m* producer
ciné-club *m* film club
cinéma *m* movies, cinema
cinéphile *m, f* movie buff
cinoche *m* flicks (*slang*)
circonstanciel(le) circumstantial
   complément _____ adverbial phrase
circuler to circulate, move around
cité-dortoir *f* bedroom community
cité universitaire *f* residence hall
   complex
citer to quote
citoyen/citoyenne *m, f* citizen
classe *f* class
   _____ économique economy
   class
   _____ préparatoire preparatory
   class (for the entry exam to the
   grandes écoles)
   _____ touriste second class
   en _____ in class
classement *m* ordering, classification
classer to classify

classique classical
clé *f* key
    fermer à _____ to lock
climat *m* climate
clip *m* music video
cocher *m* coachman
code indicatif de zone *m* telephone area
    code
coiffer, se _____ to comb one's hair
coin *m* corner
collectif(-ive) collective
collège d'enseignement secondaire
    (C.E.S.) *m* first level of secondary
    school (ages 11–14)
colon *m* colonist
colonie de vacances *f* summer camp
colonne *f* column
combattre to fight
combien how much
    _____ de how many
commander to order
comme as, like, such as
    _____ d'habitude as usual
    _____ il faut as it should be
commencement *m* beginning
commencer to begin
comment how
commentaire *m* comment
commerçant(e) *m, f* shopkeeper
commerce *m* business
    _____ de détail retail business
    _____ de proximité neighborhood
    store
commettre to commit
commissaire *m* commissioner
commissariat *m* police station
commode convenient, comfortable
commun(e) common, ordinary
    en _____ in common
communautés *f pl* communities
communiquer to communicate
compagnie *f* company
    _____ aérienne airline
compagnon/compagne *m, f* companion
compartiment *m* compartment
    _____ non-réservé unreserved
    compartment
complément *m* object (*grammatical*)
    _____ d'agent agent
    _____ d'objet direct direct object
    _____ d'objet indirect indirect
    object
    _____ circonstanciel adverbial
    phrase
    _____ déterminatif adjectival
    phrase
complet(-ète) complete, full
compléter to complete
compliqué(e) complicated
comportement *m* behavior
composer to compose; to compound

composter to punch (a ticket); to
    validate
comprendre to understand; to include
compris(e) included
    y compris including
compter to count
    _____ sur to count on
comptoir *m* ticket counter
concentrer to concentrate
    se _____ sur to focus on
concordance *f* agreement
conditionnel *m* conditional (*verb tense*)
    _____ présent present conditional
    (*verb tense*)
    _____ passé past conditional (*verb
    tense*)
conducteur/conductrice *m, f* driver
conduire to drive
conférence *f* lecture
confondre to confuse
congé *m* jour de _____ day off
congelé(e) frozen
conjugaison *f* conjugation
conjuguer to conjugate
connaissance *f* acquaintance
    faire la _____ de to meet
connaître to know; to understand; to be
    acquainted with; to experience
conquérir to conquer
conquête *f* conquest
consacrer, se _____ à to devote one-
    self to
conscience politique *f* political
    awareness
conseil *m* piece of advice
    _____s advice
conseiller/conseillère *m, f* adviser
conseiller to advise
conservateur(-trice) conservative
conserver to preserve
considérer to consider
consommateur/consommatrice *m, f*
    consumer
consommation *f* consumption;
    beverage
consommer to use
consonne *f* consonant
constamment constantly
constater to observe
constituer to constitute
construire to build
construit *past part. of* construire
consulter to look up something
    se _____ to confer
conte *m* story
    _____ de fées fairy tale
contenir to contain
content(e) happy
contraire *m* opposite
    au _____ on the contrary
contre against

contre *m* con
contribuer to contribute
contrôle continu des connaissances *m*
    periodic testing
contrôler to verify, to check
contrôleur/contrôleuse *m, f* conductor
convaincre to convince
convenable suitable, appropriate
convenir à to be suitable to
copain/copine *m, f* friend, pal
copie *f* exam paper
corps *m* body
correcteur/correctrice *m, f* grader
correspondance *f* connection, transfer
    point
correspondre to correspond; to agree
corriger to correct
côte *f* chop; coast
    _____ de porc pork chop
Côte (d'Azur) *f* Riviera
côté *m* side
    à _____ de by, near
    de mon _____ for my part
    de tous les _____s from all sides
    du _____ de in the direction of
coton *m* cotton
    robe de (en) _____ cotton dress
côtoyer, se _____ to be next to each
    other
coucher to put to bed
    se _____ to go to bed
couchette *f* bunk
couleur *f* color
couloir *m* corridor
couper to cut, to isolate from
courant(e) current, usual
coureur *m* runner
courgette *f* zucchini
courrier électronique *m* e-mail
courir to run
    _____ des risques to take chances
cours *m* course
    _____ magistral *m* lecture by the
    professor
course *f* race
courses *f pl* errands
    faire les _____ to run errands
court(e) short
court métrage *m* short feature
couteau *m* knife
coûter to cost
couvrir to cover
craindre to fear
crainte *f* fear
    avoir _____ de to be afraid (of, to)
    de _____ (de, que) for fear
    (of, that)
créateur(-trice) creative
créature *f* creature
créer to create
crémerie *f* dairy

créole *m* Creole language; native language spoken in many Francophone countries
crever to die *(slang)*
crise *f* crisis
_____ de nerfs nervous breakdown
critique *f* criticism
critiquer to criticize
croire to believe
crypté(e) scrambled
cuire to cook
cuisine *f* cooking; food
faire la _____ to cook
curiosité *f* point of interest
cursus *m* course of study

D

dame *f* lady
dangereux(-euse) dangerous
danseur(-euse) *m, f* dancer
de plus en plus more and more
de retour à back at
débat *m* debate
débouché *m* outlet; prospect
debout standing
débrouiller to straighten out
se _____ to manage
début *m* beginning
au _____ de at the beginning of
décembre *m* December
décider to decide
décision *f* decision
prendre une _____ make a decision
déclaration *f* statement
décoller to take off
décor *m* set, scenery
découvert *past part. of* découvrir
découverte *f* discovery
découvrir to discover
décrire to describe
déçu(e) disappointed
dedans in
défaut *m* fault
défendre to prohibit; to defend
défendu *past part. of* défendre
défense *f* prohibition
définitif(-ive) definitive
dehors outside
en _____ de outside of
déjà already
déjeuner *m* noon meal
déjeuner to eat lunch
délicat(e) delicate, nice
délicieux(-euse) delicious
délinquance *f* delinquency
demain tomorrow
à _____ see you tomorrow
demander to ask (for)
se _____ to ask oneself; to wonder
démarrer to start
déménager to move
demi-frère *m* step-brother

démodé(e) old-fashioned
demoiselle *f* young woman
démontrer to demonstrate
dent *f* tooth
dentelle *f* lace
dépannage *m* repairing
atelier de _____ repair shop
départ *m* departure
département *m* administrative division of France
dépasser to exceed
dépêcher to send quickly
se _____ to hurry
dépendre (de) to depend (on)
dépenser to spend
dépenses *f pl* expenses
déplacement *m* movement
déplacer, se _____ to get around
déplaire to displease
dépliant *m* brochure, folder
déplu *past part. of* déplaire
depuis since; for
dernier(-ière) preceding, final
dernièrement lately
derrière behind
désagréable disagreeable, unpleasant
désastre *m* disaster
descendre to get off; to go down
_____ à une destination to travel to
_____ quelque chose to take down something
désert *m* desert
désigner to indicate
désir *m* desire
désirer to want, to desire
désolé(e) sorry
désordre *m* disorder, confusion
dès que as soon as
dessin animé *m* cartoon
destination *f* destination
à _____ de bound for
destiné(e) (à) intended (for)
destinée *f* destiny
détendre, se _____ to relax
déterminer to determine; to modify
détruire to destroy
Deug *abbrev. for* diplôme d'études universitaires générales
Deux chevaux *f* small Citroën
deuxième cycle *m* second level of higher education
devant in front of
devanture *f* storefront
développé(e) developed
sous-_____ underdeveloped
développement *m* development
devenir to become
déviation *f* detour
deviner to guess
devoir *m* written assignment
devoir to have to; to owe

dévoué(e) devoted
dictionnaire *m* dictionary
différent(e) different, various
difficulté *f* difficulty
sans _____ without difficulty
diffuser to broadcast
dimanche *m* Sunday
dîner *m* dinner
dîner to eat dinner
diplomate *m* diplomat
diplôme *m* diploma, degree
_____ d'études universitaires générales degree obtained after two years of university study
_____ universitaire de technologie technical degree obtained at university level
dire to say, to tell
direct non-stop
en _____ live
directeur/directrice *m, f* director; principal
discipliné(e) disciplined
discothèque *f* discotheque
discours *m* discourse
_____ direct direct discourse
_____ indirect indirect discourse
discret(-ète) discreet
discuter to discuss
disjoint(e) disjunctive
disparaître to disappear
disponible available
disque *m* record
disséminé(e) spread
distinctement distinctly, clearly
distinguer to distinguish
distraction *f* amusement
distraire to amuse
distribuer to distribute, to circulate
distributeur *m* ticket dispenser
divertissement *m* pastime; entertainment
diviser to divide
documentaire *m* documentary
dommage *m* damage; loss
c'est _____ it's a pity
donc then, therefore
donner to give
_____ un film to show a film
se _____ to give each other
se _____ rendez-vous to arrange to meet
dont of which; of whom; whose
dormir to sleep
dossier *m* record, file
douane *f* customs
doublé(e) dubbed
doubler to dub
douceur de vivre *f* pleasant lifestyle
doute *m* doubt
douter to doubt

douteux(-euse) doubtful
d'outre-mer overseas
doux(-ce) sweet; soft
dramatique dramatic
drogue *f* drugs
droit(e) right
droite *f* political right wing
drôle de strange
dû *past part. of* devoir
dur(e) harsh; hard
durée *f* duration
durer to last
DUT *m abbrev. for* diplôme universitaire de technologie

E

eau *f* water
   _____ minérale mineral water
échange *m* change
échouer to fail
éclater to break out; to begin
école *f* school
économie *f* saving
   faire des _____s to save money
économique economical
économiser to save (money)
écouter to listen to
écran *m* screen
   petit _____ TV
écrémé(e) skimmed
écrire to write
   s'_____ to write to each other
écrit *past part. of* écrire
   à l'_____ in written form
écrivain *m* writer
effectuer to make; to bring about
égal(e) equal
   être égal à not to matter, to be all the same
également equally
église *f* church
égoïste egotistic; selfish
élargir to broaden
électrique electrical
électronique *f* electronics
élégamment elegantly
élevé(e) high
élève *m, f* student
élire to elect
élitiste elitist
éloigné(e) distant
éloignement *m* distance
élu *past part. of* élire
embarras du choix *m* large selection
émerveiller to amaze; to dazzle
émission *f* TV program
emmener to take along (people)
empêcher to prevent
emploi *m* employment, job; use
   _____ du temps schedule
   _____ temporaire temporary job

employé(e) *m, f* employee
employer to use
emporter to carry away
   à _____ carry out
encore still
   pas _____ not yet
   _____ que although
en dehors (de) outside (of)
endormir, s'_____ to go to sleep
endroit *m* place
énergique energetic
enfance *f* childhood
enfant *m, f* child
enfer *m* hell
enfin at last, finally
enfuir, s'_____ to escape
ennemi *m* enemy
ennuyer to bore; to bother
   s'_____ to be bored
ennuyeux(-euse) boring
énorme enormous
énormément enormously
enquête *f* inquiry, investigation
enregistrer to check (baggage)
enseignement *m* education
   _____ général general education
   _____ supérieur higher education
enseigner to teach
ensemble together
ensemble *m* whole, mass
ensuite then
entendre to hear
   _____ parler de to hear about
entendu(e) understood
   bien entendu of course
entier *m* whole
entièrement entirely
entracte *m* intermission
entraîner to bring about; to entail
entre between
entrée *f* entrance
   _____ libre free access
entrer to enter
enveloppe *f* envelope
envie *f* desire, longing
   avoir _____ de to feel like
environ approximately
environnement *m* environment
environs *m pl* surrounding area
envoyer to send
épais(se) thick
épicerie *f* grocery store
épicier/épicière *m, f* grocer
épisode *m* episode
époque *f* era
épouser to marry
époux/épouse *m, f* spouse
épreuve *f* test
équilibre *m* balance
équipe *f* team
erreur *f* error

escale *f* stopover
   faire une _____ to stop over
escalier *m* stairs
escargot *m* snail
espace *m* space
Espagne *f* Spain
espagnol *m* Spanish language
espèce *f* type, sort
   en _____s in cash
espérer to hope for
esprit *m* spirit, mind, wit
essayer to try
essence *f* gasoline
essentiel *m* the most important thing
essentiel(le) essential
   il est essentiel it is essential
essuyer to wipe; to dry
établir to work out; to establish
établissement *m* establishment
étage *m* floor (of a building)
étape *f* stage; step
état *m* state
Etats-Unis *m pl* United States
été *m* summer
éteindre to turn off; to extinguish
étendre to extend
   s'_____ to lie down
étiquette *f* label
étonnant(e) startling
   il est _____ it is startling
étonné(e) amazed
étonner, s'_____ to be amazed
étrange strange
étranger/étrangère *m, f* stranger
   à l'_____ abroad
étranger(-ère) foreign, strange
être to be
   _____ à to belong to
   _____ en train de to be in the process of
étroit(e) tight; narrow
étroitement closely
études *f pl* studies
   _____ secondaires high school studies
   _____ supérieures graduate school
   faire des _____ (de) to study, to major in
   programme d'_____s course of study
étudiant(e) *m, f* student
   maison d'_____s residence hall
étudier to study (a subject)
événement *m* event
évidemment evidently
éviter to avoid
évoluer to evolve
évoquer to evoke
examen *m* examination
examinateur/examinatrice *m, f* examiner

examiner to examine
exécution *f* execution
exemplaire *m* copy
exemple *m* example
    par _____ for instance
exiger to require
exister to exist
explétif(-ive) superfluous (*grammatical*)
explication *f* explanation
    _____ de texte literary analysis
expliquer to explain
exploité(e) managed
explorateur /exploratrice *m, f* explorer
exposé *m* classroom presentation
exprimer to express
extrêmement extremely

F

fabriquer to manufacture; to make
fac *f abbrev. for* faculté
fâché(e) angry
    être _____ to be angry
fâcher, se _____ to get angry
facile easy, quick
facilement easily
façon *f* manner
facultatif(-ive) optional
faculté *f* university division
faible weak
faim, avoir _____ to be hungry
faire to do; to make
    _____ de l'escalade to go rock
    climbing
    _____ du jogging to go jogging
    _____ son possible to do one's
    best
    _____ une promenade to take a
    walk
    _____ une promenade en bateau
    to take a boat ride
    se _____ to be done, to be made
    s'en _____ to worry
fait *m* fact
fait *past part. of* faire
falloir to be necessary (*impersonal*)
fameux(-euse) famous; infamous
familial(e) pertaining to family
familiarité *f* familiarity
famille *f* family
    en _____ in the family
fana *m, f* fan
farine *f* flour
fatigant(e) tiring
fatigué(e) tired
faut *See* falloir
faute *f* error
fauteuil *m* armchair
faux(-sse) false
favori(te) favorite
fax *m* fax machine
femme *f* wife, woman

fenêtre *f* window
fer *m* iron
    _____ forgé wrought iron
fermer to close
    _____ à clé to lock
fermeture *f* closing
féroce ferocious
festival *m* (film) festival
fête *f* festival; party
fêter to celebrate
feu *m* fire
    _____ rouge stoplight
feuilleton *m* serial
février *m* February
fiche *f* form
fier(-ère) proud
filet *m* mesh bag
filiale *f* branch store
fille *f* girl
film *m* film
    _____ d'épouvante horror movie
    le grand _____ main feature
    _____ policier detective movie
fils *m* son
fin *f* end
    à la _____ at the end
    de _____ final
    en _____ de at the end of
fin(e) fine
finalement finally
finir to finish
fixe fixed
flâner to loaf around
fleur *f* flower
flocon *m* flake
fois *f* time
    une _____ once
fonctionner to work; to operate
fonder to found
football *m* soccer
forfaitaire all-inclusive
formalité *f* form
formation *f* education, academic
    preparation
forme *f* form, shape
former, se _____ to form, to compose,
    to educate
formidable fantastic
formule *f* construction
formuler to formulate; to express
fort(e) strong
fou/folle crazy
foule *f* crowd
fournir to furnish
foyer *m* home
frais/fraîche fresh
frais d'inscription *m pl* tuition,
    registration fees
fraise *f* strawberry
franc *m* franc, unit of French money
franc/franche frank

français(e) French
Français(e) *m, f* French person
F2 (France 2) TV network
F3 (France 3) TV network
francophone *m, f* French-speaking person
francophonie *f* French-speaking world
frapper to hit, to strike
freins *m pl* brakes
fréquemment frequently
fréquenter to see often
frère *m* brother
frigo *m* refrigerator (*colloquial*)
fringues *f pl* clothes (*slang*)
frites *f pl* french fries
froid(e) cold
    avoir _____ to be cold
    faire _____ to be cold weather
fromage *m* cheese
frustré(e) frustrated
fuir to flee
fumer to smoke
fumeur (non-fumeur) smoking
    (non-smoking)
furieux(-euse) furious
furtivement furtively
futur *m* future (*grammatical*)
    _____ antérieur future perfect
    _____ proche immediate future

G

gagner to earn
gamin *m* boy (*colloquial*)
garagiste *m, f* garage operator
garantir to guarantee
garçon *m* boy
garder to keep; to maintain
gardien(ne) *m, f* guardian
gare *f* station
gars *m* guy, boy (*slang*)
gâteau *m* cake
gauche *f* political left wing
gauche left
gazeux(-euse) carbonated
gendarme *m* policeman
gêne *f* difficulty, embarrassment
généreux(-euse) generous
génial neat, cool
génie *m* genius
genre *m* type, gender
gens *m pl* people
gentil(le) nice, gentle
gentilhomme *m* gentleman
géographie *f* geography
gérondif *m* en + present participle
    (*grammatical*)
gestion *f* management
gîtes *m pl* hostels
glace *f* ice cream
glissant(e) slick, slippery
gloire *f* glory
gorille *m* gorilla

gosse *m, f* kid *(slang)*
gourmand(e) gluttonous
goûter to taste
goutte *f* drop
gouvernement *m* government
graissage *m* greasing, lubrication
    faire le _____ to lubricate
    (a vehicle)
gramme *m* gram
    deux cents _____s de seven
    ounces
grand(e) main; big
grand ensemble *m* apartment complex
grande surface *f* very large surburban
    store
grandeur *f* grandeur; size
grand film *m* main feature
grandir to grow up
grand-mère *f* grandmother
grand-père *m* grandfather
gratuit(e) free
grenouille *f* frog
grève *f* strike
griffe *f* designer's label
gris(e) gray
gros(se) big, large
groupe *m* group
    en _____ in a group
gruyère *m* Swiss cheese
guère hardly
guerre *f* war
    faire la _____ to fight a war
    Première Guerre mondiale
    First World War
guichet *m* ticket window
Guide Michelin *m* popular French
    travel guide
guillemets *m pl* quotation marks

H

habiller to dress
    s'_____ to get dressed
habitant(e) *m, f* inhabitant
habiter to live (in)
habitude *f* habit
    d'_____ usually
    comme d'_____ as usual
habituellement habitually
habituer, s'_____ à to get used to
haricot *m* bean
hâte *f* haste
    à la_____ hastily, hurriedly
hausse *f* rise
haut(e) high; loud
haut-parleur *m* loudspeaker
Le Havre port city in northern France
hebdomadaire *m* weekly
hébergement *m* housing
HEC *abbrev. for* Ecole des hautes
    études commerciales prestigious
    business school

héritier *m* heir
héros /héroïne *m, f* hero
hésiter to hesitate
heure *f* hour
    à l'_____ on time
    à quelle _____ at what time
    à tout à l'_____ see you later
    de bonne _____ early
    demi-_____ half hour
    _____s de pointe rush hour
heureusement happily, fortunately
heureux(-euse) happy
Hexagone *m* the Hexagon (term for
    France stemming from its six-sided
    shape)
hier yesterday
histoire *f* story, history
historique historic
hiver *m* winter
    en _____ in the winter
HLM *f* subsidized housing
homard *m* lobster
homme *m* man
honnête honest
honorer to honor
honte *f* shame
    avoir _____ de to be ashamed of
horaire *m* schedule
hors de beyond, outside of
hostilité *f* hostility
hôtelier /hôtelière *m, f* hotel manager
hôtesse *f* flight attendant
huile *f* oil
    _____ végétale vegetable oil
humour *m* humor
hyperchoix *m* huge selection
hypermarché *m* large supermarket-
    discount store
hypothèse *f* hypothesis

I

ici here
    d'_____ (à) from now until
idée *f* idea
identifier to identify
idiotisme *m* idiom
il y a there is, there are; ago
île *f* island
imaginaire imaginary
imaginer, s'_____ to imagine
immeuble collectif *m* multifamily
    housing
immobiliser to immobilize
immobiliser to immobilize
imparfait *m* imperfect *(verb tense)*
impératif(-ive) imperative
imprimé(e) printed
imprimerie *f* printing
imprimeur *m* printer
inconvénient *m* inconvenience;
    drawback
indéfini(e) indefinite

indépendance *f* independence
indéterminé(e) unmodified, indefinite
indicateur *m* train schedule
indicatif *m* indicative *(mood of a verb)*
indigène native
indiquer to indicate, to point out
individu *m* individual
individualiste individualistic
infiniment infinitely, exceedingly
inflexion *f* modulation
informations *f pl* news (report)
informatique *f* data processing, com-
    puter science
informer to inform, to acquaint
    s'_____ to inquire; to investigate
inquiet(-ète) anxious; restless; worried
inquiéter, s'_____ to worry
inscriptions *f pl* registration
inscrire, s'_____ to enroll, to register
inscrit(e) enrolled
insécurité *f* lack of safety
insertion *f* insertion
    _____ professionnelle
    employment
insister to stress, to draw attention (to)
installer, s'_____ to settle down
instant *m* instant, moment
    un _____ just a minute
instantané(e) instant
Institut universitaire de technologie *m*
    technical college
instituteur /institutrice *m, f* elementary
    school teacher
instruction *f* education
instrument *m* instrument
    _____ de musique musical
    instrument
insupportable unbearable
intégrer, s'_____ to become part of
intempéries *f pl* bad weather
intensément intensely
interactif(-ive) interactive
interdit(e) forbidden
intéressant(e) interesting, advantageous
intéresser, s'_____ à to be interested in
intérêt *m* interest
interprétation *f* acting
interrogatif(-ive) interrogative
interrompre to interrupt
interrompu *past part. of* interrompre
intransitif(-ive) intransitive
intrépide intrepid, bold
intrigue *f* plot
introduire to insert
invité(e) *m, f* guest
inviter to invite
irrégulier(-ière) irregular
italien(ne) Italian
itinéraire *m* itinerary
IUT *m abbrev. for* Institut universitaire
    de technologie

J

jamais never
jambe f leg
jambon m ham
janvier m January
japonais(e) Japanese
jeter par la fenêtre to waste
jeton m token; coin
jeu m game
jeudi m Thursday
jeune young
    _____ fille f girl
jeunesse f youth
joie f joy
joli(e) pretty
jouer to play
    _____ au bridge to play bridge
    _____ un rôle to play a part
jour m day
    _____ de l'an New Year's Day
    tous les _____s every day
journal m newspaper
    _____ télévisé TV news
journée f day
juillet m July
juin m June
jurer to swear
jusqu'à to
    _____ ce que until
jusque until
    _____-là that far
justement justly, precisely
justifier to justify

K

kilo m 2.2 pounds
    au _____ by the kilogram
kilométrage m distance in kilometers
kiosque m newspaper/magazine stand

L

là there
là-bas there, over there
laboratoire m laboratory
    matériel de _____ laboratory supplies
La Fontaine seventeenth-century French author
laid(e) ugly
laine f wool
laisser to leave
lait m milk
laitier/laitière m, f milk vendor
lancement m launching
lancer to fling, to throw, to launch
lanceur m rocket
langage m language
langue f language
laver to wash
    se _____ to wash oneself
lèche -vitrines, faire du _____ to go window shopping

leçon f lesson
lecteur/lectrice m, f reader
    lecteur de disques compacts m CD player
lecture f reading
légende f legend
léger(-ère) light
légume m vegetable
lendemain m the following day
lent(e) slow
lentement slowly
lequel/laquelle which one
lever to raise
    se _____ to get up
lexique m vocabulary list
librairie f bookstore
libre free
licence f second-level university diploma; first diploma after Deug (3 years of study)
lien m link
lieu m place, spot
    au _____ de instead of
    avoir _____ to take place
ligne f line
    en _____ on line
linguistique linguistic
lire to read
lit m bed
    au _____ in bed
litre m liter
littéraire literary
livraison f delivery
    _____ à domicile home delivery
livre m book
localisation f situating, localizing
locataire m, f renter
location f rental
    de _____ rental
locution f phrase
logement social m public housing
loger to lodge, to live
logique logical
logiquement logically
loi f law
loin far
loisir m leisure
    _____s m pl leisure time activities
Londres London
long métrage m feature film
longtemps a long while
lorsque when
louer to rent
loup/louve m, f wolf
lu past part. of lire
lundi m Monday
lune f moon
luxe m luxury
    de _____ luxury
lycée m last three years of secondary school

lycéen/lycéenne m, f student at lycée
Lyon-Bron Lyon airport

M

machin m thing (slang)
machiniste m driver
magasin m store
    _____ d'habillement clothes store
magazine m magazine
Maghreb m Arab term for North African countries
magnétoscope m VCR
mai m May
main f hand
maintenant now
maintenir, se _____ to keep up
Maison des jeunes f youth center
maison individuelle f single family house
maître/maîtresse m, f elementary school teacher
maîtrise f master's degree
majestueux(-euse) majestic
majeure f major
majorité f majority
majuscule f capital letter
mal m pain, ache
    avoir _____ à to have an ache
    faire _____ à to hurt
malade sick
maladroit(e) clumsy
mal élevé(e) m, f ill-mannered person
malentendu m misunderstanding
mal entretenu(e) messy
malgré in spite of
malheureusement unfortunately
malheureux(-euse) unfortunate; unhappy
malhonnête dishonest
maman f mama
mamie f grandma, granny
manger sur le pouce to eat on the run
manière f manner
    bonnes _____s good breeding
manifestant m demonstrator
manifestation f demonstration
manifester to demonstrate
    se _____ to appear
manquer to neglect
manuel m manual
    _____ de cours textbook
maquillage m makeup
maquilleur/maquilleuse m, f make-up artist
marchandage m haggling
marchand(e) m, f merchant
marchandise f merchandise
marché m open-air market
    faire le _____ to go grocery shopping
    _____ du travail labor market

marcher to work; to function; to walk
mardi *m* Tuesday
Mardi gras mardi Gras
mari *m* husband
mariage *m* marriage, wedding
marié(e) married
marier, se _____ to get married
marin *m* sailor
Maroc *m* Morocco
marque *f* brand
marquer to characterize
marre, en avoir _____ de to have had enough (*slang*)
mars *m* March
masse *f* mass
massif(-ive) massive
Massif central *m* Massif Central (plateau in central France)
maternel(le) native (language)
mathématiques *f pl* mathematics
maths *f pl abbrev. for* **mathématiques**
matière *f* subject
matin *m* morning
matinée *f* morning
mauvais(e) bad
    faire mauvais to be bad weather
maxidiscompte *m* superdiscount
méchant(e) wicked, mean
mécontent(e) displeased, dissatisfied
médecin *m* doctor
médias *m pl* media
médicament *m* medicine
meilleur(e) better
mêler to mix
    se _____ à to have a hand in
    se _____ de ses affaires to mind one's business
même -self, same
menacer to threaten
mener to take; to lead
mensuel *m* monthly newspaper or magazine
menteur(-euse) lying
mention *f* honors on an exam; degree concentration
mentionner to mention
mépris *m* disdain
mer *f* sea
    _____ des Antilles Caribbean Sea
    _____ des Caraïbes Caribbean Sea
mercredi *m* Wednesday
mère *f* mother
mériter to deserve
métier *m* line of work
mètre *m* meter
métropole *f* mainland France
métropolitain(e) of/from continental France
metteur en scène *m* film director

mettre to put
    _____ au point to finalize
    _____ en valeur highlight
    se _____ to put or place oneself
    se _____ à to begin to
    se _____ d'accord to get to an agreement
meuble *m* piece of furniture
meublé(e) furnished
meurtre *m* murder
mi-chemin, à _____ halfway
micro-ordinateur *m* personal computer
midi *m* noon
mieux better
    faire de son _____ to do one's best
milieu *m* middle
mineure *f* minor
ministère de l'Education nationale Department of Education
ministre *m* minister, clergy
minuit *m* midnight
mi-octobre *f* mid-October
mise au point *f* tune-up
misère *f* misery, poverty
mistral *m* strong, cold wind in Mediterranean area
mobylette *f* moped
mode *m* style; mood (*grammatical*)
    _____ de vie lifestyle
    _____ de transport means of transportation
modique modest
module *m* course unit
moindre least
moins (de) less, fewer
    à _____ de (que) unless
    au _____ at least
mois *m* month
moitié *f* half
moment *m* moment, instant
    au _____ de at the moment of
    à un _____ donné at a given moment
monde *m* world
    Nouveau _____ New World
    Tiers _____ Third World
mondialisation *f* globalization
monnaie *f* change
monsieur *m* gentleman, sir
mont *m* mountain
montagne *f* mountain
    en _____ in the mountains
monter to go up, to climb; to board
    _____ en to get into, to board
montre *f* watch
    _____ en or gold watch
montrer to show
    se _____ to reveal itself
moquer, se _____ de to make fun of
morceau *m* piece

moto *f abbrev. for* **motocyclette**
motocyclette *f* motorcycle
mots croisés *m pl* crossword puzzle
mourir to die
mouvement *m* motion
moyen *m* means
    _____s (financial) means
moyenne *f* average
muet(te) mute, silent
mur *m* wall
musée *m* museum

N

nager to swim
naissance *f* birth
natal(e) native
naître to be born
nationalité *f* citizenship, nationality
nature plain
navet *m* "bomb," unsuccessful movie (*slang*)
navette *f* shuttle
naviguer to sail
ne... jamais never
ne... que only
né(e) born
néanmoins nevertheless
nécessaire necessary
négliger to neglect
neige *f* snow
neiger to snow (*impersonal*)
nerveux(-euse) nervous
net(te) clear, neat
nettoyer to clean
neuf(-ve) brand-new
nez *m* nose
ni... ni neither . . . nor
Nil *m* Nile
niveau *m* level
Noël *m* Christmas
noir(e) black
    en _____ et blanc in black and white
nom *m* name
nombre *m* number
    _____ cardinal cardinal number
    _____ collectif collective number
    _____ ordinal ordinal number
nombreux(-euse) numerous; large
non-accentué(e) unaccentuated, unstressed
non-réservé(e) not reserved
Normand *m* Norman
note *f* grade
nourrir to feed, to nourish
nourriture *f* food
nouveau/nouvelle new
La Nouvelle-Orléans *f* New Orleans
nouvelles *f pl* news
novembre *m* November
noyau *m* (nut) pit

nuage *m* cloud
nuit *f* night
numérique digitized
numéroter to number

O

obéir à to obey
objet *m* object
obligatoire compulsory
    matière _____ required subject
obligé(e) obliged
oblitérer to cancel
obscurcir to obscure, to darken
obtenir to obtain
occasion *f* event
    avoir l'_____ de to have the
    opportunity to
occidental(e) western
occuper, s'_____ de to take care of,
    to look after
octobre *m* October
odeur *f* odor
œil *m (pl* yeux) eye
œuf *m* egg
œuvre *m* works
offrir to offer
    s'_____ to treat oneself
oignon *m* onion
omettre to omit
optimiste optimistic
or *m* gold
ordinateur *m* computer
ordonner to order
ordre *m* command
orgueilleux(-euse) proud
orientation *f* direction
orienter to direct
    s'_____ to choose a course of
    study
orthographique spelling
où where
oublier to forget
ouest *m* west
outre-Atlantique across the Atlantic
outre-mer *m* overseas
ouvertement openly
ouverture *f* opening
ouvrage *m* work
ouvreuse *f* usherette
ouvrier/ouvrière *m, f* worker
ouvrir to open

P

pain *m* bread
palais *m* palace
pâlir to become pale
palmier *m* palm tree
panier *m* basket
panne *f* breakdown
    en _____ not working, out of
    order

par by, through
    _____ câble cable TV
    _____ contre on the other hand
paradis terrestre *m* paradise on earth
paraître to appear
parapluie *m* umbrella
parc d'attraction *m* amusement park
parce que because
pardon excuse me
pareil(le) similar
parenthèses *f pl* parentheses
    entre _____ in parentheses
paresseux(-euse) lazy
parfait(e) perfect
parfois sometimes
parfumé(e) flavored
parisien(ne) Parisian
parking *m* parking lot
parler to speak
    se _____ to speak to each other
parmi among
parole *f* word; spoken word
part *f* behalf
    de la _____ de from, on behalf of
partager to share
partance *f* departure
    en _____ pour departing
participe *m* participle
particulier(-ière) special
partie *f* part
    faire _____ de to be part of
partiel(le) incomplete
partir to depart, to leave
    à _____ de from, beginning with
partout everywhere
paru *past part.* of paraître
pas mal de a good many
passager/passagère *m, f* passenger
passé *m* past
    _____ composé passé composé
    (verb tense)
passer to spend (time); to show (a film)
    _____ à to go into
    _____ à la télé to appear on TV
    _____ à table to go to the table
    _____ un bon moment to have
    a good time
    _____ un examen to take an exam
    _____ un film to show a film
    se _____ to happen, to be done,
    to take place
    se _____ de to do without
passionné(e) (de) wild (about)
pâtes *f pl* pasta
patiemment patiently
patinage *m* ice skating
patinoire *f* skating rink
pâtisserie *f* pastry
pâtissier/pâtissière *m, f* pastry chef
patois *m* regional dialect, speech
patrie *f* homeland

patron(ne) *m, f* boss
pauvre poor; unfortunate
payer to pay for
pays *m* country
paysage *m* landscape, scenery
peau *f* skin
pêche *f* peach
pêche *f* fishing,
    aller à la _____ to go fishing
pédale *f* pedal
peigner, se _____ to comb one's hair
peindre to paint
peine *f* trouble
    ce n'est pas la _____ it's not worth it
peintre *m* painter
peinture *f* painting
pendant que while
pendule *f* clock
pensée *f* thought
penser to think
    _____ à to think about (have in
    mind)
    _____ de to think about (have an
    opinion)
percevoir to perceive
perdre to lose
    _____ son chemin to get lost
    se _____ to get lost
père *m* father
    _____s Pèlerins Pilgrim Fathers
perfectionner to perfect
période *f* period
    _____ creuse non-peak (slack)
    period
périphérie *f* lands outside the mother
    country
permettre to permit
permis de conduire *m* driver's license
permis(e) allowed
perruche *f* parakeet
personnage *m* character
petit *m* little boy
    _____s children
petit commerçant *m* small shopkeeper
petit écran *m* TV
petit(e) ami(e) *m, f* boyfriend, girlfriend
petits pois *m pl* peas
peu little
    _____ de few
    un _____ de a little
peuple *m* people; nation
peur *f* fear
    avoir _____ de to be afraid of
    de _____ (de, que) for fear (of, that)
peut, il se _____ it's possible
peut-être perhaps, maybe
phénomène *m* phenomenon
phrase *f* sentence
pièce *f* play; piece; coin
    la _____ each
    _____ de rechange spare part

pied *m* foot
piège *m* trap
pierre *f* stone
piscine *f* swimming pool
piste *f* runway
place *f* seat
    sur _____ on the spot
plage *f* beach
plaindre, se _____ to complain, to grumble
plaire to please
    se _____ to enjoy oneself
plaisant(e) pleasant, amusing
plaisir *m* pleasure
    faire _____ **à** to give pleasure to
plan *m* map
planche *f* board
    _____ **à voile** windsurfing board
    faire de la _____ **à voile** to windsurf
plancher *m* floor
plat(e) flat
plateau *m* movie set
plâtre *m* plaster, stucco; plaster cast
plein *m* full
    faire le _____ to fill the gas tank
plein(e) full
pleurer to cry
pleuvoir to rain *(impersonal)*
plu *past part. of* **plaire** *and* **pleuvoir**
pluie *f* rain
plupart *f* most
    la _____ **des** the majority of
pluriel *m* plural
plus more
    en _____ **de** in addition to
    _____ ... _____ the more ... the ...
    un peu _____ a little more
plus-que-parfait *m* pluperfect *(verb tense)*
plusieurs several
plutôt rather
pluvieux(-ieuse) rainy
pneu *m* tire
poche *f* pocket
    argent de _____ *m* spending money
poème *m* poem
poésie *f* poetry
poète *m* poet
point *m* period
poire *f* pear
poisson *m* fish
Poitou *m* region of France
poivron *m* sweet pepper
poli(e) polite
politesse *f* politeness
politique *f* politics
politique political
politisé(e) having a political aspect
polycopié *m* reproduced set of lecture notes

pomme *f* apple
pomme de terre *f* potato
pompiste *m, f* gas station attendant
porte *f* gate
portefeuille *m* wallet
porte-parole *m* spokesperson
porter to carry; to wear
portillon *m* automatic gate
portugais *m* Portuguese language
poser to put
    _____ **une question** to ask a question
posséder to own, to possess
possesseur *m* possessor
possessif(-ive) possessive
possibilité *f* possibility
poste *f* post office
    mettre à la _____ to mail
poste *m* post, position; set
    _____ **de radio** radio receiver
    _____ **de télévision** television set
poster to mail
postériorité *f* subsequence
poulet *m* chicken
pour for
    _____ **(que)** in order to (that)
pour *m* pro
pourboire *m* tip
pour cent percent
pourquoi why
poursuivi *past part. of* **poursuivre**
poursuivre to pursue
pourtant however
pourvu que provided that
pousser to push
pouvoir *m* power
pouvoir to be able
    il se peut it is possible
pratique useful
    travaux _____**s** drill or discussion sections
précédent(e) preceding
précéder to precede
précis(e) specific
préciser to state precisely, to specify
précision *f* detail
précoce precocious
prédire to predict
préférer to prefer
préinscrire to preregister
premier(-ière) first
première *f* premiere, opening night; next to last year of **lycée**
prendre to take
    _____ **au sérieux** to take seriously
    _____ **sa retraite** to retire
    _____ **quelque chose** to get something to eat or drink
    _____ **rendez-vous** to make an appointment

    _____ **une décision** to make a decision
    _____ **un pot** to have a drink
préoccupé(e) worried
prépositionnel(le) prepositional
    complément _____ object of the preposition
près close
    de _____ closely
    _____ **de** near
présence *f* presence, attendance
présent(e) present
    à _____ now
présentateur/présentatrice *m, f* announcer
présentatif(-ive) introductory
présenter to present, to introduce
    _____ **sa candidature** to be a candidate
    se _____ to introduce oneself, to appear
    se _____ **à** to be a candidate for
presque almost
presse *f* press
presser, se _____ to hurry
pression *f* pressure
prêt(e) ready
prévoir to plan
prévu *past part. of* **prévoir**
principe *m* principle
printemps *m* spring
pris *past part. of* **prendre**
privatisé(e) denationalized
prix *m* price
problème *m* problem
prochain(e) next, following
Proche-Orient *m* Middle East
produire to produce
produit *m* product
profiter de to take advantage of
programme *m* schedule of TV programs
    _____ **d'études** course of study
    _____ **de variétés** variety show
progrès *m* progress
    faire des _____ to make progress
projeter to project, to plan
projets *m pl* plans
promener, se _____ to walk; to travel
    se _____ **en voiture** to take a drive
promettre to promise
promotion *f* special offer
pronom *m* pronoun
prononcer to pronounce
propos, à _____ by the way
    à _____ **de** concerning
proposer to propose, to set up
proposition *f* clause
    _____ **principale** main clause
    _____ **subordonnée** subordinate clause
propre own, clean

propriétaire *m, f* landlord, landlady
provenance *f* origin
    en _____ de arriving from
Provence *f* region of France
provisions *f pl* groceries
provisoire temporary
provoquer to provoke
publicité *f* advertising commercials, advertisement
pubs *f pl* commercials (*slang*)
puis then
puisque since
puisse *pres. subj. of* **pouvoir**
punir to punish

Q

quai *m* platform
quand when
quant à as for
quart *m* quarter
quartier *m* neighborhood
que that, which
Québécois(e) *m, f* person from Quebec
quel(le) what, which
quelque some
    _____s a few
quelque chose something
    avoir _____ to have something wrong
quelquefois sometimes
quelque part somewhere
quelques-un(e)s some
quelqu'un someone
qu'est-ce que what
qu'est-ce que c'est? what is it?
qu'est-ce qui what
question *f* question
    en _____ in question
queue *f* waiting line
    faire la _____ to stand in line
qui who, whom
quitter to leave
quoi which, what
que whatever
quoique although
quotidien *m* daily newspaper
quotidien(ne) daily

R

rabais *m* discount
raconter to relate, to tell
radical *m* stem (*grammatical*)
    à _____ irrégulier stem-changing
rafraîchissement *m* refreshment
raison *f* reason
    avoir _____ to be right
raisonnable reasonable
ralentir to slow down
rame *f* subway train
randonnée *f* hike

rang *m* rank
ranger to put away, to arrange, to put in order
rapide *m* express train
rapide rapid
rappel *m* reminder
rappeler, se _____ to remember
rapport *m* relationship
    par _____ à in relation to
rapporter to bring back
    se _____ à to refer to
rapprocher to approach
    se _____ to get close to
raquette de tennis *f* tennis raquet
raser, se _____ to shave
rassemblement *m* gathering
rater to miss; to fail (an exam)
RATP *f* (**Régie Autonome des Transports Parisiens**) Paris bus and subway agency
rattraper, se _____ to make up
raviser, se _____ to change one's mind
rayon *m* department
réalisateur/réalisatrice *m, f* producer
réaliste realistic
récemment recently
récepteur *m* television set
    _____ en couleurs color TV set
recevoir to receive
    _____ un diplôme to finish a course of study; to graduate
recherche *f* research
réciproque reciprocal
récit *m* story
    faire le _____ to tell the story
réclame *f* advertisement
réclamer to claim
recommencer to start over
reconnaître to acknowledge
reçu(e) received, admitted; successful
    être _____ to pass (an exam)
recueil de vœux *m* choice of preferences
récupérer to pick up
rédaction *f* editing
redoubler to repear (a year)
réduction *f* discount
réduit(e) reduced
réel(le) real
refaire to do again
réfléchi(e) reflexive
réfléchir à to think about
refléter to reflect
réforme *f* reform
refuser to refuse
regarder to look at
règle *f* rule
réglementé(e) regulated
régler to adjust; to settle; to pay
regretter to regret, to be sorry
régulièrement regularly

reine *f* queen
rejeter to reject
relation *f* relationship
    _____ amicale friendship
remarque *f* remark
remarquer to notice
remercier to thank
remettre, se _____ à to get back to
remonter to go back (in time)
remplacer to replace
remplir to fill out
rencontrer to meet by chance
rendez-vous *m* appointment, engagement
    avoir un _____ to have a date
    prendre _____ to make an appointment
    se donner _____ to arrange to meet
rendre to return, to give back
    _____ un service to do a favor
    se _____ à to go to
    se _____ compte de to realize
renforcer to reinforce, to strengthen
renseignement *m* information
    bureau de _____s information counter
renseigner to inform
    se _____ to obtain information
rentrée *f* opening of school
rentrer to come home
renvoyer to send back
réparer to repair
reparler to speak again
repas *m* meal
repêchage *m* second chance
répéter to repeat
réplique *f* reply
répondeur *m* answering machine
répondre to answer
réponse *f* answer, reply
reportage *m* account
reposer, se _____ to rest
reprise *f* time, occasion
    à plusieurs _____s on several occasions
requin *m* shark
RER *m* (**Réseau Express Régional**) suburban rapid transit line
réseau *m* network
résidence *f* residence, dwelling
    _____ secondaire vacation home
résoudre to solve
ressembler to resemble
ressentir to feel (an emotion)
ressusciter to resuscitate, to revive
rester to remain; to stay
    _____ à to be left
Resto U (RU) *m abbrev. for* **restaurant universitaire** university restaurant
résultat *m* result

résumer to summarize
retard, être en _____ to be late
retenir to retain
retirer to obtain; to withdraw
retour *m* return
    de _____ à back at, having
      returned to
    être de____ to be back
retourner to go back to
retrouver, se _____ to meet by design
réunion *f* meeting; reconciliation
réunir to bring together again
réussir to succeed; to pass (an exam)
réussite *f* success
rêve *m* dream
réveiller, se _____ to wake up
revenir to come again, to come back
rêver to dream
révision *f* revision
revoir to see again
révolutionnaire revolutionary
revue *f* magazine
rez-de-chaussée *m* ground floor
rhum *m* rum
rien nothing
rigoler to laugh (*slang*)
rire to laugh
risque *m* risk
    courir des _____s to take chances
risquer, se _____ to risk, to venture
riz *m* rice
robe *f* dress
    _____ de (en) coton cotton dress
roi *m* king
    _____ du pétrole oil baron
rôle *m* part
roman *m* novel
romancier *m* novelist
rompre to break
rose pink
rôti(e) roasted
rouge red
rougir to blush
rouler to drive
route *f* road
rue *f* street
ruine *f* ruin
ruse *f* trick
russe Russian

S

SDF *m* (sans domicile fixe)
    homeless
SNCF *f* (Société Nationale des
    Chemins de Fer Français)
    French national railroad system
sable *m* sand
sac *m* sack
    _____ à dos backpack
sache *pres. subj.* of savoir
sage wise, good

saigner to bleed
sain et sauf safe and sound
saisir to seize
saison *f* season
saisonnier(-ière) seasonal
salade *f* lettuce
sale dirty; sordid
salle *f* room
    _____ de bains bathroom
    _____ de cinéma movie house
    _____ de classe classroom
    _____ de théâtre theater
saluer to greet
salut hi (*colloquial*)
samedi *m* Saturday
sans (que) without
sauf except
sauver, se _____ to run off
savoir to know, to know how
savourer to enjoy
science *f* science
    _____s humaines social
    sciences
scolaire school-related
    année _____ school year
séance *f* showing
sécher to cut (a class) (*colloquial*)
secondaire secondary
seconde *f* first year of lycée
secrétaire *m, f* secretary
séduire to attract
séjour *m* stay
sel *m* salt
sélectif(-ive) selective
selon according to
semaine *f* week
sembler to seem
Sénégal *m* Senegal
sens *m* meaning
    _____ figuré figurative meaning
    _____ propre literal meaning
sensation *f* à _____ sensational
sentiment *m* emotion
sentir to feel
séparer to separate
septembre *m* September
série *f* series, succession
sérieux *m* seriousness
sérieux(-euse) responsible;
    serious
service *m* service
    à votre _____ at your service
    être en _____ to be in use
serviette *f* napkin; towel; briefcase
servir to serve
    se _____ to help oneself
    se _____ de to use
seul(e) alone
sévère strict
si if; yes
sida *m* AIDS

siècle *m* century
siège *m* seat
sieste *f* nap
signaler to indicate; to signal
signe, faire _____ to signal
simultanément simultaneously
singulier *m* singular
ski *m* ski
    faire du _____ to go skiing
société *f* company
socio-économique socioeconomic
sœur *f* sister
soi oneself
soif *f* thirst
    avoir _____ to be thirsty
soir *m* evening
soirée *f* evening, party
soit *pres. subj.* of être
soldat *m* soldier
soleil *m* sun
    faire du _____ to be sunny
somme *f* sum
sommeil *m* sleep
    avoir _____ to be sleepy
sondage *m* poll
sonner to sound, to strike
sorte *f* sort, kind
    de _____ (que) so (as, that)
sortie *f* exit; release
sortir to go out
soudain suddenly
souffrir to suffer
souhaiter to desire, to wish
soulier *m* shoe, slipper
sourd-muet *m* deaf-mute
sourire to smile
sous *m pl* money (*colloquial*)
sous-sol *m* basement
sous-titres *m pl* subtitles
souvenir *m* memory
souvenir, se _____ de to remember
souvent often
speakerine *f* announcer
spécialisation *f* major field
spécialisé(e) specialized
spectacle *m* show
sportif(-ive) athletic
sport d'hiver *m* winter sport
station balnéaire *f* seaside resort
stimuler to stimulate
strophe *f* verse
structure *f* construction (*grammatical*)
subir to undergo
subjectivité *f* subjectivity
subjonctif *m* subjunctive (*mood of
    a verb*)
succéder to follow
successif(-ive) successive
sucre *m* sugar
sud *m* south
sud-ouest *m* southwest

suffire to suffice
suggérer to suggest
suite *f* following
   à la _____ de after
suivant(e) following
suivre to follow
   _____ un cours to take a course
sujet *m* subject
   au _____ de about
super neat, cool
supérieur(e) superior
   enseignement _____ *m* higher education
supermarché *m* supermarket
supplément *m* supplementary fee
supplémentaire further
supporter to endure, to bear
supprimer to cancel; to eliminate
sûr(e) sure
   bien sûr of course
surgelé(e) frozen (produce)
surpeuplé(e) crowded
surprenant(e) surprising
surprendre to surprise
surpris(e) surprised
surtout chiefly
sympathique pleasant

T

tableau *m* picture
   _____ des verbes verb chart
taire, se _____ to be quiet
tant (de) so much, so many
taper to type
tard late
   plus _____ later
tarif *m* rate
   _____ réduit reduced rate
tasse *f* cup
taux *m* rate
taxi *m* **en _____** by taxi
teint *m* tone (color of skin)
tel(le) such
   _____ ou _____ this or that
télé *f* television
   _____ par câble cable television
   _____ 7 jours French *TV Guide*
téléachat *m* home shopping
télécommande *f* remote control
télématique *f* view data processing
téléphone *m* telephone
   au _____ on the telephone
   _____ portable cellular phone
téléphoner to telephone
télétravail *m* telecommuting
téléviseur *m* television set
télévision *f* television
   à la _____ on television
   poste de _____ *m* television set

tempête *f* storm
   _____ de neige snowstorm
temple *m* Protestant church
temporel(le) having to do with time
temps *m* time; weather; tense
   de _____ en _____ from time to time
   en même _____ que at the same time (as)
   il est _____ it is time
   _____ libre free time
   _____ verbal tense
tenez! here!
tenir to hold
   se _____ au courant to keep oneself well-informed
tennis *m* tennis
   faire du _____ to play tennis
   raquette de _____ *f* tennis raquet
terminaison *f* ending
terminale *f* last year of **lycée**
terrasse *f* terrace
   à la _____ on the terrace
terre *f* earth
terrifier to terrify
territoire *m* territory
tête *f* head
TF 1 Télévision Française 1 (TV network)
thé *m* tea
théâtre *m* theater
   pièce de _____ *f* play
thon *m* tuna
Tiers monde *m* Third World
timide shy
tiret *m* dash
titre *m* title
tomber sur to come upon, to encounter
tonnerre *m* thunder
tort *m* wrong, injustice
   avoir _____ to be wrong
tôt early
   plus _____ earlier
totalité *f* entirety
toucher to touch
   _____ un chèque to cash a check
toujours still
tourisme *m* touring, tourism
tournage *m* shooting (of a film)
tourner to turn
   _____ un film to make a film
tous all
   _____ les jours every day
tout(e) all
   en _____ in all
   _____ à coup suddenly
   _____ de même all the same
   _____ de suite immediately

   _____ (e) le, la... all the . . . , the whole . . .
   _____ le monde everyone
   _____ à l'heure a while ago, in a while
trac, avoir le _____ to be afraid
traduire to translate
train *m* train
   monter en _____ to board a train
   par le _____ by train
traité *m* treaty
   _____ de paix peace treaty
traiter to treat; to deal with
traître *m* villain
trajet *m* trip
tranche *f* slice
tranquille quiet, peaceful
tranquillement peacefully, quietly
transformer to change
   se _____ to turn into
transitif(-ive) transitive
transports en commun *m pl* mass transport
travail *m* work
   langue de _____ working language
   marché du _____ job market
   _____ bénévole volunteer work
travailler to work
travailleur(-euse) industrious, hard-working
travaux pratiques *m pl* drill or discussion sections
travers, à _____ through
traverser to cross
trimestre *m* quarter
triste sad
   il est _____ it is sad
tristesse *f* sadness
tromper to deceive
   se _____ to be wrong
trompeur(-euse) deceitful
trop (de) too much, too many
   de _____ too many, excessive
trou *m* hole
trouble *m* disturbance
trouille *f* fear (*colloquial*)
   avoir la _____ to be afraid (*colloquial*)
trouver to find
   se _____ to be found, to find oneself; to be located
truc *m* thing (*colloquial*)
truie *f* sow
type *m* guy, fellow (*colloquial*)

U

uniquement solely
unité de valeur *f* credit

universitaire university

    cité _____ residence hall complex

utile useful

    être _____ to be of service (help)

utiliser to use

V

vacances *f pl* vacation

    en _____ on vacation

    grandes _____ summer vacation

    forfait _____ *m* vacation package deal

    _____ **vertes** eco-tourism

valable valid

valeur *f* value, worth

    _____**s** values

    unité de _____ *f* credit

valider to validate

valise *f* suitcase

vallée *f* valley

valoir to be worth

    _____ **la peine** to be worth the trouble

    _____ **mieux** to be better *(impersonal)*

vaniteux(-euse) vain

varier to vary

variété *f* variety

    _____**s** variety show

vedette *f* male or female star

veille *f* preceding day

vélo *m* bicycle

    faire du _____ to go biking

vendeur/vendeuse *m, f* salesperson

vendre to sell

vendredi *m* Friday

venir to come

vent *m* wind

    faire du _____ to be windy

venu *past part. of* **venir**

vérifier to check

véritable real

vérité *f* truth

verre *m* glass

    _____ **à vin** wineglass

vers *m* line (of poetry)

vers toward, to

version, _____ **originale** film in its original language

vestimentaire clothing-related

vêtements *m pl* clothes

veuf *m* widower

veuille *pres. subj. of* **vouloir**

veuillez please be so kind

veuve *f* widow

viande *f* meat

vidange *f* emptying; draining off

    faire la _____ to change the oil

vide empty

vie *f* life

    style de _____ lifestyle

    _____ **active** working life

vieux/vieille old

vieux *m* old person

    mon _____ old buddy

ville *f* town

    en _____ downtown

vin *m* wine

virgule *f* comma; decimal point

visage *m* face

vite fast, quick, quickly

    pas si _____ not so fast

vitesse *f* speed

vivant(e) lively, living

vivre to live

    la douceur de _____ pleasant lifestyle

voici here is, here are

voie *f* track

voilà there is, there are

voir to see

voisin(e) *m, f* neighbor

voiture *f* car; subway or railway car

voix *f* voice

vol *m* flight

volant *m* steering wheel

voler to steal

voleur/voleuse *m, f* thief

volley *m* volleyball

volontaire *m, f* volunteer

volonté *f* will

volontiers willingly

vols-vacances *m pl* reduced airfares for vacation travel

Vosges *f pl* Vosges Mountains in northeast France

vouloir to want

voulu *past part. of* **vouloir**

voyage *m* trip, travel

    _____ **à forfait** vacation package deal

voyager to travel

voyageur/voyageuse *m, f* traveler, passenger

voyelle *f* vowel

vrai(e) true

vraiment really

vu *past part. of* **voir**

W

walkman/baladeur *m* portable cassette player

web *m* www

western *m* western (movie)

Y

yaourt *m* yogurt

Z

zapping *m* channel surfing

zut! darn it!

Indice

Credits

Text and Realia Credits

29: Philip Delerm, "Le croissant du trottoir" in *La première gorgée de bière et autres plaisirs minuscules*, © Editions Gallimard, 1997; **60:** Annie Ernaux, *Les armoires vides*, © Éditions Gallimard, 1974; **101:** Arthur Rimbaud, *Roman*; **137:** Didier Daeninckx, "Farming Class Hero" in *Zapping*, © Editions Gallimard; **173:** "Le Rejet de l'Etat" in *L'objectivité existe*, by G. Belloc, G. Nègre, and D. Brahimi-Chapuis, *L'Homme et le monde moderne*, © Delagrave, 1986, pp. 63-63; **210:** François Truffaut, "Donner du plaisirou ou le plaisir du cinema" in *Le Plaisir des yeux*, © Flammarion; **247:** *La Planète des singes,* by Pierre Boule, © 1994, Editions Pocket Jeunesse; **286:** "La prière d'un petit enfant nègre", by Léopold Sédar Senghor, in *Anthologie de la nouvelle poésie nègre et malgache*, © 1948, PUF, 6ème éd., 2002; **317:** Tahar Ben Jelloun raconte son histoire, © Le Journal Français, 1996; **319:** *L'enfant de sable*, by Tahar Ben Jelloun, © Editions Le Seuil, 1985; **349:** Charles Baudelaire, *L'invitation au voyage*, poème en vers; **350:** *L'invitation au voyage, poème en prose*

Photo Credits

Cover image: CORBIS; **2** left: Ray Scott/The Image Works; **2** right: Galerie Vivienne a Paris (1823); **25:** Kindra Clineff Photography; **32** top: M. Delacroix, Paris, © 1998 Axelle Fine Arts; **33:** left Windenberger, Rapho; **33** right: Hoa-Qui/The Image Works; **51:** Todd Powell/Index Stock Imagery; **65:** CORBIS ; **66** top: Burstein Collection/CORBIS; **67** bottom: The Phillips Collection; **85:** David R. Frazier; **106** left: Bettmann/CORBIS; **106** bottom right: Xavier L'hospice/Reuters/TimePix; **129:** David R. Frazier ; **138:** SW Production/Index Stock Imagery; **142:** The Granger Collection; **166:** James Kay/Index Stock Imagery; **168:** Adam Wolfitt/CORBIS; **169:** Stock Montage/Index Stock Imagery; **177:** Kindra Clineff Photography; **178** left: and top right: Museum of Modern Art, N.Y. ; **178** bottom right: Bettmann/CORBIS; **179** right: AFP/CORBIS; **192:** Jonathan Stark; **207:** AFP/CORBIS; **208** CORBIS; **214** left: Art Resource, NY, © 1999 Artists Rights Society (ARS), NY; **214** top right: The Granger Collection; **215** bottom left: Reuters NewMedia Inc./CORBIS; **215** right: Roger Holden/Index Stock Imagery; **229:** Peter Turnley/CORBIS; **231** left: PhotoDisc/GETTY IMAGES; **245, 246, 247:** Bettmann/CORBIS; **252** top: Hoa-Qui/The Image Works; **252** bottom: Leonard de Selva/CORBIS; **253:** Dailloux/The Image Works; **266:** David R. Frazier; **284:** Sylvain Grandadam/GETTY IMAGES; **289:** Mick Roessler/Index Stock Imagery; **309** left: Hoa-Qui/The Image Works; **324** left: Giraudon/Art Resource, NY © C. Herscovici, Brussels/Artist Rights Society (ARS) NY; **324** right: Art Resource, NY © Scala; **325** top: James Kay/Index Stock Imagery...; **325** bottom: K. Preuss/The Image Works; **347:** Peter Turnley/CORBIS

All photographs not credited are owned by Heinle. We have made every effort to trace the ownership of all copyrighted material and to secure permissions from the copyright holders. In the event of any question arising regarding the use of any material, we will be pleased to make the necessary corrections in future printings.